近世の公家社会と京都

集住のかたちと都市社会

登谷伸宏［著］

思文閣出版

目次

序　章　近世都市京都研究における公家社会の位置……3
一　本書の目的……3
二　先行研究の到達点と課題……4
三　本書の構成……19

第一部　公家町の形成と変容

第一章　近世における公家町の形成について……31
はじめに……31
一　「中むかし公家町之絵図」について……32
二　織田信長による公家の集住地区建設計画について……34
三　豊臣政権による公家町の形成……37
四　江戸幕府による公家町の拡大……44
五　近世統一政権による公家町の形成とその特質――むすびにかえて――……48

第二章　陣中から惣門之内へ――公家町の成立とその空間的特質――……60
はじめに……60
一　中近世移行期における陣中・陣口の変容……62
二　豊臣政権期における公家町の空間構造……69
三　惣門之内の成立……81
おわりに――惣門之内から築地之内へ――……88
第三章　十七世紀後半における公家の集住形態について
――近世以降創立・再興した公家を中心として――……95
はじめに……95
一　寛文十一年の火災と公家屋敷地をめぐる朝幕間の交渉……97
二　寛文期における公家の集住形態……102
三　公家の集住形態に関する朝廷・幕府の認識……121
四　十七世紀後半における公家の集住形態とその特質……128
おわりに……131
第四章　元禄・宝永期における公家の集住形態と幕府の対応について……143
はじめに……143
一　元禄・宝永期の公家町と公家の集住形態……144

二　公家の町人地居住に対する幕府の対応……151
おわりに……159
第五章　宝永の大火と公家町の再編……165
はじめに……165
一　宝永の大火と公家町……166
二　公家町再編計画について……172
三　道路の拡幅・整備過程……182
四　公家屋敷地の移転と明地の設置……186
おわりに……192
第六章　宝永の大火と公家の集住形態の変容について……202
はじめに……202
一　公家町再編と公家屋敷地の増加……204
二　大規模な屋敷地給付の目的と背景……210
三　公家の集住・居住形態の変容と幕府の対応……217
おわりに……228

第二部　公家と町

第一章　堂上公家の町人地における屋敷地集積過程について
——久世家を事例として——……237
はじめに……237
一　町人地における屋敷地買得までの経緯……238
二　屋敷地集積の過程……241
三　屋敷地集積の特質……255
おわりに……259
補　論　町人地における公家の屋敷地買得について……266
一　十八世紀中頃の公家町……266
二　屋敷地譲渡の経緯……268
三　町側の対応——むすびにかえて——……273
第二章　町人地における久世家の居住形態について……276
はじめに……276
一　町における久世家の居住形態……277
二　久世家と諸社会集団……291

三　久世家と洛中洛外の寺社との関係――寺社への参詣・代参を中心として――　296
おわりに　301
第三章　幕末期における地下官人真継家の居住形態について　306
はじめに　306
一　真継家について　308
二　真継家の屋敷について　311
三　町人地居住の特質　319
おわりに　332
第四章　御産所と都市社会――霊元天皇の後宮を中心として――　339
はじめに　339
一　近世天皇家の後宮と出産儀礼　340
二　御産所設置における天皇家の論理　343
三　御産所と都市社会　352
おわりに　358
結　章　近世都市京都と公家社会　365
一　複合都市京都の形成　365

二　公家町を中心とする都市空間の形成……367
三　都市における公家社会の居住形態について……368

成稿一覧
あとがき
索　引（人名／事項・史料名）

近世の公家社会と京都

――集住のかたちと都市社会――

序章　近世都市京都研究における公家社会の位置

一　本書の目的

本書の目的は、つぎの二つの課題の解明を通して、近世都市京都の空間・社会構造の特質を論じることにある。第一は、中近世移行期における公家町の形成過程を詳細に検討すること、さらに、戦国期まで内裏周辺の領域の帯びていた空間的特質が、公家町の建設によりどのように変容したのかを解明することである。第二が、公家が近世京都においていかなる集住・居住形態をとっていたのかを解明することである。

近世都市京都の大きな特徴は、朝廷・公家社会の存在にあり、京都の都市空間・社会構造を解明する上で、朝廷・公家社会をそのなかにいかに位置づけるのかという点は、避けて通ることのできない論点だと考える。本書は、かかる認識にもとづき、朝廷・公家社会、とりわけ後者に注目し、近世京都の都市空間・社会構造の特質について論じていくこととする。

なお、本書では、集住形態を、都市における集住の度合い、すなわち、どのような領域にどの程度の疎密をもって居住していたのかを示す用語として使用する。また、居住形態とは、屋敷の所在地、屋敷の規模や機能の実態、拝領・拝借・買得といった屋敷地所持のあり方、居屋敷居住・借屋居住・親族との同居といった住生活の様相、周辺社会との日常的な関係のあり方などを指すものとする。

二　先行研究の到達点と課題

一九八〇年代以降の近世都市史研究は、建築史学をはじめ、文献史学、考古学などの学際的な研究領域となったことから、飛躍的に進展した。それにより、各地の都市や町場の空間・社会構造の特質が、多面的かつ重層的なかたちで示されるようになったといえよう(1)。そのなかで、近世の京都研究についても、町・町組などの都市共同体、町屋や町並みから形成される都市空間に注目した研究を中心に蓄積が進んだ(2)。ここで、そうした京都に関する都市史研究を総括することは筆者の能力を超えるものであり、以下では、本書の問題意識を明確にするため、近世京都に関する都市史研究の到達点と課題を、公家社会との関係に焦点を絞って整理していくこととする。

（1）「城下町」京都の形成と公家町

応仁の乱後の京都は、上京・下京という二つの都市集落からなる都市となっていた。上下京はいずれも堀や塀などからなる惣構を構築し、両者をつなぐのは、室町通のみという状況であった(3)。だが、こうした戦国期京都の都市空間は、十六世紀後期から十七世紀前期にかけて、織田・豊臣・徳川という統一政権により大きく変容させられていった。とりわけ、豊臣秀吉による、いわゆる京都改造は大規模な都市の改変をともなうものであり、近世都市京都の空間構造はこれにより確立したといえよう。したがって、京都の近世都市としての始点を定める上で、豊臣政権(4)による京都改造をいかに理解するかは重要な課題となってきた。そして、公家町の形成については、その課題の一部として研究が積み重ねられてきた。

(1)京都改造における公家町の位置づけについて

小野均（晃嗣）の研究により、豊臣政権による京都の大規模な都市改造（＝京都改造）は城下町化として位置づけられた[5]。小野は、聚楽第の造営により自らの政治的拠点を定めた豊臣政権が、天正十九年（一五九一）に①御土居の建設、②皇居の修築拡大、③聚楽第周辺の大名屋敷建設、④寺町の構成、⑤洛中市街の市区改正、および市域拡大を行うことにより、京都を城下町としたとする。ここに公家町の形成は含まれないものの、「かつて中世に於いては、武家屋敷・公家邸宅・寺院・町屋と複雑なる形態をなして相混淆した市街形態は、都市構成者別によって、それぞれ武家集団居住地区・公家地区・寺院地区と截然と区別せらるるに至ったのである[6]」とも述べており、①〜⑤と公家町の形成を合わせて京都の城下町化が達成されたとした。ただし、小野は、京都が古代以来の「帝都」であり、かつ都市構成者として公家が存在したことにより、近世城下町としては完成しなかったとし、京都を不完全な近世城下町として位置づけた。

以後、京都改造については多くの研究が蓄積されてきたが[7]、ほとんどが小野の評価を基本的に踏襲している。そのなかで、京都改造における公家町の位置づけと関連して注目したいのが、吉田伸之、杉森哲也の議論である。吉田は、京都が平安京から城下町へと変容する過程を、つぎのように説明する[8]。すなわち、平安京は中世を通して都城としての性格を変容・解体させ、十三世紀前半までには朝廷・寺社・武家の三つの権門により構成される権門都市へと変容した。権門都市とは、権門に属する多様な諸勢力の集合として存立しており、城下町形成に至る過渡的な形態として捉えられる。そして、十六世紀後期には、国家公権を掌握した織田・豊臣政権の都市改造により、聚楽第という単一の凝集核をもつ城下町として成立した、というものである。その一方で、京都は城下町に一元化され得ない異質な要素として禁裏・公家町を残存させたとし、特に元和・寛永期以降は、二条城を中核とする城下町と、禁裏・公家町を中核とする「帝都」との二重構造を持つ都市、複核的都市として位置づけられるのではないかと展望する。吉田は、その理由として、朝廷・公家が、諸職人や芸能者などの多くの身分にとって自己同一性の原泉として機能したこと、門跡寺院など有力寺院が諸宗派の「中央」として存在したこと、御用商人・職人が「禁裏被官」として非幕藩制的な身分体系のもとに位置づけられたことを挙げている。

吉田の議論は、近世京都の特質を、朝廷・公家や門跡寺院の社会的機能、御用商人・職人の「役」という視角から説明した点、京都の複核的都市としての位置づけに言及した点に特徴があるといえよう。

一方、杉森は、豊臣政権の政権構想と京都改造が行われた時期との関係に着目する。(9) すなわち、豊臣政権の政権構想を、政権掌握期（天正十年六月～十二年四月）、関白政権期（天正十二年十月～十九年十二月）、太閤政権前期（天正十九年十二月～文禄四＝一五九五年七月）、太閤政権後期（文禄四年七月～慶長三＝一五九八年八月）に区分し、京都改造を関白政権期に行われた政策であり、秀吉の政権構想が都市空間として具体化されたものとして位置づけた。杉森以前に、京都改造とそれにより成立した都市空間を政権構想と関連づけて論じたものはなく、この研究により京都改造に関する研究は新たな研究段階に到達したと評価できよう。

その上で、杉森は、京都改造の特質を以下のように指摘する。①京都改造の直接の実施時期は、聚楽第の造営に着手した天正十四年（一五八六）二月下旬から、洛中地子免許が行われた天正十九年九月までであること、②聚楽第を中核とする京都の城下町化と評価しうること、③内裏・公家町は空間的に明瞭に区分された地区として成立し、城下町化の原則が貫徹していること、したがって、小野がその存在ゆえに京都を不完全な城下町として評価したことは肯定できないこと、④城下町化の原則は一貫するが、正親町通沿いの大名屋敷街の建設など、個々の具体的な政策には変更が加えられたことである。

ここで杉森は、公家町が秀吉の関白政権構想のもとに建設され、かつ武家地・寺社地・町人地などと同様、内裏を中心に周囲と明瞭に区分できる空間として形成されたことを理由に、京都は完全な城下町として成立したとしており、この点にも先行研究とは異なる見解が示されている。

このように、先行研究では、豊臣政権による京都改造により公家町が形成されたという点は一致していることがわかる。その上で、内裏・公家町が城下町京都のなかで、聚楽第あるいは二条城という核と対抗できる存在かどうかが大きな論点となっていると考えられる。

(2)公家町の成立時期について

これまで、公家町の形成は京都の城下町化の一環として理解されてきた。吉田や杉森の議論でもこの点は同様であった。だが、かかる理解は、果たしてどのような研究にもとづくものなのだろうか。

公家町の建設時期や過程について比較的詳細に言及しているのは、『京都の歴史　五　近世の展開』の記述である[10]。その内容は、秀吉の京都改造の一環として公家町が形成されたこと、慶長十年（一六〇五）以降の内裏拡張・後陽成院御所造営により「決定的な街区の形成」が行われたことを明らかにしたものであった。その後、長らくこの成果を越える研究はなく、豊臣政権による公家町の形成については、成立時期や、成立期の屋敷地の配置といった空間構造に不明な点を残したまま位置づけられてきたといえよう。

それに対して、近年のみるべき研究として、右の杉森の研究と、山口和夫の研究が挙げられる[11]。杉森は、京都改造において建設された公家町の位置を、慶長十年の後陽成院御所造営にともない大規模な公家屋敷の移転が行われたことから、移転対象となった屋敷の所在した内裏の北東側であったと推定している。これは、これまで明らかではなかった初期の公家町の位置を明示した点において、高く評価できるものである。一方、山口は、公家町の形成過程を述べるなかでその成立時期に言及しており、天正十三年に、秀吉の主導により堂上公家の屋敷が内裏周辺に移転されたと指摘した[12]。これは、公家町の成立時期を明確にした貴重な成果であり、かつ公家町の建設を京都改造の一環として捉えるこれまでの説に再考を迫るものであるといえよう。なぜならば、多くの論者が京都改造の始期を天正十四年の聚楽第造営に求めているのに対して、公家町の形成はそれ以前にすでに始まっており、京都改造の一環として位置づけられない可能性を有することとなったからである。

このように、多くの先行研究は、公家町の建設時期や詳細な過程を同時代史料にもとづき明らかにしないまま、京都改造における位置づけを論じてきたのである。本来であれば、公家町について建設時期、空間構造を解明した上で、初めて京都改造との関係を論じることができる。京都改造と公家町形成との関係については、いまだ解明すべき課題が残っているといえよう。

なお、近年、内裏の東側、二階町・梨木町に当たる地区の発掘調査により、公家町の成立に関して非常に重要な知見が得られた。この調査を通して、内裏の東側には、近世初期まで巨大な南北堀が設けられていたことが明らかとなるとともに、近世における二階町・梨木町の変遷が遺構の面から確認された(13)。その他にも京都御苑内では、これまでに公家町にあたる範囲で発掘調査が進んでおり(14)、こうした考古学の成果をいかに組み込んで研究を進めるのかも課題のひとつとなっている。

(3)豊臣政権の政権構想と公家町建設

杉森により、京都改造は秀吉の政権構想をふまえて理解すべきことが示されたが、近年、豊臣政権に関する研究は大きく進展しており、杉森の提示した政権構想の時期区分、とりわけ政権掌握期と関白政権期との区分については、見直しが必要となる。

中央政権としての豊臣政権の成立時期については、大きく小牧・長久手の合戦以前とする説と、合戦以後とする説に分かれる。前者は朝尾直弘・尾下成敏、後者は藤田達生の説に代表される。

前者は、中央政権の確立に必要な条件として、①日本の統一支配者としての自覚、②大名の配置替え・転除封の計画実行、③畿内の掌握を挙げる。朝尾はこのうち③を重視し、秀吉が大坂城築城を決定した天正十一年五月を政権の始期とした(15)。一方、尾下は、織田家督である織田信雄が安土城から清洲城へ移ったことをもって、秀吉が信雄を上位権力者として見なさなくなったと理解し、移転時期である天正十一年六月下旬から七月中旬を豊臣政権の始期とする[16]。さらに、③については、秀吉が京都での宿館として妙顕寺城を造営したことを、京都掌握の強化の象徴として位置づける。

これに対して、後者の立場に立つ藤田は、秀吉が、大坂遷都構想を明らかにした天正十一年九月には、織田家重臣から離脱し天下人となるべく活動を活発化させたと理解する。その上で、豊臣政権の始期については、天下争奪戦であった小牧・長久手の合戦の結果、秀吉と信雄との間に軍事的従属関係が成立したこと、および天正十三年二月に信雄が大坂城で秀吉に対面し臣下の礼をとったことを画期とし、内大臣への任官と、前田玄以の京都所司代への任命を行った翌三月を始期とみなしている[17]。

このように、豊臣政権の始期については、秀吉が信雄を臣従させたことを重視するかどうかで大きく二つに分かれる。確かに、尾下の指摘するように、天正十一年六月には秀吉は京都を実質的に掌握しており、かつ七月下旬以降秀吉が信雄に臣従した形跡はなく、政治的な実力という点では織田家督である信雄という存在を乗り越えて政権を確立したとみることはできる。だが、信雄の秀吉への臣従は、豊臣政権を正当化するためにも必要不可欠であったと考えられることから、ここでは、藤田説に従い、天正十三年三月に豊臣政権が確立したと理解し、尾下が政権の始期と位置づけた天正十一年六月から、信雄の臣従が確定した十三年三月までを政権確立期としておきたい。

つぎに触れておきたいのが、秀吉の関白任官の意義についてである。秀吉は天正十三年七月に関白に任官する。これまでの研究では、小牧・長久手の合戦で徳川家康から勝利を得られなかった秀吉が、武力による全国支配から律令官制にもとづく支配へと政治体制を転換し、そのため関白への任官を目指したとされてきた。だが、近年には、秀吉が優勢なまま信雄と講和し、合戦全体をみるならば秀吉方の勝利であったという見解が出されている[18]。さらに、関白への任官も、二条家と近衛家との争論を契機とするもので、池享や堀新が指摘するように、秀吉が計画的に進めたものではなかった[19]。したがって、秀吉は、一貫して主従制的支配にもとづく武家政権として全国支配を進めており、関白への任官は、あくまでも「天下」支配者としての名分を得るためであったと考えるのが妥当である。

しかし、その一方で、関白任官後の秀吉は、全国の大名に対して「叡慮」や「勅定」にもとづく「惣無事」を要求するとともに、御内書様式の文書を多く発給するようになる。ここからは、任官を契機として天皇とより接近した政権への変化をみることができ、豊臣政権の一つの画期として位置づけられる。そして、天正十四年二月から着手した聚楽第の造営は、そうした変化の象徴と考えるべきであろう。

以上、近年の豊臣政権に関する研究の到達点を確認してきた。その上で、再び杉森の京都改造論をみると、京都改造の始期について以下のように説明している。秀吉は、小牧・長久手の合戦において家康に敗れたことで、征夷大将軍として全国支配を進めるという政権構想を転換せざるを得ず、律令官制という枠組みのなかで自らの政権を確立した。そして、京都改造は、そうした政権構想の転換と大きく関わっており、その始期は、新たな政権構想が明らかとなる秀吉の五位少将任官の時期、すなわち、天正十二年十月である、というものである。

だが、右にみた豊臣政権に対する理解をふまえるならば、かかる杉森の議論は首肯できないものである。さらに、杉森は秀吉の聚楽第造営を京都改造の中核としているが、秀吉は政権確立期から京都に拠点として妙顕寺城を築いており、それを前提として議論を組み立てていく必要があると考える。よって、公家町の建設と京都改造との関係は、右の豊臣政権の変化を勘案した上で改めて論じる必要がある。

(4) 公家町形成の意義

公家町建設が京都改造の一環かどうかはいったん措くとしても、秀吉の公家町建設により多くの公家が内裏周辺に集住することとなったのは確かである。そして、これまで豊臣政権による公家町の形成は、武家地や寺町と同様、身分集団ごとに居住地を設定するためであり、かつ公家を集中的に統制することを目的としたものと捉えられてきた[20]。このような公家町形成の意義はある程度理解できるものの、当該期の武家政権にとって公家を集住させて統制する必要はどれほどあったのだろうか。この点について、先行研究では史料にもとづく詳細な検討が行われておらず、再考すべき課題であると考える。

この課題を解明するにあたって参考となるのが、横田冬彦、平井上総の研究である。横田は、豊臣政権下の京都における都市行政の成立に注目するなかで、聚楽第周辺での「奉公人屋敷」の設定についてつぎのように指摘する。京都改造が進むことにより京都には大量の武家奉公人が流入し、町に滞留する奉公人の非分狼藉という都市問題を抱えるようになった。奉公人の集住地設定と強制的移住は、政権がその対策として計画的に進めたのであり、身分別居住は近世都市において必然性を持っていたわけではないというものである[21]。一方、平井は、近世初頭の兵農分離政策における武士の城下町への集住に関して、以下の点を強調する。すなわち、大名は武士の在地性の否定を目指していたわけではなく、給人は自身の職務に応じて城下への居住を選択していたと考えられるという点である。さらに、城下町振興のために武士の城下への集住が命じられることもあったとしており、武士の城下町への集住が進む背景にはさまざまな契機があったと述べている[22]。

いずれの研究も、武士・武家奉公人の城下への集住や身分別居住が、近世都市としての自然なふるまいではなく、政権、あるいは領主の抱える政治的・社会的状況に対応して行われた政策であったことを明らかにしたものであり、公家の内裏・院御所周辺への集住も、政治的・社会的背景をふまえた上で改めて評価すべきである。

（2）公家町の空間構造

近世都市京都、とりわけ洛中にあたる地域には、内裏を中心とする公家町をはじめ、二条城を核とした武家地、上下京に広がる町人地、洛中周縁部に設けられた寺町、および東西本願寺寺内町が、パッチワークのように配されていた。このなかで、町人地については、これまで多くの研究が積み重ねられてきた。だが、その他の領域、公家町・武家地・寺町・寺内町は、本格的にはとりあげられてこなかった。それに対して、近年こうした研究の遅れを意識した研究が、徐々にではあるが進められようとしている。(23) 改めて言うまでもないが、近世京都は町人だけではなく、公家・武士・僧侶など多くの身分集団が集住する都市であり、その特質を明らかにするには、各身分集団の集住地区の空間・社会構造、身分集団間の関係を解明する必要がある。

本書でとりあげる公家町に注目すると、その成立については秀吉の京都改造のなかで必ず言及されてきたが、公家町の空間自体をとりあげる研究は少なく、武家地などと同様、課題が山積する分野であるといえよう。とはいえ、そのなかでも、公家町の空間構造や空間的特質、通時的な変遷を解明した研究成果はいくつかある。そこで、ここでは公家町の「空間」に焦点を絞り、先行研究の成果と課題を明らかにしたい。

⑴近世前期の公家町の空間構造

近世前期における公家町の空間構造については、内藤昌らによる研究が注目すべき成果として挙げられる。内藤らは慶長・寛永期の公家町絵図を中心に、公家町の領域、公家町内の道路、公家屋敷の規模などを分析し、慶長末期から寛永期における空間構造を明らかにした。(24) これにより、近世初頭の公家町の空間構造が詳細に解明されたといえる。しかしながら、それ以降こうした空間構造に注目した研究の蓄積はほとんど進まず、一九九〇年代までの都市史研究の到達点を測る上でひとつのメルクマールとなる『図集 日本都市史』(25) でも、公家町については近世初頭の空間構成に触れるのみで、その具体的な様相や通時的な変化については説明されていない。

だが、ここで注意したいのは、内藤らの研究が十七世紀前半の公家町を検討対象としている点である。そのため、近世前期の公家町の空間構造に関する研究には、以下の二つの課題が積み残されている。第一が秀吉の建設した公家町の空間構造が不明なままであることである。公家町が成立したのは、前述のように、天正十三年頃であり、その後もさまざまな改変が加えられた。それに対して、内藤らの用いた絵画史料は、最も古いものでも慶長十八年頃の公家町を描いたと考えられる「中むかし公家町之絵図」[26]であった。この絵図に示されるのは、徳川家康が後陽成院御所を造営した後の公家町であり、秀吉の建設した公家町の空間構造を直接読み取ることはできない。

第二が、当該期における公家社会の動向を、分析に組み込めていないことである。近世の天皇を頂点とする朝廷・公家社会は、幕末期を除くほとんどの時期において政治的には無力化されていたものの、①将軍・東照権現の権威化、②官位叙任を通じた諸身分編成、③元号宣下、仏教・神道・陰陽道を駆使した国家的な諸祈願、といった役割を果たすことにより、国家的権威の中心として機能した[27]。かかる諸機能を果たすためには、一定数以上の公家、および日常的な政務や朝儀における雑務を担う地下官人が必要であることは言を俟たない。さらに、近世前期には院御所増設による公家の増員[28]、朝儀の復興にともなう地下官人の増加により[29]、公家社会の規模は拡大していった。だが、内藤らの研究では、対象とする時期を十七世紀前半に限定しているため、公家町の空間構造の議論に公家社会の増大という要素をふまえられていない。

したがって、近世前期における公家町の空間構造を明らかにするためには、これら二つの課題の解明に取り組むことが必要である。

(2)公家町の空間的特質

かかる低迷した研究状況のなかで、近年は、公家町の空間的特質を特徴づける「築地之内」という空間概念に注目した研究が行われるようになった。小沢朝江[30]、高木博志[31]、岸泰子[32]の研究がその代表的なものである。小沢・高木はほぼ同時期に築地之内をとりあげており、いずれも、築地之内が内裏周辺に配された「九門」内の空間であり、かつ築地に囲まれた街路を中心とする空間であることを明らかにした。その上で、小沢は朝儀・行幸・葬送の際の「九門」の使用例から、築地之内は内裏に準ずる空間であり、穢れを避けるためにさまざまな配慮がなされるとともに、朝儀などの際には「聖なる空間」として現出することを指摘した。一方、高木は、幕末期の築地之内は日常的に庶民が自由に通行できる空間であり、「観光スポット」ともなっていたとする。また、岸は、天皇・院の葬送儀礼を検討するなかで築地之内の性格に言及し、院の崩御にあたって内裏を除く築地之内は穢の空間とみなされることから、必ずしも「聖なる空間」として機能していたわけではないことを指摘している。

このように、公家町の空間的特質については、近年研究が蓄積されつつあり、築地之内を中心とする公家町の持つ空間的な性格が明らかとなってきている。だが、築地之内の特徴については、分析の時期が近世中期以降に限定されており、かつ儀式や観光といった視角からの検討が中心となっているため、日常的な築地之内の性格、近世を通した築地之内の特質といった点が検討すべき課題として残されている。

また、築地之内の性格を考える上で前提となるのが、戦国期までの内裏周辺の空間的様相である。中世の里内裏では、内裏を中心とした三町四方が陣中と呼ばれた。陣中は公家社会において大内裏に擬する空間として認識され、さまざまな行動規制が設けられた(33)。さらに、天皇の居住する内裏は、南北朝以来ほとんど土御門東洞院から動いておらず、その周辺の都市空間には釘貫や堀が設けられるなど、近世に至るまでのさまざまな歴史が刻印されているといえる。だが、先行研究では、こうした戦国期までに内裏周辺に形成された要素が、公家町の形成においていかに継承されたのか、または断絶したのかといった点に関して、実証的な裏づけのある議論がほとんど行われていない。公家町の空間的特質を明らかにするためには、中近世移行期における内裏周辺の空間がどのように変容し、そのなかでどの要素がいかに継承されたのかという点を組み込んだ議論が求められよう。

⑶近世における公家町の展開

近世前期の公家町は拡大傾向にあったといえる。この点について『京都の歴史　五　近世の展開』では、延宝年間までに公家町は南へ拡張するとともに、東側は市街地の拡大とともに御土居を越えて伸展したとしている[34]。これは、公家町の大規模な拡張が行われた宝永期以前の変化に言及した重要な指摘であるが、以後の研究にはほとんど継承されることはなかった。

その後、公家町拡大の大きな契機として注目されてきたのが、宝永の大火である。鎌田道隆は、大火後の大規模な都市改造において、幕府の主導により公家町の拡張が行われたことを明らかにした[35]。さらに、山口和夫は、大火を契機とした公家町の拡張により、近世における公家町の形成が完了したと述べている[36]。

これらの研究によって、近世前期における公家町の通時的な変化が明らかにされた。とりわけ、秀吉による公家町建設から、宝永の大火にともなう公家町の拡大までをひとつの時期として捉える山口の視点は非常に重要である。だが、先行研究ではこうした公家町の拡張が行われた要因には触れていない。さらに、宝永の大火後の拡大については、それにより公家町のうちどの部分がいかに変化したのかといった空間的な変容が捉えられていない。近世前期の公家町の展開に関しては、空間に注目した検討、そして拡大を必要とした当該期における公家社会のあり方をふまえた議論が欠けているのである。

（3）　都市における公家の居住・集住形態

近世における公家社会の研究は、主として文献史学、建築史学、国文学、文化史学などの分野において進められてきた。そのなかで、文献史学と建築史学に焦点を絞るならば、前者では朝幕関係や朝廷運営などの政治史研究、あるいは朝廷・公家社会の身分構成など制度史的研究が中心となり[37]、後者では、後述のごとく、公家屋敷の殿舎構成、殿舎の室内意匠、屋敷内の遊興施設に注目した研究が行われてきた。そのため、両者が接点を持つことはほとんどなかったといえよう。さらに、これらの研究は、いずれも公家を都市生活者としてみる視点を欠いており、かつ都市史研究においても、公家の集住形態や居住形態を分析対象とする研究がほとんど進まなかったことから、近世の京都において公家が都市生活者としていかなる存在形態をとったのかという点については、多くの課題が残されている。天皇や公家の具体的な生活の様相については、後水尾天皇や特定の公家に焦点を絞った研究がある程度蓄積しており、その人物の生活や、彼らを中心とした公家社会の様相は解明されている。[38] だが、その多くは、対象としている人物の性格もあり、公家社会内部における生活に重心を置いたものとなっている。そのため、京都に居住する武士・僧侶・町人など諸身分集団との社会的関係については明らかにしえておらず、この点は都市京都の空間・社会構造の特質を捉える上で大きな問題である。本書は、こうした研究段階を受けて、公家の都市居住者としてのあり方を、集住・居住形態の視角から解明することを目的のひとつとしている。

とはいえ、これまで、公家の集住形態や居住形態に関わる研究は、量は多くないものの成果を積み重ねてきており、ここではその到達点と課題を確認しておきたい。

(1)近世住宅史における公家屋敷に関する研究

公家の居住形態はこれまで近世住宅史の分野で扱われており、おもに①古代以来の寝殿造がどのように変質し、近世の公家屋敷が成立したのかという問題、②公家屋敷の平面構成や表向殿舎の配置、③公家屋敷における数寄屋風意匠の浸透、といったことが検討課題となってきた。そのなかで、主要な成果を挙げるならば、①については、平井聖が摂家住宅の表向殿舎平面の変遷と屋敷内における位置を分析し、近世公家屋敷における表向殿舎の成立過程とその構成を明らかにしている。[39] ②については、屋敷指図からその平面構成を検討した川上貢の研究、[40] 重要文化財冷泉家住宅の修理から得た知見をまとめた熊本達哉の研究[41]がある。さらに、公家屋敷内の「物見」や茶室などの遊興施設、洛外の別業に注目した研究として、後藤久太郎・松井みき子、西和夫、小沢朝江の研究がある。(42)③については、斎藤英俊をはじめ、(43)さまざまな研究者がとりあげているが、近年のみるべき研究としては、摂関家の表向殿舎の平面形式や意匠の復古をとりあげた小沢、藤田勝也の研究がある。小沢は、天明の大火後、おもに摂家の屋敷において、表向殿舎へ復古様式が採用されたことを指摘している。(44)一方、藤田は五摂家の屋敷のうち寝殿を中心に変遷を検討し、摂家の屋敷では寝殿の復古が近世を通して目指されたこと、それが天明の大火後に顕著にみられるわけではないことを明らかにした。(45)

これらの研究により、公家屋敷の表向殿舎の構成と平面形式・室内意匠・遊興施設の実態などが明らかとなったといえよう。だが、その一方で、これらの研究はおもに摂家の屋敷を分析の対象としたため、他の多くの公家がどのような屋敷に居住していたのか、というごく基本的な問題が未着手のまま現在まで持ち越されている。また、本書の問題関心に引きつけるならば、公家屋敷は公家町内にのみ所在するのではないという点を看過していることも大きな問題として指摘できる。藤川昌樹は、京都において大名が町人地に設けた藩邸が、町並型と町奥型に分類できること、町奥型の屋敷は上層町人の屋敷に継承されたことを明らかにした。(46)町人地におけるかかる屋敷の存在形態をふまえるならば、町人地に広範に展開した公家屋敷も同様の形式をとっている可能性がある。さらに、屋敷内部についても、奥向きの生活を営む空間や、家来の生活空間など不明な部分が多く残っており、近世における公家屋敷の一般的な性格を指摘する段階には至っていない。

(2)公家町の土地制度について

公家町内の土地制度を明らかにした研究としては、以下のものがある。三上淳子は、西園寺家をとりあげ、屋敷地獲得の具体的な過程を明らかにしている。(47)これは、公家町内における屋敷地の受給制度に注目した先駆的な研究であった。その後、山口和夫は、近世前期における公家町の土地制度に関わる事例を網羅的にとりあげ、その実態を明らかにしている[48]。山口は、公家町内の屋敷地が拝領地・拝借地・買得地などの属性を有していたこと、武家地と同様に屋敷の相対替が行われたことなど、屋敷地の受給や居住形態の多様性を指摘しており、公家町内の土地制度を包括的に説明した初めての研究である。また、公家町内の土地制度については、公家町を管理する幕府側からの研究も行われている。近世に公家町の維持・管理を担ったのは、京都大工頭中井家であった。中井家に関する研究は、内裏造営に関するものが多いが、公家町についても築地之内に面する築地塀や公家屋敷の諸門は幕府の負担により造営されていたこと、築地之内の日常的な維持・管理、屋敷地の給付に際して、敷地の測量、受け渡しへの立ち会いが中井家の職掌であったことが、島田武彦[49]、谷直樹[50]、小沢朝江[51]により明らかにされている。

(3)公家の集住・居住形態

都市史研究の視点から公家の集住・居住形態を検討するにあたって重要な論点として、①屋敷所持のあり方、②都市における屋敷の位置と集住の度合い、③公家の家政機構と家来の居所、④日常的な行動パターンとその範囲、⑤町方社会など他の身分集団との間に形成する社会的関係などが挙げられる。

これらのうち①②については、桂宮家・近衛家の屋敷地の所在地について考察した小沢朝江の研究[52]や、『中井家文書の研究』第九巻所収の、摂家の屋敷地の変遷を明らかにした研究などがある[53]。だが、これらは摂家・親王家の屋敷地に注目した研究であり、上層公家の通時的な屋敷の移動や、屋敷地所持のあり方は明らかとなるものの、それらが公家社会全体のなかでどの程度一般化できるのかについては不明である。③に関しては、二条家・広幡家・西園寺家・勧修寺家などいくつかの公家の家政機構をとりあげた研究があるが[54]、その大部分は家政機構の構成や家司の役割を明らかにしたものであり、公家の居住形態にまで言及した研究はない。

また、④については、公家勧修寺晴豊の子息で相国寺・鹿苑寺住職を勤めた鳳林承章の京都における行動範囲を分析した吉村亨の業績が、公家社会に属する人物の日常的な行動を明らかにした貴重な成果となっている[55]。

一方、近世京都における公家社会との関係を明らかにする上で無視できないのが、地下官人や、各公家の家政機構を構成する家来の存在である。地下官人や公家の家来は、公家町、各公家の屋敷に居住することは少なく、おもに町人地または在方に屋敷を買得・借屋し居住していた。地下官人、公家の家来の総数については不明ながら、近世後期には地下官人だけでも七百人～一千人程度おり[56]、その多くが町人地に居住していることを考慮するならば、地下官人・公家家来の町における居住形態は、近世京都の都市社会を考える上で重要な論点とする必要がある。だが、これまで地下官人・公家家来の町人地、在方における居住形態、町人・町といった町方社会と取り結ぶ社会的関係の実態については分析の対象とはなってこなかった。わずかに、帯刀人としての公家家来に注目した熊谷光子の研究[57]、公家の家来の町人地居住のあり方について部分的に触れた藤實久美子の研究[58]があるのみである。

三　本書の構成

以上、公家社会の視角からみた近世京都の都市史研究の到達点と課題を示してきた。それらの課題を念頭に置いて、本書の構成を述べる。

本書は大きく二部から構成される。第一部では、公家町の形成と変容に注目する。まず、第一章から第三章は、おもに中近世移行期における公家町の成立と、公家の集住形態について論じている。第一章では、織田政権・豊臣政権・徳川政権という近世統一政権が計画・実施した公家町の建設過程を明らかにする。第二章では、中世において内裏の周辺に設定された陣中という空間概念が、戦国期の内裏周辺の荒廃と、その後の公家町の建設によりどのように変容したのか、さらにそれが、近世の内裏を囲繞するように設けられた築地之内という空間概念にいかに継承されたのかについて論じる。第三章では、公家社会の安定が進んだ十七世紀後半における公家の集住形態を、近世以降に家を創立・再興した公家に注目し解明する。

つぎに、第四章から第六章では、公家町の空間構造を大きく変化させる契機となった宝永の大火に注目し、大火後に実施された公家町の再編、および大火前後での公家の集住形態の変容について論じている。第四章では、京都の都市行政の整備が進められた元禄・宝永期に焦点を絞り、公家町の拡大と、公家町内における防火対策を明らかにするとともに、当該期に行われた公家の町人地居住に対する幕府の政策について考察を加える。第五章は、宝永の大火後に行われた公家町の再編について具体的な過程を解明するものである。また、第六章は、公家町の再編にともなう公家の集住形態の変化を論じる。

第二部は、町人地に居住する公家の居住形態に注目する。第一章では、堂上公家久世家をとりあげ、町人地における屋敷地の集積過程を描き出す。補章では、公家が町人地の屋敷地を、公家の間で譲渡を繰り返すことにより引き継いでいった過程を明らかにする。第二章は、久世家の町における居住形態を、①屋敷地所持のあり方、②町運営への関わり、③久世家に出入りする商工業者の実態、④日常的な寺社参詣、という視角から論じるものである。第三章は、地下官人真継家を事例として、町における地下官人の居住形態について検討する。第四章は、やや視点を変えて、天皇の側妾であった女官が出産に用いる御産所に焦点を絞り、御産所の設置をめぐる朝廷・幕府・町の論理の相克について検討する。

そして、結章では、各章の検討にもとづき、近世における公家の集住・居住形態の特徴、そこからみえてくる近世都市京都の空間・社会構造の特質について論じる。

（1）　戦前から一九八〇年代にかけての近世都市史の研究動向については、伊藤毅が建築史学の分野からまとめている（伊藤毅「日本都市史」〈『建築史学』六、一九八六年〉）。また、八〇年代以降の近世都市史研究に関する研究成果については枚挙にいとまないが、一九八九年から一九九三年にかけて出版された髙橋康夫・吉田伸之編『日本都市史入門』Ⅰ～Ⅲ（東京大学出版会、一九八九～九〇年）、髙橋康夫・吉田伸之・宮本雅明・伊藤毅編『図集　日本都市史』（東京大学出版会、一九九三年）がその到達点を測るメルクマールとなっている。

（2）　近世京都に関する研究は数が多く、すべてを挙げることは到底できない。公刊された著書のうち都市共同体、都市空間、町屋などの建造物に関するものに限定するならば、代表的な研究として以下のものが挙げられる。秋山國三・仲村研『京都「町」の研究』（法政大学出版局、一九七五年）。秋山國三『近世京都町組発達史』（法政大学出版局、一九八〇年）。野口徹『日本近世の都市と建築』（法政大学出版局、一九九二年）。朝尾直弘『都市と近世社会を考える　信長・秀吉から綱吉の時代まで』（朝日新聞社、一九九五年）。京都町触研究会編『京都町触の研究』（岩波書店、一九九六年）。日向進『近世京都の町・町家・町家大工』（思文閣出版、一九九八年）。吉田伸之『近世都市社会の身分構造』（東京大学出版会、一九九八年）。鎌田道隆『近世京都の都市と民衆』（思文閣出版、二〇〇〇年）。土本俊和『中近世都市形態史論』（中央公論美術出版、二〇〇三年）。朝尾直弘『近世都市論』（朝尾直弘著作集　第六巻　岩波書店、二〇〇四年）。杉森哲也『近世京都の都市と社会』（東京大学出版会、二〇〇八年）。仁木宏『京都の都市共同体と権力』（思文閣出版、二〇一〇年）。

（3）　髙橋康夫『京都中世都市史研究』（思文閣出版、一九八三年）。前掲仁木『京都の都市共同体と権力』。

（4）　豊臣秀吉が賜姓された豊臣姓はあくまでも本姓であり、名字は賜姓後も羽柴のままである。したがって、本来なら羽柴政権とすべきであるが、本書では議論をわかりやすくするため、一貫して豊臣政権と記すこととする。

（5）　小野晃嗣「京都の近世都市化」（『近世城下町の研究』増補版　法政大学出版局、一九九三年、初出は一九四〇年）。

（6）　同右。

（7）　京都の近世都市化に関する主要な研究成果は、『図集　日本都市史』（前掲）のなかでまとめられている。それ以降の主な成果としては、以下のものを挙げることができる。横田冬彦「城郭と権威」（『岩波講座　日本通史』第一一巻　近世一　岩波書店、一九九三年）。鎌田道隆「京都改造――近世石高制の都市へ」（前掲『近世京都の都市と民衆』、初出は一九九三年）。朝尾直弘「「洛中洛外町続」の成立――京都町触の前提としての――」（前掲『近世都市論』、初出は一九九六年）。横田冬彦「近世社会の成立と京都」（『日本史研究』四〇四、一九九六年）。中村武生「豊臣期京都惣構の復元的考察――「土居堀」・虎口・都市民――」（『日本史研究』四二〇、一九九七年）。仁木宏『空間・公・共同体――中世都市から近世都市へ――』（青木書店、一九九七年）。前掲土本『中近世都市形態史論』。杉森哲也「近世京都の成立――京都改造を中心に」（前掲『近世京都の都市と社会』、初出は二〇〇一年）。前掲仁木『京都の都市共同体と権力』。

（8）吉田伸之「城下町の類型と構造」（『伝統都市・江戸』東京大学出版会、二〇一二年、初出は二〇〇一年）。

（9）前掲杉森「近世京都の成立――京都改造を中心に」。

（10）京都市編『京都の歴史　五　近世の展開』（学藝書林、一九七二年）四九二～四九六頁。

（11）山口和夫「朝廷と公家社会」（『日本史講座』六　近世社会論　東京大学出版会、二〇〇五年）。

（12）天正十三年に秀吉が公家屋敷を内裏周辺へ移転させたことは、山口以前に橋本政宣が指摘している（橋本政宣『近世公家社会の研究』吉川弘文館、二〇〇二年）。

（13）『平安京左京北辺四坊―第二分冊（公家町）―』（京都市埋蔵文化財研究所調査報告第二二冊　京都市埋蔵文化財研究所、二〇〇四年）。

（14）『公家町遺跡』（京都市埋蔵文化財研究所発掘調査報告二〇〇九―五　京都市埋蔵文化財研究所、二〇〇九年）など。

（15）朝尾直弘「豊臣政権の問題点」（『豊臣・徳川の政治権力』朝尾直弘著作集　第四巻　岩波書店、二〇〇四年、初出は一九七〇年）。

（16）尾下成敏「清洲会議後の政治過程――豊臣政権の始期をめぐって――」（『愛知県史研究』一〇、二〇〇六年）。同「小牧・長久手の合戦前の羽柴・織田関係――秀吉の政権構想復元のための一作業――」（『織豊期研究』八、二〇〇六年）。

（17）藤田達生「小牧・長久手の戦いと羽柴政権」（『愛知県史研究』一三、二〇〇九年）。
その他にも、豊臣政権の始期を小牧・長久手の合戦後と位置づける論者として山本博文がいる。山本は豊臣政権成立の条件は、朝廷が秀吉を信長の後継者として認めたかどうかにあるとし、それは信長が初めて得た官位である従三位権大納言への任官だとする。秀吉が同じ官位に叙任されたのは天正十二年十一月のことであり、このときを豊臣政権の始期とする（山本博文『信長の血統』文藝春秋、二〇一二年）。

(18) 跡部信「秀吉の人質策――家康臣従過程を再検討する――」（藤田達生編『小牧・長久手の戦いの構造』戦場論上 岩田書院、二〇〇六年）。

(19) 池享「織豊政権と天皇」（『戦国・織豊期の武家と天皇』校倉書房、二〇〇三年、初出は一九九三年）。堀新『日本中世の歴史7　天下統一から鎖国へ』（吉川弘文館、二〇一〇年）。

(20) 朝尾直弘「天下人と京都」（前掲『豊臣・徳川の政治権力』、初出は二〇〇三年）。

(21) 前掲横田「城郭と権威」。

(22) 平井上総「中近世移行期の地域権力と兵農分離」（『歴史学研究』九一一、二〇一三年）。なお、豊臣政権期に各地の城下町で家臣団の集住が進まなかったことは、光成準治も指摘している（光成準治「中・近世移行期城下町の構造と城下集住――毛利期広島城下町を中心に」〈『中・近世移行期大名領国の研究』校倉書房、二〇〇七年〉、初出は二〇〇五年）。

(23) 武家地・寺町・寺内町に関する近年の主たる研究として、以下のものがある。吉住恭子「『京都武鑑』にみる京都町奉行与力・同心の存在形態」（『京都市歴史資料館紀要』二〇、二〇〇五年）。藤井譲治「十七世紀京都の武士」（『近世史小論集――古文書と共に――』思文閣出版、二〇一二年、初出は二〇〇五年）。同「一七世紀京都の都市構造と武士の位置」（金田章裕編『平安京―京都　都市図と都市構造』京都大学学術出版会、二〇〇七年）。杉森玲子「寺内」（吉田伸之・伊藤毅編『伝統都市3　インフラ』東京大学出版会、二〇一〇年）。阿部裕樹「幕末期鳥取藩京都藩邸の所在と拡大――絵図からみる空間的拡大過程」（『鳥取地域史研究』一二、二〇一〇年）。千葉拓真「加賀藩京都藩邸に関する一考察――その成立と構造を中心に――」（『東京大学日本史学研究室紀要』一六、二〇一二年）。林宏俊「近世京都における寺院町の運営と捨子」（『奈良史学』三〇、二〇一三年）、同「近世京都の寺院町における運営の一側面――普請と往来をめぐって――」（『奈良大学大学院研究年報』一八、二〇一三年）。

(24) 内藤昌・大野耕嗣・高橋宏之・村山克之「近世初頭京都公家町の研究」一～七（『日本建築学会東海支部研究報

告集』八～一〇、一九七〇～七二年）。

(25) 前掲髙橋・吉田・宮本・伊藤編『図集 日本都市史』一八八～一八九頁。

(26)「中むかし公家町之絵図」（『中井家文書』〈京都府立総合資料館所蔵〉文書番号三八五）。

(27) 宮地正人『天皇制の政治史的研究』（校倉書房、一九八一年）。水林彪「近世天皇制研究についての一考察――近世天皇制の存在必然性についての諸学説の批判的検討――」上・下（『歴史学研究』五九六・五九七、一九八九年）。高埜利彦「江戸幕府の朝廷支配」（『近世の朝廷と宗教』吉川弘文館、二〇一四年、初出は一九八九年）。

(28) 山口和夫「天皇・院と公家集団――編成の進展と近世朝廷の自律化、階層制について――」（『歴史学研究』七一六、一九九八年）。

(29) 西村慎太郎「地下官人化する百姓・町人たちとその身分的特質」（『近世朝廷社会と地下官人』吉川弘文館、二〇〇八年、初出は二〇〇五年）。

(30) 小沢朝江『近世京都における公家町の性格とその成立・変容過程に関する研究』（文部科学省研究補助金成果報告書、研究代表者小沢朝江、二〇〇〇年）。同「近世における内裏外郭門と築地之内について」（『日本建築学会計画系論文集』五五四、二〇〇二年）。

(31) 高木博志「近世の内裏空間・近代の京都御苑」（『近代天皇制と古都』岩波書店、二〇〇六年、初出は二〇〇一年）。

(32) 岸泰子『近世の禁裏と都市空間』（思文閣出版、二〇一四年）。

(33) 中世里内裏における「陣中」について分析した研究には、以下のものがある。飯淵康一「平安期里内裏の空間秩序（二）――陣口および門の用法からみた――」（『平安時代貴族住宅の研究』中央公論美術出版、二〇〇四年、初出は一九八四年）。野口孝子「平安宮内の道――馳道・置路・壇葛――」（『古代文化』五五、二〇〇三年）。同「閑院内裏の空間領域――領域と諸門の機能――」（『日本歴史』六七四、二〇〇四年）。髙橋康夫「室町期京都の都市空間」（中世都市研究会編『政権都市―中世都市研究9』新人物往来社、二〇〇四年）。中町美香子「平安時代中後期の里内裏空間」（『史林』八八―四、二〇〇五年）。桃崎有一郎『中世京都の空間構造と礼節体系』（思文閣出版、二〇一〇年）。

(34) 前掲京都市編『京都の歴史 五 近世の展開』四九五～四九六頁。

(35)　鎌田道隆「近世都市における都市開発――宝永五年京都大火後の新地形成をめぐって――」（前掲『近世京都の都市と民衆』、初出は一九九六年）。

(36)　前掲山口「朝廷と公家社会」。

(37)　近世の朝幕関係や朝廷運営に関する研究は非常に多く、近年刊行された研究書に限定するならば、以下の著書がその代表としてあげられる。野村玄『日本近世国家の確立と天皇』（清文堂出版、二〇〇六年）。田中暁龍『近世前期朝幕関係の研究』（吉川弘文館、二〇一一年）。村和明『近世の朝廷制度と朝幕関係』（東京大学出版会、二〇一三年）。また、朝廷・公家社会に関する制度史的研究としては、以下のものがある。前掲橋本『近世公家社会の研究』。高埜利彦編『朝廷をとりまく人びと』（身分的周縁と近世社会８　吉川弘文館、二〇〇七年）。西村慎太郎『近世朝廷社会と地下官人』（吉川弘文館、二〇〇八年）。高橋博『近世の朝廷と女官制度』（吉川弘文館、二〇〇九年）。

(38)　近年のみるべき研究として、以下のものが挙げられる。瀬川淑子『皇女品宮の日常生活――『无上法院殿御日記』を読む――』（岩波書店、二〇〇一年）。管宗次『京都岩倉実相院日記』（講談社、二〇〇三年）。久保貴子『後水尾天皇――千年の坂も踏みわけて――』（ミネルヴァ書房、二〇〇八年）。同『徳川和子』（吉川弘文館、二〇〇八年）。村山修一『安土桃山時代の公家と京都　西洞院時慶の日記にみる世相』（塙書房、二〇〇九年）。緑川明憲『豫楽院鑑　近衛家凞公年譜』（勉誠出版、二〇一二年）。日下幸男『中院通勝の研究』（勉誠出版、二〇一三年）。

(39)　平井聖「江戸時代摂家住宅とその性格」（『日本建築学会論文報告集』五四、一九五六年）。同「江戸時代公家住宅に於ける接客空間発展の一形態」（『日本建築学会研究報告』〈関東支部〉四〇、一九五七年）。同「近世貴族住宅における基準殿舎構成について」（『日本建築学会研究報告』〈関東支部〉四四、一九五八年）。同「近世摂家住宅における書院について」（同前）。同「江戸時代公家住宅に於ける殿舎平面の変遷」（『日本建築学会研究報告』〈関東支部〉四四、一九五八年）。同「近世に於ける摂家住宅の寝殿について」（『日本建築学会論文報告集』六三、一九五九年）。同「日本住宅史における近世貴族住宅の位置について――日本住宅史の様式区分について――」（『日本建築学会研究報告』〈関東支部〉五八、一九六一年）。

(40)　川上貢「竹内門跡屋敷指図について」（『建築指図を読む』中央公論美術出版、一九八八年、初出は一九五八年）。

同『桂離宮』（日本の美術二〇　小学館、一九七一年）。同「公家住宅の変遷について」（冷泉為任監修『冷泉家の歴史』朝日新聞社、一九八一年）。

(41)　熊本達哉「寛政再建時の冷泉家住宅について」（『建築史学』三〇、一九九八年）。

(42)　西和夫・荒井（小沢）朝江「桂宮家の鷹峰御屋敷――位置と沿革そして御成の様相――」（『日本建築学会計画系論文報告集』三七七、一九八七年）。同「桂宮家御陵村御茶屋と地蔵堂」（『日本建築学会計画系論文報告集』三八〇、一九八七年）。小沢朝江「桂宮家の今出川屋敷における御茶屋について――その沿革・特色・使い方と桂離宮など洛外の別荘との比較――」（『日本建築学会計画系論文集』四六三、一九九四年）。後藤久太郎編著・松井みき子著『近世初期上層公家の遊興空間』（中央公論美術出版、二〇一〇年）。

(43)　斎藤英俊『桂離宮』（名宝日本の美術　第二一巻　小学館、一九八二年）。

(44)　小沢朝江「寛政期の桂宮・近衛・一条各家の寝殿造営における裏松固禅・中山愛親の造営顧問としての活動について」（『日本建築学会大会学術講演梗概集（北陸）』、一九九二年）。同「「復古」という流行――寛政期の公家邸宅造営と復古内裏の影響――」（西和夫編『建築史の回り舞台――時代とデザインを語る』彰国社、一九九九年）。

(45)　藤田勝也「近世二條家の屋敷について――近世公家住宅の復古に関する研究　一――」（『日本建築学会計画系論文集』六三六、二〇〇九年）。同「近世近衛家の屋敷について――近世公家住宅の復古に関する研究　二――」（『日本建築学会計画系論文集』六七五、二〇一二年）。同「近世鷹司家の屋敷について――近世公家住宅の復古に関する研究　三――」（『日本建築学会計画系論文集』六八四、二〇一三年）。同「近世九條家の屋敷について――近世公家住宅の復古に関する研究　四――」（『日本建築学会計画系論文集』六九七、二〇一四年）。

(46)　藤川昌樹『近世武家集団と都市・建築』（中央公論美術出版、二〇〇二年）。

(47)　三上淳子「近世における西園寺家の屋敷地」（『学習院大学　史料館紀要』一〇、一九九九年）。

(48)　前掲山口「朝廷と公家社会」。

(49)　島田武彦「京都大工頭中井支配の棟梁について（二）――棟梁の職務――」（『日本建築学会研究報告』二五、一九五四年）。

(50)　谷直樹「公儀作事における中井家の職務と財政構造」（『中井家大工支配の研究』思文閣出版、一九九二年、初出は一九八四年)。

(51)　前掲小沢「近世における内裏外郭門と築地之内について」。

(52)　荒井(小沢)朝江・西和夫「桂宮家の中筋屋敷について――元禄・宝永期の造営と今出川屋敷との関連など――」(『日本建築学会関東支部研究報告集』、一九八七年)。小沢朝江「宝永二年『洛中洛外絵図』にみる近衛家の屋敷について」(『日本建築学会大会学術講演梗概集(中国)』、一九九〇年)。

(53)　「五摂家の屋敷地の変遷」(平井聖編『中井家文書の研究』第九巻　内匠寮本図面篇九　中央公論美術出版、一九八四年)。

(54)　箱石大「近世堂上家家臣の編成形態について――清華・広幡家の家臣を事例として」(『徳川林政史研究所研究紀要』二七、一九九三年)。藤實久美子「近世後期西園寺家の家臣――諸大夫を中心に――」(『学習院大学　史料館紀要』一〇、一九九九年)。松田敬之「冷泉家の家司達」(『しくれてい』七二、二〇〇〇年)。松田敬之「近世期宮方・摂関方殿上人に関する考察――「若江家所蔵文書」を中心に――」(『大倉山論集』四九、二〇〇三年)。西村慎太郎「堂上公家雑掌の地下官人」(前掲『近世朝廷社会と地下官人』、初出は二〇〇四年)。中村佳史「摂家の家司たち」(前掲高埜編『朝廷をとりまく人びと』)。

(55)　足利健亮編『京都歴史アトラス』(中央公論社、一九九四年)。

(56)　西村慎太郎「近世地下官人組織の成立」(前掲『近世朝廷社会と地下官人』、初出は二〇〇三年)。

(57)　熊谷光子「帯刀人と畿内町奉行所支配」(塚田孝・吉田伸之・脇田修編『身分的周縁』部落問題研究所出版部、一九九四年)。

(58)　前掲藤實「近世後期西園寺家の家臣――諸大夫を中心に――」。

第一部　公家町の形成と変容

第一章　近世における公家町の形成について

はじめに

十六世紀後期から十七世紀前期にかけて、京都は近世統一政権の行った大規模な都市改造により近世都市へと変貌した。京都の近世都市化ついては、文献史学、建築史学など幅広い分野における研究の蓄積があり、都市空間の具体的な変容過程とその特徴が明らかにされている(1)。そのなかで、内裏およびその周辺では、統一政権による内裏の造替が行われるとともに、公家の集住が進められ、内裏を核とした公家町の形成されたことが指摘される。そして、その意義は、必ずしも明確となったとはいえないながらも、統一政権は公家の内裏周辺への集住を通して、公家の都市領主権の否定、公家の集中監視を目指したという点で共通の理解が得られつつある(2)。

だが、先行研究を詳細にみていくと、各政権が行った公家町建設の概略は明らかにされているものの、建設過程に関する事実関係の確定は十分に行われたとはいえない。たとえば、公家町の形成過程に注目した研究として、内藤昌らによる一連の研究(3)、『京都の歴史　五　近世の展開』における西川幸治・森谷尅久の解説(4)、杉森哲也(5)、松本裕介(6)らの研究がある。だが、いずれも慶長期の江戸幕府による公家町建設について比較的詳細に論じており、織豊政権期における建設過程にはほとんど言及していない。また、山口和夫は、統一政権の行った公家町建設の過程を整理しているが(7)、建設に関わる事実の列挙にとどまり、それぞれがどのような関係にあったのかという点までは検討していない。したがって、こうした研究状況を乗り越え、京都の近世都市化のなかで公家町建設の意義をより具体的に明らかにするためには、戦国期から近世初頭にかけて統一政権の行った公家町建設について、改めて事実関係を明らかにした上で、当該期に内裏周辺の空間がいかなる変容を遂げたのかを統合的に検討する必要があろう。

さらに、中近世移行期における内裏周辺の空間の変容を検討する上で重要な論点となるのが、中世において里内裏を囲繞するように設けられた陣中と、近世に内裏をとりまく空間として設定された築地之内との関係である。近年、両者について研究が進展し、その空間的特質、機能が明らかにされつつある(8)。だが、中近世移行期に内裏周辺の空間が大きく再編されるなかで、前者から後者への変化がどのように進んだのかについては不明な点が多く残されている。かかる課題を検討するためにも、公家町の建設過程を明らかにしなければならない。

本章では、以上のような問題関心にもとづき、公家町の形成過程について事実関係を確定するとともに、内裏周辺の空間がその過程においていかに変容したのかを論じていくこととする。

一 「中むかし公家町之絵図」について

現在、成立期の公家町の状況が明らかとなるのは、慶長末期頃の景観を描いたと考えられる「中むかし公家町之絵図」においてであり(9)、十六世紀後期に公家の内裏周辺への集住が進められる過程については、事実関係に不明な部分が多い。そこで、以下では天正期から慶長期にかけて公家町が建設された過程を、文献史料、および「中むかし公家町之絵図」によりながら復元的に考察していくが、その前に、「中むかし公家町之絵図」をおもな史料として用いることの妥当性を確認しておきたい。

「中むかし公家町之絵図」は、京大工頭中井家が所蔵した都市図で、内裏・公家屋敷とその周辺を描いたものである。作製の目的、および成立年代は、内藤昌らが検討し、①内裏とその周辺の公家屋敷地、道路幅の寸法が詳細に書き込まれ、公家町の実測図として作製されたと考えられること、②絵図に記載された御所の名称、公家の官職などから、慶長十八年（一六一三）までには成立していたことを指摘している。[10]これらは絵図の景観年代を決定する上で非常に重要な指摘だが、「中むかし公家町之絵図」は、その題名から、過去の公家町の状況をある時点から復元的に描いたものと考えることも可能である。よって、慶長期の公家町の景観を正確に描いた絵図として評価するには、なお検討の余地があると考えられる。

一方、大塚隆は、『御所沿革史料図譜』[11]に収録された「慶長年間御築地之内之図」に注目している。この絵図は中井家が旧蔵したもので、内容は「中むかし公家町之絵図」とほぼ一致しており、同時期の公家町を描いたものと考えられる。だが、所蔵は同じ中井家であったにもかかわらず、この絵図の首題には、「公家町之絵図」とのみ書かれ、「中むかし」とは記されない。このことから、大塚は、「中むかし公家町之絵図」が復元的に描かれた絵図ではなく、中井家による図面類整理の際に「中むかし」という文言が書き加えられたと想定している。[12]

これらの点をふまえて両者を比較すると、前者の外題「中むかし公家町之絵図」のうち「公家町之絵図」と、後者の首題「公家町之絵図」とは同筆であると考えられ、かつ前者の「中むかし」の字は、「公家町之絵図」の右肩に細い筆でやや小さく記されており、大塚の指摘通り補筆である可能性が高い。すなわち、「中むかし」という文言をもって、前者を過去の状況が復元的に描かれたものとみなすのは難しく、内容の詳細さを考慮するならば、やはり内藤らが位置づけたように、当該地区の実測図、または建設計画図として作製されたとするのが妥当である。したがって、本書では、「中むかし公家町之絵図」を慶長末期の内裏周辺の状況をある程度正確に描いた絵図であるとした上で、以下の考察を進めていく。

二　織田信長による公家の集住地区建設計画について

戦国期の内裏は、上京惣構の東端に位置した。内裏の南・東側には築地塀に沿って防御用の堀が掘られ、その外側には畠地が広がっていた(13)。一方、公家屋敷はおもに内裏の北・西部に集中していた。その分布や各公家屋敷の変遷は、史料的な限界から詳細に追うことはできないが、今谷明や仁木宏が『上杉本洛中洛外図屛風』から十六世紀中頃の様相を復元している(14)。さらに、髙橋康夫によって、ほぼ同時期における内裏西側の公家屋敷の分布状況・変遷が明らかにされ(15)、内裏の北・西部では多くの公家屋敷が町屋と混在していたことがわかる。

こうした状況に対して、織田信長以降の近世統一政権は、公家屋敷を内裏周辺に集め、公家の集住地区としての公家町を形成していったのである。

元亀四年（一五七三）に室町幕府将軍足利義昭を京都から追放した信長は、幕府に代わって朝廷の保護・統制に取り組んでいく。天正元年（一五七三）十二月、信長は正親町天皇の譲位を申し入れた(16)。これは、譲位を希望する天皇の意向に信長が応えたものであり、譲位に関わる儀式の費用、院御所の造営などは、信長が負担することとなっていたと考えられている(17)。

さらに信長は、天正三年からは公家・門跡に対して徳政・知行宛行を実施するなど、保護政策を積極化させていった(18)。そのなかで、七月には正親町天皇から公家の集住地区建設の勅許を得ている。

【史料一】『御湯とのゝうへ乃日記』天正三年七月十三日条

かの五人しゆ、せつけ、せいくわ、そのほかみなくけしゆこの御所のひかしみなみ所にいゐ〳〵たてさせ申すよし、のふなか申入候、しかるへきよしおほせいたさるゝ、

信長は、十三日に内裏の南東に公家の集住地区を設けることを申し入れた。【史料一】からは、伝聞ではある

ものの、三条西実枝など五名の武家伝奏・摂家・清華家をはじめ多くの公家に屋敷地を与える予定であったことがわかるので、かなり大規模な計画であったと考えられる。信長は、その翌日には早くも集住地区予定地を見分しており[19]、計画自体は、勅許を得る前にはすでに進行していた可能性が高い。橋本政宣は、この信長による集住地区の建設を、院御所の敷地確保にともなう公家屋敷の移転が目的であったと推測している[20]。両者の間に関連を認めるこうした指摘自体には首肯しうるが、①当時内裏の南東側は畠地であったこと、②当時の公家衆は近接して居住していたとはいえ、院御所造営のためにこれほど多くの公家屋敷の移転が必要だったとは考えにくいこと、③後述のごとく、豊臣秀吉が正親町院御所と公家町を造営した場所も内裏の南東であったことを考慮するならば、内裏の南東側に院御所と公家屋敷群を造営する計画であったと理解するのが妥当であろう。このときの計画は最終的に頓挫したため、信長がいかに集住地区を造成しようとしたのかは不明だが、信長は、小牧や岐阜といった自らの城下町において家臣団の城下への集住を一定程度まで達成しており[21]、この計画は、内裏、および譲位を予定していた正親町天皇の院御所を中心とする公家の集住地区形成を目指したものであった可能性が高い。

ついで、天正四年、信長は押小路室町に所在した二条晴良の屋敷地を接収して二条屋敷の造営を始め、晴良には替地として、内裏の北側に位置していた報恩寺を相国寺内へ移し、その跡地を与えた[22]。報恩寺は、慶長十二年（一六〇七）に二条家の屋敷地が新上東門院御所用地として上地されたことから[23]、高倉通の東頬にあり、一条通に南面していたと考えられる[24]。このときの二条家への屋敷地給付は、報恩寺を移転させてまで行っており、内裏周辺への公家の集住を進める政策の一環であった可能性が高い。

一方、信長は以上のような公家の集住政策を計画・実施するだけではなく、内裏周辺の空間へも積極的に手を加えていった。集住地区の建設と時期が前後するが、元亀四年七月には、内裏の南堀を隔てた畠地に新在家の建設を命じ、土御門以南・近衛以北・高倉以西・烏丸以東の二町四方に惣構を持った都市集落を建設した[25]。また、

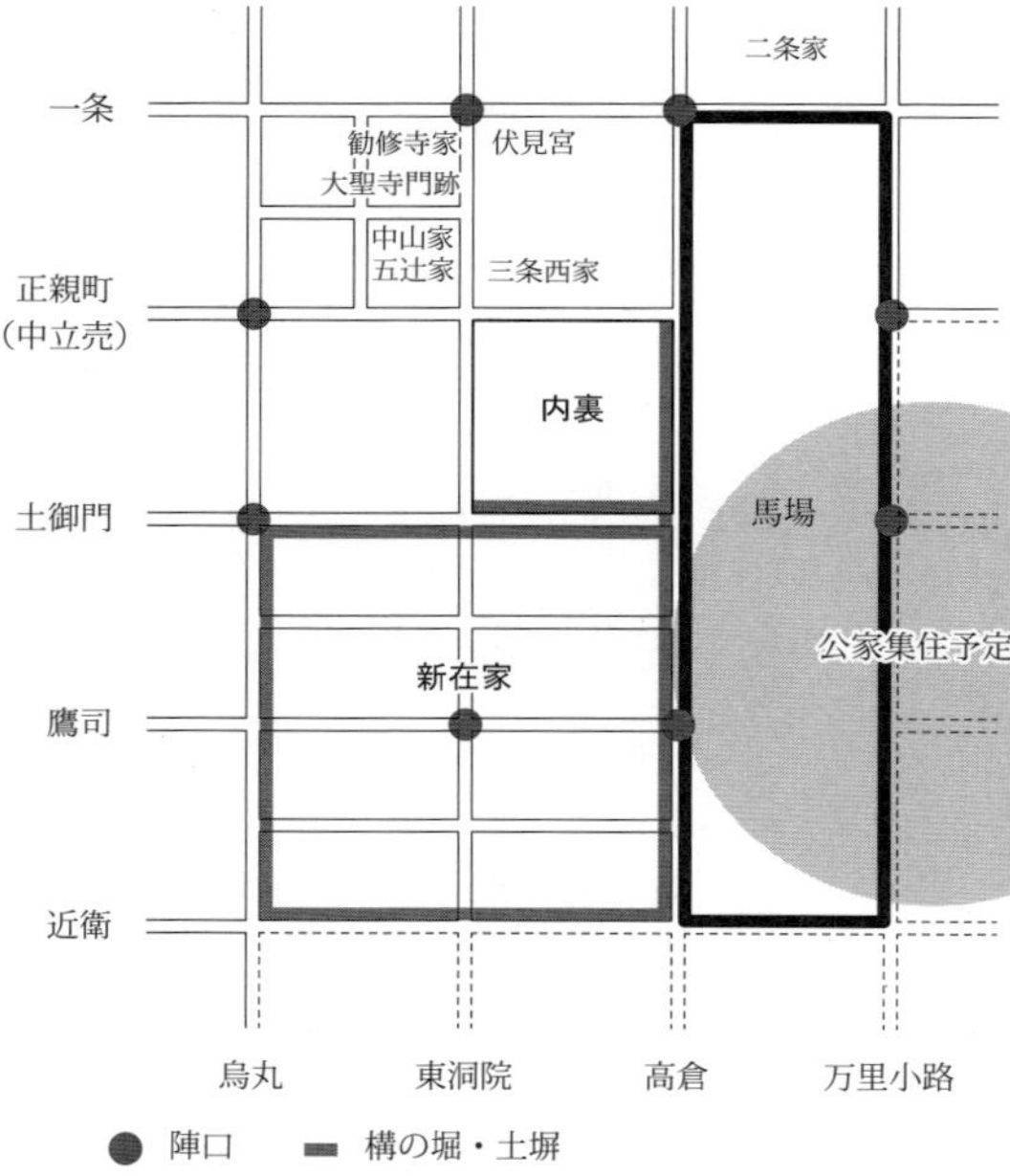

図1　織田政権期の内裏周辺
（参照）髙橋康夫『京都中世都市史研究』（思文閣出版、1983年）

天正九年二月には、正親町天皇へ馬揃を披露するため、内裏の東、一条通以南に、南北約四町・東西約一町の馬場を造成した(26)。この馬場は、二月二十八日、三月五日の二度にわたる馬揃の後も維持され、天正十二年には、後述するように、正親町院御所、公家屋敷の用地として利用されることとなる。

以上、信長による公家集住地区の建設計画、および内裏をとりまく空間の改変についてみてきた。それを図化したものが図1である。信長は、天正三年以降、内裏周辺において公家の集住地区建設、馬場造成などを計画・実施していった。これらの改変は、おもに内裏南・東側の畠地を利用して進められており、都市空間の再開発としての意味合いが強かったと思われる。なかでも、集住地区の建設は大規模な計画であった可能性が高く、同時期の信長による城下町建設を参照するならば、都市政策の一環としてその必要性が認識されていたと考えられる。

三　豊臣政権による公家町の形成

信長の死後、豊臣秀吉は中央政権としての豊臣政権の確立を目指した。天正十一年（一五八三）四月、賤ヶ岳の戦いに勝利した秀吉は、同年九月には大坂城の築城に着手するとともに、大坂遷都構想を表明した。さらに、九月には京都における拠点として妙顕寺城の造営にも取りかかっている(27)。ついで、天正十二年には小牧・長久手の戦いにおいて織田信雄・徳川家康に勝利し、天正十三年三月に織田家督である信雄を名実ともに乗り越えて政権を確立した。本書では、序章で検討したように、天正十一年六月下旬頃から十三年三月までを政権確立期と位置づけている。

秀吉は、政権確立期にあたる天正十二年十月、信長が馬揃を行った馬場の跡地において、譲位を予定していた正親町天皇の院御所造営に着手した。院御所は内裏の東側に隣接し、敷地の規模は約五十間四方であった。またその外側には堀を備えていたという(28)。堀の具体的な様相は不明だが、近年の発掘調査によって、十六世紀末には、院御所の東側に幅約六メートルの規模を持つ南北の堀が掘られていたことが明らかとなり、これが外堀に相当すると考えられる(29)。

さらに、後述のように、秀吉は院御所造営と並行して、内裏・院御所に隣接した地区に公家町の建設を進めている。これまで、正親町院御所の造営については、秀吉の叙位任官との関係からのみ説明され(30)、公家町の建設についてはほとんど触れられてこなかった。だが、信長が院御所の造営と公家の集住地区建設を同時期に計画していたことをふまえると、秀吉がこの二つを同時期に進めたことの意味が重要となってくる。政権確立期において、秀吉は大坂への遷都表明、妙顕寺城の造営など、朝廷とその所在地である京都を掌握することで、織田政権の後継者として自己を位置づけようとしていた(31)。正親町院御所の造営・公家町の建設もそうした政策の一環として考えるのが妥当であろう。すなわち、当該期に着手した院御所の造営と公家町の建設は、秀吉自身を織田政権の後継者であることを広く知らしめるため、あわせて行われる必要があったと考えられる。

さて、このときの公家町建設は天正十九年頃まで行われたが、その過程は大きく二つの時期に分けられる。よって、以下では時期ごとに建設の過程をみていきたい。

（1）第Ⅰ期（天正十三～十五年）（図2）

第Ⅰ期の建設は、天正十三年にはすでに始まっている。同年十月には、秀吉が院御所とともに新たに造営された公家屋敷群を見分しており(32)、『上井覚兼日記』に書き留められた天正十三年十二月十三日付の近衛信輔の書状には「去秋　禁裏御近所江堂上衆被迁殿候、家門之儀同前候(33)」と記される。これらのことから、秋には公家らの移住が始まっており、十月の見分はほぼ完成した公家町を確認するために行われたものと考えられる。したがって、詳細な開始時期は不明だが、公家町の建設は、少なくとも天正十三年の早い時期には始まっていたと考えられる。

天正十三年に建設された公家の集住地区は、主に内裏の北・東側に配置されたと考えられる。まず、東側をみると、天正十五年正月には、中御門宣泰、白川雅朝、西洞院時慶、大炊御門経頼の屋敷が北から順に並んでいたことがわかる(34)。その配列は「中むかし公家町之絵図」における四家の屋敷のそれと一致し、天正十三年以降移動していない可能性が高い。絵図では、これら屋敷地が正親町院御所の東を南北に走る通り沿いに位置しており、集住地区はこの通り沿いに建設されたとすることができよう。

一方、内裏北側については、後述のごとく、天正十八年に八条宮の屋敷地が設けられたことにともない、多くの公家が屋敷地を上地されたと考えられること、慶長十年（一六〇五）に内裏の北側約二町分が後陽成院御所の

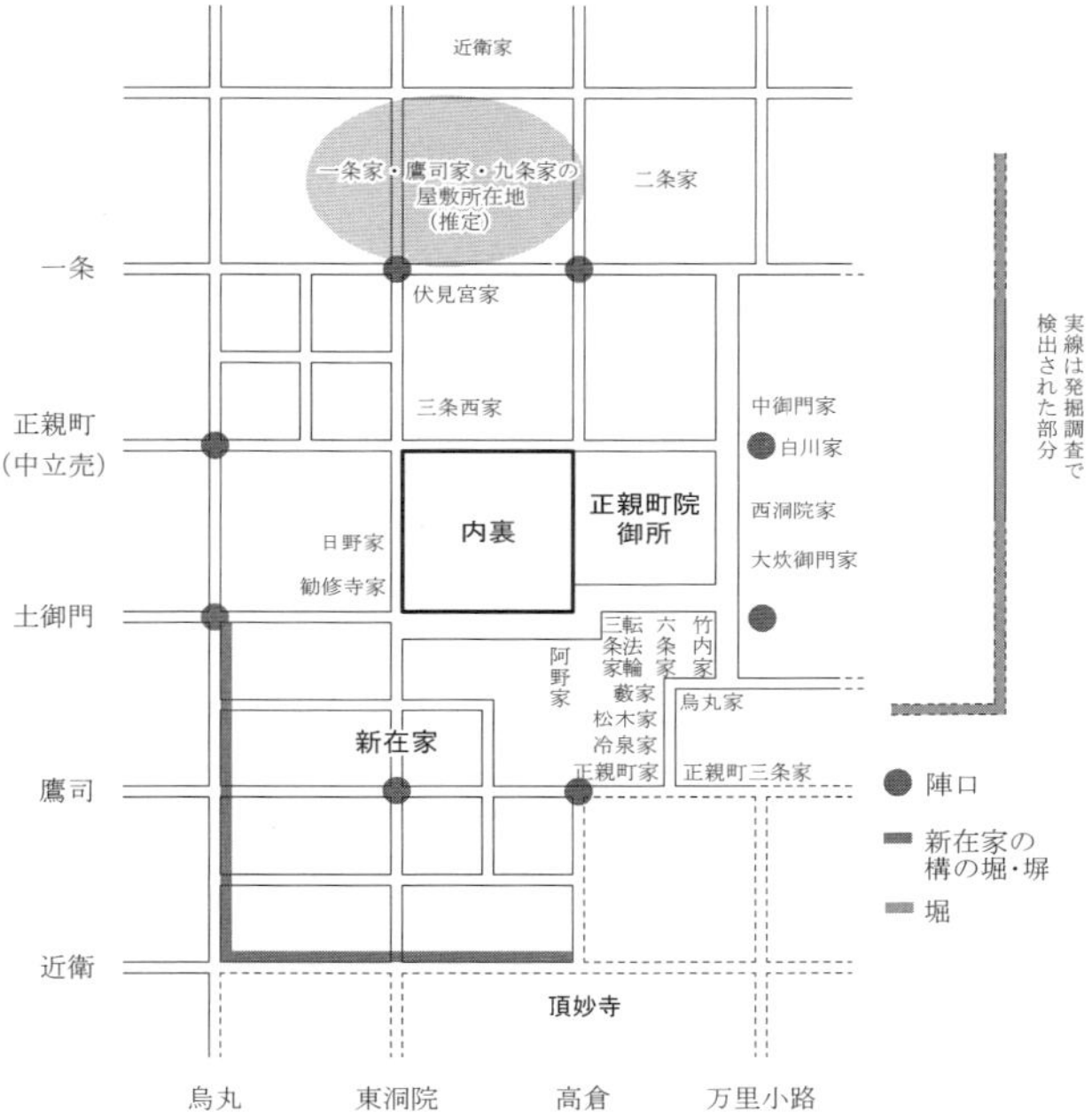

図２　豊臣政権第Ⅰ期の公家町
（参照）「二条邸敷地絵図」（平井聖編『中井家文書の研究』第九巻　内匠寮本図面篇九　中央公論美術出版、1984年）

用地に充てられた際、鷹司家・九条家・八条宮をはじめとする公家の屋敷地、門跡寺院里坊が上地の対象となっていることから、当該地区には公家屋敷が集中していたことがわかる。そのなかで摂家の屋敷地に注目すると、慶長五年に山科言経は「禁中北摂家ウラノ町」[35]で屋敷地を拝領しており、摂家の屋敷が近接して所在する状況が想定できる。天正十三年には、近衛家に内裏近傍の屋敷地が給付されたが、公家の内裏周辺への集住を進めるという秀吉の政策意図をふまえると、他の摂家にも同様に屋敷地が給付された可能性が高い。さらに、その後、慶長五年に至るまで摂家の屋敷移転に関する記録が管見の限り存在しないことから、摂家の屋敷地は、天正十三年の集住地区建設にともない内裏の北側に集められたと考えられる。一方、他の公家屋敷地についても、天正十八年まで大規模な移転を記した記録はなく、このときに集住が進められたとすることができよう。

公家屋敷地の移転や集住地区の建設は、天正十四年以降も継続している。天正十四年には勧修寺家の屋敷地が日野家の南隣に移転した[36]。屋敷の位置は、①天正十八年、浅野長吉が小田原出陣にあたって内裏西面の四足御門

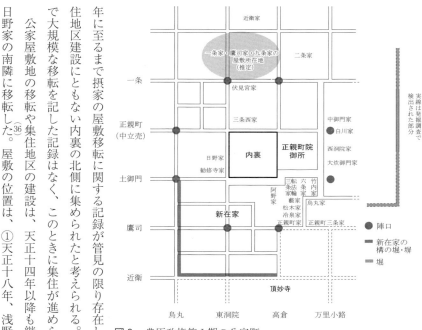

前で陣立を行った際、勧修寺家の屋敷前で女房衆が見物していること、[37]②「中むかし公家町之絵図」では、勧修寺家の屋敷地が四足御門前、日野家屋敷地の南側に位置していることから、内裏の西隣、四足御門前であったとすることができる。

また、天正十五年には、西洞院家の南方でも集住地区の建設が進められている。

【史料二】『時慶記』天正十五年三月十三日条（括弧内は筆者、以下同）

帰宅ノ後、法印（前田玄以）南ノ公家屋敷ヲ被打渡所へ行也、

【史料三】『時慶記』天正十五年四月十八日条

食過ニ法印此辺南屋敷被渡トテ被出、

【史料二】【史料三】からは、三月の時点で西洞院家の屋敷より南側において京都所司代前田玄以が公家屋敷地を見分しており、四月十八日に公家へ屋敷地を引き渡したことがわかる。[38]このとき屋敷地を給付された公家の詳細は不明だが、二十日には烏丸家の屋敷が西洞院家の南側に引かれていることが確認でき、[39]烏丸家は当該地区で屋敷地を給付された公家のひとつであったと考えられる。

さらに、このときの内裏南側における集住地区の状況を窺える史料として、「二条邸敷地絵図」がある。[40]この絵図は、慶長十年に二条家の屋敷地が内裏南側へ移転するのに先立ち作製されたと考えられる。内裏南側に公家や女官の屋敷の集中する状況が描かれるが、内裏の南東部、竹内家の南側には烏丸家の屋敷地が所在し、この周辺が天正十五年に設けられた集住地区であった可能性が高い。また、その際に屋敷地を与えられたのは烏丸家のみではないことから、絵図にみえる公家の多くが、烏丸家と同様、天正十五年に屋敷地を給付されたと推測される。なお、内裏の南側には新在家が位置していたが、当該絵図では新在家のうち鷹司通以北、東洞院通・高倉通間の半ば以東は、すでに公家屋敷地となっており、このときの集住地区の建設は構の一部を取り除くかたちで行

われたとすることができる。

以上が、第Ⅰ期公家町建設の過程である。これにより、戦国期には上京に点在していた公家屋敷地が内裏・院御所の北・東・南側に集められ、新たに公家の集住地区が成立した。天正十六年以降、現存する記録からは集住地区建設に関する記事を確認できなくなり、天正十七年には公家屋敷地の再検地が行われていることから[41]、それまでに建設は一段落したと考えられる。

一方、秀吉は、天正十四年二月から内野における聚楽第の造営に着手した。翌十五年九月には造営が完了し、秀吉が正妻北政所とともに移徙している[42]。聚楽第の造営は、院御所・公家町の建設と並行して進められたが、着手した時期に注目すると、後者が関白任官前であったのに対し、前者が任官後であったことがわかる。豊臣政権にとって、秀吉の関白任官は、政権の性格を変化させる大きな画期であった[43]。したがって、両者をこれまでのように京都改造という大きな枠組みで理解することは妥当ではなく、院御所造営・公家町建設は、豊臣政権確立期、または政権成立直後の政策として再度位置づける必要が出てくる。なお、この点については後に詳述することとする。

（2）　第Ⅱ期（天正十八～十九年）（図3）

第Ⅱ期の公家町建設は、天正十八年の八条宮家創設を契機としたものであった。

秀吉は、天正十七年に誕生した鶴松を自らの後継者と定め、それまで猶子としていた後陽成天皇の皇子六宮（＝智仁親王）に八条宮家を創設させた。さらに、翌年二月には、前田玄以が六宮のための屋敷地割りを内裏北側で行っている[44]。六宮の屋敷地には家司などの居住する八条殿町が付属するため広大な敷地が必要であったが[45]、当該期の内裏北側に十分な明地があったとは考えにくく、公家屋敷地の上地をともなった可能性が高い。

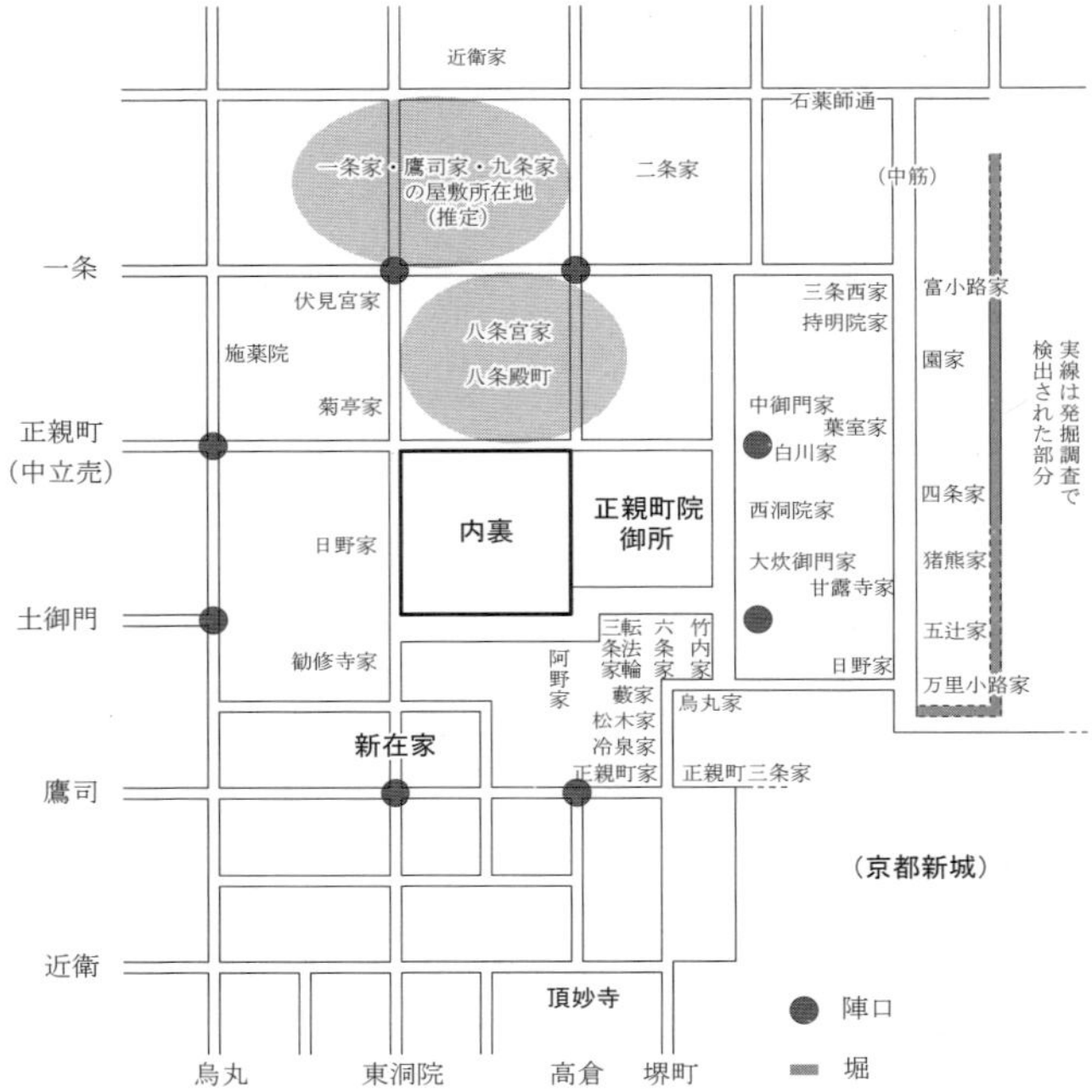

図３　豊臣政権第Ⅱ期の公家町

このとき上地の対象となった屋敷地の全貌を明らかにすることはできないが、同年十月には菊亭晴季が「新屋敷」の造営を始めており、(46) 菊亭家の屋敷地は対象のひとつであったと想定される。「中むかし公家町之絵図」では、菊亭家の屋敷地は正親町通東洞院北西角に所在する。この場所は伏見宮家の伝領した後小松院仙洞御所跡に当たり、戦国期には敷地を四分割するように東西、南北の辻子が通っていた。(47) 十月十一日、晴季は吉田兼見から人足を借り屋敷の普請を行っているが、その内容は「小路之石堀之、数百程堀出」というものであった。(48) すなわち、新たな屋敷地内にはもともと小路が通っており、その小路とは先述した東西の辻子を指すと推測される。

よって、ここでは、天正十八年に菊亭家へ給付された替地の位置は、「中むかし公家町之絵図」に記された菊亭家の屋敷地と同位置であったと考えておきたい。

さらに、天正十九年正月、西洞院時慶は「東各ノ屋敷」を見物している。(49) 天正十五年四月には、時慶と前田玄以が「東ノ屋敷事」について話し合っており、(50) 西洞院家屋敷の東側に新たに公家屋敷地を割り出す計画があったと推測される。その後、当該地区の建設がどのように推移したのかは不明だが、時慶が公家衆の屋敷をわざわざ見物していることから、この頃に西洞院家の東側で新たな公家屋敷が建て揃ったと考えられる。そして、この時期にかかる公家屋敷の移転が行われた要因は、前年の八条宮屋敷の造営に求めるのが妥当であろう。

西洞院家東側の集住地区の様相は、慶長十年正月に山科言経が諸家へ年始の礼に回った際の記録から明らかとなる。

【史料四】『言経卿記』慶長十年正月十一日条

一、諸家へ礼ニ罷出了、引付書之分、烏丸弁・中山・日野相公・勧修寺・持明院・阿野・四辻・松木・冷泉・正親町・烏丸・中院・正親町三条・大炊御門・西洞院・白川・中御門・五条・坊城・広橋弁・舟橋・飛鳥井・持明院少将・葉室・甘露寺・日野・万里小路・五辻・猪熊・四条・御徳大御乳人娘・柳原・園・冨小路・土御門・祭主・滋野井・難波・竹屋・高倉・鷲尾・広橋等也、

言経は礼に回った公家を書き上げているが、記載された公家の順序を「中むかし公家町之絵図」と対照すると、絵図の各屋敷の配置と一致しており、言経は内裏西側から礼に回り始め、南、東、北へと進んでいることがわかる。現存する記録からは、天正十九年から慶長十年まで大規模な集住地区の建設を確認できないので、このときまで内裏東側の状況に大きな変化はなく、言経の記した内裏東側の公家屋敷は、天正十九年に建て揃ったものと考えられる。そこで、西洞院家より東側の公家屋敷地をみると、のちに中筋と呼ばれる道路には、東頬に南から万里小路家以下富小路家まで、西頬には北から持明院家以下日野家までが並んでいる。そのなかで、日野家の屋敷は、天正十九年の時点で「新屋敷」、「新第」と記されており(51)、このときの屋敷替えにより西洞院家の東側へ移転したものと考えられる。このことからも、この地区の各屋敷地は八条宮の屋敷造営にともない設けられたことが確かめられよう。

以上が、第Ⅱ期における公家町の建設過程である。第Ⅱ期は八条宮の屋敷造営を契機とし、おもに内裏の東側で集住地区の建設が行われた。この地区では天正十五年の時点から屋敷地を割り出す計画があった可能性があるが、道路の両側に屋敷が建て揃ったのは天正十九年であり、第Ⅰ期の公家町建設の後、八条宮の屋敷を用意する必要に迫られたため、本格的な集住地区の建設が行われたと考えられる。

このように、秀吉は二期にかけて内裏周辺における公家町の建設を進めた。これにより内裏・院御所を中心とする新たな公家の集住地区が成立した。その後、秀吉は文禄四年（一五九五）に聚楽第を破却し、慶長二年には、内裏の南東に京都新城の造営を始める。京都新城は南北六町、東西三町という大規模な城郭であったが、内裏東側の集住地区よりも南に造営されたため、公家屋敷地の移転をともなうものではなかった[52]。京都新城は、関ヶ原の戦いに際して石垣や塀などの防御施設が取り除かれ、規模も縮小した。そして、寛永期以降は近世を通して院御所の敷地として維持されることとなる。

四　江戸幕府による公家町の拡大

慶長五年（一六〇〇）、関ヶ原の合戦に勝利した徳川家康は、その直後から内裏をとりまく空間の改変に積極的に取り組んでいった。慶長期における家康の政策は先行研究でも注目され、慶長十年の後陽成院御所の造営、慶長十二年頃から計画され同十六年に作事の始まった内裏の造替、およびそれにともなう新たな公家町の建設については、その概要が明らかにされている[53]。しかし、公家町の詳細な形成過程が十分に解明されたとはいえず、ここでは家康による公家町の建設過程について、改めてみていくこととする。

秀吉の死により実質的に政権を担うこととなった家康は、公家社会への影響力を増していった。慶長三年十一月には、勅勘を蒙っていた山科言経・冷泉為満・四条隆昌の赦免を実現し、慶長五年九月には、三家に対して新たな屋敷地を給付した。三家のうち山科・冷泉両家に与えられた屋敷地は、「禁中北摂家ウラノ町」に所在した原勝胤、大谷吉継の母親の元屋敷地であった[54]。原・大谷はいずれも関ヶ原の合戦において西軍に属した武将であり、家康はその屋敷地を接収した上で両家に給付したと考えられる。一方、四条家の屋敷地は、慶長六年に両家とともに上地の対象となっていることから、同じく内裏北側に与えられたと推測される。

なお、これらの過程からは、関ヶ原の合戦以前には内裏の北側に、公家屋敷とともに豊臣家家臣の屋敷など武家屋敷が混在していたことがわかる。さらに、言経の新たな屋敷は、東隣が小島秀継という人物、西隣が松雪軒の屋敷であり[55]、当該期においても、内裏北側は摂家・親王家の屋敷地が大部分を占めるものの、堂上公家、武家などの屋敷地が混在していたのである。

ついで、慶長六年十月には、内裏の北側に後陽成天皇に仕える女官の屋敷を設けるため、公家屋敷地の移転が行われた。上地の対象となった公家は山科・冷泉両家の「東西一町之間」に居住する公家であり、山科・冷泉・四条家を含め六、七人程であった[56]。各公家の替地がどこで給付されたのかは不詳だが、山科家には、元の屋敷地の東側で与えられたことがわかる。新屋敷地の位置は、①翌七年に、西洞院時慶の娘で天皇の女官であった新内侍に「石薬師町」で給付された屋敷地が[57]、山科家の西隣であったこと[58]、②慶長十年に内裏北側で後陽成院御所の造営が行われた際に屋敷地が上地されたことから、石薬師通の南頰にあったと考えられる。また、冷泉・四条両家の屋敷地も、後陽成院御所造営にともない再び上地の対象となっており、山科家と同じく内裏北側に与えられたようである。

さらに、慶長八年に征夷大将軍に任ぜられた家康は、秀吉と同様、慶長十年頃から譲位を予定していた後陽成天皇のため院御所の造営を始めた[59]。家康は、内裏の北側約二町分の敷地を院御所の用地に充て、該当する地区に居住する公家の屋敷地、門跡寺院里坊などを上地するとともに、替地を確保するため、町屋の上地や、既存の集住地区のさらに東側（後の二階町・梨木町）での新たな集住地区建設に取りかかっている。

その後、慶長十年七月には上地の対象となる屋敷地が決定し、八月には替地の給付が始まった(60)。このとき対象となったのは鷹司家・九条家・八条宮家・舟橋家・四条家・三宝院里坊・梶井門跡里坊などで(61)、二十一日には、八条宮家に内裏の北、今出川通に面する位置に屋敷地と八条殿町敷地が、鷹司家・九条家へは京都新城の北隣でそれぞれ屋敷地が引き渡された(62)。その他の公家や門跡には九月二十四日に替地が給付され、四条家は二階町、三宝院は梨木町でそれぞれ替地を受け取っている(63)。後陽成院御所造営にともなう公家屋敷地の上地は翌年まで続き、慶長十一年には山科・冷泉両家の屋敷地も対象となり、七月二日に今出川通北側で替地を受け取った(64)。

また、家康は、院御所の造営と並行して内裏の拡張・造営にも着手した(65)。内裏の拡張は、敷地を北、南側へ拡げるとともに、新上東門院の居住する旧正親町院御所を敷地内に取り込むもので、大規模な公家屋敷地の移転を必要とした。なかでも、内裏の北にあった二条家の屋敷を新上東門院御所に充て、二条家には新在家で替地を与える計画であったため(66)、内裏の南側では多くの公家屋敷地が移転することとなった。慶長十年八月には内裏の造営予定地の測量が行われ、慶長十二年十二月には板倉勝重・中井正清による内裏の縄張りが進められたが(67)、公家屋敷地の移転はやや遅れ、慶長十五年に入って本格化する。

同年六月二十六日、西洞院家の南方で板倉・中井による敷地の測量が行われ、七月八日には上地の対象となる公家が決定した(68)。さらに、同月二十九日には各公家へ替地が二階町・梨木町で引き渡された(69)。そのなかで、内裏南側で上地の対象となった公家は、「二条邸敷地絵図」と「中むかし公家町之絵図」との比較から、竹内家・六条家・転法輪三条家・阿野家・藪家・烏丸家・松木家、および二条家屋敷予定地に当たる冷泉（=今城）家・正親町三条家・正親町家であったと考えられ、いずれも二階町・梨木町で替地が給付されたことがわかる(70)。

このように、慶長十年頃から家康による後陽成院御所の造営、内裏の拡張・造営が進められた。慶長十六年の

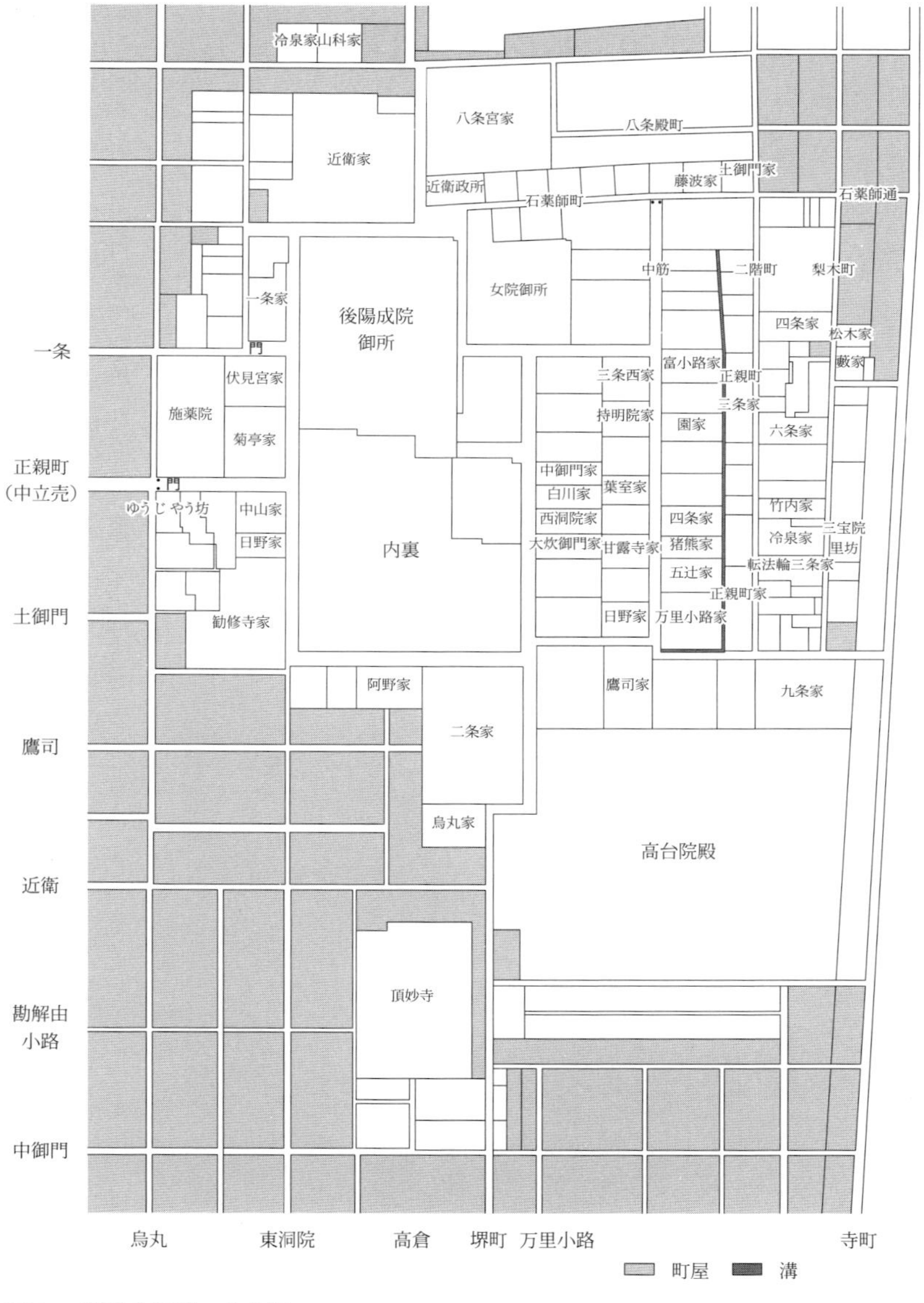

図４　徳川政権期の公家町

（参照）「中むかし公家町之絵図」（『中井家文書』〈京都府立総合資料館所蔵〉文書番号385）

後水尾天皇の即位後も、内裏の造営は慶長十九年頃まで継続され、結果として実現したのが、「中むかし公家町之絵図」にみられる公家町の空間であった（図4）。

五　近世統一政権による公家町の形成とその特質――むすびにかえて――

以上、近世統一政権による公家町の建設について、事実関係を確認してきた。ここでは、これまでの考察から明らかとなった点をまとめるとともに、公家町建設の特質について検討していきたい。

（1）公家町建設の時期区分

近世統一政権による公家町の建設は、以下の四期に分けて行われた。すなわち、①織田政権期（天正三＝一五七五年）、②豊臣政権第Ⅰ期（天正十三～十五年）[71]、③豊臣政権第Ⅱ期（天正十八～十九年）、④徳川政権期（慶長八＝一六〇三～慶長十五年）、である。これまで、公家町の建設開始時期については明確な指摘がなかったが、織田政権期には建設の構想がすでにあり、豊臣政権第Ⅰ期に本格的な建設が始まったとすることができる。さらに、公家町の建設は第Ⅰ期に一応の完成をみており、それ以降の建設過程は、内裏の拡張、院御所の造営などにあわせた段階的な拡大として位置づけられる。したがって、先行研究では公家町の成立時期を天正十九年としているが[72]、ここでは、内裏の四周をとりまくように公家の集住地区が形成された、天正十三年から天正十五年を公家町の成立時期として考えたい。

（2）公家町建設の意義

統一政権による公家町建設の意義を考える上で重要なのが、信長による正親町天皇の譲位申し入れと、天正三年に着手した公家集住地区の建設であろう。前述のように、信長は正親町天皇の譲位にあわせて院御所の造営を予定していた可能性が高く、それにあわせて公家の集住地区の建設に着手したと考えられる。さらに、同年には公家や門跡に対して徳政・知行宛行を行い、門跡・公家の経済基盤の整備を進めている。この時期の信長は、政権を確立する上で、朝廷の保護・再編成が必要であることを認識しており、結果的に実現しなかったものの、譲位および公家集住地区の形成をその一環として行おうとしていたことは確かである。

一方、織田政権による公家の集住地区建設は、正親町院御所の造営と同時期に計画されており、内裏・院御所を中心とする都市空間の形成を目指したものであったと考えられる。かかる都市構想は、続く豊臣政権に継承され、第I期の公家町建設において実現した。こうした集住地区の配置は、織豊政権の城下町における家臣団集住地区の設定と共通しており、両政権の都市構想が内裏周辺の空間に適用されたと考えることができる。その一方で、両政権は、公家町を内裏の南・東側の畠地に建設していることから、織田政権が設けた都市集落新在家とともに、応仁の乱以後耕地化していた内裏周辺の都市再開発としての意味合いも有していたといえる。

織田政権が進めた朝廷の保護と再編成は、豊臣政権にも引き継がれた。天正十二年十月、秀吉は正親町院御所の造営に取りかかるとともに、少なくとも翌年には公家町の建設を開始している。これまでの研究では、この公家町建設を秀吉による京都改造の一環として理解してきたが、①公家町の建設が秀吉の関白任官前に行われたこと、②それに対して、聚楽第の造営、寺町の形成、御土居の建設、天正地割などは、関白任官後に進められたことから、公家町建設は京都改造の一環ではなく、秀吉が中央政権としての豊臣政権を確立する過程、あるいは政権成立直後に、織田政権の後継者であることを広く喧伝するために行ったと考えられる。

したがって、京都改造とは、あくまでも関白任官以後に進められた聚楽第を核とする城下町の建設であり、内裏・公家町はその過程で城下町に空間的に包摂されたと理解するのが妥当であろう。関白任官後の秀吉は、全国の大名に対して「叡慮」や「勅定」にもとづく「惣無事」を要求するとともに、御内書様式の文書を多く発給するようになり、天皇により接近した政権を構想していたと考えられる[73]。御土居に囲繞された城下町内における聚楽第と内裏の位置関係は、そうした豊臣政権の政権構想を象徴するものであったということができよう。

それでは、秀吉が政権成立期に建設した公家町は、当該期の京都においてどのように位置づけられるのだろうか。そこで、注目すべきなのが、妙顕寺城と、公家町を囲繞する惣構の存在である。

秀吉は、天正十一年九月頃から下京にあった妙顕寺の一部を取り壊し、妙顕寺城の造営を始めた[74]。これは、前述したように、自らが織田政権の後継者として京都を掌握したことを示すものであったと考えられる。妙顕寺城は秀吉の上洛時の宿館として位置づけられ、日常的には前田玄以の宿所として機能した[75]。妙顕寺城の当初の様相は不明だが、天正十二年四月には、外城を築き下京衆に堀を掘らせており[76]、複郭の城郭として大きく改造されたことがわかる。さらに、天正十三年には、『宇野主水日記』に「要害ヲカマヘ堀ヲホリ天主ヲアゲテアリ[77]」と記されるように、天主を備えた堅固な城郭となっていた。

一方、内裏・院御所と公家町には、次章で詳述するように、秀吉による公家町建設にあたって周囲に惣構が築かれ、公家町の境界に惣門が置かれるとともに、東側には堀が掘られたと考えられる。秀吉は、内裏・院御所と公家町を惣構という防御施設で囲繞する空間として構想したのである。

このように、秀吉は、内裏・院御所をとりまく公家町と妙顕寺城を相対するように造営することで、織田政権の後継者として天皇・朝廷の保護、および京都の掌握を担うことを広く示そうとしたと考えられる。だが、周囲に要害や惣構を築いた両者の姿は、戦国期以降の京都に多く設けられた構の延長上に位置するものであり、天皇・朝廷を保護する伝統的な武家政権としての性格が反映しているとみることができよう。そして、秀吉が御土居のような洛中全体を統合する装置を構想し得たのは、聚楽第造営と同様、関白任官後のことであった[78]。

また、先行研究では、統一政権による公家町建設の意義として、公家を内裏周辺に集住させることにより統制を容易にしたことが挙げられている[79]。さらに、公家らは「公家町という狭い社会＝空間―朝廷社会―に閉塞的に集住させられていた[80]」とも指摘され、統一政権により公家の集住地区が制限された点が強調される。だが、織豊政権の段階で公家を内裏周辺へ集住させるという政策が存在したことは想定できるものの、公家町の建設過程、およびその後の公家の集住形態、すなわち、①慶長十年頃までは、内裏の北側に堂上公家以外の住民が居住しており、堂上公家の排他的な集住が進められたわけではないこと、②慶長期以降に創立・再興された公家の多くは築地之内に屋敷地を与えられず、二階町・梨木町や、町人地に居住したこと[81]をふまえるならば、こうした指摘は、公家町建設の意義に対する説明としては不十分であろう。むしろ、秀吉が、天正十三年の段階で、摂家を除く公家衆に対して、京都において天皇への奉公に励むことを求め、さらに同十六年には摂家を含めたすべての公家に対する天皇の支配権を改めて確立させたという山口和夫の指摘を受けるならば[82]、統一政権による公家町の建設は、公家が朝廷へ勤仕するために必要な屋敷地を与えることが最大の目的であり、かつ天皇・院を頂点とする朝廷の身分秩序を可視的に表現することを目指したものであったと考えられる[83]。ゆえに、天正期に天皇の支配権が確立した後に創立・再興した公家にとっては、朝廷への勤仕に励むため京都、とりわけ内裏周辺へ居住する必要があった。しかし、支配権の確立を達成した統一政権にとっては、それ以降に公家のために新たな集住地区を設ける積極的な理由はすでになかったのだと思われる。そして、こうした統一政権の政策が、公家の町人地居住の拡大を引き起こすこととなったのであろう。

(3)　公家町の空間的特質

戦国期の内裏周辺は、南・東側が畠地、北・西側が街区であった。そのなかで、公家の屋敷は内裏北・西側の街区に集中していたものの、寺院や町屋などと混在していた。統一政権による公家町建設はこうした状況を前提としていたのである。

織田政権期に計画された集住地区は、内裏南東部に設けられる予定であったことが判明するのみだが、豊臣政権期以降の公家町の空間については、これまでの検討により具体的な様相が明らかとなった。

豊臣政権第Ⅰ期には、正親町院御所の造営と公家町の建設が同時に進められた。正親町院御所は内裏東側の畠地に造営され、東方には堀が巡らされたと考えられる。一方、集住地区は内裏の四周をとりまくように設定された。このうち内裏北・西方は既存の街区であったため、条坊制にもとづいた正方形街区に公家屋敷地が設けられたが、畠地であった南・東側では、先行する条坊路を継承しないかたちで屋敷地や道路が配置され、道路には食い違い・折れといった近世都市で多くみられる手法が用いられた。さらに、集住地区の東側は、豊臣政権第Ⅱ期まで内裏東方の南北堀により限られており、堀が境界装置として機能していたといえる。すなわち、公家町の空間は、古代以来の条坊制と近世都市プランという二つの異なった街区構成原理により形成されたのである。かかる集住地区の配置により、条坊路で構成された中世以来の内裏周辺の空間は大きく変容したといえよう。

豊臣政権第Ⅱ期以降、公家町は東側へ広がった。とりわけ、徳川政権期には、後陽成院御所の造営、内裏の拡張により、集住地区が内裏東方の南北堀を越えて拡大した。この地区（＝二階町・梨木町）は、内裏・院御所の用地として屋敷地を上地された公家の替地に充てられるとともに、地下官人などの屋敷地が混在している点に特徴がある。さらに、このときの上地にともない、内裏北方では今出川通を越えて公家屋敷地が設定された。第一部第三章で指摘するように、近世前期には今出川烏丸周辺に公家屋敷地が集中し、公家町が築地之内を越え町人地へと拡大していたことが確認できるが、こうした動きは当該期から始まったとすることができよう。そして、以上のような建設過程を経て、公家町は内裏・院御所を核とする新たな都市空間として現出したのである。

以上、近世統一政権による公家町の形成過程とその特質について論じてきたが、最後に、本章で検討することができず積み残した課題について述べておきたい。それは、統一政権により公家町建設が進められるなかで、内裏をとりまく空間がどのように変容したのかという点についてである。冒頭でも触れたように、中世および近世の公家社会では、内裏をとりまく空間が陣中、築地之内として認識された。近年の研究により両者の空間的特質や、機能の一部が明らかにされたが、前者から後者への変容過程については不明な点が多く残されている。本章は、かかる論点について議論を行うための前提作業としても位置づけられるものであり、次章においてこの点について詳細な検討を加えていきたい。

（1）京都の近世都市化に関する主要な研究成果は、序章を参照。
（2）朝尾直弘「天下人と京都」（『豊臣・徳川の政治権力』朝尾直弘著作集　第四巻　岩波書店、二〇〇四年、初出は二〇〇三年）。
（3）内藤昌・大野耕嗣・高橋宏之・村山克之「近世初頭京都公家町の研究」その一～七（『日本建築学会東海支部研究報告集』八～一〇、一九七〇～七二年）。
（4）京都市編『京都の歴史　五　近世の展開』（学藝書林、一九七二年）四九二～四九六頁。
（5）杉森哲也「近世京都の成立――京都改造を中心に」（『近世京都の都市と社会』東京大学出版会、二〇〇八年、初出は二〇〇一年）。
（6）松本裕介「慶長度内裏造営にともなう公家邸宅移転について」（『建築の移築に関する研究』二〇〇二年度～二〇〇四年度科学研究費補助金〈基盤研究（B）（2）〉研究成果報告書　研究代表者藤井恵介、二〇〇五年）。
（7）山口和夫「朝廷と公家社会」（『日本史講座』六　近世社会論　東京大学出版会、二〇〇五年）。
（8）南北朝・室町期の陣中については、以下の研究を参照。髙橋康夫「室町期京都の都市空間――室町殿と相国寺と土御門内裏――」（中世都市研究会編『政権都市―中世都市研究9』新人物往来社、二〇〇四年）。桃崎有一郎『中

世京都の空間構造と礼節体系』(思文閣出版、二〇一〇年)。

また、築地之内の空間的特質については以下の論文を参照。小沢朝江「近世における内裏外郭門と築地之内について」(『日本建築学会計画系論文集』五五四、二〇〇二年)。高木博志「近世の内裏空間・近代の京都御苑」(『近代天皇制と古都』岩波書店、二〇〇六年、初出は二〇〇一年)。第一部第三章。

(9) 「中むかし公家町之絵図」(『中井家文書』〈京都府立総合資料館所蔵〉文書番号三八五)。

(10) 内藤昌・大野耕嗣・高橋宏之・村山克之「『慶長公家町絵図』について――近世初頭京都公家町の研究・その一――」(『日本建築学会東海支部研究報告集』八、一九七〇年)。同「『慶長公家町絵図』の年代考証――近世初頭京都公家町の研究・その二――」(同前)。

(11) 京都史蹟会編『御所沿革史料図譜』(芸艸堂、一九一四年)。

(12) 大塚隆「近世黎明期の京絵図に就いて」(月刊古地図研究百号記念論集『古地図研究』国際地学協会、一九七八年)。

(13) 髙橋康夫『京都中世都市史研究』(思文閣出版、一九八三年)。前掲杉森「近世京都の成立――京都改造を中心に」。

(14) 今谷明『京都・一五四七年――上杉本洛中洛外図の謎を解く――』(平凡社、一九八八年)。仁木宏「中世後期京都の都市空間復原の試み」(金田章裕編『平安京―京都　都市図と都市構造』京都大学学術出版会、二〇〇七年)。

(15) 前掲髙橋『京都中世都市史研究』。

(16) 『孝親公記』天正元年十二月八日条(『大日本史料』第一〇編之二六　第一九冊)。

(17) 橋本政宣「織田信長と朝廷」(『近世公家社会の研究』吉川弘文館、二〇〇二年、初出は一九八二年)。堀新「信長・秀吉の国家構想と天皇」(池享編『天下統一と朝鮮侵略』日本の時代史一三　吉川弘文館、二〇〇三年)。

(18) 池上裕子『織豊政権と江戸幕府』(日本歴史一五　講談社、二〇〇二年)。池享『戦国・織豊期の武家と天皇』(校倉書房、二〇〇三年)。

(19) 『宣教卿記』(東京大学史料編纂所所蔵)天正三年七月十四日条。

(20) 前掲橋本「織田信長と朝廷」。

(21) 小島道裕「戦国・織豊期の城下町――城下町における「町」の成立――」(髙橋康夫・吉田伸之編『日本都市史

入門』Ⅱ　町　東京大学出版会、一九九〇年）。仁木宏・松尾信裕編『信長の城下町』（高志書院、二〇〇八年）。なお、仁木宏は、信長が城下への家臣団の集住をどの程度まで達成していたのかについては、これからの検討課題であるとしている（仁木宏「「信長の城下町」の歴史的位置」〈仁木・松尾編『信長の城下町』〉）。

(22)　野村常重「織田信長の鹿苑院敷地没収」（『歴史地理』八一―五、一九四三年）。

(23)　『孝亮宿禰日次記』（宮内庁書陵部所蔵）慶長十二年十二月二十三日条。

(24)　前掲「中むかし公家町之絵図」。平井聖編『中井家文書の研究』第一巻　内匠寮本図面篇一（中央公論美術出版、一九七六年）。

(25)　髙橋康夫『洛中洛外――環境文化の中世史』（平凡社、一九八八年）。

(26)　『兼見卿記』（東京大学史料編纂所所蔵）天正九年二月二十一日条。『立入宗継文書・川端道喜文書』（国民精神文化研究所、一九三七年）。

(27)　尾下成敏「清洲会議後の政治過程――豊臣政権の始期をめぐって――」（『愛知県史研究』一〇、二〇〇六年）。同「小牧・長久手の合戦前の羽柴・織田関係――秀吉の政権構想復元のための一作業――」（『織豊期研究』八、二〇〇六年）。藤田達生「小牧・長久手の戦いと羽柴政権」（『愛知県史研究』一三、二〇〇九年）。

(28)　『兼見卿記』天正十二年十月四日条。

(29)　『平安京左京北辺四坊―第二分冊（公家町）―』（京都市埋蔵文化財研究所調査報告第二二冊　京都市埋蔵文化財研究所、二〇〇四年）。

院御所造営の過程で堀が掘られたことは、文献史料からも確認できる。山科言経は「院御所御屋敷普請毎日有之云々、堀ヲホル由云々」としており、院御所の造営とともに堀の普請が行われていたことがわかる（『言経卿記』〈大日本古記録〉天正十二年十一月六日条）。さらに、院御所の東側に居住した西洞院時慶は、「東堀端ヲ陣立ノ人数通也、早々也、予モ出テ見物ス」と記しており、時慶の屋敷の東側には堀があったことが確認できる（『時慶記』天正十五年二月二十七日条）。この堀が院御所の堀を指すかどうかは確かではないが、発掘遺構の存在をふまえるならば、その可能性は高いといえよう。

一方、山本雅和は発掘調査で検出された堀の遺構を、上京の惣構の一部と解釈している（山本雅和「京都の戦国時代」〈萩原三雄・小野正敏編『戦国時代の考古学』高志書院、二〇〇三年〉)。出土遺物などからどちらが妥当なのかを判断するのは困難であり、今後の発掘調査の進展に委ねなければならない。ただ、この堀は十七世紀初頭まで機能しており、上京惣構の堀を院御所の外堀として利用した可能性もある。
(30) 前掲池上『織豊政権と江戸幕府』一四一～一四二頁。前掲橋本『近世公家社会の研究』一九四～一九五頁。
(31) 前掲尾下「清洲会議後の政治過程――豊臣政権の始期をめぐって――」。前掲同「小牧・長久手の合戦前の羽柴・織田関係――秀吉の政権構想復元のための一作業――」。
(32) 『兼見卿記』天正十三年十月四日条。
(33) 『上井覚兼日記』(大日本古記録)天正十四年三月十八日条。
(34) 『時慶記』天正十五年正月十六日、二十九日、四月二十九日、十一月三日、四日条。なお、西洞院時慶は舟橋に「古屋敷」を所持していたことから、移住前は舟橋(今出川通堀川上ル)に居住していたと考えられる(『時慶記』天正十五年三月十一日条)。
(35) 『言経卿記』慶長五年十月二十一日条。
(36) 『兼見卿記』天正十四年七月一日条。
(37) 『晴豊記』(続史料大成)天正十八年二月二十七日条。
(38) 『時慶記』天正十五年三月十三日、四月十八日条。
(39) 『時慶記』天正十五年四月二十日条。
(40) 「二条邸敷地絵図」(平井聖編『中井家文書の研究』第九巻　内匠寮本図面篇九　中央公論美術出版、一九八四年)六九頁。
(41) 『鹿苑日録』天正十七年十一月二十七日条。
(42) 秀吉による聚楽第造営の意義については、以下の論文を参照。横田冬彦「城郭と権威」(『岩波講座　日本通史』第一一巻　近世一　岩波書店、一九九三年)。同「豊臣政権と首都」(日本史研究会編『豊臣秀吉と京都――聚楽第・御土居と伏見城――』文理閣、二〇〇一年)。
(43) 中野等「豊臣政権論」(『岩波講座　日本歴史』第一〇巻　近世一　岩波書店、二〇一四年)。

(44)『晴豊記』天正十八年二月十九日、九月十五日条。八条宮の屋敷地は、慶長十年の内裏北側における後陽成院御所造営にともない上地の対象となっていることから、内裏の北側に位置していたことがわかる（『義演准后日記』慶長十年七月七日条）。

(45) 勧修寺晴豊は、秀吉が屋敷地造成を見分した際「あまりひろくけんちうなるよし二て気遣あしく成候」と記しており、屋敷地の規模が広大であったことが窺える（『晴豊記』天正十八年九月十五日条）。また、天正期の記録からは八条殿町の存在を確認できないが、①慶長八年、八条殿町の住人が山科家の侍に斬りつけた事件が発生していること（『言経卿記』慶長八年七月十九日条）、②「中むかし公家町之絵図」では八条宮家屋敷の東側に八条殿町が付属していることから、当初から八条殿町が付属していたと考えられる。

(46)『兼見卿記』天正十八年十月十日条。

(47) 前掲髙橋『京都中世都市史研究』。

(48)『兼見卿記』天正十八年十月十一日条。

(49)『時慶記』天正十九年正月二十七日条。

(50)『時慶記』天正十五年四月二十九日条。

(51)『時慶記』天正十九年六月二十九日条。『鹿苑日録』天正十九年七月十五日条。

(52) 京都新城の造営過程、特徴については、前掲横田「城郭と権威」を参照。

(53) 前掲内藤・大野・高橋・村山「『慶長公家町絵図』について――近世初頭京都公家町の研究・その一――」。前掲『京都の歴史　五　近世の展開』四九二～四九六頁。前掲平井『中井家文書の研究』第一巻。藤岡通夫『京都御所〔新訂〕』（中央公論美術出版、一九八七年）。前掲山口「朝廷と公家社会」。前掲松本「慶長度内裏造営にともなう公家邸宅移転について」。

(54)『言経卿記』慶長五年十月二十一日条。

(55)『言経卿記』慶長六年四月十七日条。

(56)『言経卿記』慶長六年一月二十三日条。

(57)『時慶記』慶長七年四月二日、十七日条など。

(58)『言経卿記』慶長八年正月二十四日条。なお、山科言経は「近衛殿政所」(=近衛信尹の母)が同じ町に居住しているとしている(『言経卿記』慶長十年三月三日条)。「中むかし公家町之絵図」では、政所の屋敷は近衛家の屋敷の東側、石薬師通に面して所在しており、山科家の屋敷が石薬師通に面していたことの傍証となろう。

(59)後陽成院御所造営の過程についてはつぎの論文を参照。藤岡通夫・平井聖「後陽成院御所と中和門院御所について(仙洞御所・女院御所の研究1)」(『日本建築学会研究報告』二〇、一九五二年)。

(60)『義演准后日記』慶長十年七月七日条。『慶長日件録』(史料纂集)慶長十年八月二十一日条。

(61)『義演准后日記』慶長十年八月一日、二十日条、慶長十一年一月二十五日条。『慶長日件録』慶長十年八月二十一日条。『言経卿記』慶長十年九月二十四日条。

(62)『慶長日件録』慶長十年八月二十一日条。『義演准后日記』では一条家も上地の対象となったと記しているが、あくまでも伝聞であり、かつ八月二十一日には一条家へ替地が給付されていないことから、上地されなかった可能性がある。

(63)『時慶卿記』(京都府立総合資料館架蔵写真帳)慶長十年九月二十四日条。『言経卿記』慶長十年九月二十四日条。『義演准后日記』慶長十年九月二十五日条。

(64)『言経卿記』慶長十一年七月二日条。

(65)前掲藤岡『京都御所〔新訂〕』。前掲平井『中井家文書の研究』第一巻。

(66)『孝亮宿禰日次記』慶長十二年十二月二十三日条。

(67)『言経卿記』慶長十年八月二十一日条。『孝亮宿禰日次記』慶長十二年十二月二十三日条。

(68)『時慶記』慶長十五年六月二十六日、七月八日条。

(69)『孝亮宿禰日次記』慶長十五年七月二十九日条。

(70)前掲「二條邸敷地絵図」。なお、この絵図に記載された公家が二階町・梨木町で替地を得たことは、すでに松本裕介が指摘している(前掲松本「慶長度内裏造営にともなう公家邸宅移転について」)。

(71)公家町建設の開始時期は天正十三年の早い時期までさかのぼることから、政権確立期に始まった可能性があるだが、現段階では開始時期を特定できないので、第Ⅰ期の建設を豊臣政権第Ⅰ期と呼ぶこととする。

(72) 小野晃嗣「京都の近世都市化」(『近世城下町の研究』増補版　法政大学出版局、一九九三年、初出は一九四〇年)。仁木宏『空間・公・共同体──中世都市から近世都市へ──』(青木書店、一九九七年)一〇七～一〇八頁。
(73) 堀新『日本中世の歴史7　天下統一から鎖国へ』(吉川弘文館、二〇一〇年)。
(74)『兼見卿記』天正十一年九月十一日条。
(75)『宇野主水日記』(『石山本願寺日記』下巻　清文堂出版、一九六六年)天正十三年七月六日条。
(76)『兼見卿記』天正十二年四月十四日条。
(77)『宇野主水日記』天正十三年七月六日条。
(78) 秀吉の建設した御土居の意義については、以下の文献を参照。仁木宏『京都の都市共同体と権力』(思文閣出版、二〇一〇年)。
(79) 前掲朝尾「天下人と京都」。
(80) 吉田伸之『成熟する江戸』(日本の歴史一七　講談社、二〇〇二年)。
(81) 第一部第三章参照。
(82) 山口和夫「統一政権の成立と朝廷の近世化」(山本博文編『新しい近世史』①国家と秩序　新人物往来社、一九九六年)。
(83) 仁木宏は、中近世移行期において大名が進めた家臣団の城下への集住について「重臣会議(合議制)や奉行人制度の発達、文書行政・法制度の成熟に比例してなされた」と指摘している(仁木宏「室町・戦国時代の社会構造と守護所・城下町」(内堀信雄・鈴木正貴・仁木宏・三宅唯美編『守護所と戦国城下町』高志書院、二〇〇六年))。また、平井上総によると、長宗我部氏の浦上城下町には、建設当初奉行人のみが集住しており、城下への集住は、日常的に政務を担う家臣に限定されていた(平井上総「豊臣期長宗我部氏と給人統制」(『長宗我部氏の検地と権力構造』校倉書房、二〇〇八年))。この点をふまえると、公家衆の内裏・院御所周辺への集住が、統一政権による朝廷の再編にともない進められた要因も、彼らの朝廷への日常的な勤仕体制の成立を背景としたものであったとすることができよう。

第二章　陣中から惣門之内へ——公家町の成立とその空間的特質——

はじめに

豊臣秀吉は、天正十三年（一五八五）頃から公家町の建設に着手した。これにより、内裏周辺は、内裏・院御所を中心として公家屋敷がそれを囲繞する空間へと変容することとなった。

秀吉による公家町建設に関しては、先行研究において繰り返しとりあげられてきた[1]。だが、その多くは建設の事実・意義を強調するにとどまり、それにより内裏周辺の空間、およびその特質がどのように変化したのかという点には検討が及んでいない。第一章では、そうした研究段階を受け、近世統一政権による公家町建設の具体的な過程を明らかにした。しかしながら、前章では事実関係の確定を中心に検討を進めたため、空間的特質の変容については課題のまま積み残している。そこで、本章では、右の課題について検討を加えていくこととするが、その際に重要な論点となるのが、中世の里内裏周辺に設けられた「陣中」という空間概念と、近世に成立する「築地之内」という概念との関係であろう。

近年、南北朝・室町期の里内裏における陣中について研究が進展し、その空間的特質・機能の一端が明らかにされた[2]。先行研究によりながらその特徴を整理すると、①南北朝期以降、里内裏として用いられた土御門里内裏では、内裏の周囲各一町、すなわち、一条大路・万里小路・鷹司小路・烏丸小路に囲繞された三町四方が陣中と呼ばれたこと、②四方の辻には、陣中の出入口となる「陣口」が設定され、標識として「置石」が置かれたこと、③陣中は大内裏に相当する空間として理解され、牛車・輿からの下乗などさまざまな制約が、公家をはじめとする都市住民に課せられていたことが挙げられる。

それに対して、近世の内裏周囲には六箇所の門（=「六門」、後に「九門」となる）が設置され、その内側は「築地之内」と呼ばれた（図1）。築地之内についても、近年の研究により空間的特質・機能の一部が解明されて

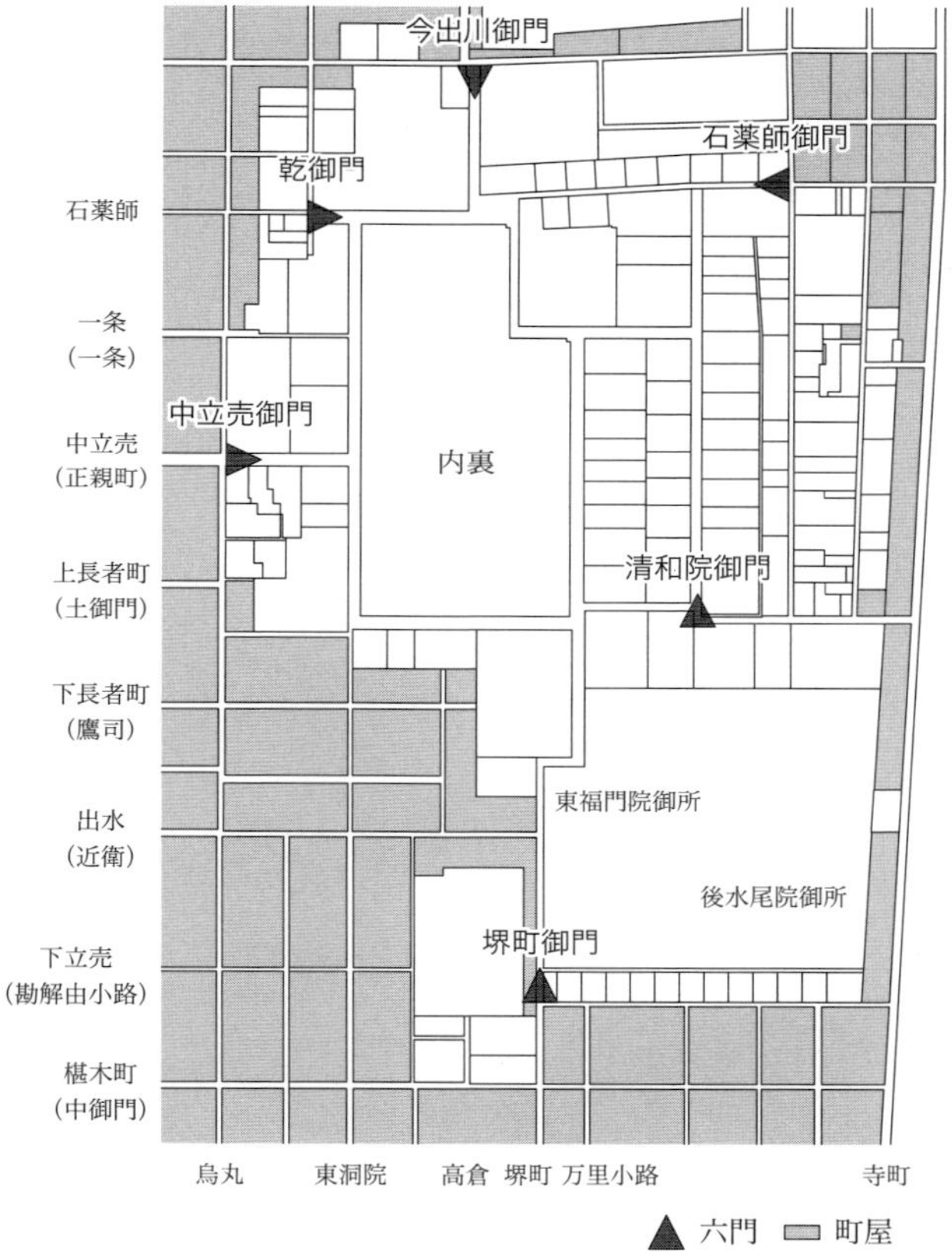

図1　六門の位置

（参照）「中むかし公家町之絵図」（『中井家文書』〈京都府総合資料館所蔵〉文書番号385）、『洛中絵図』（宮内庁書陵部所蔵）

おり、①内裏・院御所、公家屋敷、門跡里坊で構成される空間であったこと、②六門から内裏に至る道筋には両側に築地塀が築かれていたこと、③六門の近傍には「下乗」と記した立札が立てられ、築地之内における下輿・下馬が義務づけられたこと、④朝儀の際に「聖なる空間」として現出する一方で、日常的には庶民が自由に往来できる空間であったことなどが指摘されている(3)。

では、中世後期における陣中の存在を前提とした場合、秀吉による公家町の形成は、陣中にどのような影響を与えたのだろうか。また、陣中と築地之内とはいかなる関係にあるのだろうか。桃崎有一郎は、秀吉の公家町建設にともない陣口の標識である立石が消失したことをもって、陣中の概念も消滅したという見解を示している(4)。だが、南北朝・室町期を分析の対象としていることもあり、築地之内との関係には言及していない。一方、小沢朝江は、「六門」が成立するまで陣中の空間概念が継承された可能性を指摘するものの(5)、陣中から築地之内への移行がどのように行われたのかについては検討が及んでいない。すなわち、右記の疑問に対しては統一した見解が得られていないのである。よって、中近世移行期における内裏をとりまく空間的特質の変容を明らかにするためには、陣中、築地之内という空間概念に注目し、両者の関係について改めて検討していく必要があろう。

本章では、以上のような問題関心にもとづき、秀吉、そしてそれに続く徳川政権の公家町建設により、内裏をとりまく空間の特質がどのように変容したのかを、陣中、築地之内という空間概念に焦点を絞り論じていくこととする。

一　中近世移行期における陣中・陣口の変容

中世の公家社会では、内裏を中心とする方三町の領域を陣中、その出入口を陣口として認識しており、室町期までは実効性をともなっていた。だが、応仁の乱を契機として、内裏をとりまく空間は大きく変容し、陣中・陣口もその影響を受けたと考えられる。そこで、ここでは、公家町建設による空間的特質の変化を検討する前提として、中近世移行期における内裏周辺の空間の実態と、陣中・陣口の様相を確認しておきたい。

（1）防御施設の構築

応仁の乱後、内裏の南・東部は荒廃し畠地となった。朝廷では内裏の安全を確保するため、当該地区に何らかの防御施設を設ける必要を認め、明応四年（一四九五）八月には、幕府に命じて内裏の四周をとりまく堀を掘削させた。このとき堀の掘削がどの程度まで実現したかは不明だが、明応八年以降永禄期に至るまで、内裏の南・東側では堀の普請が繰り返し行われたことは確認できる。少なくとも、内裏の南・東側では防御施設としての堀が維持されていたのである。(6)

また、室町期から戦国期にかけて、陣口をはじめ内裏周辺の路上には釘貫が設けられていた。その状況は、釘貫の通行をめぐる文安四年（一四四七）の著名な事件からうかがうことができ、(7)内裏周辺の治安維持のために多数設置されたことが指摘されている。釘貫の総数や存続時期は明らかではないが、『洛中洛外図（歴博甲本）』（国立歴史民俗博物館所蔵）では内裏の北側に釘貫が描かれていること、天正四年（一五七六）五月には、一条東洞院の陣口に設けられた釘貫が建て替えられていることから、(8)戦国末期に至るまで、内裏周辺には一定数の釘貫が存続したと考えられる。

（2）陣中・陣口の様相（図2）

こうした動きに加えて、十六世紀後期には陣中の南・東部において、織田信長による都市集落の建設、馬場の造成が行われたことが確認される。

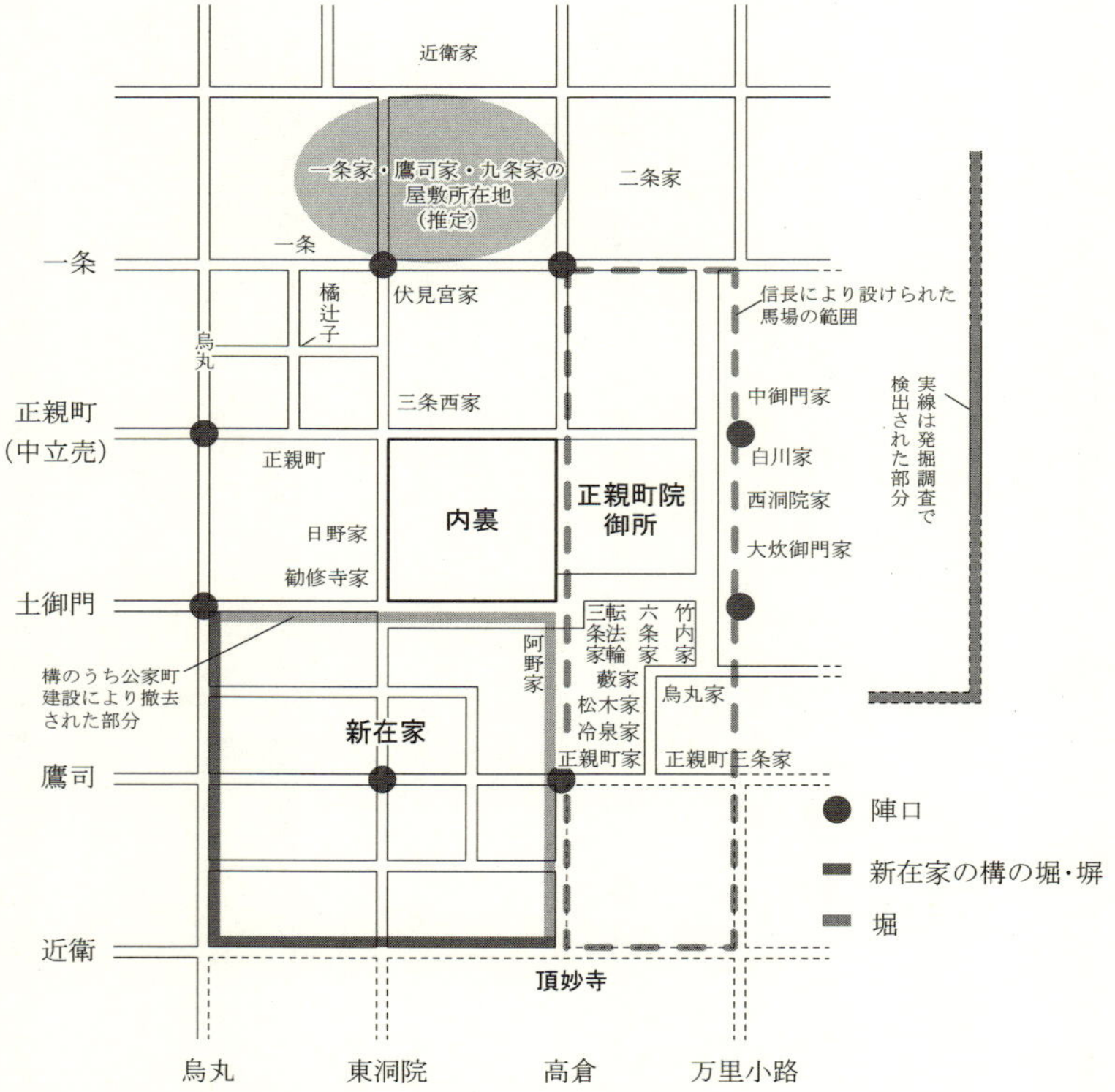

図２　天正15年頃の公家町

（参照）「二条邸敷地絵図」（平井聖編『中井家文書の研究』第九巻　内匠寮本図面篇九　中央公論美術出版、1984年）

元亀四年（一五七三）、信長は内裏南側の畠地に都市集落である新在家を建設した。新在家は、土御門以南・近衛以北・高倉以西・烏丸以東の二町四方に広がり、陣中の南西部を切り取るように設けられた。さらに、新在家は四周に堀と塀による惣構を備えており、非常に閉鎖的な空間を形成したといえよう。(9) かかる状況において、公家社会が堀と塀により切り取られた集落内部を陣中として認識し続けたとは考えにくい。

さらに、天正九年、信長は内裏東側の陣中に当たる場所に馬場を設け、二度にわたる馬揃を行った。本来、陣中は輿や馬からの下乗が義務づけられた空間であったが、馬揃は天皇・公家ともに開催を望んだものであり、陣中であることを問題とした形跡はない。(10)

このような陣中の状況をふまえるならば、当該期の公家社会では、内裏の南・東側をすでに陣中として認識しなくなっていたと考えられる。

他方、陣中の北・西部では、陣中に対する認識が著しく弛緩していた状況がうかがえる。

【史料一】『天正年中聚楽亭両度行幸日次記』続群書類従　第四輯

一、正親町大樹下昔立石、自是各乗馬之定雖在之、馬共積合故ニ四足辺ヨリ乗衆多シ、

天正十六年、後陽成天皇は聚楽第へ行幸したが、その際には、正親町烏丸の陣口に置かれた「立石」周辺が混雑したため、扈従する公家らのなかには内裏四足門の周辺から乗馬する者が多くみられたという。ここでいう「立石」は、桃崎の指摘するように、陣口を示す置石の役割を継承したもの、または置石そのものと考えられ、少なくとも寛永期までは陣口に置かれていたと考えられる。(11) すなわち、天正期には陣中の概念は存在したものの、陣中における下乗という規範は守られていなかったのである。

さらに、天正十八年二月、三月には、浅野長吉、豊臣秀吉の軍勢が、関東出陣のためそれぞれ内裏四足門前を通過した。それを見物した勧修寺晴豊は「弾正斗下馬」、「殿下斗下馬」と記しており、(12) 軍勢のなかで下馬したの

は長吉、秀吉のみで、他の武将は騎乗のまま通行したと考えられる。出陣という特殊な状況であるとはいえ、身分の低い武士が馬に乗って陣中を通行することは本来あり得ないことだが、秀吉の出陣の際には天皇が築地に設けた桟敷から見物しており、陣中での騎乗は問題として認識されていない。以上の事例は、いずれも行幸、出陣という非日常的な出来事に関わるものであるが、内裏西側において、陣中の概念がもつ行動規範としての拘束力が弱まっていたことは確かであろう。

一方、陣口は、陣中の概念が拘束力を保つ限りにおいて陣口として理解されるが、内裏東側は、信長が馬揃を行う以前から陣中としての認識が失われていた可能性が高く、陣口も陣中の出入口として理解されなくなっていたと考えられる。さらに、秀吉は、天正十三年以降の公家町建設において、条坊路を継承せず道路や屋敷地を配置し、道路には食い違い・折れを設けた(13)。そのなかで、正親町万里小路、土御門万里小路の両陣口は公家屋敷地に取り込まれ、陣中への入口としての機能は消失している。

また、内裏の南側に位置する鷹司東洞院の陣口は、新在家内に囲い込まれた。この陣口は、室町後期までは陽明門に擬され足利将軍の参内に用いられたが、足利義澄以降は一条東洞院の陣口を利用するようになり(14)、陣口としての重要性は薄れたものと推測される。それに加えて新在家がこの位置に築かれたことから、戦国期にはすでに陣口として理解されなくなっていたと考えられる。

さらに、内裏西側でも、陣口の設けられた道路が公家屋敷へ取り込まれた事例を確認できる。天正十八年、秀吉は公家町の建設を進めるなかで、藤波家に屋敷の移転を命じ、その跡地を勧修寺光豊へ与えた。勧修寺家の屋敷は内裏四足門前にあったが、晴豊は「予あたり御覧し候てさいしゆ所のけ光豊ニ屋敷申付られ(15)」と記しており、藤波家の屋敷地はその近傍に位置していたことがわかる。翌十九年、晴豊はさらに藤波家の西側で屋敷地を獲得し(16)、勧修寺家は計二箇所の屋敷地を得ている。慶長末期の公家町を描いた「中むかし公家町之絵図(17)」では、勧修寺家の屋敷地は四足門前の一箇所のみだが、他の公家屋敷と比べると敷地の規模が大きく、新たに獲得した二箇所の屋敷地を利用して屋敷を拡張したと考えられる。この屋敷地は、土御門通をふさぐ位置にあり、土御門通の東洞院・烏丸間を取り込むかたちで拡張されたことがわかる。これは、鷹司烏丸に設けられた陣口の陣中への入口としての機能を奪うものであり、少なくとも当該期までに、土御門烏丸の陣口は必要とみなされなくなっていたことは確実である。

このように、陣口の多くは天正期までにその機能を停止していた。だが、一方で、内裏西側の一条東洞院、正親町烏丸の両陣口は維持され、それより内裏側の空間は、行動に対する拘束力が弱まっていたとはいえ、陣中として認識されていたことがわかる。

一条東洞院の陣口

室町期から天正期に至るまで、この陣口には釘貫が設けられ内裏への進入路として重視された。さらに、応仁の乱後は足利将軍の参内にも使用されるようになっていた。たとえば、大永二年（一五二二）二月に足利義晴が参内した際に下輿したのはこの陣口であった[18]。また、天文から永禄期の幕府の年中行事を記録した『年中恒例記』は、正月の参内始において将軍の下輿する地点について「御立石とて、伏見殿の辺に、昔より石立之其きはにて御下輿也[19]」と記す。伏見宮の屋敷は一条東洞院の南東角にあり[20]、参内始では一条東洞院の陣口付近に置かれた「立石」での下輿が定まっていたようである。

その後も、天正十二年十月に正親町天皇の皇子である誠仁親王が嵯峨へ行啓した際には、内裏から東洞院通を北へ向かい一条通を西へ折れる経路をとったが、供奉する公家は一条通に出たところで騎乗しており、陣中での下馬という規範は守られていたことがわかる[21]。

正親町烏丸の陣口

この陣口は、【史料二】から天正期まで存続していたことが確認できる。それ以降も将軍の参内などに頻繁に用いられ、近世初期に至るまで最も機能した陣口であった。

【史料二】『言経卿記』（大日本古記録）慶長十年三月二十九日条（括弧内は筆者、以下同）

一、右大将（徳川秀忠）御参　内了、予先施薬院ヘ罷向了、予・倉部・冷泉・烏丸父子・六条・舟橋・六条（ママ）等也、此外少々有之、次施薬院奥ノ間ニテ衣冠、倉部・冷泉・予等衣文攬之、次御出門、塗輿、中山前立石ニテ出給、御劔・緒太等酒井宮内大甫也、伝　奏広橋大納言・新中納言御近所ニテ被参、

【史料三】『京都御所東山御文庫記録』丙二十六、東京大学史料編纂所所蔵

入内次第

（中略）

自二条大路北行、経堀川大路、

至正親町、自正親町至東洞院、

次前駈於烏丸下馬、前行至東洞院、入御門俳、

次予（九条忠栄）立石辺下輿、扈従、

（中略）

次諸卿悉於烏丸下馬扈従、

（後略）

【史料二】は、徳川秀忠の参内経路を記したものだが、そこからは、秀忠が正親町烏丸の施薬院から輿に乗り、正親町通を東へ向かい、中山家屋敷前の立石で輿から降りていることが確認できる。さらに、元和六年（一六二〇）の徳川和子入内の記録である【史料三】でも、和子に扈従した九条忠栄以下の公卿は、正親町烏丸の立石で下乗し、内裏まで歩行で従っている。正親町烏丸の陣口は、近世に至まで下馬・下輿の地点として機能し、陣口より内裏側の空間は陣中として認識されていたのである。

ところで、永禄十一年十月の足利義昭の参内を最後に、将軍の参内には正親町烏丸の陣口が使用されるようになるが、その背景には、秀吉による聚楽第の造営があったと考えられる。[22]秀吉は内裏と対峙するように聚楽第を造営し、内裏・聚楽第を結ぶ正親町通を東西軸として重視した。[23]天正十六年の後陽成天皇聚楽第行幸にはこの道路を用いており、さらに、同十九年には正親町通沿いに聚楽第から烏丸通に至るまで大名屋敷を配し、街路景観の荘厳を図っている。こうした秀吉の都市構想のなかで、正親町東洞院の陣口が参内の経路として用いられるようになったと考えられる。その後、聚楽第の取り壊しとともに大名屋敷は伏見へ移転するが、江戸幕府はこの陣口を参内経路として使用しており、正親町烏丸の陣口はその機能が維持されることとなる。

以上のように、戦国期の公家社会において、内裏をとりまく方三町の空間を陣中とする認識は希薄化し、陣中の概念は内裏の西側、すなわちハレの側においてのみ、行動規範としての拘束力を著しく弱めながらも維持された。それにともない、陣口の多くはその機能を喪失したが、一条東洞院・正親町烏丸の陣口のみは近世に至るまで機能を保っていた。

二　豊臣政権期における公家町の空間構造

秀吉の公家町建設により、内裏・院御所を核とする公家町が形成された。公家町の建設は、陣中・陣口の様相を大きく変える一方で、その空間構造は徳川政権期まで引き継がれており、築地之内の成立に影響を及ぼしたと考えられる。その意味で、豊臣政権段階における公家町の空間構造を解明することは、陣中と築地之内との関係を明らかにする上で鍵となるといえよう。そこで、ここでは、豊臣政権期における公家町の空間構造の特質について検討していくこととする。

（1）内裏惣構

慶長八年（一六〇三）六月十六日、山科言経は方々へ香薷散《こうじゅさん》を配ったが、そのなかには「惣構」の番人が含まれていた。

【史料四】『言経卿記』慶長八年六月十六日条

一、香薷散遣之衆、黒川二十服、岩十、白瓜十持来了、令食了、竹内蔵人十五、禁北門・惣構辰巳・西・戌亥・子番屋、同十服ツ、遣了、

言経は、この「惣構」がどこに設けられたものであるかを明示していないが、香薷散を配った先として内裏北門の番屋を併記しており、内裏の惣構を示すと考えられる。すなわち、慶長期には内裏の周囲に惣構が構築され、少なくとも南東、西、北西、北の四箇所には番屋が設けられていたのである。

戦国期の畿内では、京都をはじめ多くの都市や寺院が惣構を築いた。惣構は堀と土塁で構成されることが一般的であり、外敵に対する防御施設として、また権力の象徴として機能したと指摘される(24)。それでは、この内裏「惣構」もこうした特徴を持っていたのだろうか。当該期の記録などから内裏惣構との関連が考えられる施設をみていくと、惣門、堀の設けられていたことが明らかとなる。

まず、惣門については、西洞院時慶の日記につぎのように記される。

【史料五】『時慶記』慶長五年七月十三日条

昨夜ヨリ伏見・大坂物言搔動ト、（中略）此辺ノ惣門三所ヲ二・三日以前ヨリ閉、ク、リ斗也、

【史料六】『時慶記』慶長七年二月十五日条

一、小鋸引四郎左衛門へ八木一石遣候、又惣門ノ番屋ノ者扶持ニ米一斗遣候、惣次也、

時慶は、公家町のうち旧正親町院御所東側に居住したが、【史料五】からは、屋敷の周辺に三箇所の「惣門」

が設置されていたことが判明する。七月十三日は、関ヶ原の戦いの前哨戦となった伏見城攻撃の直前であった。時慶は伏見・大坂で騒動があったことをあわせて記していることから、惣門が閉じられたのはそのためであり、外敵の侵入を防ぐ役割を担っていたと考えられる。当該期の内裏周辺で惣門を備えた可能性があるのは内裏のみであることから、これらの惣門は内裏惣構への出入口として設置された門とみてよく、内裏および公家の集住地区と、外部との境界に位置していたとすることができよう。

一方、【史料六】からは、惣門は番屋を備えていたことが指摘できる。時慶は「番屋ノ者」に一斗の扶持米を与えており、かつ番人給の負担は「惣次」であったことから、負担の範囲は不詳ながら、惣門の維持・管理は周辺に居住する公家らにより行われていたことがわかる。そして、このことをふまえるならば、【史料四】に記された番屋は、惣門のそれを指すと考えられる。つまり、内裏惣構は四箇所以上の惣門を設け、それぞれに番屋を付設していたのである。

ついで、堀については、近年の発掘調査において検出された内裏東側の南北堀が挙げられる（前掲図2）。堀は内裏から約三〇〇メートル東に位置する。堀の断面は逆台形、規模は、遺構面で幅が約六メートル、深さが約二メートルで、内裏の防御を目的とした可能性が高い。堀の両端は検出されず、調査地を越えて南北に続く。埋土上層からは、十六世紀後半から十七世紀初頭に比定される土器類が多数出土しており、十七世紀初頭には全面的に埋め戻されたことがわかる。その後、同位置には中筋・二階町間の背割り溝となる堀が掘られたことから、慶長十年からの二階町・梨木町の建設にともない埋められたと考えられる(25)。

発掘調査報告書では南北堀の開削時期を、戦国期、あるいは秀吉の京都改造が行われた天正末期とする。山本雅和は、前者の立場から、この堀を上京惣構の堀と理解している(26)。南北堀は内裏から二町以上離れた位置にあり内裏の防御のためにのみ設けられたとは考えにくく、山本の見解を否定することはできない。だが、正親町院御所の造営にともないその外側に堀を掘削していること、[27]南北堀が十七世紀初頭まで存続することから、ここでは南北堀を、院御所の外堀として天正十二～十三年頃に開削したもの、または上京惣構の堀を外堀として再利用したものと理解しておきたい。

このように、内裏の東側には大規模な南北堀が設けられていた。南北堀はその規模から防御を目的とした可能性が高く、かつ十七世紀初頭までは堀として機能しており、内裏惣構の一部として位置づけられていたと考えられる。

（2）内裏惣構の外郭線

それでは、内裏惣構は、内裏を中心にどの領域をいかに囲い込んでいたのだろうか。つぎに、惣門・堀を外郭線の指標として、その範囲を検討していきたい。

東の外郭線

前述の内裏東方に設けられた南北堀は、慶長八年時点の公家町東端に位置することから、これを東の外郭線とみてよい。ただし、【史料四】によると、内裏の南東には惣門が設けられており、具体的な位置を確認する必要がある。

その際に手がかりとなるのが、慶長度内裏造営にともない作成された「内裏手形控帳」[28]である。この史料は殿舎ごとに作事に要する費用などを書き上げたもので、そのなかに「万里小路殿未申ノ墨門」の番屋が含まれている。この門は「禁中外廻り」の門のひとつとして記されており、その名称から万里小路家の屋敷の南西に位置していたことがわかる。そこで、万里小路家の屋敷の位置を確認すると、天正末期にはのちに中筋と呼ばれる通りの南端東頰に所在しており、[29]門が設けられたのは、中筋と寺町通から内裏へ向かう東西路との辻であったと考えられる。

さらに、この門の公家町内における位置をみると、内裏の南東にあり、かつ南北堀の近傍に所在する。また、公家町の東より内裏へと通じる唯一の東西路上にあり、内裏の防衛上非常に重要な位置に設けられていたといえる。かかる門の位置、および後述のように門の設置時期が、少なくとも慶長五年まではさかのぼることから、「万里小路殿未申ノ墨門」が、惣構の南東の惣門に該当すると考えられ、東の外郭線は、惣門と堀で構成されていたとすることができよう。

西の外郭線

まず、内裏の北西に位置する門を史料に求めると、一条東洞院に門の設けられていたことが明らかとなる。【史料四】では、内裏の北西と西に惣門があるとしており、外郭線は両門により形成されていたと考えられる。

【史料七】『兼見卿記』天正七年十一月二十二日条

今日御移徙御供之用意了、各直垂也、辰刻先御局衆先へ御出也、御輿七張、御供之女中歩行也、次御方御所御出、於御車寄御乗輿、左右北面之侍衆供奉、自唐門御出、自勧修寺前被出北御門、自其一条通西へ、自室町通南へ直ニ二条也、

【史料八】『兼見卿記』天正十三年三月三日条

秀吉卿仙洞之御屋敷へ被出、然間各被罷出也、予早々罷出可然之由申了、即急出京、御屋敷へ罷出、秀吉卿未御屋敷ニ在之、公家衆多分被出也、仕合祝着云々、休庵気遣故也、近日殊更入魂了、秀吉直ニ徳雲軒(施薬院全宗)へ行、各禁裏外之北御門ヨリ罷帰也、

【史料七】は、天正七年十一月に誠仁親王が織田信長から譲られた二条御所へ移徙する際の経路を記したものである。移徙の行列は内裏西側の唐門から東洞院通を北へ向かい、勧修寺晴豊の屋敷前で「北御門」を出て一条通を西へ進んでいる。天正期の勧修寺家は一条東洞院南西角に屋敷を所持しており、公家町建設以前から一条東

洞院には「北御門」の設置されていたことがわかる。一方、【史料八】では、公家衆が施薬院全宗の屋敷へ向かう秀吉を見送った後、内裏の外にある「北御門」から帰ったとしており、ここからも門の存在を確認できる。両史料は公家町建設前後のものであり、門が建て替えられた可能性はあるものの[30]、その名称から両門は同じ場所に建っていたと考えることはできよう。

さらに、「中むかし公家町之絵図」でも、一条東洞院の西側に「門」の書き込みがあり、慶長末期にも同じ場所に門が設置されていたことがわかる（図3）。この門はその位置から「北御門」とみてよく、少なくとも公家町建設以降、一条東洞院には門が設けられていたとすることができる。また、北御門はその名称から内裏との関係が想定され、この門が北西の惣門にあたる可能性が高い。

つぎに、西の惣門だが、【史料四】以外に、天正から慶長期の史料でその存在を確認することはできない。しかし、以下に示すように、慶長末期から元和期には正親町烏丸に門が設けられていたことがわかる。

まず、絵画史料をみると、「中むかし公家町之絵図」において、正親町烏丸の東、施薬院と「ゆうじやう坊」屋敷との間に「門」と記入される（図3）。さらに、元和年間の景観を描いたとされる『洛中洛外図（池田本）』（林原美術館所蔵）でも、同じ位置に烏丸通に面する門が描き込まれており、正親町烏丸には門が設置されていたと考えられる。

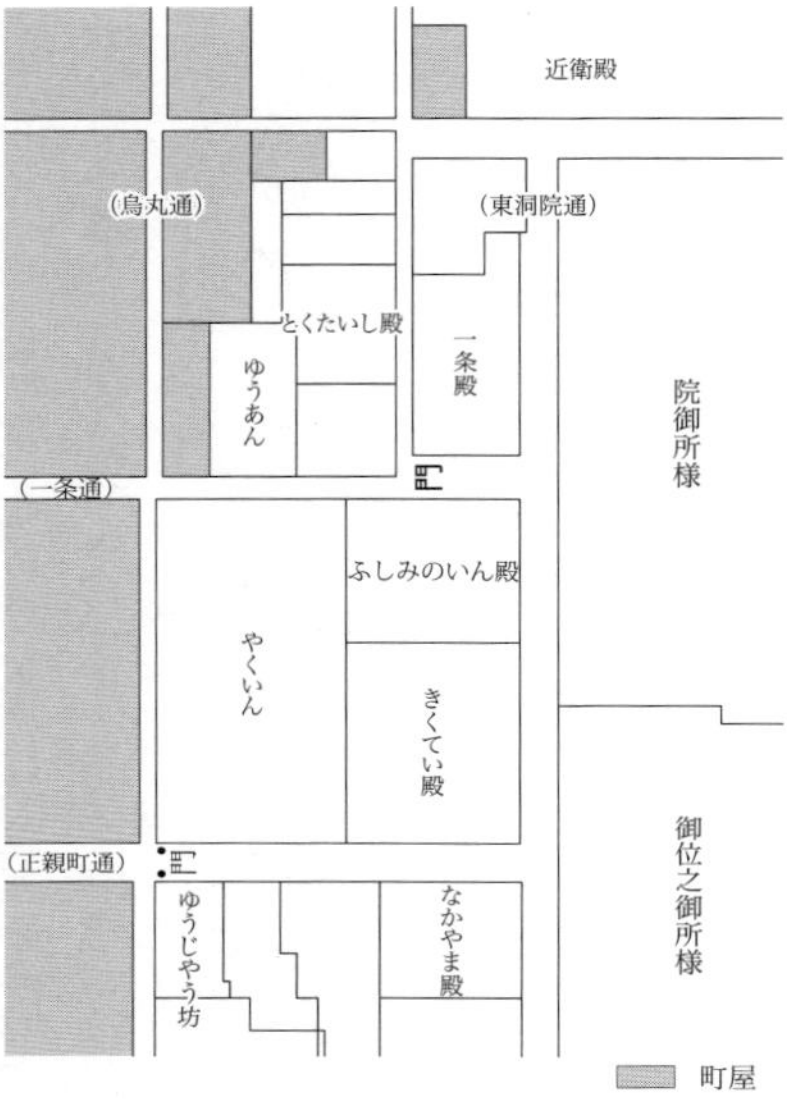

図3　「中むかし公家町之絵図」に描かれた北西の惣門（図中にゴシック体で示す　通り名は筆者による）

一方、文献史料上でも、元和九年（一六二三）には門の存在が確認できる。同年八月六日、徳川家光は征夷大将軍宣下に対する御礼のため、諸大名らを従えて参内した。二条城から内裏へと向かう家光の行列をみると、諸大名の多くは歩行であったが、御三家など公家成の大名は輿に乗り参内している。日野資勝は、その様子をつぎのように記す。

【史料九】『資勝卿記』（国立公文書館内閣文庫所蔵）元和九年八月六日条

武士ノ公家装束衣冠、なかへの塗輿かき候者四目結の上計を着申候、侍此内布衣宰相ニ四人、中少将・侍従二人、太刀持共ニ烏帽子着二十人、中間白張拾人、長刀持一人、但力者上下着申候、笠持一人、輿ヨリ下る所惣門之内にて也、

ここからは、諸大名のうち公家成の大名が「惣門」の内側で輿から降りていることが明らかとなる。将軍が二条城から直接参内する際には、堀川通を北上し正親町通（中立売通）を東へ内裏まで向かう経路を用いており(31)、このときも同様であったと考えられる。前述のように、参内の際の下乗地点は正親町烏丸であり、「惣門」とは、正親町烏丸に設けられていたとすることができる。

したがって、元和九年を下限として、正親町烏丸には「惣門」と呼ばる門の建っていたことが確認される。その上で問題となるのが惣門の設置時期だが、①秀吉の都市構想において重要視された正親町烏丸の陣口に位置すること、②慶長度内裏造営のまとまった記録である『慶長度内裏造営関係文書』にこの門の造営に関する記載はなく、内裏造営以前にはすでに建っていたと考えられること、③元和期には「惣門」と呼ばれていることから、この門が西の惣門にあたり、他の門と同時期に設けられたとするのが妥当であろう。

これらのことから、惣構の西の外郭線は、両門の位置する烏丸通・東洞院通付近にあったと考えられるが、烏丸通・東洞院通間は公家屋敷、町屋が軒を連ねており、堀などの防御施設を設けるならば、惣門の外側である烏

丸通沿いであると想定される。しかしながら、烏丸通のうち西の惣門付近で行われた発掘調査からは、当該期の遺構として烏丸通の側溝とみられる、幅約一メートル、深さ一メートルの堀が検出されたのみで[32]、惣構の西側では堀をともなっていなかったと考えられる。

南の外郭線

【史料四】では、内裏の南に惣門の存在を確認できないが、以下の史料から、南側にも惣門の建てられていたことがわかる。

【史料十】『時慶記』慶長五年二月二十九日条

早辰ニ孝蔵主ハ城へ被出、南正親町ノ門外迄送出、

【史料十一】『時慶記』慶長五年七月十二日条

左近丞北久不来ノ只今マミエ、則内儀ノ供ニテ　御城へ北政所殿御煩見舞ニ被参候、歩行、蕨ノ餅三重ニ入テ持参被申候、正親町ノ門内ヲ通テ被行、

これらの史料は、いずれも北政所に仕える孝蔵主、または西洞院時慶の後室が、時慶の屋敷から京都新城へと向かう際の経路を記したものである。【史料十】では、屋敷南方の「正親町ノ門」の外、【史料十一】では門の内側を通る経路をとったことが指摘できる。当該期には内裏南側に正親町家の屋敷があり、「正親町ノ門」は正親町家の屋敷の門、もしくは屋敷の近傍に設けられた門であると想定できる（図2）。だが、正親町家の屋敷は南北路の西頬にあり、登城の際にその門内を通行するとは考えにくい。したがって、門の位置としては後者の可能性が高く、南方から正親町家の屋敷前を通り内裏へと向かう南北路上に所在したと考えられる。さらに、ここで留意すべきは、両史料の日付と関ヶ原の戦いの前哨戦となった伏見城攻撃との関係である。すなわち、【史料十】は西軍の攻撃以前のことであるのに対して、【史料十一】は攻撃の当日であったということである。【史料五】でみたように、時慶の屋敷の近傍に設けられた惣門は、伏見城攻撃の数日前からすべて閉門していた。孝蔵

主が門内を通ったのは、かかる状況によるものと考えられる。ゆえに、「正親町ノ門」とは、内裏惣構に設けられた惣門のひとつであり、惣構南側の境界はこの部分にあったとすることができよう。なお、内裏の南側は公家屋敷地が集中したが、現段階でそれらを囲繞する堀が掘られたという事実は確認できない。したがって、南の外郭線は惣門によってのみ形成されたとしておきたい。

北の外郭線

慶長七年七月、山科言経の居住する石薬師町で町の門に関する寄合がもたれた(33)。同町には、南頬に山科家のほか広橋家、新内侍局（＝西洞院時慶の娘）、北頬に藤波家、近衛政所の屋敷の所在が確認でき(34)、公家をおもな構成員とした両側町であったことがわかる。寄合の詳細は不明だが、町では翌年にかけて北と東の町境に門を設けており、それにかかわるものであった。両門には番屋が付属し、洛中各町の町境に設置された釘貫と同様の備えであったと考えられる(35)。

こうした石薬師町の動きからは、公家を主体とした町でも町境に釘貫を設けていたことが明らかとなるが、ここで注意したいのは、石薬師町が門を必要とした理由である。仮に石薬師町が惣構の内側に位置したならば、町境にさらに門を設ける必要性は低い。むしろ、石薬師町が惣構の外側に所在したからこそ、他の町と同様、町の門を必要としたと理解するのが妥当であろう。よって、惣構の北の外郭線は石薬師通以南に求められる。さらに、一条通上に設けられた北西の惣門との位置関係を勘案すると、北の惣門は一条通以北に建てられたと考えられ、石薬師通そのものが外郭線であった可能性が高い(36)。

北の外郭線が堀を備えたかどうかは史料上明らかにできないが、石薬師町が両側町であることから、堀はなかったと推測される。また、惣門の位置についても史料的な限界から不明とせざるをえないが、内裏との位置関係から、石薬師通と、東洞院通または高倉通との辻が候補地点として挙げられる。このうち、後者の辻は北方からの内裏への進入口にあたっており(37)、ここでは惣門が設けられた地点を石薬師通高倉の辻としておきたい。

以上、内裏惣構の外郭線についてみてきた。慶長期の惣構の範囲と惣門の位置を示したのが図4である。内裏惣構は、外郭線に惣門と堀を備えていた。その備えは方角により差があり、東の外郭線には堀を設け防御を重視したのに対し、他の方角は内裏への進入路上に惣門を設置するのみであった。これは、堀と土塁により構築された他の都市の惣構と比べると非常に簡略な施設にとどまるものといえるが、内裏周辺には公家屋敷や町屋が高密度に展開しており、路上に設けた門でも防御施設としての役割を果たしたと考えられる。実際、伏見城攻撃という緊急事態において惣門を閉じていることからも、惣構に防御施設としての機能が期待されていたことがわかる。また、東側にのみ堀を設けたのは、戦国期に畠地であった内裏の南・東側に堀が設けられたことをふまえるならば、寺町建設まで空地のまま残された内裏東側の状況に即した計画であったとすることができよう。

(3)　内裏惣構と陣中

では、豊臣政権期に構築された内裏惣構は、いつ、誰により建設されたのだろうか。

惣構の構築は、惣門の造営、堀の掘削という大規模な普請をともなったと考えられるが、天正・慶長期の公家集住地区の造成を除き、公家町内で大きな普請のあったことを示す史料はなく、公家町建設にあわせて行われた可能性が高い。そして、このことを前提とするならば、惣構成立の下限は、東の外郭線である南北堀が十七世紀初頭には埋め戻されたことから、天正十八～十九年の豊臣政権による第Ⅱ期公家町建設段階までさかのぼると考えられる(38)。しかし、第Ⅱ期の公家町建設は、八条宮の屋敷造営にともなう公家町の拡大というべきものであり、公家屋敷の大規模な移転は行われたものの、公家町の構造を大きく変えるものではなかった。その意味で、惣構の成立を当該期に想定するのは困難である。さらに、このことは、天正十九年に洛中全体を取り囲む御土居が構築されたことからも裏づけられる。御土居は防御施設としての役割を担うとともに、豊臣政権の京都支配を象徴

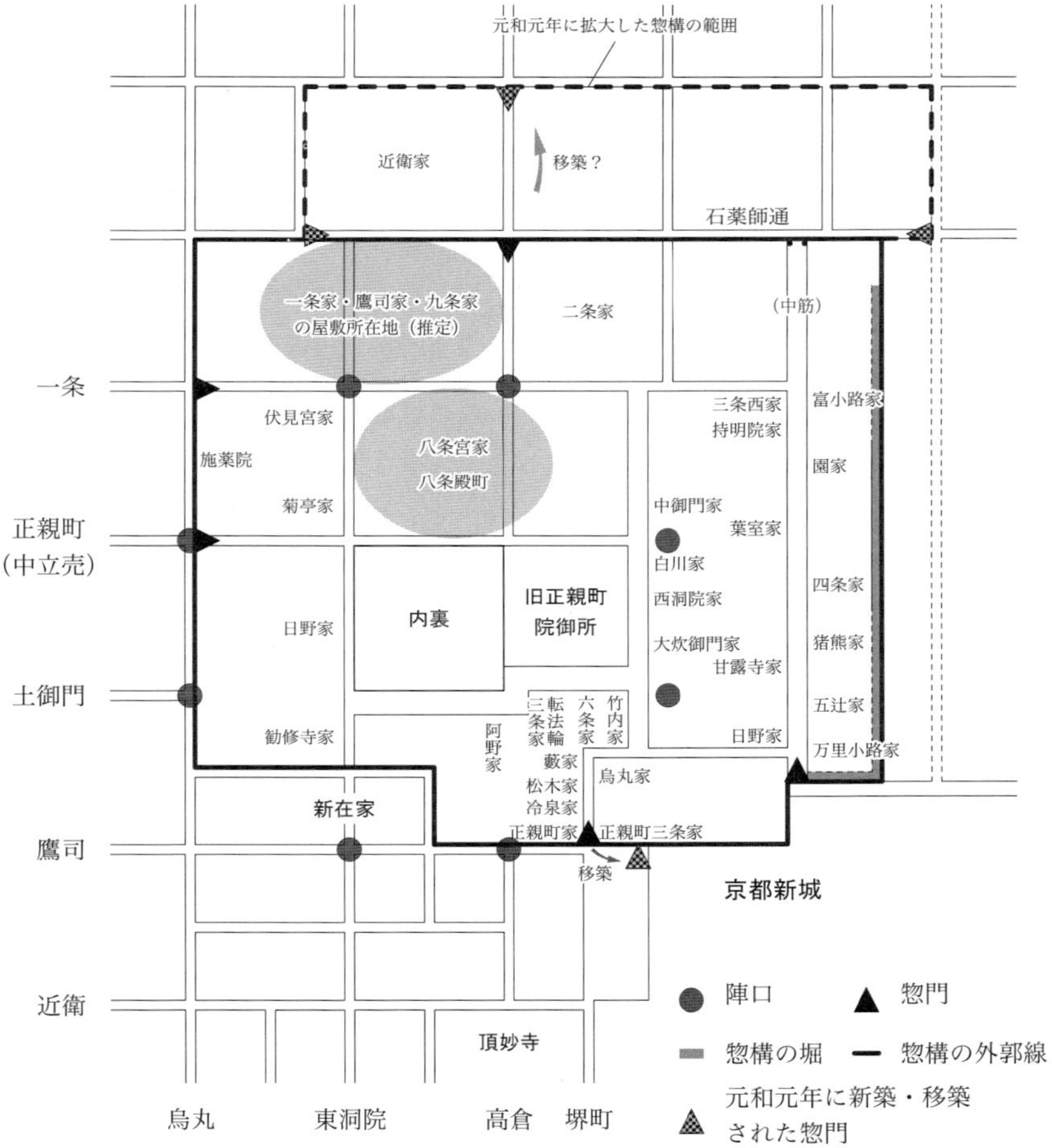
元和元年に拡大した惣構の範囲
近衛家
移築？
石薬師通
一条家・鷹司家・九条家
の屋敷所在地（推定）
二条家
（中筋）
一条
伏見宮家
八条宮家
八条殿町
施薬院
菊亭家
三条西家
持明院家
富小路家
園家
中御門家
葉室家
正親町
（中立売）
白川家
西洞院家
四条家
日野家
内裏
旧正親町
院御所
大炊御門家
甘露寺家
猪熊家
土御門
三条家
転法輪家
六条家
竹内家
五辻家
勧修寺家
阿野家
日野家
万里小路家
藪家
烏丸家
松木家
冷泉家
新在家
正親町家
正親町三条家
鷹司
移築
京都新城
陣口
惣門
近衛
頂妙寺
惣構の堀
惣構の外郭線
元和元年に新築・移築
された惣門
烏丸
東洞院
高倉
堺町

図4　慶長期の内裏惣構

するものであった。そうした状況において、御土居建設と同時期に堀をともなった内裏惣構が新規に構築されたとは考えにくい。したがって、惣構の構築は、第Ⅰ期公家町建設（天正十三〜十五年）の一環として豊臣政権により行われた蓋然性が高いといえる。後述のように、惣門はすべて黒色に統一されていた可能性が高く、その規格性も建設主体が豊臣政権であったことの傍証として挙げられる。

このように、内裏惣構の構築は、豊臣政権期における公家町の空間構造の大きな特徴として考えることができる。その上で検討すべき課題として残るのが、①惣構がいかなる領域を囲んだのか、②惣構の空間と陣中とはどのような関係にあったのか、という点である。

まず、①については、第Ⅰ期公家町建設の段階において、惣構の北西部分は「六町」の領域と重なっており、惣構内に公家と町人が混住していた可能性がある。だが、慶長十年までには、ほとんどを内裏・院御所と公家屋敷が占有しており、(39)それまでには身分別居住が成立していたと考えられる。惣構成立期に武家、町人などの屋敷が惣構内にどの程度所在したのかは不詳だが、少なくとも慶長期には、公家の居住地区のみを囲むタイプの惣構となっていたとすることができる。(40)

つぎに、②については、図4から明らかなように、惣構は陣中の領域を完全に包摂している。だが、その範囲は一致しておらず、かつ惣門のうち陣口と同じ位置に設けられたのは西の惣門のみであった。さらに、【史料二】【史料三】から、陣中は内裏の西側に縮小したものの、元和期までは陣中・陣口に対する認識は残っており、惣構内に陣中の空間が併存していたことがわかる。すなわち、惣構は陣中の空間を前提としたのではなく、豊臣政権が公家町の領域を囲むため新たに構築した防御施設として位置づけることができる。

三　惣門之内の成立

徳川政権成立以降、防御施設であった内裏惣構に新たな空間的な意味が付与されていく。その象徴となるのが、東の外郭線を形成した南北堀の埋め立てであろう。以下では、徳川政権期における惣構の変容についてみていくこととしたい。

（1）元和期における諸門の造営

慶長十年（一六〇五）から十九年にかけて、徳川政権は後陽成院御所の造営、内裏の造替を行うとともに、元和元年（一六一五）頃には内裏をとりまく諸門の造営・整備、移築を進めている(41)。

このとき対象となったのは、「二条様東ノ墨門」「万里小路殿未申ノ墨門」「近衛様ノ西ノかうらい門」「二階町石薬師通ノかうらい門」の四箇所の門であった。各門は、その名称から、二条家と高台院屋敷間の南北路上、中筋の南端、石薬師通の近衛家屋敷西側付近(42)、二階町通と石薬師通との辻に位置していたと考えられる。

これらの門のうち前二者については、いずれも門に付属する番屋・塀の費用のみが記されており、門自体はそれ以前に建っていたことを示している。さらに、両門のうち「万里小路殿未申ノ墨門」が東の惣門に比定できることは前述した通りだが、「二条様東ノ墨門」も、以下に指摘するように、南の外郭線に設けられた惣門であった可能性が高い。

慶長十五年、二条家は内裏南側へ屋敷替えとなった。幕府は替地に当たる「正親町ノ門」周辺の公家屋敷地の移転を進めるとともに、内裏へ通じる南北路の道筋の変更を行った(43)。これにより「正親町ノ門」は撤去され、その後、新たな道筋に設けられたのが「二条様東ノ墨門」であった。だが、諸門の仕様を記した「内裏後増家問付仕様帳」には、「二条様東ノ墨門」について「古門引立申候」と注記され、「古門」を移築したものであったことがわかる。そこで想起されるのが、先に撤去された「正親町ノ門」である。両門は撤去・造営の時期が近接しており、かつ「二条様東ノ墨門」は「古門」を移したものであった。これらの点をふまえると、このときの移築は、道筋の変更にともなう惣門の移転であり、「二条様東ノ墨門」は南の惣門である「正親町ノ門」を移したものである可能性が非常に高いといえよう。

さらに注目すべきは、「二条様東ノ墨門」、「万里小路殿未申ノ墨門」の外観である。いずれも「墨門」と記されており、形式は不明ながら黒色という共通の外観を持っていたことは確実である。惣門の特徴が判明するのは両門のみだが、これら二門は惣構構築にともない建てられたとすることができ、その共通性から、惣門は統一された規格にもとづき造営されたと考えられる。

一方、後二者は、前掲の「内裏手形控帳」において門自体の費用が計上され、新築であったことがわかる。両門はそれぞれ石薬師通上に位置し、豊臣政権期の惣構の外側に設けられた。だが、「内裏手形控帳」では四箇所の門を「禁中様外之御門」として一括して記していることから、両門は、内裏・院御所の敷地拡大、およびそれにあわせた惣構の拡張にともない新造された惣門とすることができる。

このように、内裏惣構の拡大により惣門は七箇所に増加したが、ここで留意したいのが惣門の位置である。図1・4からは、北・北西の惣門を除く五門は、築地之内を限る「六門」と設置された位置が一致することを指摘できる[44]。さらに、新たに設けられた石薬師通上の二箇所の惣門は、いずれも「六門」と同じ高麗門であった[45]。これまで「六門」は、寛永末期までに新築されたと指摘されてきたが[46]、こうした点を勘案すると、内裏惣構の惣門を継承したものであったと考えるのが妥当であろう。

（2）陣中から惣門之内へ

惣構が拡大する一方で、陣中の概念は、元和期に至るまで内裏のハレ側において維持された。さらに、天皇の行幸や将軍の参内には正親町烏丸の陣口が用いられ、下乗の標識としての機能を保っていた。だが、同時期には、正親町烏丸の陣口が徐々に陣口として認識されなくなっている様子が確認できる。

元和六年、徳川和子入内に扈従した九条忠栄は、自身が正親町烏丸の「立石」周辺で下輿したと記している（【史料三】）。正親町烏丸には惣門も設けられていたが、忠栄は「立石」を下輿の標識として記し、そこが陣口であることを認識していた。だが、それから三年後、元和九年の徳川家光参内について記した【史料九】では、日野資勝は家光に従う公家成の大名が下輿した場所を惣門の内側とし、陣口の標識である立石については全く触れていない。これらの史料はいずれも公家側の記録であり、陣口に関する知識を欠いていたとは考えにくい。したがって、両史料で下輿の地点について表現が異なった要因は、公家社会における陣口に対する認識の変化に求めるのが穏当であろう。元和期の公家社会では、陣口に代わって惣門が内外の空間を区切る装置として認識され始めていたと考えられる。

さらに、寛永期には、惣構の空間が「惣門之内」と認識されるようになっていたことがわかる。以下では、寛永十一年（一六三四）十一月末に内裏周辺で発生した辻切事件を手がかりとして、惣門之内の空間についてみていくこととする。

まず、関連史料を挙げておく。

【史料十二】『資勝卿記』（宮内庁書陵部所蔵）寛永十一年十二月一日条

天野豊前守被申候ハ、惣ノ御門ノ番屋共出入ノ者共ヲモトカメスハ又ハ悪者ノ宿をも仕候やうに沙汰御座候間、急度可申付由承候間、心得存候通申候、前角も度々申由申候也、

【史料十三】『資勝卿記』寛永十一年十二月六日条

暫候て中御亜相《(宣衡)》・阿野亜相《(実顕)》同道候て三条前内府へ御出候て承候、惣御門ノ中にて辻切を仕ヲイ申候由被聞召候間可申付由承候間、二三日以前ニ惣御門ノ番屋に申付候由申候、猶可申付候、

【史料十四】『資勝卿記』寛永十一年十二月七日条

六人ノ番屋書物仕候て参候へとも、条目三ヶ条ニ被付て五ヶ条ニ改可申由申付候也、又内々・外様番頭触ニ山形右衛門大夫《(宗頼)》・中嶋主水両人参候、惣御門之中ニテ辻切御座候付て初夜以後一人夜アルキ堅御無用ニ候、自然御用ノ時ハ両人可被遣候、ソレモ番屋ニ誰々ノ者と理候て通候様ニ可被仰付候事尤之由相触申候也、

【史料十三】によると、辻切の発生した現場は「惣御門ノ中」であった。門内で辻切があったこと、その対応として公家の夜歩きを禁じていること（【史料十四】）から、「惣御門」とは惣門を指すと考えられ、辻切の現場は惣構の内側であったとすることができる。

十二月一日、女院附天野長信は、武家伝奏日野資勝へつぎのように申し入れた。すなわち、「惣ノ御門」の門番が門を出入りする者を詮議せず、かつ番屋を「悪者」の宿泊場所として提供しているので、門番の勤務実態を改善するよう求めたのである（【史料十二】）。

この申し入れを受けた資勝は、門番を相役三条西実条の屋敷へ呼び、それぞれが他の門番の職務に対する問題点を記した書付を提出するよう指示した[47]。一方、六日には、院参衆の中御門宣衡・阿野実顕が実条の屋敷を訪ね、「惣御門ノ中」での辻切を防ぐため、門番へ門の出入りに対する監視を強化するよう厳命すべきである、という後水尾院の命を伝えている（【史料十三】）。それに対して、二人はすでに門番へその旨を命じたと答えたが、重ねて命令することとなった。翌日、資勝は書付を提出した六人の門番へ、先に定めた三箇条の条目に二箇条の追加を命じた。これらの条目は、それまでの状況をふまえるならば、門番の職務を定めた定書であったと考えられ

る。さらに、資勝は、公家衆へ一人での夜歩きを禁じるとともに、夜分に家来が惣門を通行する際には名前を名乗らせるよう指示している（【史料十四】）。

以上が、内裏近辺で発生した辻切事件と、それに対する朝廷・幕府の対応である。その後の推移は明らかではないが、辻切をめぐる一連の対応からは、惣構の空間に関して以下の点を指摘することができる。

第一に、寛永期には惣門が六箇所となっていたことである。資勝は門番六人にそれぞれ書付を提出させており、当該期の惣門は六箇所であったと考えられる。寛永十四年頃の洛中の景観を描いた『洛中絵図』（宮内庁書陵部所蔵）をみると、一条通の東洞院・烏丸間が一条家の屋敷内に取り込まれており、北西の惣門が消失していたことがわかる。

第二に、惣構内が「惣御門ノ中」と呼ばれ、惣門が惣構の内外を区分する標識として認識されていたことである。これは、資勝が辻切の発生した場所を一貫して「惣御門ノ中」と記していることから確認できるが、同様の事例として、つぎの史料が挙げられる。

【史料十五】『日次私記』（平松文庫、京都大学附属図書館所蔵）寛永十二年八月十三日条

雨、昼疾風、初夜前賀茂川堤壊水入洛中、上ハ室町ヨリ流入ト、烏丸通成河余流入惣門之内汎濫、私宅依為下陥之地水上板敷之上尺有五六寸許、希代之珍事也、子共ニ勘解由御局へ引越、諸道具少々漬水、日野亜相ヨリ為見舞青侍両人・下部十一人給、方輩衆見舞繁多也、

【史料十五】は、大雨により鴨川の堤防が決壊し、水が内裏周辺まで迫ったときの状況を記した記録である。記主の平松時庸は近衛家西側の惣門近傍に居住していたと考えられ[48]、「惣門」とはこの門のみを指す可能性がある。だが、他の記録から、水は正親町通からも内裏へ迫ったことが明らかとなるので[49]、「惣門之内」とは惣門より内側の領域を指し、「惣御門ノ中」と同じ意味で用いられたと理解するのが妥当であろう。

当該期の記録において、惣構内の空間の呼称を明記するのはこの二つのみだが、いずれも惣門を標識として内外を区別しており、寛永期の公家社会では、惣構内を惣門によって象徴される「惣御門ノ中」、「惣門之内」という固有の空間として認識していたことすることができる（以下、惣門之内に統一する）。

（3）惣門之内の空間的特質

惣門之内の明確な成立時期を確定するのは、史料的な限界から困難とせざるを得ない。ただ、それを考える上で手がかりとなるのが、陣口に設けられた立石の存在である。立石は陣口の標識として設けられたものであり、朝廷・公家社会内で陣中の概念が認識される限りにおいて、維持され続けたはずである。しかし、先に指摘したように、元和九年の家光参内では、西の惣門が乗輿・下輿の地点として史料に登場しており、このときには陣中の概念に代わって、惣門を標識とする惣門之内という空間概念が成立しつつあったと考えられる。したがって、ここでは惣門之内の成立時期を、元和九年頃から寛永十一年の間としておきたい(50)。

さらに、これまでの事例などから、断片的ではあるが、惣門之内の空間的特質として以下の三点が挙げられる。まず、惣門之内が、厳重な治安の維持されるべき空間として認識されていた点である。惣門に置かれた番屋は、惣門之内への自由な出入りを許すなど実態として十分に機能していなかった。しかし、辻切という非常事態の発生に対して、改めて夜間における通行の監視を強化するなどその役割が見直されており、惣門之内が治安維持の側面からみて特別な空間であったことは確かであろう。

つぎに、公家らが下乗すべき空間として理解されていた点である。【史料九】では、家光の参内に扈従した公家成の武家が惣門の内側で輿から下乗したとすることから、惣門之内では下乗が求められたと考えられる。

さらに、右の点とともに重要な特質と認められるのが、将軍の参内など儀式の際には荘厳が必要な空間として理解されている点である。

【史料十六】『大内日記』（国立公文書館内閣文庫所蔵）寛永十一年八月一日条

　公方様御衣冠ニテ御参内、御供之衆薬院ヨリ御轅ニ召、御供之衆装束也、薬院ヨリコナタノ道筋計烏帽子着辻固メ也、

　これは、上洛していた徳川家光が暇乞いのため参内した時の記録だが、ここからは、二条城から内裏に至る道筋のうち施薬院から内裏までのみ、烏帽子を被った正装の武士が辻固めを行ったことがわかる。上洛後、最初に家光が参内した際には、二条城から内裏までの道筋すべてに辻固めの武士を配置しており[51]、暇乞いの参内には必要最小限の荘厳を行ったとすることができる。施薬院は正親町烏丸に位置することから、「薬院ヨリコナタ」とは惣門より内裏側の領域を指すとしてよく、惣門之内は荘厳が必要な空間であるという認識が存在したのだと考えられる。

　以上のように、元和期から寛永期にかけて、公家社会では惣構内を「惣門之内」として認識するようになっていた。惣門之内は、右にみたような空間的特質を有しており、実体的な空間であると同時に、固有な空間概念としても成立していた。さらに、それらの特質は、桃崎の明らかにした陣中の性質、すなわち、①特別に治安が維持されるべき空間であること、②下乗が義務づけられた空間であること、③威儀が正されるべき空間であることと概ね共通し[52]、中世以来公家・武家の間で継承していた陣中における慣行が、惣門之内に適用されたことは確実である。

　中近世移行期に内裏をとりまく空間が大きく変貌するなかで、公家社会にとって、内裏を囲繞する空間と従来の慣行とをいかに折り合わせるのかが、重要な課題となったことは想像に難くない。加えて、慶長から寛永期にかけて、将軍の参内、徳川和子の入内、天皇の行幸などの儀式が相次いで執り行われていたことも、こうした課

題を顕在化させることになったと思われる。公家社会が惣門之内を陣中と同様宮中の一部として観念したかどうかは明らかではなく、かつそれぞれの特質について詳細に論じることは、史料的な限界により困難とせざるをえない。だが、両者の空間的特質の共通性を考慮するならば、かかる課題への対応のなかで、惣構の空間に陣中の概念を当てはめることにより、惣門之内という空間が形成されたと考えられる。そして、その過程で下輿・下馬の標識も立石から惣門へと置き換わっていったとすることができよう。

おわりに――惣門之内から築地之内へ――

こうして成立した惣門之内だが、万治四年（一六六一）には、すでに築地之内という新たな空間概念により認識されるようになっている。

万治四年正月十六日、二条家の屋敷から出火した火災により、内裏・院御所をはじめ多くの公家屋敷が焼失した。壬生忠利は被災した公家屋敷を地域ごとに詳細に記している。

【史料十七】『忠利宿禰記』（宮内庁書陵部所蔵）万治四年正月十七日条

類火無之分、小川坊城大納言、五辻屋敷、勧修寺大納言、日野大納言、烏丸大納言、菊亭中納言、伏見殿、一条殿、近衛殿、以上九ヶ軒、築地之内ゟ西・乾方相残、

そのなかで、忠利は類焼を免れた公家を書き上げており、彼らの屋敷の位置を築地之内の西から北西部にかけてであると記している。現時点ではこの記録が「築地之内」の初出であり、少なくともそれ以前には惣門の内裏側の空間を築地之内と呼ぶようになっていたことがわかる。こうした惣門之内から築地之内への変化が、単なる呼称の変化だったのか、あるいは空間概念として大きく相違したのかは不詳だが、前者から後者からへの転換が、寛永十二年からの約三十年のうちに行われたのは確実である。

以上、中近世移行期における内裏をとりまく空間の変容過程についてみてきた。

豊臣政権期の公家町は、惣門・堀を備えた惣構によって囲繞されるとともに、内部には陣中の空間が併存していた。だが、近世初頭に参内、行幸など儀式が断続的に続くなかで、陣中の概念が惣構の空間に適用されることにより、寛永期には惣門之内という空間概念が成立したと考えられる。さらに、万治期までには、惣門之内は築地之内へと転換したのである。陣中の空間は、これまで想定されてきたように、消失、または築地之内の成立まで維持されたのではなく、かかる過程を経ることにより、惣門之内、そして築地之内という新たな空間へと変化したといえよう。その意味で、内裏をとりまく空間は、古代に淵源を持つ陣中の空間と、惣構という戦国期以降に登場する空間とが混淆するなかで近世化を遂げていったとすることができる。

(1)　近世における公家町の成立とその意義を論じた先行研究の到達点については、序章でまとめている。
(2)　髙橋康夫「室町期京都の都市空間――室町殿と相国寺と土御門内裏――」(中世都市研究会編『政権都市―中世都市研究9』新人物往来社、二〇〇四年)。桃崎有一郎『中世京都の空間構造と礼節体系』(思文閣出版、二〇一〇年)。
(3)　築地之内の空間的特質については、以下の論文を参照。小沢朝江「近世における内裏外郭門と築地之内について」(『日本建築学会計画系論文集』五五四、二〇〇二年)。高木博志「近世の内裏空間・近代の京都御苑」(『近代天皇制と古都』岩波書店、二〇〇六年、初出は二〇〇一年)。第一部第三章。
(4)　桃崎有一郎「中世里内裏陣中の構造と空間的性質――公家社会の意識と「宮中」の治安――」(前掲『中世京都の空間構造と礼節体系』)。
(5)　前掲小沢「近世における内裏外郭門と築地之内について」。
(6)　内裏をとりまく堀の普請については、つぎの文献に詳しい。髙橋康夫「「六町」の結成と展開」(『京都中世都市史研究』思文閣出版、一九八三年)。

（7）今谷明『戦国期の室町幕府』（講談社、二〇〇六年）。前掲髙橋「室町期京都の都市空間――室町殿と相国寺と土御門内裏――」。前掲桃崎「中世里内裏陣中の構造と空間的性質――公家社会の意識と「宮中」の治安――」。

（8）『言継卿記』天正四年五月十二日条。室町期から一条東洞院に釘貫が設置されていたことは、以下の研究で指摘されている。前掲今谷『戦国時代の室町幕府』。前掲髙橋「室町期京都の都市空間――室町殿と相国寺と土御門内裏――」。

（9）髙橋康夫『洛中洛外――環境文化の中世史』（平凡社、一九八八年）。

（10）『兼見卿記』（東京大学史料編纂所所蔵）天正九年二月二十八日条。『お湯との、うへ乃日記』天正九年二月二十八日条。なお、信長による馬揃の位置づけは、つぎの論文を参照。堀新「織田権力論の再検討――京都馬揃・三職推任を中心に――」（『織豊期王権論』校倉書房、二〇一一年、初出は一九九八年）。

（11）前掲桃崎「中世里内裏陣中の構造と空間的性質――公家社会の意識と「宮中」の治安――」。なお、桃崎は【史料二】を論拠に、天正十六年までに立石が消失していたとする。だが、【史料二】【史料三】、および寛永十一年に徳川家光が上洛した際の記録である『御参内記』『御上洛日々記』（いずれも国立公文書館内閣文庫所蔵）など多くの史料で、正親町烏丸に立石の存在したことが確認できる。

（12）『晴豊記』（続史料大成）天正十八年二月二十七日、二十八日、三月一日条。

（13）第一部第一章。

（14）足利義澄の参内経路については以下の史料を参照。『言国卿記』（史料纂集）文亀二年八月十七日条、『二水記』（大日本古記録）文亀四年一月十日条。足利義晴の参内経路については以下の史料を参照。『二水記』大永二年二月二十三日条。

（15）『晴豊記』天正十八年九月十五日条。

（16）『時慶記』天正十九年五月八日条。

（17）『中井家文書』（京都府立総合資料館所蔵）文書番号三八五。

（18）『二水記』大永二年二月二十三日条。

（19）『年中恒例記』続群書類従　第二十三輯下。なお、室町幕府の年中行事についてはつぎの論文を参照。二木謙一

「年中行事にみる戦国期の室町幕府」（『国史学』一九二、二〇〇七年）。
(20) 髙橋康夫「町組「六町」の成立と構造」（前掲『京都中世都市史研究』）。
(21)『兼見卿記』天正十二年十月十一日条。
(22)『言継卿記』永禄十一年十月二十二日条。
(23) 杉森哲也「聚楽町の成立と展開」（『近世京都の都市と社会』東京大学出版会、二〇〇八年、初出は一九九五年）。
(24) 戦国期における都市の惣構とその機能については、以下の論文を参照。福島克彦「文献史料からみた「惣構」について――戦国・織豊期を中心に――」（『中世城郭研究』一四、二〇〇〇年）。仁木宏「都市の惣構と「御土居」（『京都の都市共同体と権力』思文閣出版、二〇一〇年、初出は二〇〇一年）。
(25)『平安京左京北辺四坊―第二分冊（公家町）―』（京都市埋蔵文化財研究所調査報告第二二冊　京都市埋蔵文化財研究所、二〇〇四年）。
(26) 山本雅和「京都の戦国時代」（萩原三雄・小野正敏編『戦国時代の考古学』高志書院、二〇〇三年）。
(27) 吉田兼見は、正親町院御所の築地塀から三十間外側に「堀」が掘られたと記している（『兼見卿記』天正十二年十月四日条）。南北堀はこの堀よりも東に位置しており、院御所の東側には二重に堀が廻っていたこととなる。だが、二重の堀の存在を示す史料はなく、南北堀が「外堀」に該当すると考えるのが妥当である。
(28)『〔慶長度〕京都御所造営関係文書』宮内庁書陵部所蔵。
(29) 第一部第一章参照。
(30) 前述のように、一条東洞院には、天正期まで釘貫が設けられていた。釘貫と北御門とは同一のものである可能性がある。だが、両者の関係を示す史料をみいだせておらず、現段階でその関係を確定することはできない。
(31) 将軍の参内経路を記した記録としては、以下のものがある。『聞見集』（大日本史料）慶長十年四月二十六日条、『中院通村日記』（東京大学史料編纂所所蔵）慶長二十年正月二十六日条。
(32) 京都市高速鉄道烏丸線内遺跡調査会編『京都市高速鉄道烏丸線内遺跡調査年報』Ⅰ（京都市高速鉄道烏丸線内遺跡調査会、一九八〇年）。
(33)『言経卿記』慶長七年七月十二日条。

言経の屋敷は西洞院時慶の娘の屋敷地の東隣であったが、時慶は娘の屋敷地の位置を「石薬師町」としており、言経の居住する町は石薬師町であったことがわかる（『時慶記』慶長七年四月二日、十七日条など）。

(34)『言経卿記』慶長七年七月十二日条、慶長八年十二月十一日条、慶長十年正月十一日、三月三日条。「中むかし公家町之絵図」。

(35)『言経卿記』慶長七年十二月十六日条、慶長八年八月十六日、十二月二十七日条。

(36)「中むかし公家町之絵図」には、中筋北端の石薬師通に面する位置に二つの点が記入される。この絵図では、一条東洞院、正親町烏丸に「門」と記されるが、後者には「門」の字とともに二つの点が打たれ、この記号は門、または釘貫を示す可能性が高い。よって、中筋北端の記号も門、釘貫のいずれかであると考えられる。絵図のなかで両門以外に門（釘貫）が記入されるのは中筋北端のみであり、この門（釘貫）は、内裏周辺において両門とともに記載されるような施設であったと理解できる。さらに、この門（釘貫）は惣構の北の外郭線に位置していることから、両門とともに惣構への出入口として機能していたと想定できよう。

(37)天正期の内裏北側の景観が明らかとなる絵図は、管見の限りないが、『近衛文書』（東京大学史料編纂所架蔵影写本）には文禄期頃の近衛家の屋敷地を描いた絵図が収められている。そこでは東洞院通の石薬師通以北は近衛家の屋敷となっており、東洞院通の北限は石薬師通であった可能性が高い。

(38)豊臣政権による公家町建設の過程は、実施時期から第Ⅰ期（天正十三～十五年）、第Ⅱ期（天正十八～十九年）の二段階に分けられる（第一部第一章）。

(39)慶長十年の惣構内における公家屋敷の配置は、「中むかし公家町之絵図」におけるそれとほぼ一致しており、町人の居住地は存在しなかったと考えられる（第一部第一章）。

(40)中近世後期の惣構の類型については、以下の論文を参照。前掲福島「文献史料からみた「物構」について――戦国・織豊期を中心に――」。

(41)「内裏手形控帳」「内裏後増家問付仕様帳」（いずれも『〔慶長度〕京都御所造営関係文書』）。なお、京都府立総合資料館所蔵の『中井家文書』には、「禁中様北之御門釘鎹金物遣帳」（文書番号一二三）が所収される。これは表紙に「慶長十年」と書き込まれており、慶長十年から始まる内裏造替にあたって作成されたと考えられる。「北御門」は、①慶長度内裏の北側には後陽成院御所が接していたこと、②形式が高麗門であることから、内裏の門ではなく、惣門の一つである可能性が高い。おそらくは北、または西の外郭線に設けられた門であろうが、現段階ではその詳細を明らかにできておらず、今後の課題としておきたい。

(42)　近衛家の西側の門は、屋敷の位置から石薬師通、あるいは近衛家屋敷の西側を通る南北路に設けられたと想定できる。だが、「内裏後増家問付仕様帳」では門の寸法を「二間五寸間」とし、この門は間口だけで二間程度あったと考えられること、番屋・塀を備えていることから、道幅が三間の後者の道路に設置するのは難しい。よって、門の設置場所は、より道幅の広い石薬師通とするのが妥当である。

(43)　「二条邸敷地絵図」（平井聖編『中井家文書の研究』第九巻　内匠寮本図面篇九　中央公論美術出版、一九八四年）六九頁。

(44)　築地之内の南を限る堺町御門は院参町の西側に設けられた（図1）。その位置は南の惣門と異なるが、少なくとも寛文期までは「黒門」と呼ばれており、南の惣門を移した可能性が高い（『中院通茂日記』〈東京大学史料編纂所所蔵原本〉寛文十三年五月二十七日条）。

(45)　平井聖編『中井家文書の研究』第三巻　内匠寮本図面篇三（中央公論美術出版、一九七八年、一五八頁）。

(46)　前掲小沢「近世における内裏外郭門と築地之内について」。

(47)　『資勝卿記』（宮内庁書陵部所蔵）寛永十一年十二月二日条。

(48)　前掲『洛中絵図』。

(49)　『資勝卿記』（国立公文書館内閣文庫所蔵）寛永十二年八月十三日条。

(50)　後水尾天皇の二条城行幸を記した『寛永行幸記』（国立公文書館内閣文庫所蔵）では、行幸路の辻固めについてつぎのように記している。

寛永三年丙寅年九月六日　行幸従兼日定辻固之役凡自四足之　御門至于惣門六町一段、自惣門至于二條之第東之門限十七町九段二間合二十四町九間也、辻固之烏帽子著課諸大名役之、但惣門之内者駿河・尾張・紀伊三大納言・水戸中納言家中衆固之、

行幸当日、内裏四足御門から二条城東大手門までの辻固めは諸大名が行ったが、「惣門之内」のみは御三家が

担っていた。現段階では、この史料が「惣門之内」の初見だが、当該史料では四足御門から惣門までの距離を「六町一段」と記しており、四足御門から行幸に用いた正親町烏丸の惣門までの実際の距離とは大きく異なっている。現在のところ「惣門」がどの門を指すのか判断できるだけの史料をみいだせておらず、ここでは、このことを注記するにとどめておく。

（51）『柳営上洛記』刈谷市立中央図書館村上文庫所蔵。

（52）前掲桃崎『中世京都の空間構造と礼節体系』。

第三章　十七世紀後半における公家の集住形態について
――近世以降創立・再興した公家を中心として――

はじめに

近世京都は、江戸・大坂などの近世都市と同様、身分により居住空間が区分されていた。そのなかで、堂上公家――以下では公家と略す――は、内裏を中心とする公家町に集住していたと考えられている(1)。だが、それは周知のこととなっているにもかかわらず、序章で述べたように、都市における公家の集住形態に関する研究はほとんど蓄積がない。一九九〇年代までの都市史研究の到達点を測る上でひとつのメルクマールとなる『図集 日本都市史』も、集住形態については近世初頭の公家町の空間構成に触れるにとどまり、その具体的な様相や時代的な変化については説明していない(2)。近世公家の集住形態の特質は、公家町に関するわずかな研究成果をもとに述べられているのである。

そのなかで、公家町を対象とした代表的な研究として、内藤昌らによる一連の研究と、『京都の歴史　五　近世の展開』を挙げることができる(3)。現在、公家の集住形態に関する記述の大部分は、これらの研究を参照しているといっても過言ではない。そこで、本論に入る前に、これら先行研究の到達点、および問題点について整理しておきたい。

内藤らの研究は、公家町絵図を中心とした絵画史料をもとに、おもに近世初頭の公家町の空間構成について論じたものである。その成果を筆者の関心に沿ってまとめるならば、つぎのようになる。

（一）公家町の形成は天正期から開始され、寛永期までにはその外縁が定まったこと。

（二）公家町の地理的範囲は、寺町通・烏丸通・北土御門通・相国寺石橋南町筋で囲まれた地区であること。

（三）公家町の領域は、寛永期以降「定常化」すること。

（四）「公家地」[4]と町人地の接点に設けられた諸門により、地区全体が閉鎖的な空間となっていたこと。

（五）寛永期の公家町には七十四家の公家の屋敷地があり、家格に準じて屋敷地の規模に格差が設けられていたこと。

この一連の研究は、公家町の空間構成についてはじめて考察を加えたもので、これにより公家町の具体的な空間構成が明らかになったといえよう。しかしながら、内藤らは考察の対象を寛永期までの絵画史料に限定し、静態的な構造の分析を主たる目的としているため、具体的な集住の形態や、その後の公家町の変容とその要因にまでは言及していない。

他方、『京都の歴史　五　近世の展開』では、文献史料にもとづき公家町の形成過程を明らかにするとともに、公家町の空間構成や時代的な変容についても言及している。特に、延宝期には公家町が南・東へ拡大していること、なかでも東側は御土居を越えて拡大していることを指摘している点は、内藤らが公家町を固定的な領域として捉えているのとは対照的である。だが、その指摘はあくまでも都市図の比較から判明しうる範囲でなされたものであり、詳細な検討が行われたとはいえない。

つまり、先行研究では、集住の場である公家町の空間構成が明らかにされたものの、公家の都市における集住の実態や、居住形態の時代的な変容などについては、ほとんど考察が加えられていないといえる。さらに、先行研究は公家の居住地＝公家町を自明のものとして論じているが、そこで根拠となっているのは絵図から読み取った情報のみであり、公家町の範囲や、どの程度の公家がそこに集住していたのかということについては明確ではなく、再検討の必要があると考えられる。

以上のような研究段階を前提として、本章では、十七世紀後半における公家の集住の実態、朝廷・幕府の公家の居住地に対する認識について検討することとしたい。とはいえ、当該期における公家の居住地について記した史料は極めて少なく、ここでは公家が自らの屋敷地について意識的にならざるをえない現象として、火災をとりあげたい。十七世紀後半には、承応二年（一六五三）の内裏焼失から元禄五年（一六九二）の梨木町での火災まで、数軒以上の公家屋敷が被災した火災が少なくとも六度発生している（『続史愚抄』後篇）。以下ではそのなかから、寛文十一年（一六七一）正月に二階町で発生した火災に焦点を絞ることとする。このとき武家伝奏を勤めていた中院通茂が詳細な日記を残しており、実証的な検討が行えるからである。よって、本章では、公家町絵図とともに、『中院通茂日記』(5)をおもな分析の対象とし、右記の問題について考えていきたい。

一　寛文十一年の火災と公家屋敷地をめぐる朝幕間の交渉

寛文十一年（一六七一）正月十五日、内裏の東側、二階町に位置する六条家の屋敷から火災が発生した。六条家で催していた三毬打が原因であった。火は南東へ燃え広がり、二階町・梨木町・寺町を中心とした区域が焼失した。この火災で被災した公家屋敷は、十軒に及んでいる（寛文十一年正月十五日条）。

火災から十日後の正月二十五日、被災した公家の一人である油小路隆貞から武家伝奏中院通茂・日野弘資へ、ついでがあれば屋敷地を拝領したいという申し入れがあった。油小路家の屋敷地は二階町の中程に位置しており、買得地であったと考えられる(6)（正月二十九日条）。

このとき弘資は通茂に対して、隆貞が拝領を希望するのは当然であると述べ、一定の理解を示している。だが一方で、知行を有さない公家――愛宕通福・葉川基起・押小路公音・三室戸誠光・植松雅永等が「難義」しており、幕府は今回機会があれば、これらの公家へ優先的に屋敷地を与えるべきであるとも語っている（正月二十五日条）。

そして、これ以降、通茂・弘資は屋敷地を拝領していない公家に屋敷地を与えるため、幕府との交渉を進めていくこととなる。二十九日には通茂・弘資と京都所司代永井尚庸との間で、屋敷地の拝領に関する交渉がはじめてもたれた。通茂・弘資の申し入れについて尚庸は、幕府では与力・同心といった身分の低いものでさえ屋敷地を拝領しているのだから、公家が拝領するのは当然であり、屋敷地を拝領している公家について調査が必要であるとの見解を示している。同時に、尚庸は通茂に対して屋敷地を拝領していない公家がどの程度いるのか尋ねており、通茂は三、四十人はいるのではないかと答えている（正月二十九日条）。寛文末期には公家は百十六家あった[7]。調査にもとづく数字ではないものの、武家伝奏が公家全体の二割から三割強が屋敷地を拝領していないと認識していたことは、当該期の公家の集住形態を考える上で非常に示唆的である。

さらに二月二十六日、通茂・弘資は、寺町所在の寺院を移転させ、その跡地を公家の屋敷地としたいという希望を尚庸へ内々に申し入れている（二月二十六日条）。それに対して尚庸は、まず屋敷地を拝領していない公家の人数を書き上げるよう返答した。

通茂・弘資は正月二十九日の対談を受け、屋敷地拝領の有無について調査を進めていたと考えられ、早くも翌日には以下の書付を尚庸へ提出している。

【史料一】『中院通茂日記』寛文十一年二月二十七日条（括弧内は筆者、以下同）

築地之外居住之諸家

綾小路（俊景）宰相、中園（季定）宰相、岩倉（具詮）宰相、勘解由小路（資忠）三位、久世（通音）中将、武者小路（公種）侍従、西大路（隆郷）、葉川少将、萩原

(員従)左衛門佐、押小路少将、倉橋(泰純)右兵衛佐、三室戸権佐、植松侍従、
　右之分築地外ニ家在之終屋敷拝領無之候、
東園(基賢)大納言、藤谷(為条)中納言、裏松(意光)弁、平松(時量)宰相、石井(行豊)左衛門佐、大宮(季光)中将、梅園(季保)中将、日野西(国豊)弁、
　此分も築地之外ニ家在之終屋敷拝領無之、然共是者当分不苦分也、

　書付からは、「築地之外」に居住し、かつ一度も屋敷地を拝領したことのない公家が二十一人いること、該当する公家は、屋敷地拝領を必要としているか否かにより二つに分けられていることがわかる。通茂の予想した人数をやや下回るものの、これだけの公家が屋敷地を拝領していなかったのである。

　ところで、公家の居住形態を、居住地と屋敷地所持形態によって分類するならば、①築地之内に居住し、屋敷地を拝領している、②築地之内に居住しているが、屋敷地は拝領したことがない、もしくは現在拝領地を持たない、③築地之外に居住し、屋敷地を拝領している、④築地之外に居住しているが、屋敷地は拝領したことがない、もしくは現在拝領地を持たない、という四類型に分けられる。屋敷地を拝領していない公家として拝領の可能性があるのは、②④のうち屋敷地を拝領したことがない公家であるが、このとき武家伝奏が挙げているのは④のうち屋敷地を拝領したことがない公家のみであった。なお、ここではこのことを指摘するにとどめ、その理由は第二節で検討する。

　その後、朝廷では屋敷地拝領を希望する公家に書付を提出させており、四月十五日には武家伝奏から所司代へ、拝領を希望する公家の人数を書き上げた書付が渡されている（四月十五日条）。それによると、拝領を希望したのは、油小路隆貞・中園季定・久世通音・葉川基起・押小路公音・三室戸誠光・植松雅永であった。さらに二十一日には倉橋泰純が屋敷地拝領の願いを、准后（清子内親王）が替地拝領の願いをそれぞれ武家伝奏へ提出しており（四月二十一日条）、遅れて四月二十六日には、議奏葉室頼業を通して下冷泉為元が屋敷地拝領の希望を

伝えている。下冷泉家は先の調査で屋敷地を拝領したことがある公家として扱われているが、為元は通茂・弘資に対して屋敷地を拝領していないと語っており、調査から洩れていた可能性がある（四月二十六日、二十八日条）[8]。この結果、拝領を希望する公家は、准后を含め十家となった。

一方、朝廷内で調整が行われている間、幕府は移転の対象となる寺院の選定を進めていた。当初は寺町の浄華院・廬山寺・遣迎院など大規模な敷地を有する寺院を移転させ、二十家程度の公家に屋敷地を与える計画であった（寛文十一年三月二十八日条）。幕府としては、これを機に未だ屋敷地を拝領していない公家へ一括して屋敷地を与えようという意図があったのだろう。だが、これらの寺院には皇子女や親王家の墓所があるため移転は困難であることが判明し、候補地を変更しなければならなくなっている（五月三日条）。このことについて尚庸と通茂・弘資の間でつぎのようなやりとりが交わされた。

【史料二】『中院通茂日記』寛文十一年五月三日条

伊州《永井尚庸》云、屋敷之事内々浄華寺・廬山寺・遣迎院等欲立之処、廬山寺有若宮御墓所、浄華寺又有宮方、共難治也、然者寺町々屋幷裏寺一可令立之、此分屋敷数少也、如何、

両人申、此度雖不被下不苦事也、云、然ラハ先急々所望之人数次第可書付越之由也、

幕府がつぎの候補地として選んだのは、寺町通沿いの町屋と「裏寺」であった。だが、これらの敷地は先に選定した寺院跡に比べるとかなり狭かったため、尚庸は、拝領を希望した公家の数だけ屋敷地を区画できない可能性があることについて通茂・弘資に意見を求めた。

これに対しては通茂・弘資は「此度雖不被下不苦事也」と答えている。この返答についてはやや理解に苦しむが、両者は屋敷地を拝領していない公家に屋敷地を与えるために交渉しており、ここでは屋敷地造成を白紙に戻すのではなく、確保できるだけの屋敷地でかまわないという意味に解しておく。

その翌日には、弘資が屋敷地拝領を希望する公家を屋敷へ招き、「様子」を尋ねている（五月四日条）。おそらく各公家の要望について調整を行ったのだろう。そして五月八日に、改めて拝領を希望する公家の優先順位とその理由を示した書付を尚庸へ差し出した（五月八日条）。そこでは、先に拝領を希望していた公家のうち葉川家・押小路家・三室戸家・植松家は、新たに知行地を拝領したばかりなので、もし余地がなければ辞退することとなっており、下冷泉家・准后も今回は願いを差し控えることが伝えられた。後者の二家については屋敷地を所持していたこと、願い出るのが遅れたことが拝領できなかった要因だったと推測される。

その後、六月十七日には老中から奉書が届いており、幕府から正式に新屋敷地拝領の許可が下りた。拝領が決まったのは、油小路家・久世家・倉橋家・中園家・葉川家・押小路家・三室戸家・植松家の八家であった。また、その頃までには移転させる寺院と町屋が決定し（六月十七日条）、六条家屋敷跡地、寺町通沿いの町屋跡地、そして荒神口の常林寺・長徳院・勝定院跡地がその対象となった[9]。なお、准后の屋敷地は一部が道路として上地されることになり、八家とともに屋敷地を与えられることとなった。

屋敷地の候補地は決定したものの、幕府は屋敷地の区画に手間取り、最終的に区画が完了したのは十二月になってからであった（十二月五日条）。屋敷地拝領を希望していた公家のなかで油小路家は広い屋敷地を希望していたので、やや離れた鴨川新堤沿いの土地が充てられることとなったが、それ以外の公家については、屋敷地の規模を知行高と内裏からの距離により決定することとなっている。知行高が同じ家については籤により屋敷地の場所を決めるとしており、十二月二十三日には籤取りが行われ（十二月二十二日、二十三日条）、二十五日には、武家伝奏家来・所司代与力・禁裏附与力・中井家手代の立ち会いのもと、それぞれの公家に屋敷地が引き渡された。

二　寛文期における公家の集住形態

以上、寛文十一年（一六七一）正月の火災後、一度も屋敷地を拝領していない公家が屋敷地を拝領するまでの過程をみてきた。そのなかで、公家の集住・居住形態に関して注目すべき点がいくつか浮び上がってきた。まず、寛文期の公家の居住地は、先行研究が明らかにした公家町という地区ではなく、築地之内・築地之外という区分により認識されていたことである。築地之内・築地之外という区分はどのような意味を持つのだろうか。つぎに、当該期には一度も屋敷地を拝領していない公家が、二十一家あったことである。これは公家全体のなかでは二割に満たない数だが、例外として無視することはできない。これら公家に共通する特徴とは何か、そして屋敷地を拝領していない公家はどのような居住形態をとっていたのか、これらも検討すべき課題である。以下では、公家町を描いた絵図や当時の出版物から右の課題について考察を加えていきたい。

（1）　築地之内とその範囲

第二章で明らかにしたように、豊臣政権により内裏・院御所と公家屋敷を囲繞するように設けられた内裏惣構は、寛永期には惣門之内という固有の空間として認識されており、万治四年（一六六一）には築地之内と呼ばれるようになっていた。その範囲は惣門を継承した六門の内側だと考えられるが、その他に築地之内と築地之外とを区分する標識はあったのだろうか。

寛文十三年五月八日、鷹司家・広橋家から出火した火災を例にしてみてみると、葉室頼業は延焼した地域をつぎのように記している。

【史料三】『葉室頼業記』（宮内庁書陵部所蔵）寛文十三年五月二十二日条

今度九日之火事の町中焼候分大方書付候也、築地之中も書付也、
禁中・同女御・法皇・女院・新院・同女御・本院之対屋・鷹司殿・広橋宰相、火本両方之内不知、西園寺殿・小川坊城殿・五辻殿・勧修寺殿・日野殿・烏丸殿・菊亭殿・薬院・毘沙門堂里坊・東園殿・裏松殿、院参衆ニて芝山殿・風早殿・長谷殿、伏見殿下屋敷、

町中

中立売通小川迄、
上長者町通油小路迄、
下長者町通堀川迄、

（後略）

頼業は築地之内を「町中」と明確に区分し、内裏・院御所と公家屋敷により構成された空間、すなわち公家の居住地として限定された空間と認識していた。だが、頼業は築地之内に位置する屋敷を書き上げるのみで、その境界については正確に記していない。そこで、ここではおもに【史料一】で挙げられた築地之外に居住する公家の屋敷の位置を追うことで、境界の概略を確認しておきたい。

まず、築地之内の境界のうち北限と西限は、今出川御門・乾御門・中立売御門の位置、烏丸今出川周辺に位置する東園基賢、藤谷為条の屋敷が築地之外と認識されていることから、今出川通より南側、烏丸通より東側だと考えられる。また、地下官人小槻忠利は、万治四年に発生した火災による焼失範囲を日記に書き留めている。そのなかで今出川烏丸周辺の屋敷に関して「堀川三位《(則康)》、舟橋三位《(相賢)》、平松三位《(時量)》、山科大納言《(言総)》、冷泉中将《(為清)》、藤谷宰相《(為條)》、徳大寺右府《(公信)》、伏原三位《(賢忠)》、此八家築地之外北西方也」[10]と記しており、今出川御門・乾御門より外側に位置するこれらの屋敷は築地之外と認識されていたと考えられる（後掲図１・２）。

つぎに、東限については、【史料一】で築地之外に居住していることがわかる梅園家の屋敷地が手がかりとなる。寛文十一年正月の延焼範囲を記した絵図によると、梅園家の屋敷地は二階町東頬に位置しており、それ以東は築地之外だと判断できる。[11] さらに、東限はつぎの史料からも明らかとなる。

【史料四】『中院通茂日記』貞享三年七月十六日条

従醍醐(冬基)亜相有触、
来十八九日之比、御築地之内幷二階町・梨木町御屋鋪方外側中井主水(正知)見分仕由ニて、其節自然御屋敷之様子なと尋申儀も可有之候間、左様御心得可被成候、此旨御番御免之御衆様方雑掌中へ巡々ニ相伝候様ニ頼入存候、以上、

七月十六日　両伝奏
清閑寺(煕房)大納言様　雑掌
御雑掌中

【史料四】は、貞享三年（一六八六）七月十八・十九日に京都大工頭中井正知が公家町の見分に廻ることを知らせた触だが、そのなかで築地之内と二階町・梨木町が併記されており、二階町・梨木町は築地之外であったことを確認できる。

さらに、南限は、同じく【史料一】で築地之外に居住すると認識されている大宮家の屋敷地が院参町の南隣に位置する「江戸町」（＝武家町）に所在することから、少なくとも「江戸町」以北にあるとすることができる。では院参町は築地之内に含まれるのか。「寛文三年公家町絵図」[12]（宮内庁書陵部所蔵）をみると、堺町御門が院参町西側に設置されている。そのため院参町西端の屋敷地には街路に面して築地塀が築かれており、院参町は築地之内である可能性が高い。だが、ここではさらに公家屋敷の表門の位置に注目したい。【史料一】から築地之外

に居住していることがわかる裏松家を例にとると、その屋敷は延宝二年（一六七四）の「公家町絵図」から、勧修寺家の西隣に位置し、烏丸通に面していることがわかる（図2のAと記した屋敷地）。これは寛文十一年でも同様である。[13]そこで周囲の状況を詳しくみると、屋敷地の南・東面は他の屋敷地と接しているため、表門は烏丸通に接する西面もしくは、辻子に面した北面に設けるしかなく、築地之内に面しては設けることはできない。つまり、築地之外側に表門を設けている公家屋敷は、築地之外に位置すると認識されていたと考えることができる。これをもとに再度「寛文三年公家町絵図」をみると、院参町の屋敷はすべて院御所側に表門を設けていることから、先の指摘とあわせて築地之内であったということができよう。

これらを総合して築地之内の範囲を示したのが図1である。築地之内と築地之外とは、六門とともに各屋敷の表門の位置を指標として区分されていたと考えられる。また、その範囲を惣構と比較すると、築地之内が南側に大きく拡大しているものの、それ以外ではほぼ変化しておらず、近世初頭に形成された領域を継承していることがわかる。

なお、ここで築地之外に位置しながらも、公家屋敷の集中する二階町・梨木町について付言しておきたい。これまで、この地区の位置づけについてはあまり言及されてこなかったが、近年の発掘調査により、①十六世紀後半には、内裏防御のための堀を除いてほとんど構築物が存在しておらず、②慶長十年（一六〇五）から行われた内裏拡張、内裏北方での院御所造営にともない公家屋敷地が造成されたことが明らかとなった。[14]このことは内裏拡張、院御所造営に際して屋敷地を上地された公家の替地が、二階町・梨木町に与えられていることからも確認できる。[15]特に慶長十六年頃から始められた内裏拡張では、多くの公家が二階町・梨木町に替地を与えられた。その対象となったのは正親町三条家・正親町家・冷泉（＝今城）家・松木家・竹内家・転法輪三条家・六条家などおもに旧家に属する公家であった。[16]二階町・梨木町には地下官人の屋敷や門跡寺院の里坊が混在しているが、公

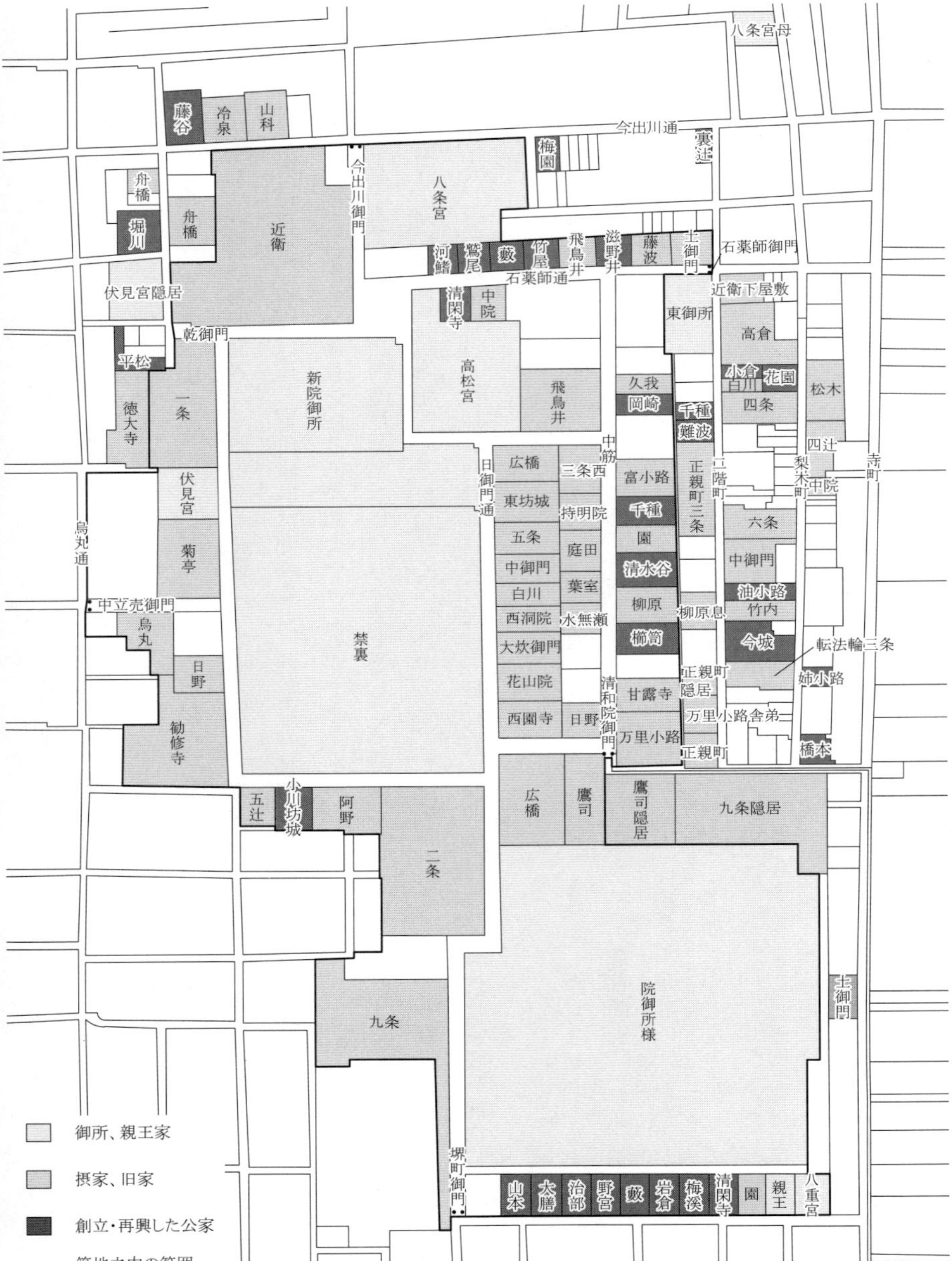

図1　寛永20年頃の公家町

「公家町之絵図」(『中井家文書』〈京都府立総合資料館所蔵〉文書番号386)をもとに作成

家屋敷が半分以上を占めており、公家の居住地という視点からは、築地之内とは区分されるものの、それに準ずる地区として位置づけることができる。(17)

また、二階町・梨木町の特徴として、屋敷地の売買が広範に行われていたことが挙げられる。これは、油小路家・梅園家・下冷泉家の屋敷地がいずれも買得地であったこと、二階町・梨木町で屋敷地の所持者に流動性が認められることから確認できるが、(18)ここではさらに売買の実態が明らかとなる例を示しておく。

寛文元年、小槻忠利は、姑の所持する梨木町の屋敷地を北隣に居住していた四条家に売却するにあたって、つぎのような売券状を作成している。

【史料五】『忠利宿禰記』寛文元年十二月十五日条

　　㊞永代売渡申屋敷事

　　　壱ヶ所者　梨木町西かわ口三間

　　　　　奥入拾弐間

右之屋敷者北向殿御屋敷也、官務依支配銀子弐貫目ニ永代売渡所実正明白也、若此屋敷ニ付違乱於有之者、何時も其明可被申候、仍為後日売眘《(ママ)》状如件、

　　寛文元年

　　　丑ノ十二月十五日　　官務内

　　　　　　　　　　　　奥西猪左衛門　判

　四条様御内

　　　原頼母殿

二階町・梨木町に当初から買得地が混在していたかどうかは不明であり、さらなる検討が必要だが、寛文期に

は屋敷地が不動産として流通していたということはできよう。

(2) 絵図からみる集住の実態

つぎに、こうした築地之内の範囲を前提としながら、公家町を描いた絵図から公家の集住形態についてみていきたい。ここで用いる絵図は、寛永二十年の公家町を描いたとされる「公家町之絵図」[19]、寛文三年につくられ同七年に改正された「寛文三年公家町絵図」である。いずれも京都大工頭であった中井家が作製したもので、絵図としての信頼性は高く、十七世紀後半の公家町における公家の集住形態についてその特質を明らかにできると考えられる。なお、ここで注意しなければならないのが、借屋居住などで屋敷地の所持者と絵図に記載されている名前が一致しない場合である。厳密には、各屋敷地について所持者と居住者が一致するかどうか検討しなければならないが、一部の公家が数箇所の屋敷地を所持し、他の公家へ貸すという状況は史料上ほとんど見いだすことはできないので、ここでは所持者と居住者がほぼ一致するものと想定し、そうでない場合については判明する限りで指摘することとする。

(1) 「公家町之絵図」(図1)

築地之内には親王家・摂家・清華家・旧家に属する公家の屋敷地が並び、とりわけ内裏・院御所に隣接する場所に、親王家・摂家・清華家など家格の高い公家の屋敷地が集中する[20]。それに対して、近世以降に家を創立した新家に属する公家や、旧家ではあるが近世以降に家を再興した公家の屋敷地は少ない[21]。築地之内の公家屋敷地は、親王家・公家の後室を除くと全体で五十八箇所だが、そのうち新家に属する、もしくは家を再興した公家の屋敷地は十九箇所(藪家・清閑寺家はそれぞれ二箇所の屋敷地を所持)である[22]。これは築地之内に位置する全屋敷地の約三三パーセントにあたる。築地之内の大部分は、摂家・親王家・清華家・旧家の屋敷地が占めていたのであ

表1　内裏周辺に居住する創立・再興した公家の変遷

	「中むかし公家町之絵図」	「公家町之絵図」	「寛文三年公家町絵図」
石薬師通	鷲尾、高倉（＝藪）、竹屋、難波、滋野井、清閑寺	河鰭、鷲尾、藪、竹屋、滋野井、清閑寺	河鰭、鷲尾、藪、竹屋、難波、滋野井、清閑寺、野宮、清閑寺隠居
唐門前・南門前	小川坊城	小川坊城	裏松、小川坊城
院参町	なし	清閑寺、梅渓、岩倉、藪、野宮、園池、芝山、山本	池尻、梅小路、園池、芝山、風早、長谷
中筋	四条（＝櫛笥）	岡崎、千種、清水谷、櫛笥	姉小路、七条、清水谷、櫛笥
二階町	広橋殿御子（＝油小路）	千種、難波、小倉、油小路、今城	愛宕、梅園、油小路、今城、姉小路
梨木町	（藪）＊1	花園、姉小路、橋本	清閑寺隠居、下冷泉、姉小路、橋本
寺町	土御門		岩倉

＊1　絵図には「やぶとの」と記入されているが、高倉家が藪と号するのは寛永14年（1637）のことであり、居住者については不明である。だが、絵図内で「殿」、「との」と付くのは堂上公家、女官に限られることから、公家社会の一員であることはたしかであろう。

る。一方、文禄期から寛永末期までに創立・再興した公家は五十家あり、そのうちの三十三家、すなわち全体の六〇パーセント以上が築地之内に屋敷地を所持できなかったことになる。

そこで、現存するなかでは最も古く、慶長十八年頃の公家町を描いた「中むかし公家町之絵図(23)」をみると、創立・再興した公家のうち、内裏惣構内に居住するのは八家である。それと比較すると寛永末期には創立・再興した公家の数は約二倍に増えている。だが、実際には、新たに屋敷地を獲得した十家のうち六家までが院参町に屋敷地を与えられたことをふまえるならば、創立・再興した公家の増加に比べ、築地之内に居住する創立・再興した公家はほとんど増えていないといえよう。このような状態は寛永十四年の『洛中絵図(24)』でも同様に確認できる。十七世紀前半には、すでに築地之内が親王家・摂家・清華家・旧家の屋敷地により占められていたため、近世以降に創立・再興した公家の多くは、その外側に居住せざるをえなかったと考えられる。

また、「中むかし公家町之絵図」では、二階町・梨木町で創立・再興した公家の居住地を一箇所しか確認できないのに対して、寛永末期には八箇所まで増加している（表1）[25]。

創立・再興した公家のうち、寛永末期に築地之内に屋敷地を所持する公家を詳細にみていくと、「中むかし公家町之絵図」にすでに記載されている公家として、石薬師通北側に居住する鷲尾家・竹屋家・高倉（＝藪）家・滋野井家・清閑寺家、中立売御門内の小川坊城家、中筋に居住する櫛笥家を挙げることができる[26]。これらの公家はいずれも慶長期に家を創立・再興しており、このうち、鷲尾家・竹屋家・滋野井家・小川坊城家は、慶長十年正月に山科言経が諸家へ年始の礼に回った際には、絵図に記された屋敷と同じ位置に居住しており、慶長十年以前に屋敷地を獲得したとすることができる[27]。

さらに、院御所南側の院参町には「小兵衛殿里」「山本左京殿」「大膳殿」「治部殿」「勘解由殿」と記入された屋敷地が並んでいる。院参町は、寛永四年から始められた後水尾院御所の造営にともない公家屋敷地として設定され、町名が示すように院に伺候する公家の居住地であったと考えられる[28]。このことは、同じく院参町に屋敷地をもつ野宮定逸・藪嗣良・清閑寺共房・園基音がいずれも院参衆で[29]、岩倉具起は院参衆ではないものの院の近臣であったことからも明らかである[30]。そこで、それぞれについて検討すると、絵図上で地下官人には敬称が付けられていないのに対して、いずれも「殿」と記されていることから堂上公家、もしくは女官とみなせる。当該期の院参衆について確認すると、「左京」「大膳」「治部」「勘解由」の官職をもつのは、山本勝忠、芝山宣豊、園池宗朝、梅渓季通であることがわかる[31]。すなわち、院参町に屋敷地をもつ公家はすべて院参衆であり、後水尾院との密接な関係により屋敷地を与えられたと考えられる。

その上で、改めて各公家と後水尾院との関係に注目すると、築地之内に居住する創立・再興した公家のなかには、後水尾院と密接な関係をもつ公家が多いことに気づく。中筋に屋敷地がある岡崎宣持は院執権を勤めた中御門宣衡の息子で、自身も院参衆となっている。(32)同じく中筋に屋敷地を所持する清水谷実任は院別当阿野実顕の弟で、かつ後水尾の近臣となっており、(33)清水谷家の北に屋敷地をもつ千種有能は、院の近臣であった岩倉具起の弟である。(34)すなわち、築地之内に居住する創立・再興した公家十七家のうち、慶長期には屋敷地を獲得していた七家を除くと、十家中九家までが後水尾院と密接な関係を有していたのである。

後水尾院の院政期には、その側近が院の権力を背景に朝廷内で重要な位置を占めていた。すでに指摘されているように、彼らは「院御ヒイキノ衆」と呼ばれ官位昇進などの点で他の公家より優遇されていた。(35)屋敷地獲得においても、寛文十一年五月、後水尾院の院参衆であった烏丸光雄の屋敷地替地について、武家伝奏が所司代に「院参衆ニ而候間、能所も有之時分、御自分ニ御才覚候様ニ料ニ而被遣候而者如何可有之哉」（寛文十一年五月十七日条）と述べており、院参衆ならば屋敷地を容易に獲得できると認識されていたことがうかがえる。(36)ここに挙げた公家はすべて慶長十六年以降に屋敷地を獲得しているが、それはちょうど後水尾天皇の在位期、および院としての院政期と一致する。すべてについて当てはまるわけではないだろうが、創立・再興した公家の屋敷地所持には後水尾院が深く関わっていたということはできよう。

一方、二階町・梨木町についてみると、創立・再興した公家の屋敷地が八箇所ある。そのうち梨木町に屋敷地を所持する姉小路公景は院参衆で、かつ阿野実顕の息子である。また、花園実満は父公久が院参衆であったことがわかる。(37)だが、慶長期から屋敷地を所持している油小路家・今城家を除くと、六家のうち後水尾院との属人的な関係を確認できるのは、前述した千種家を含めても三家にとどまり、築地之内ほど顕著な傾向を見いだすことはできない。

(2)「寛文三年公家町絵図」(図2)

「寛文三年公家町絵図」からも、同じように築地之内に居住する公家の家格を確認すると、屋敷地五十七箇所に対して、近世以降に創立・再興した公家の屋敷地は寛永期から微増し、二十一箇所となっている。だが、寛文三年頃までに創立・再興した六十家弱の公家のうち、六割以上が依然築地之外に居住している(38)。

表1からその増減をみていくと、中筋では岡崎家・千種家の屋敷地がなくなり、千種家の屋敷地は南隣の園家の屋敷地と合併されている。また、西頬では姉小路家・七条家の屋敷地が新たに増えている。七条隆脩の屋敷地は、寛永期には隆脩の父水無瀬氏成の屋敷地であることがわかるので、氏成から相続したと推測される。石薬師通では、新たに野宮家の屋敷地が増加している。野宮家が屋敷地を獲得した時期は不明だが、当主定縁の父定逸が後水尾院の院参衆であり、かつ承応元年から万治元年(一六五八)までは武家伝奏を勤めていたことが関係しているのではないだろうか。また、唐門前には裏松家が居住しているが、【史料一】で屋敷地を拝領したことがない公家に分類されているので、拝領地ではないことがわかる。『中井家文書』所収の「承応二年内裏他炎上屋敷絵図」では「烏丸殿隠居屋敷　浦松殿」と記載されており、烏丸家から借用していたと考えられる(39)。

一方、院参町では、居住者の顔ぶれが大きく変化している。寛永期から継続して居住しているのは、芝山宣豊・園池宗朝の子宗純のみで、小兵衛局・山本勝忠・藪嗣良・梅渓季通の屋敷地は、それぞれ長谷忠康・風早実種・梅小路定矩・池尻共孝の屋敷地となっている。これら新たに屋敷地を獲得した公家は、すべて寛永期から院参衆として後水尾院に伺候している(40)。後水尾院の院参衆は、寛永期以降世代交代を進めており(41)、この顔ぶれの変化は、院参衆の世代交代にともない、新たにその中心となった公家に屋敷地が与えられた結果とすることができる(42)。

同じく二階町・梨木町について確認すると、創立・再興した公家の屋敷地が九箇所となっている。だが、姉小

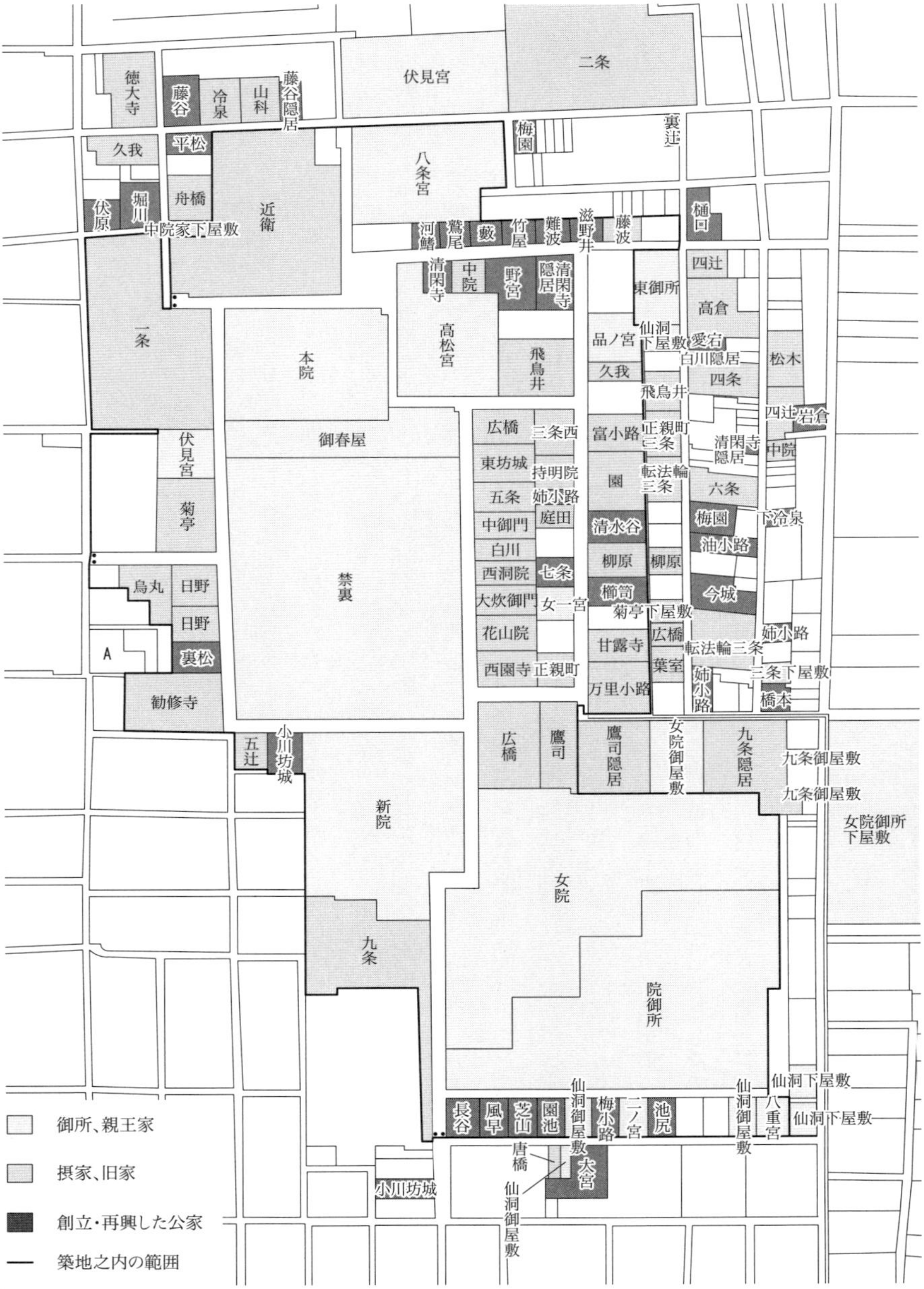

図2　寛文3年頃の公家町

「寛文三年公家町絵図」(宮内庁書陵部所蔵)をもとに作成

路家が二箇所の屋敷地を所持しており、家の総数としては寛永期と同数である。各公家についてみていくと、部分的に屋敷地所持者の交替が認められる。二階町西頬にあった千種家・難波家の屋敷地、梨木町西頬の花園家の屋敷地がいずれもなくなり、反対に二階町東頬で愛宕家・梅園家、梨木町で清閑寺家・下冷泉家の屋敷地が新たに増えている。愛宕家の場合、【史料二】で挙げられていないことから拝領地であったと考えられ、梅園家の場合は買得地であったことがわかるが、これらの公家と後水尾院との密接な関係はうかがうことができない(43)。

以上、公家町を描いた絵図をもとに、十七世紀中頃から後半にかけての公家の集住形態について検討を加えてきた。中井家の残した絵図で当該期の公家町を描いたものはほとんどなく、詳細な変化を追うことはできない。だが、屋敷地の所持者が短期間で繰り返し交替することは想定しにくく、当該期には、親王家・摂家・清華家・旧家に属する公家の屋敷地が、築地之内に位置する屋敷地の六〜七割を占めていたことは指摘できる。

一方、慶長期から比べると、築地之内で創立・再興した公家の屋敷地が徐々に増加していることも見逃せない。これらの公家が新たに屋敷地を獲得した要因としては、後水尾院の存在が非常に大きいことがわかる。院参衆として取り立てられた公家に院参町などの屋敷地が与えられたのは、創立・再興した公家が築地之内に屋敷地を獲得する典型的な事例である。寛永期から寛文期にかけて、親王家・摂家・清華家・旧家のうち築地之外へ移転した公家が少ないこともあり、創立・再興した公家が個人的な力により築地之内に屋敷地を獲得するのは、困難であったと考えられる。屋敷地獲得のためには後水尾院のような上位権力の存在を必要としたのである。

他方、同じく公家の居住地であった二階町・梨木町では、創立・再興した公家と後水尾院との関係について築地之内ほど顕著な傾向を読みとることはできない。その理由は判然としないが、二階町・梨木町には細かく区画された屋敷地が多く、公家が居住するために十分な広さを持つ明屋敷地がなかったからではないかと推測される(44)。

（3）創立・再興した公家の居住形態——『御公家分限帳』を中心に

では、築地之内、二階町・梨木町に屋敷地を獲得できなかった創立・再興した公家の多くは、どこに居住したのだろうか。

十七世紀以降、天皇の生前譲位が復活することにより、築地之内には内裏の他にもいくつかの院御所が増設された。寛文期には御所の数がピークに達し、女院御所も含め四つの御所が併存することとなった。それにともない各御所に伺候する公家も増員され、寛文末期には創立・再興した公家の総数は五十九家にもなっている。[45]しかし、朝廷・幕府が増加した公家数に相当する屋敷地を確保しなかったため、その多くは町人地に居住していた。

十七世紀後半における各公家の居住地が判明する史料として、寛文七年に出版された『御公家分限帳』がある。[46]当史料は近世を通じて出版された公家名鑑の一種で、最も早い時期に刊行されたもののひとつである。記載されるのは、各公家の当主の名前、官位、知行高、居住地などである。公家の居住地が網羅的に記されている史料は極めて少なく、本章で検討対象とする寛文期のものは、管見の限りこの史料のみである。また、記載されている公家の居住地を確認すると、築地之内に居住する公家に関しては「寛文三年公家町絵図」と対照しても大きく誤っている点はないので、全体としても公家の居住地に関する情報は信頼に足るものということができよう。そこで、以下では『御公家分限帳』によりながら、近世以降に創立・再興した公家の居住地を明らかにするとともに、その居住形態についても考察を加えていく。

『御公家分限帳』に記載された、近世以降に創立・再興した公家は五十二家である（表2）。そのうち築地之内に居住する公家は十八家、築地之外に居住している公家は三十一家ある。前述したように、寛永期に比べて築地之内に居住する公家が増加したとはいえ、創立・再興した公家の六割が築地之外に居住していた。さらに、そこから二階町・梨木町に居住するものを除いても二十一家、約四割が築地之内、および二階町・梨木町以外に居住していたことになる(47)。

また、前述したように、小槻忠利は万治四年の火災による各公家屋敷の焼失の有無を日記に記しているが、そこからは、創立・再興した公家のうち二十二家が二階町・梨木町を除く築地之外に居住していたことがわかる(48)。寛文期には一貫して二十家程度の公家が築地之内、および二階町・梨木町以外に居住していたといえよう。さらに、忠利が書き出している公家を、『御公家分限帳』に記載されている二階町・梨木町を除く築地之外に居住していた公家と比較すると、二十二家中十六家が一致する。残りの六家については、小川坊城家を除くと、『御公家分限帳』で居住地が二階町・梨木町へ移転している公家、または居住地が記載されていない公家である。裏松家・千種家のように、築地之内から築地之外へと移転する公家がわずかながらいるものの、築地之内と築地之外の間で居住地を移動することはほとんどなかったと考えられる(49)。

ついで、築地之外に居住する公家の居住地をみていくと、いずれも築地之内に近接した地区に居住していることがわかる(表3)。二階町・梨木町を除くと、内裏の北西部、今出川烏丸から堀川上立売に至る地区に十一家の屋敷地が分布しており、なかでも今出川烏丸、上立売室町周辺に居住地が集中している。その他にも、北東部では今出川寺町周辺から塔之壇にかけて五家の屋敷地が散在している。一方、内裏から距離を隔てて居住しているのは、吉田家の庶流で吉田村に居住していた萩原家、「平野町」に居住している勘解由小路家のみである。すなわち、近世以降に創立・再興した公家のうち築地之外に居住するものは、そのほとんどが築地之内を取り囲むように居住していたのである。なお、このような集住の形態は摂家・清華家・旧家も同様であり、当該期における公家の集住形態の特質として考えることができる。

さて、ここで改めて【史料一】で挙げられている二十一家についてみると、すべて近世以降に創立・再興した公家であることがわかる。『御公家分限帳』には記載がない植松家・押小路家・葉川家・三室戸家・武者小路家

表2 『御公家分限帳』からみる公家の居住地

家格	家名	居住地	築地之内／外	家格	家名	居住地	築地之内／外
摂家	一条家	唐門前		旧家（再興）	油小路家	堀川一条上ル町	外
	九条家	日御門			姉小路家	二階町	外
	近衛家	石薬師通			綾小路家	上立売室町西へ入ル町	外
	鷹司家	中御霊西え入町			裏松家	烏丸中立売下ル町	外
	二条家	今出川	外		小川坊城家	南御門	
	大炊御門家	日御門前			小倉家	藪下	外
清華家	花山院家	日御門前			川鰭家	石薬師通	
	菊亭家	中立売西御門内			滋野井家	石薬師通	
	久我家	今出川	外		清水谷家	中筋	
	西園寺家	日御門前			下冷泉家	梨木町	外
	転法輪三条家	二階町	外		清閑寺家	石薬師通	
	徳大寺家	今出川	外		高辻家	梨木町	外
（新）	広幡家	竹屋町	外		竹屋家	石薬師通	
大臣家	正親町三条家	二階町	外		難波家	二階町	外
	三条西家	中筋			西大路家	塔段	外
	中院家	南御門前			橋本家	梨木町	外
旧家	飛鳥井家	日御門前			鷲尾家	石薬師通	
	阿野家	塔壇藪之下	外	新家	池尻家	院参町	
	五辻家	南御門			今城家	梨木町	外
	正親町家	中筋			岩倉家	寺町本禅寺前	外
	勧修寺家	唐門前			梅園家	二階町	外
	烏丸家	中立売御門前			梅渓家	本阿弥辻子	外
	唐橋家	江戸町	外		梅小路家	院参町	
	甘露寺家	中筋			裏辻家	一条一町上ル室町東へ入	外
	五条家	日御門前			大宮家	江戸町	外
	四条家	二階町	外		愛宕家	二階町	外
	持明院家	中筋			風早家	院参町	
	白川家	日御門前			交野家	院参町	
	園家	中筋			勘解由小路家	平野町	外
	高倉家	二階町	外		櫛笥家	中筋	
	竹内家	今出川烏丸角	外		久世家	堀川一条上ル町	外
	土御門家	東寺梅小路	外		倉橋家	今出川上竹屋町	外
	富小路家	中筋			七条家	中筋	
	中御門家	日御門前			芝山家	院参町	
	中山家	堺町さわら木町下	外		高野家	（不明）	
	西洞院家	日御門前			千種家	惣門辻西へ入町	外
	庭田家	堀川一条上ル町	外		外山家	（不明）	
	葉室家	二階町	外		中園家	上立売室町西へ入ル町	外
	東坊城家	日御門前			長谷家	院参町	
	日野家	唐門前			野宮家	石薬師通	
	広橋家	日御門前			萩原家	吉田	外
	藤波家	（不明）			花園家	梨木町	外
	松木家	梨木町	外		東園家	烏丸一条上ル町	外
	万里小路家	中筋			樋口家	石薬師通	外
	水無瀬家	広瀬	外		日野西家	中筋	
	舟橋家	烏丸東へ入今出川	外		平松家	今出川	外
	柳原家	中筋			藤谷家	今出川	外
	山科家	今出川	外		伏原家	一条上烏丸東へ入町	外
	吉田家	吉田	外		穂波家	（不明）	
	四辻家	梨木町	外		堀川家	今出川	外
	冷泉家	今出川	外		藪家	石薬師通	
	六条家	二階町	外		山本家	二階町	外

旧家のうち再興した家については註(21)掲『諸家伝』1〜15を参照

表3　築地之外における公家の居住地

居住地区	創立・再興した公家の家数	摂家・清華家・旧家の家数
「築地之内」	18	28
二階町・梨木町	10	8
今出川烏丸周辺	7	7
「築地之内」北西部(堀川上立売周辺まで)	5	1
「築地之内」北東部(塔之壇周辺まで)	5	2
「築地之内」南部(椹木町周辺まで)	1	2
その他	3	3
不明	3	1
合計	52	52

『御公家分限帳』をもとに作成

を除く十六家は、築地之外に居住する創立・再興した公家二十九家の約半数を占めている。少なくとも、創立・再興した公家の半数は、寛文期に至るまで屋敷地を拝領していなかったのである(50)。

さらに、【史料一】では築地之外に居住する公家を、屋敷地を拝領していない公家と、同条件ながら「当分不苦分」に分類していた。そこで指標となっているのは「当分不苦」かどうかということであるが、これは何を意味するのだろうか。そこでまず後者についてみていくと、日野西家は築地之外に居住していることになっているが、実際は寛文期の初めに中筋に位置する庭田家の屋敷地を買得していた(51)。庭田重条はこの屋敷地を「先祖伝来之屋敷」としているので公家町形成期に拝領したものと考えられる。また、平松家の場合も、寛永五年に乾御門近くの、それ以後居住することとなる屋敷地を買得している(52)。さらに、梅園家も二階町に買得地を所持していた。したがって、後者に分類される公家は買得地に居住していたと考えられる。後者の公家は買得地に居住していたからこそ「当分不苦」ということができるのであり、経済的にもある程度安定していたといえよう。

表4　屋敷地拝領願を提出した公家の居住形態

	前居住地	居住形態	屋敷地拝領先	坪数	石高
久世通音	「舟橋」*1	借屋	荒神町常林寺跡地	400	200
倉橋泰純	「本誓願寺」	借屋	荒神町勝定院跡地	300	150
中園季貞	「上立売」*2	借屋	寺町盧山寺前	270	130
葉川基起	新中納言局の下屋敷*3	同居	荒神町長徳寺跡地	270	130
押小路公音	舎兄鳴瀧実業の屋敷*4	同居	寺町盧山寺前	270	130
三室戸誠光	「寺町之上」	借屋	六条中納言屋敷跡地	271	130
植松雅永	父千種有能の屋敷	同居	荒神町長徳寺跡地	270	130
油小路隆貞	二階町	買得	荒神口	420	150
准后（清子内親王）	梨木町	不明	荒神町長徳寺跡地	200	不明

（参照）『中院通茂日記』、「寛文一一年正月一五日公家町寺町焼失絵図」（『中井家文書』文書番号388）

＊1　『御公家分限帳』によると、久世家の屋敷地は「堀川一条上ル町」となっているので、北舟橋町、南舟橋町のどちらかに居住していたと考えられる。

＊2　『御公家分限帳』によると、中園家の居所は上立売室町西入ルとなっている。

＊3　通茂の日記によると、基起は「新中納言殿下屋敷居住」となっている。基起は園基音の子であることから、ここでいう「新中納言」とは、同じく基音の娘で、後に霊元天皇の生母となる新中納言局だと考えられる（『園家譜』東京大学史料編纂所所蔵）。

＊4　実業は三条西公勝の子で寛文12年（1672）には清水谷家を相続している（註21掲『諸家伝』14）。

一方、前者はどうだろうか。前者に分類された十三家のうち七家が火災後に屋敷地拝領を願い出ており、その過程で武家伝奏から所司代へ提出された書付から、その居住形態を知ることができる（表4）。それによると、七家はともに屋敷地を所持しておらず、借屋居住や親族の屋敷への同居といった居住形態をとっていたことが確認できる。そのなかで、中園家・久世家については借屋居住に至る過程が判明するのでやや詳しく触れておきたい。

中園季定は、寛文七年まで「柳之図子」（烏丸通上立売上ル西入）に屋敷地を所持していた。だが、同年十月、葉室頼業へ代銀二貫三百七十五匁でそれを売却していることがわかる[53]。その規模は不明ながら、頼業は買得の際、町へ「十分壱、両方之分」として銀二百五十目を支払っていることから、二筆分の屋敷地を買得したと考えられる。またその価格は約二貫五百目で、それほど大規模な屋敷地ではない。

季定が屋敷地を売却した背景としては、この後借屋居住を余儀なくされていることから、家計の逼迫が想定できる。おそらく経済的に不安定な状況となったため、屋敷地を売却せざるをえなかったのだろう。火災後に朝廷へ提出した書付では、屋敷地拝領について「数年之願ニ候」（寛文十一年五月八日条）と記しており、屋敷地売却後、朝廷に対して拝領を願い出たと考えられる。だが、結局希望は叶えられないまま寛文十一年に至るまで上立売に借屋居住していたのである。

他方、久世家については、屋敷地拝領に関して武家伝奏へ提出したと考えられる口上覚書が現存する（【史料六】）。この口上覚書は年紀を欠いているが、①差出が当時久世家の当主であった通音となっていること、②通音の父通俊が「所労故終御訴訟之儀不申入」とあることから、書付作成の上限を通俊が死去した寛文九年とできること、③提出されたのが四月一日であり、火災後武家伝奏が屋敷地拝領を希望する公家に書付を提出させた時期と一致すること、④中院通茂の日記には久世家の願いとして「祖父通式・父通俊三代以来終ニ屋敷拝領無之、数年望之由候」（寛文十一年五月八日条）と記されているが、これは口上覚書の内容を要約したものといえることなどから、正月の火災後に提出された願書と判断できる。

【史料六】「口上覚下屋敷之儀訴訟一件」『京都久世家文書』（明治大学刑事博物館所蔵）書状の部イ―一〇三

口上之覚

一、下官屋敷之儀御訴訟申候事、

一、先祖久我敦通次男久世通式、其子通俊、唯今至下官及三代、方々借屋之住居迷惑仕候故、先年転　奏勧修寺殿を以此儀御訴訟申候事、然者小番参勤仕候茂、或者遠所、或ハ図子小路を経町等者万事不勝手ニ存

候、又　御急用之節参　内茂及遅参候、彼是以達而此度御訴訟申度候事、
一、通式ハ早世、通俊は所労故終御訴訟之儀不申入候、下官自分ニ者小家茂才覚難仕候、可然様ニ被仰入可被下候、以上、
　　卯月朔日　　　　　　　　　久世通音

久世家は元和五年（一六一九）にすでに二百石の知行地を拝領していた(54)。この知行高は【史料一】に登場する公家のなかでも多い方に属するが、通式以来借屋居住を余儀なくされていた。その要因として、通式が早世し、その子通俊も身体的に虚弱であったこと、さらに、本家久我家が没落していたことが想定できよう(55)。これらの要因が重なることで、久世家の家計は屋敷地を買得できるほど安定しえなかったと考えられる。

さらに、前者に分類された公家には、その他にも知行を与えられず「難儀」していると認識されていた葉川基起以下の公家が含まれていることから、前者の公家の共通点として経済的に不安定であることを指摘できる。つまり、築地之内を取り囲むように居住していた創立・再興した公家のなかには、少数ではあるが経済的に安定していないため屋敷地を買得できない公家がおり、そのような公家は町人地における借屋居住や、親族の屋敷への同居という居住形態をとらざるをえなかったのである(56)。

寛文十一年正月の火災後、武家伝奏が屋敷地拝領の対象を築地之外に居住する公家に限定したのは、以上のような居住形態を強いられていた公家の存在が背景にあったためだと考えられる。

三　公家の集住形態に関する朝廷・幕府の認識

これまで、寛文期を中心に公家の集住・居住形態を明らかにしてきた。だが、朝廷・幕府は当該期の公家の集住形態についてどのような認識を持ち、居住地をめぐる諸問題にいかに対応したのか。これが検討すべき問題と

して残されている。ここでは、先の屋敷地拝領後に発生した問題を手がかりに考察を加える。

寛文十一年正月の火災後に屋敷地の拝領が決定した後、梅園家・久世家から武家伝奏へそれぞれ屋敷地に関する要望が出された。梅園家からは知行地への居住を求めるもの、久世家からは拝領地の相対替を願うものであった。朝廷・幕府がそれぞれの問題へ対処していく過程から、公家の集住・居住形態に関する認識をうかがうことができるので、以下ではその過程を詳しくみていきたい。

(1) 知行地への居住に関する問題

屋敷地拝領が決定した直後の六月二十日、梅園季保は屋敷地拝領の希望を武家伝奏へ申し入れた。梅園家の屋敷は火災で焼失しており、同様の条件である油小路家が屋敷地を拝領したのであれば、梅園家も拝領を希望するというものであった(寛文十一年〈一六七一〉六月二十日条)。通茂・弘資はこの旨を京都所司代永井尚庸に伝えたが、尚庸は、拝領が決定した八家の屋敷地を区画した際に敷地が余れば与えると返答した(六月二十一日条)。だがここで注意したいのは、五月には公家屋敷地に充てる敷地が大幅に縮小され、先に屋敷地の拝領を願い出ていた公家でさえも拝領がままならない状態だったということである。尚庸は梅園家に与えるだけの余地がないことはある程度予想できたはずである。当然、屋敷地の区画が終了した際に十分な敷地は余らなかった。

それを受けて、翌年の正月十四日には季保が通茂の屋敷を訪れ、屋敷地拝領に関する口上覚書を手渡している。

【史料七】『中院通茂日記』寛文十二年正月十四日条

屋敷拝領仕度口上之覚

一、二階町中程東かわ六条中将南隣ニ表口弐拾間・裏行弐拾三間之屋敷、亡父実清求之所持仕候得共、去ル亥ノ正月十五日六条ゟ出火、折節風烈敷此方之居間江一文字ニ火掛り火本六条之殿ゟ手前殿速ニ焼失仕候、因

之書物・装束・諸道具以下尽ク致焼失候、願ハ此屋敷を以有之候ハて不叶、書物・装束・諸道具等替調之申度存候故、新規之屋敷拝領仕度奉存候事、

一、町屋に永々居住之儀迷惑仕候、可致拝領地無御座候ハヽ、手前家領洛中壬生村領地之内弐拾間ニ三拾間程居屋敷ニ可仕候哉、得御意候事、

正月十三日

梅園中将

梅園家はこの火災で「書物・装束・諸道具以下尽ク」を失っていた。季保の要求は、①これまで所持していた屋敷地の売却代金で焼失した書物・装束・諸道具を揃えるため、新たな屋敷地が必要であること、②町屋に長期間居住することは「迷惑」であること、③この願いが却下された際には、知行地である壬生村に以前と同規模の屋敷を造営・居住したいというものであった。

季保は以上の旨を所司代に申し入れるよう依頼した。通茂・弘資は、ともに季保に屋敷地を与える方策を考えていたようだが、唯一③については適当ではないとし、再考を促している（正月十四日条）。だが、翌日再度尋ねたところ、季保の意志は固く所司代にそのまま申し入れるよう答えたので、翌十六日、通茂・弘資は尚庸へこのことを伝えた。

それに対して、尚庸はつぎのように回答した。

【史料八】『中院通茂日記』寛文十二年正月十六日条

梅園中将屋敷所望不相叶者領所壬生村構屋敷可普請歟之由也、相談、壬生村住居不可然、屋敷所望之事又可有其類、御次而節可沙汰之由可申之由也、

尚庸は、通茂らの予想通り、壬生村に居住することは適当でないとの見解を示した。さらに屋敷地拝領については、今後また屋敷地を与える機会があるので、そのときに沙汰すべきだとしている。通茂・弘資が積極的に対

応しようとしたのに対して、幕府側は梅園家の拝領願について却下しないまでも、次の機会までの先送りとしたのである。その後の経過については明らかではないが、宝永五年（一七〇八）の公家町絵図でも梅園家の屋敷地は同じ場所にあるので、[57]屋敷地を売却せずにそのまま居住することとなったと考えられる。

（2）屋敷地の相対替に関する問題

正月十五日の火災後、幕府が公家屋敷地に設定した地区には荒神口の寺院跡地が含まれていた。そこに屋敷地を拝領した久世家・准后・倉橋家・植松家・葉川家の五家のうち、久世家は拝領直後から屋敷地に関する要求を繰り返していた。

寛文十二年正月十四日、久世通音から通茂へ屋敷普請の援助が申し込まれた（寛文十二年正月十四日条）。久世家には屋敷を造営するだけの経済的な余裕がないことがその理由であった。先に述べたように久世家は経済的にかなり不安定な状態で、屋敷普請を行えたとは考えにくい。だが、これについて通茂は、朝廷からは援助できないと返答している。屋敷地を拝領した公家の多くは経済的に不安定であった。久世家の願いを認めれば、他家に対しても同様の援助を行わなければならず、結果多大な出費となることが予想されたためであろう。

それに対して通音は「此事者可沙汰」であるとし、閏六月、改めてつぎの書付を通茂へ差し出した。

【史料九】『中院通茂日記』寛文十二年閏六月二十四日条

今度下官屋敷之義ニ付得御意候、家来同前ニ仕候者屋敷所持仕候、此度他所へ遣申候ニ付、若入申候ハヽ、用ニ茂相立可申之由也、就其御所へ茂程近所ニ御座候故、不苦儀候はヽ、新屋敷与替申度存候、其上普請仕度所存御座候、去共此比拝領之義ニ御座候故、所々替申義如何与存候条、得御内意申事御座候、以上、

閏六月二十三日

通音は、屋敷地が最近拝領したものであることに配慮しながらも、拝領地を相対替したいと願い出たのである。しかもその相手は「家来同前ニ仕候者」と述べているが、実際は「町人」であった。これに対して通茂・弘資は、拝領地を町人と相対替することは到底許可できないもので、所司代へ報告するまでもないという見解を共有しており、通音の願いを却下した（閏六月二十七日、七月三日条）。

だが、寛文十三年二月、通音は再度通茂へ書付を提出した。

【史料十】『中院通茂日記』　寛文十三年二月二日条

今度申請候屋敷之儀、当年者作事可仕与存思案仕候得共、墓地故普請仕候義迷惑ニ存候、或者井掘候儀も難儀存候、屋敷改申儀者大分之儀ニ御座候故難成候、然而間家来之者ニ遣し、下官儀者外之屋敷ニ住居仕度存候故、此趣日野殿へも申入候、猶以寄可得御意候へとも先所存之趣書付候而懸御目申候、御一覧之上御相談被成可被下候、為其如斯御座候、以上、

二月二日

このときは、屋敷の普請を始めたいと考えてはいるものの、屋敷地が墓地跡に当たるため取りかかることができない。とはいえ屋敷地替を願い出るのは大変なので、拝領地を家来に与え自らは他の屋敷に居住したいという内容であった。だが、これまで通音は屋敷造営の援助、屋敷地の相対替を要求しているものの、その理由として屋敷地が墓地跡であることには一度も触れておらず、屋敷地を譲渡するためのレトリックとしての側面があったことは否定できない。

だが、たとえそうであったとしても、通茂・弘資はこの願いをとりあげざるを得なかった。実際、穢を忌避する公家にとって、屋敷地が墓地跡にあることは重大な問題だったからである。久世家と同じ地区に屋敷地を与えられた准后も、拝領直後の寛文十二年二月には、屋敷地が墓地跡であることなどを理由に屋敷地替を要求してい

る（寛文十二年二月二十二日条）。また、寛文十三年の火災後、頂妙寺跡地に公家屋敷地が造成された際には、公家が墓地跡に替地を与えられるのを嫌ったため、幕府は墓地に当たる部分の土をすべて入れ替えている（延宝二年七月九日条）。なぜ荒神町の屋敷地でも土を入れ替えなかったのかは判然としないが、墓地跡に屋敷を造営するのは「迷惑」であるとの主張は、正当な理由として認識されたのだと考えられる。

二月十六日、通茂・弘資が所司代へこの要求の可否について尋ねたのに対し、尚庸はそれを許可した（寛文十三年二月十六日条）。両人はこのとき所司代へ「与地下者相対之義」と説明しており、家来との相対替として処理されたのだろう。その後、同年十二月、通音は内裏からはやや離れた今出川小川通下ル針屋町の屋敷地を狩野弥平次という者から買得し、居屋敷としている[58]。

（3）朝廷・幕府の認識

以上、寛文十一年正月の火災後に起こった屋敷地に関する問題について、梅園家・久世家を例にみてきた。ここから、朝廷・幕府の公家の集住・居住形態に関する認識について、以下の諸点を指摘することができる。

第一に、朝廷・幕府ともに、公家が知行地に屋敷地を構えることを認めていなかったことである。これは、後述するように、各公家へ居住地選択に関して一定の裁量が認められていたとはいえ、第一章で述べたように、朝廷への勤仕を励むことを求める政権の意向とは懸隔したものであった。家職との関係により知行地に居住する吉田家・水無瀬家・土御門家などの例外を除いて、認められることではなかったと考えられる[59]。

第二に、居住地の選択が、各公家の意思に委ねられていたことである。このことを直接示す史料は管見の限りみいだせないが、①創立・再興した公家のうち、屋敷地を所持していない公家に対して屋敷地の給付といった対策がとられていなかったこと、②梅園季保が屋敷地拝領を希望した際、知行地への居住は止められたものの、屋敷地を売却した後の居住地については問題となっていないこと、③久世通音が屋敷地を相対替した後の居住地についてもやはり言及がなく、結果的に内裏からやや離れた針屋町に居住することが認められたことなどが傍証となろう。

その理由として考えられるのが、幕府の朝廷に対する統制方法である。

第一章で論じたように、豊臣政権による朝廷・公家社会の再編が天正期に達成されたことにより、それ以降に家を創立・再興した公家に対して内裏周辺で屋敷地を用意する必要性は薄れていった。こうした姿勢は、徳川政権にも引き継がれたと考えられる。それを示すように、元和期から寛文期にかけて創立・再興する公家の数が大幅に増加したにもかかわらず、新たな公家屋敷地の設定はほとんど行われていない。寛文期に、築地之外に居住する創立・再興した公家の半分が屋敷地を拝領していなかったという状況は、その結果として位置づけられよう。さらに、屋敷地に関する各公家からの要求は、これまでみてきたように、すべて武家伝奏が主管していた(60)。屋敷地に関する具体的な案件は武家伝奏が各公家との間で調整を行い、江戸幕府はそれに対して裁可を与えるに留まっていたと考えられる。すなわち、幕府にとって、公家の居住地は武家伝奏を介して把握することで十分であり、屋敷地を拝領せず築地之外に居住する公家の居住地選択については、知行地に居住することを除いて、ある程度朝廷の自主的な対応に委ねていたといえる。

一方、朝廷側も、築地之外における居住地の選択は、各公家の裁量に任せていた。築地之内や二階町・梨木町に屋敷地を拝領できない創立・再興した公家の多くは、それぞれの「才覚」により町人地に屋敷地を買得、居住しており、それに対して朝廷が居住地を制限することは困難であったと考えられる。

第三に、屋敷地の相対替が可能だったことである。朝廷・幕府は、久世家の屋敷地が墓地跡であったことを理由に、屋敷地の相対替を許可した。このときの特殊な状況を考慮しなければならないが、朝廷・幕府が替地を与えるという手段ではなく、久世家の「才覚」による相対替を認めたことは注目すべきことである。これは、結果的に却下されたとはいえ通音が当初町人との相対替を願い出ていること、前述したように、庭田家・日野西家の間で拝領地の売買が行われており、日野西家はその屋敷地を「買得地」[61]と考えていたことをふまえるならば、拝領地は各公家の所有物として認識されていたことを示しているといえよう。[62]当該期の拝領地売買、相対替に関する史料はほとんど見いだせないが、ある程度行われていたのではないだろうか。[63]そして、このことは享保期にはつぎのような問題を引き起こすこととなる。

【史料十二】『基長卿記』(東京大学史料編纂所所蔵)享保六年閏七月十三日条

拝借地之儀前方承合候節、銘々書付被差出候処、買得地之由被書出候衆茂有之候得共、相渡候節之絵図有之候得者、決而買得地共難相定候、其上所々より買得地之場所にてハ有之間鋪地茂相見江候、旁以不分明候、前々より堂上方屋鋪之儀者武家とは違改候事無之候故、いつの比より紛候儀茂難計候得者いつれ共難決候間、自今者拝領地・拝借地者勿論、買得地たりとも相対替之儀容易者可難成候、(後略)

享保二年(一七一七)、幕府は拝借地に関する実態調査を行っている。[64]【史料十二】はそれを受けて出された触の後半部である。ここから公家の屋敷地の所持形態については、以前から武家のように記録して管理するという方法がとられていなかったことがわかる。[65]その結果、庭田家・日野西家のように拝領屋敷地の売買、相対替が行われ、享保期には幕府が公家屋敷地の属性を把握しきれない状態となっていたのである。

四　十七世紀後半における公家の集住形態とその特質

以上、寛文十一年正月の火災を手がかりとしながら、公家の集住・居住形態、およびそれに対する朝廷・幕府の認識について検討してきた。これまでに明らかとなったことから、十七世紀後半における公家の集住形態の特質について、つぎのようにまとめることができる。

公家の集住地は、大きく築地之内と築地之外に区分されていた。豊臣政権による惣構の構築以降、慶長十年頃までには惣構内は公家の集住地として位置づけらるようになった。その後、惣構内は、惣門之内、築地之内と呼称が変化し、かつ南部に大きく拡張されたものの、内裏・院御所、公家屋敷地で構成された空間としての性格は維持された。

（二）　公家町の構成について

築地之内には摂家・清華家を中心とする旧家の屋敷地が集中し、屋敷地全体の六～七割を占めていた。他方、近世以降に創立・再興した公家の屋敷地は、三～四割程度にとどまる。前者の屋敷地数が後者を大幅に上回る状態は基本的に慶長期から続いており、創立・再興した公家が築地之内に屋敷地を獲得する余地はなかったというべきであろう。そのため、創立・再興した公家は築地之外に居住せざるをえなかった。これらの屋敷地は、当初から公家の居住地であった二階町・梨木町を除くと、おもに町人地に位置しており、築地之内の周辺では町屋と公家屋敷が混在していた。

しかし、このことからただちに居住空間としての築地之内と築地之外との間に、ヒエラルキーを想定することはできない。清華家である徳大寺家・久我家の屋敷地が築地之外に位置していること、慶長期に転法輪三条家をはじめとする旧家に属する公家が替地を二階町・梨木町に与えられたこと、万治四年（一六六一）の火災後に親王家の伏見宮家、摂家の二条家がともに築地之外に転出していることを考えると[(66)]、むしろ、このような区分が生じたのは築地之内の成立過程と大きく関わっていると考える方が自然であろう。内裏惣構はあくまでも防御施設として設けられたものであり、その内外に居住空間としてのヒエラルキーは設定されなかったと考えられる（第一部第一・二章）。その後、内裏惣構に陣中の空間概念が適用されることにより、惣構内の空間は儀礼空間としての性格を持つ惣門之内となり、さらに、万治四年までには築地之内と呼ばれるようになったのである。こうした築地之内の成立過程をふまえるならば、築地之内と築地之外には、儀礼空間としてのヒエラルキーの差はあるものの、居住空間としての違いはなかったと考えられる。

これまで公家町は、内裏周辺の公家屋敷地が集中する地区として考えられてきたが、より当該期の認識に沿い、改めて定義するならば、十七世紀後半以降の公家町は、①公家の居住地として限定された築地之内、②築地之外ではあるが築地之内に準ずる居住地とみなせる二階町・梨木町、③およびその周囲の公家屋敷が集中する町人地、により構成された公家の集住地区として考えることができる。さらに、公家町は、内藤らが定義するような固定的な領域ではなく、周縁部では公家屋敷と町屋が混在する曖昧な境界をもつ領域として捉えるべきであろう。

（二）　十七世紀後半の公家の集住形態について

十七世紀後半、築地之内には公家全体の約五割にあたる五十〜六十家の公家が居住していた。その内訳は、前述したとおり、約三分の二を親王家・摂家・清華家・旧家が占めていた。

一方、残り半数の公家は築地之外（＝二階町・梨木町、町人地）に居住していた。『御公家分限帳』からは、摂家以下旧家までが二十四家、近世以降に創立・再興した公家が三十一家であったことがわかる。だが、前者に属する公家が一度は屋敷地を拝領していたのに対して、創立・再興した公家の約五割が、堂上公家に取り立てられてから一度も屋敷地を拝領していなかった。

屋敷地を拝領していない公家は、それぞれの「才覚」により町人地で屋敷地を獲得しなければならなかった。そのため、なかには経済的な理由により屋敷地を買得できない者もおり、借屋居住や親族との同居といった居住形態を余儀なくされていた。寛文十一年正月の火災後に公家屋敷地が増設されたことで、経済的に不安定な公家の居住形態についてはある程度改善されたが、すべての公家が屋敷地を拝領していたわけではなく、公家屋敷地の不足という問題は潜在的なかたちで残ることとなる。

このように、屋敷地を拝領できない公家が存在するなかで、朝廷は、公家が知行地に居住することは禁じていたものの、都市内の居住地についてはそれぞれの意思に委ねていたと考えられる。だが、実際に各公家の居住地をみると、屋敷地は都市内に散在するのではなく、いずれも築地之内を囲繞するかたちで分布していた。

このような集住形態をとっていた要因のひとつとして考えられるのが、朝廷への勤仕に対する利便性である。公家衆は禁裏小番・朝儀への勤仕、禁裏諸奉行としての職務遂行を義務づけられており、かつ火災などの緊急事態にも内裏へ参内しなければならなかった。これらの義務を果たすためには、内裏の周辺に居住している方が都合のよいのは自明である。久世通音は【史料六】において、屋敷地拝領を希望する理由として「小番参勤仕候茂、或者遠所、或ハ図子小路を経町等者万事不勝手ニ存候、又　御急用之節参　内茂及遅参候」と述べている。また、寛文十一年、中筋に位置する葉室頼業の屋敷地が他の公家に与えられることとなった際にも、拝領を願い出た公家の希望理由について通茂は「宿所只今遠者候也、日々御用難義候間所望之由也」と記しており（寛文十一年六月十九日条）、内裏から離れて居住することは日常的な朝廷への勤仕を行う上で「難義」であったことがうかがわれる。すなわち、朝廷への勤仕という条件により公家の居住地が制限されたことが、上述したような集住形態をとることとなった要因のひとつとして考えられる。

おわりに

十七世紀後半の公家は、その多くが公家町に集住していたとはいえ、詳細にみるならば、以上のような集住のかたちをとっており、居住形態についても、拝領地への居住だけではなく、買得地または借屋への居住、親族の屋敷への同居といった多様性が認められた。

その後、宝永五年の大火により、公家町の大部分は灰燼と帰す。そして、この火災は公家の集住形態に大きな影響を与えることとなった。幕府は火災後の復興過程で屋敷地の大規模な給付を行い、結果として公家屋敷地は大幅に増加する。しかし、その一方で、相当数の公家が経済的な理由により公家町から流出し始めていたのである。大火後に進められた公家町再編、および公家の集住形態の変容については次章以降で論じることとする。

(1) 公家町に関する研究については、序章を参照。なお、公家町には堂上公家の屋敷地だけではなく、女官・地下官人の屋敷地、門跡寺院の里坊が所在するが、ここでは論点を明確にするため、分析の対象を堂上公家の屋敷地に限定する。

(2) 髙橋康夫・吉田伸之・宮本雅明・伊藤毅編『図集 日本都市史』(東京大学出版会、一九九三年)一八八〜一八九頁。

(3) 内藤昌・大野耕嗣・高橋宏之・村山克之「近世初頭京都公家町の研究」一〜七(『日本建築学会東海支部研究報告集』八〜一〇、一九七〇〜七二年)。京都市編『京都の歴史　五　近世の展開』(学藝書林、一九七二年)四九二〜四九六頁。

(4) 内藤らは公家の居住地について、公家町、「公家地」という二つの用語を用いている。だが、その違いは明確でなく、ほぼ同義とみなすことができる(前掲内藤・大野「公家町の位置とその範囲について――近世初頭京都公家町の研究・その五――」)。

(5) 『中院通茂日記』(東京大学史料編纂所所蔵原本)。以下、当史料からの引用については、特に断らない限り本文中に日付のみ記すこととする。

(6) 後述するように、このときの火災で屋敷を失った梅園季保が屋敷地の拝領を申し入れる際に、「今度油小路屋敷拝領、就其梅園又同前也」(寛文十一年六月二十日条)と述べており、拝領を願い出る理由として油小路家と同様の条件であることを挙げている。梅園家の屋敷地は買得地であることが【史料一】【史料七】からわかるので、油小路家の屋敷地も買得地であると考えられる。

(7) 「官位定条々」（寛延三年）『京都御所東山御文庫記録』乙七十二。ここでは東京大学史料編纂所所蔵の写本によった。以下、公家の家数についてはこの史料による。

(8) 下冷泉家が頼業を通して屋敷地拝領の希望を申し入れた背景には、当主為元が頼業の子為経を養子に迎えていたことが考えられる（『冷泉家譜』〈東京大学史料編纂所所蔵〉）。

下冷泉家は、為将が出家した後四十年間断絶していたが、正保四年（一六四七）細野為景により再興された。為元はこのとき居住していた屋敷について、拝領屋敷地ではなく後光明天皇の生母壬生院の元屋敷地であると述べている。所持形態については、元禄十年（一六九七）に下冷泉為経が武家伝奏に対して「祖父為景朝臣自分買得之敷地」と述べているので、為景が壬生院の屋敷地を買得したと考えられる（『公通記』〈東京大学史料編纂所所蔵原本〉元禄十年八月十七日条）。

(9) 「寛文一一年正月一五日公家町寺町焼失絵図」（『中井家文書』〈京都府立総合資料館所蔵〉文書番号三八八）。なお、この絵図についてはつぎの論文に詳しい。「〈史料紹介〉総合資料館所蔵の中井家文書について」（京都府立総合資料館『資料館紀要』一〇、一九八一年）。

(10) 『忠利宿禰記』（宮内庁書陵部所蔵）万治四年正月十七日条。

(11) 前掲「寛文一一年正月一五日公家町寺町焼失絵図」。

「寛文三年公家町絵図」（後掲図2）や延宝二年の「公家町絵図」（『中井家文書』文書番号三九〇）では、今出川通沿い八条宮家東隣にも梅園家の屋敷地を確認できる。だが、後述するように、寛文十一年正月の火災後、季保が提出した口上覚書（【史料七】）では、二階町の屋敷地を売却した際には知行地に居住せざるをえないと述べているので、寛文十一年にはすでに今出川通沿いの屋敷地を手放し、二階町に居住していたと考えられる。

(12) 平井聖編『中井家文書の研究』第二巻　内匠寮本図面篇二（中央公論美術出版、一九七七年）。

(13) 前掲「公家町絵図」。「寛文三年公家町絵図」では、裏松家の屋敷地は内裏の西隣、勧修寺家の北に位置する。だが、その西側の屋敷地に「裏松殿」と記した押紙が押されており、これは延宝二年の絵図で裏松家の屋敷地となっている敷地と一致する。寛文三年の公家町絵図は、寛文七年に修正が加えられており、押紙はそのときのものと考えられる。よって、裏松家はそれまでに烏丸通に面した屋敷へ移っていたとすることができよう。

(14)『平安京左京北辺四坊—第二分冊(公家町)—』(京都市埋蔵文化財研究所調査報告第二二冊　京都市埋蔵文化財研究所、二〇〇四年)。

(15)『言経卿記』〈大日本古記録〉慶長十年九月二十四日条)では、内裏北側での院御所造営にともない、四条家が替地として二階町に屋敷地を与えられていることが記されている。また、『孝亮宿禰日次記』(慶長十五年七月二十五日条)には「板倉伊賀守家来、公家衆屋敷地之替地相渡ニ来而、二階町・梨木町ニ替渡之」と記されており、内裏拡張に際して公家の替地が二階町・梨木町に与えられたことがわかる。なお、引用は『大日本史料』一二―七による。

(16)「二条邸敷地絵図」(平井聖編『中井家文書の研究』第九巻　内匠寮本図面篇九　中央公論美術出版、一九八四年)。

(17)内田好昭は、内裏周辺と二階町・梨木町の形成時期の差を考慮してこの地区を第二期公家町と位置づけている。内田好昭「発掘調査の成果から見た公家町の形成」(第一五回『平安京・京都研究集会』発表レジュメ、二〇〇四年)。

ところで、中井家が所蔵する指図・絵図類のなかに「洛中町筋絵図」、「御所二条廻り町筋絵図」と題した絵図がある。いずれも作成時期は特定できないものの、「九門」が記入されていることから、宝永の大火後とすることができる。前者は洛中・洛外の町筋を描いているが、禁裏周辺は九門を結んだ図形で囲われ、道路の記入がないことから、この図形は築地之内を図示したものである可能性が高い。そこで二階町・梨木町をみると、図形の外側となっていることがわかる。一方、後者にも九門を結んだ図形が描かれる。その中心には「御築地」と記入されており、前者同様、築地之内を図示したものと考えられる。だが、そこでは二階町・梨木町が築地之内に含まれるものとして描かれている。絵図の作製時期や目的が不明であるため、このような相違が起こる原因については明らかにできないが、二階町・梨木町が築地之内として認識されてもおかしくないような地区であったことはたしかであろう(谷直樹編『大工頭中井家建築指図集—中井家所蔵本』思文閣出版、二〇〇三年)。

(18)たとえば、梅園家の屋敷地は、慶長期以降判明する限りでも大炊御門家→中御門家→梅園家と所持者が替わっている（「中むかし公家町之絵図」〈後掲〉、前掲「公家町之絵図」）。また、「寛文三年公家町絵図」「寛文一一年正月一五日公家町寺町焼失絵図」からは、四条家が隣接する地下官人の屋敷地を集積し、居屋敷地を拡張していること、寛文期に限っても、所持者が交替している屋敷地が少なからずあることが認められる。

(19)「公家町之絵図」（『中井家文書』文書番号三八六）。絵図の景観年代については、内藤らの見解に従っている（前掲内藤・大野・高橋・村山「『寛永公家町絵図』の年代考証——近世初頭京都公家町の研究・その四——」、一九七〇年）。

(20) 寛永二十年に、惣門之内が築地之内という呼称へ変化していたかどうかは不明である。ここでは、議論をわかりやすくするため、寛永期についても築地之内と記すこととする。

(21) 平堂上公家は、近世以前から家名を存続させてきた旧家と、近世以降に家を興した新家に分類される。本章では、旧家、新家の区分を「官位定条々」（寛延三年）によるものとする。しかし、旧家に分類される公家のなかには、戦国期の混乱のなかで断絶し、織豊期以降に朝廷の再整備が行われるなかで家名が再興された家が少なからずある。この史料ではそのような再興した家を区分していないので、「官位定条々」で旧家・新家の分類の指標となっている文禄期を目安とし、それまでに再興した家については旧家として考え、それ以降については再興した家として考えることとする。すなわち、近世以降に再興した家は、油小路・綾小路・裏松・小川坊城・小倉・河鰭・滋野井・清水谷・下冷泉・清閑寺・高辻・竹屋・難波・西大路・橋本・鷲尾の十六家となる（前掲「官位定条々」〈寛延三年〉、『諸家伝』一〜一五〈日本古典全集　日本古典全集刊行会、一九四〇年〉）。なお、家名の再興、新家の取り立てについてはつぎの文献に詳しい。平山敏治郎『日本中世家族の研究』（法政大学出版局、一九八〇年）。

(22) 築地之内、二階町・梨木町には、公家の後室、母親の屋敷地があるが、これらを含めると、出家し院号で書かれた屋敷地について該当する人物を比定するのが困難となるため、ここでは各公家の家の当主、もしくは隠居・子息の屋敷地のみを扱うこととする。

(23)「中むかし公家町之絵図」（『中井家文書』文書番号三八五）。

(24)『洛中絵図』（宮内庁書陵部、一九六九年）。

(25) 二階町に「冷泉中将」と記された屋敷地がある。だが、寛永末期の冷泉家に中将に叙任されている人物はおらず、当時冷泉と号していた今城為尚のことだと考えられる（『公卿補任』中巻　経済雑誌社、一八九九年）。これは、つぎに検討する「寛文三年公家町絵図」において、該当する屋敷地に「今城殿」と記載されることからも補足できる。

同じく二階町の屋敷地に記載された「藤宰相右衛門佐」については該当する人物がいないが、①「中むかし公家町之絵図」では同じ屋敷地に「藤右兵衛介殿」と記入されており、高倉永慶だと考えられること、②「寛文三年公家町絵図」では「高倉大納言」と記載されていること、③高倉家がこの時期には代々右衛門佐に任ぜられていることから、高倉家の屋敷地と考えられる（前掲『諸家伝』八）。また、高倉家の北に「宰相殿御母儀」と記入された屋敷地があるが、宰相と記されていること、高倉家と接していることから、ここでは永慶の母親に比定しておく。

さらに、二階町の「広橋殿御息」と記載された屋敷地は、油小路隆基の屋敷地だと考えられる。隆基は広橋兼勝の息子で、慶長十二年に当時断絶していた油小路家を継いだ。「中むかし公家町之絵図」をみると、該当する屋敷地には「ひろはし殿御子」と記載されている。同絵図では、広橋家の屋敷地が「高台院殿」の北隣と、日ノ御門通「女御様」屋敷地の向側にあるが、それぞれ、「ひろはし大納言殿」、「ひろはし中なごん殿」と記載されており、兼勝とその息子総光が居住していたと考えられる。さらに、このとき兼勝には総光・隆基の他に兼祐、観助、隆量という三人の息子がいたが、兼祐、観助はいずれも出家しており、隆量は慶長十六年にわずか五歳でしかなく、独立した屋敷に居住するとは考えにくい。したがって該当する人物は隆基しかおらず、この屋敷地には隆基が居住していたとすることができる（『義演准后日記』〈史料纂集〉慶長十二年十二月十三日条、慶長十三年三月九日条、『広橋家譜』〈東京大学史料編纂所所蔵〉）。

なお、寛永末期の広橋家当主は兼賢であり、隆基とは叔父—甥の関係にあたるが、「中むかし公家町之絵図」での呼称が「公家町之絵図」にも引き継がれたのだと考えられる。「寛文三年公家町絵図」で該当する屋敷地が油小路家の屋敷地となっていることがその傍証となる。
(26)　櫛笥家は、当初四条家と号していた。「中むかし公家町之絵図」では中筋と二階町に「四条殿」と記された屋敷地があるが、寛永年間には中筋が櫛笥家、二階町が四条家の屋敷地となっていることから、中筋の屋敷地は櫛笥家のものと考えられる。
(27)　『言経卿記』慶長十年正月十一日条。

(28)　西端に位置する「小兵衛殿里」と記載された屋敷地は、後水尾院の側妾小兵衛局の里屋敷と考えられる（『本朝皇胤紹運録』群書類従　第五輯）。

(29)　『泰重卿記』（宮内庁書陵部所蔵）寛永六年十一月八日条、『大内日記』（国立公文書館内閣文庫所蔵）寛永二十一年六月五日条など。

(30)　『凉源院殿御記』（国立公文書館内閣文庫所蔵）寛永七年九月二十七日条。岩倉家は、寛文十一年の火災後、屋敷地を拝領したことがない公家として書き上げられており、当該屋敷地は拝領地ではないと考えられる。

(31)　『大内日記』寛永十年十月朔日条。前掲『諸家伝』一五。

(32)　『大内日記』寛永十年十月朔日条。

(33)　『凉源院殿御記』（寛永七年九月二十七日条）では、後水尾院に「今マテ召ツカハレ候衆」として「阿野弟」が挙げられている。実顕の兄弟は実任を除いて出家しており、弟とは実任のことだと考えられる（『阿野家譜』東京大学史料編纂所所蔵）。

(34)　前掲『諸家伝』一四。

(35)　本田慧子「後水尾天皇の禁中御学問講」（『書陵部紀要』二九、一九七七年）。母利美和「禁裏小番内々衆の再編――後水尾天皇側近衆の動向――」（『日本史研究』二七七、一九八五年）。

(36)　後述のように、寛文十一年には後水尾院・東福門院・明正院・後西院という四つの院御所があり、それぞれの御所へは選ばれた公家が院参衆として伺候していた。そのなかで、光雄は後水尾院を中心とする歌壇の一員で後水尾院と親しい関係にあったこと、院と院参衆は属人的な結びつきが強かったこと、【史料三】において葉室頼業は後水尾院の院参衆を「院参衆」とのみ記しており、この時期、「院参衆」とは後水尾院に伺候する公家を指していた可能性が高いことから、光雄は後水尾院の院参衆であったと考えられる（柳瀬万里「後水尾院宮廷の歌人」〈『国語国文』四九―八、一九八〇年〉）。

(37)　『資勝卿記』（宮内庁書陵部所蔵）寛永九年正月三日条。日野資勝は正月三日に年始の御礼のため東福門院の屋敷に赴いたが、そのときすでに中御門宣衡、阿野実顕など後水尾院の「院参之衆」が伺候していた。資勝はその顔ぶれを記しており、そのなかに花園公久も含まれている。

(38) 寛文三年に創立した広幡家は、家格が清華家であるため創立・再興した公家からは除外しているが、築地之外に居住していた（表2）。
(39) 平井聖編『中井家文書の研究』第一巻　内匠寮本図面篇一（中央公論美術出版、一九七六年）。なお、このとき裏松家の当主であった資清は烏丸光賢の息子であった（『裏松家譜』東京大学史料編纂所所蔵）。
(40) 『大内日記』寛永十年十月朔日条。
(41) 山口和夫「近世史料と政治史研究――江戸時代前期の院近臣の授受文書を中心に」（石上英一編『歴史と素材』日本の時代史三〇　吉川弘文館、二〇〇四年）。
(42) 院参町に居住する院参衆の屋敷地所持形態については、史料的な限界もあり明らかにすることができない。ただし、寛文期に院参衆であった公家の屋敷地はそれ以後も移動しておらず拝領地と考えられること、前述した岩倉家のように屋敷地を拝借する場合もあったことを考慮すると、屋敷地を所持していない院参衆は屋敷地を拝領し、院参町以外に屋敷地をすでに拝領もしくは買得していた院参衆は、屋敷地を拝借したのではないかと推測される。
(43) 下冷泉家の場合、当主為元の父為景が後水尾院の院参衆であったこと（『大内日記』寛永十年十月朔日条）、屋敷地の元所持者が後光明天皇の生母壬生院であったことをふまえるならば、屋敷地の獲得に後水尾院が関係していた可能性は高いといえよう。
(44) 内藤らによると、公家町における公家屋敷地の規模は家格に比例しており、名家・羽林家以下の平堂上公家の場合、大部分が二百五十坪程度から六百坪までに分布し、その平均は約五百九十六坪であるという（前掲内藤・大野「公家町における屋敷地規模について――近世初頭京都公家町の研究・その七――」）。二階町・梨木町の屋敷地は区画が小さく、比較的大きい区画の屋敷地はすでに公家の屋敷や門跡の里坊などで占められていたため、十分な規模の屋敷地を給付することは困難であったと考えられる（前掲「公家町之絵図」、同「寛文三年公家町絵図」）。
(45) 新家に属する公家の増加の要因が院御所の増設にあることは、山口和夫が指摘している（山口和夫「天皇・院と公家集団――編成の進展と近世朝廷の自律化、階層制について――」〈『歴史学研究』七一六、一九九八年〉）。
(46) 『御公家分限帳』栗田文庫所蔵。本章では東京大学史料編纂所所蔵写真帳を用いて検討した。
(47) 『御公家分限帳』に記載された摂家・清華家などの旧家は五十六家である。うち築地之内に居住しているのは三十一家で、四割強の公家が築地之外に居住していることになる。しかし、①二階町・梨木町に居住する九家、②家職との関係で所領に居住する土御門家・水無瀬家・吉田家、③このとき身分を堂上から地下に落とされていた藤波家を差し引くと、二階町・梨木町を除く築地之外に居住する公家は十二家となり、その割合は全体の約二割となる。創立・再興した公家と比較すると低い割合だといえよう。

(48)『忠利宿禰記』万治四年正月十七日条。
創立・再興した公家のうち書き上げられたのは以下の通りである。

「竹屋町」：倉橋泰吉。

「築地之外北西方」：堀川則康、平松時量、藤谷為条、伏原賢忠。

「仙洞片はう町南方」：大宮季光。

「方々町」：山本実富、梅渓英通、油小路隆貞、東園基賢、高辻豊長、中園季定、勘解由小路資忠、裏松資清、小倉実起、今城為尚、綾小路俊景、武者小路公種、西大路隆平、小川坊城俊広、東久世通廉、萩原員従。

(49)「方々町」から二階町・梨木町に移転した公家は、高辻家・今城家・山本家で、記載がないのは武者小路家・東久世家である。小川坊城家は、当主俊完とその息子俊広が別の屋敷に居住しており、「方々町」にあったのは俊広の屋敷であることがわかる（『忠利宿禰記』万治四年正月十七日条）。

(50)ここで問題となるのが、火災後に行われた調査の精度である。通茂の日記からは、調査方法や調査の過程などを知ることができない。さらに、下冷泉家のように調査から漏れた例もあることから、他にも若干の漏脱はあったと考えられる。しかし他によるべき史料がないので、屋敷地を拝領していない公家についておおよそ把握できたものと考えておく。

(51)『庭田重条日記』（宮内庁書陵部所蔵）寛文九年五月一日条。
(52)『時慶卿記』（京都府立総合資料館架蔵写真帳）寛永五年十一月七日条。前掲『洛中絵図』。
(53)『葉室頼業記』寛文七年十月二～四日条。
(54)『大日本史料』一二―三二、元和五年十月十二日条。
(55)高埜利彦『日本の歴史⑬　元禄・享保の時代』（集英社、一九九二年）四〇～四二頁。

(56)庭田重条は日野西家へ屋敷地を売却した理由を「予借金大分困窮」としており、旧家のなかにも家計が逼迫していた公家の存在したことがわかる。このような公家の多くは、重条のように借屋に居住していたと考えられ、経済的に不安定な公家が一時的に町人地に借屋居住することは、一般的に行われていたといえよう（『庭田重条日記』寛文九年五月一日条）。

(57)「御築地廻り公家衆屋鋪割絵図」（前掲谷『大工頭中井家建築指図集―中井家所蔵本』）。

(58)「役所日記」（『山城国京都久世家文書』〈国文学研究資料館史料館所蔵〉文書番号一五五）弘化四年四月四日条。「表町内帳に入有之候書付類写」（『京都久世家文書』書冊・横帳の部ロ―七九）。

(59)『御公家分限帳』によると吉田家、水無瀬家、土御門家の居住地は「吉田」「広瀬」「東寺梅小路」となっているが、三家はそれぞれ吉田村、広瀬村、梅小路村に知行地を有している（国立史料館編『寛文朱印留』〈下〉史料館叢書二　国立史料館、一九八〇年）。

(60)幕府の「朝廷支配の基本」は摂家を通した統制で、なかでも関白とそれを支える武家伝奏が中心的な役割を果たしていた（高埜俊彦「江戸幕府の朝廷支配」〈『近世の朝廷と宗教』吉川弘文館、二〇一四年、初出は一九八九年〉）。公家の屋敷地に関わる問題を武家伝奏が掌理することとなった時期については不明だが、少なくとも十七世紀後半には、その職掌の一部となっていたことはたしかであろう。

(61)『日野西資敬日記』（宮内庁書陵部所蔵）宝永八年六月十一日条。

(62)渡辺理絵は米沢藩をとりあげ、家臣の拝領地利用のあり方、藩の武家地管理について考察を加えている。そのなかで、移封の多かった譜代藩に対して、移封のなかった外様藩では、家臣がそれぞれの拝領地に「私有地的観念」を抱いていたことを指摘している（渡辺理絵「拝領屋敷の利用にみる武士の屋敷観と武家地管理政策の展開」〈『近世武家地の住民と屋敷管理』大阪大学出版会、二〇〇八年、初出は二〇〇四年〉）。
　屋敷地に対するこのような認識のあり方を公家社会に敷衍するならば、公家の場合も「外様藩タイプ」に当てはまることから、同様の意識が存在したということができよう。公家の拝領地は、近世初頭に統一政権から与えられたものが多く、元和期以降は屋敷地替もほとんどなかったことから、当初から「私有地的観念」を抱いていた可能性は高い。さらに、庭田重条や清閑寺熙房がそれぞれの屋敷地を「先祖伝来」、「自先祖相伝」（【史料十二】）としていることからも、それを裏づけることができる。公家の屋敷地に対する認識についてはなお検討が必要だが、本章では、庭田家と日野西家の間で行われた屋敷地売買や、久世家の屋敷地に対する認識を、以上の文脈のなかで理解しておく。

（63）正親町公通は、図2のうち中筋西頬の南角に位置する屋敷地を買得地としている（「正親町殿敷地事」〈『正親町伯爵家旧蔵書』東京大学史料編纂所所蔵〉）。

また、『中院文書』（京都大学総合博物館所蔵）には、延宝四年に中院通茂が築地之内の石薬師通に位置する清閑寺家の屋敷地を買得した際、清閑寺熙房・熙定と取り交わしたつぎの証文が残されている。

【史料十二】

屋敷一札之事

一、間口拾六間四尺、裏江十七間、幷南隣者有栖川殿、東隣ハ其方御屋敷、右壱ヶ所手前自先祖相伝候雖屋敷候、依御所望永代進候処実正明白也、右之為御礼白銀十五貫目慥ニ請取申候、然上者右之屋敷ニ付至後々他所ゟ毛頭違乱妨有之間敷候、仍為後日之一札如件、

延宝四辰年四月二十八日　清閑寺中納言　凞房（ママ）

同右少弁　凞定（ママ）

中院前大納言殿

同侍従殿

ここでは、当該屋敷地は清閑寺家が代々相続してきたものであると記されており、「中むかし公家町之絵図」にも、清閑寺家の屋敷地として記載されているので、公家町形成期に拝領したものだと考えられる。

ところで、右の証文と、【史料五】に挙げた二階町における売券状とを比較すると、売買についてはいずれも当事者同士の合意にのみもとづき成立しており、屋敷地の規模、位置、所持関係、価格、所有権の完全な移行に関する保証が記載されるという共通点がある一方で、【史料十二】が証文の形式をとるのに対して、【史料五】は町人地

において屋敷地売買の際に作成される売券状に近い形式をとるという差異があることがわかる。現在のところ右の証文は築地之内における拝領地売買に関する唯一のものであり、さらに事例を蓄積した上で考察しなければならないが、ここでは拝領地の場合、右のような形式をとっていたと考えておく。

(64)『庭田重条日記』享保二年七月四日条、『基長卿記』同日条、『山科家日記』(国立公文書館内閣文庫所蔵)同日条など。なお、このときの調査の詳細や、幕府の公家に対する屋敷地政策としての位置づけについては、第一部第六章を参照。

(65)江戸における武家屋敷地の管理方法については、つぎの論文を参照。宮崎勝美「江戸の武家屋敷地」(『日本都市史入門』I空間　東京大学出版会、一九八九年)。

(66)伏見宮家の屋敷地は、寛文三年までには今出川通の北側に移転している(図2)。また、二条家については火災後の後西院院御所造営にともない、伏見宮家東隣に屋敷地が与えられている(『忠利宿禰記』寛文元年十月二十六日条、前掲「五摂家の屋敷地の変遷」)。

第四章　元禄・宝永期における公家の集住形態と幕府の対応について

はじめに

十七世紀を通して公家社会は拡大傾向にあった。すでに指摘されているように、公家社会の拡大は、断絶した家の再興や、院参衆補充のため新家を創立したことによる家数の増加がおもな要因となっており[1]、元和・寛永期にピークを迎え、正徳期には収束した。

だが、このように拡大傾向にあった公家社会が、都市においていかなる集住形態をとっていたのかという点については不明な点が多い。公家町に関する先行研究は、公家の集住地である公家町の形成過程や、成立期にあたる慶長から寛永期の空間構成に注目したものがほとんどであり[2]、公家社会の拡大を組み込んだ立論はなされていない。そのため、家を創立・再興した公家が堂上公家全体の約半数を占めるようになる十七世紀中期以降の公家の集住形態については、検討すべき課題が多く残されている。

こうした研究段階を前提として、第三章では近世以降創立・再興した公家に注目し、十七世紀後半における公家の集住形態について検討した。そのなかで、当該期には、創立・再興した公家の多くが築地之内に屋敷地を所持できず、大部分が二階町・梨木町、または町人地に屋敷地を獲得し、築地之内を囲繞するように居住していたことを指摘した。だが、第三章では寛文期を中心に分析を行ったため、創立・再興した公家の家数の増加傾向が緩やかとなる天和期以降の集住形態については詳細に論じきれておらず、当該期に公家の集住形態がいかなる様相を呈していたのかという点が検討課題として残っている。

一方、宝永五年（一七〇八）の宝永の大火後に行われた公家町再編では、幕府により公家町の防火対策が実施されるとともに、大火前までに公家社会が抱えていた集住・居住形態に関する問題——公家屋敷地の不足、各屋敷地の狭小さなど——の解消が企図されたと想定される。この点については、大火後、寺町通以東に公家屋敷地が増加したこと、[3]築地之内の南・西部に設けられた明地の一部が多くの公家へ屋敷地として給付されたことからも、ある程度妥当性を持つと判断できる。再編にともなう大規模な屋敷地給付に関する事実関係とその評価、公家社会が大規模な屋敷地給付を必要とした要因については第六章で詳細に検討するが、宝永の大火後の公家町再編をより多面的に理解するためにも、大火前の公家の集住形態を確認しておく必要があろう。

さらに、天和期から宝永の大火までは、ちょうど徳川綱吉の治世に該当する。綱吉政権下では幕政の転換が図られ、[4]朝廷との協調関係の構築が進められるとともに、京都の都市行政についても、京都火消御番を設立し上方の外様小藩に担わせるなど、制度の整備が行われている。[5]そうしたなかで、公家の集住・居住形態については、いかなる対応が取られたのだろうか。

以上をふまえ、本章では元禄期から宝永の大火までを対象とし、公家の集住形態とそれに対する幕府の政策について検討していく。だが、ここでそのすべてを論じることは困難なため、主要な論点として、当該期における公家の集住域の拡大と、町人地居住に対する幕府の対応をとりあげることとする。

一　元禄・宝永期の公家町と公家の集住形態

十七世紀を通して公家社会は拡大傾向にあったが、それと同調するように、公家町の地理的な拡大、および町人地における公家屋敷地の増加も進んだ。公家町の拡大は、内裏拡張、院御所造営・拡張による公家屋敷地の移転、火災からの復興にともなう屋敷地の給付がおもな要因となっており、延宝期までには、二階町・梨木町の造成、今出川烏丸周辺における公家屋敷地の増加、院参町の形成、頂妙寺跡地の屋敷地としての利用などにより拡大が進行した。(6) とりわけ、今出川烏丸周辺での公家屋敷地の増加、頂妙寺跡地の公家屋敷地化は、それぞれ万治四年（一六六一）、寛文十三年（一六七三）の火災を契機としたものであり、火災後の復興にともなう公家町の拡大は十七世紀における特徴のひとつとなっていた。また、同時期には、創立・再興した公家の多くが築地之内周囲の町人地に屋敷地を獲得し居住したため、町人地でも公家屋敷が増加していた（第一部第三章参照）。

かかる傾向は、十七世紀後半には徐々に収束に向かったと考えられるものの、元禄期から宝永期にかけても公家町の部分的な拡大がみられる。そこで以下では、当該期における公家町の拡大とその特徴についてみていきたい。

（1）　元禄・宝永期における公家町の拡大

当該期における公家町拡大の特徴として、築地之内の南に隣接する地区で拡大が進んだ点が挙げられる。十七世紀前半には、築地之内に隣接する地区のうち北西・北東部を中心に公家屋敷地が増加し、南側は屋敷地の少ない地区であった。(7) その要因は詳らかでないが、延宝期以降は院参町南側の武家町、堺町御門南側でも公家屋敷地が増加していくこととなる。

延宝期の武家町に所在したのは、大宮家・唐橋家・押小路家（後に清水谷家が獲得）・醍醐家の屋敷地のみで、(8) 武家町の大部分は東福門院・明正院に仕える院附武家の屋敷地が占めていた。その後、両女院の死去にともない院附武家が役を免ぜられ、武家町、椹木町北頬の屋敷跡地は、大部分が京都火消御番を勤める大名の火消屋敷として用いられた[9]。そうしたなかで、元禄十二年（一六九九）九月には、火消屋敷として利用されていなかった武家町の明地に風早家・外山家が屋敷地を拝借している[10]。

さらに、宝永三年には京都火消御番が京都所司代の兼帯となり、火消屋敷も明地となったが、それに応じるように、各公家から屋敷地拝領・拝借の願いが多く出された[11]。武家伝奏は公家衆からの要望を受けて、明地を屋敷地として給付するよう幕府へ働きかけ、武家町・椹木町北頬の明地は公家へ給付されることとなった。宝永四年六月五日には醍醐家・西洞院家・裏松家・池尻家・風早家・外山家・東久世家・桑原家・高丘家・山井家・猪熊家・石井家などが屋敷地を拝借した[12]（図1―①）。各公家へ給付された屋敷地の規模、椹木町北頬における各屋敷地の配置など不明な点はあるものの、武家町、椹木町北頬のほとんどが公家屋敷地となり、両地区は公家町の一部となったとすることができる。

一方、堺町御門南側でも宝永期までには公家屋敷地が増加している。延宝期には、堺町御門南側に地下官人・非蔵人などの屋敷地が所在したが、宝永の大火直前の様子を描いた絵図からは、それらの屋敷地が堤家・桑原家・清岡家といった堂上公家の屋敷地となっていることが確認できる[13]（図1―②）。なお、堤家・清岡家は、元禄期には堺町御門前に居住していることがわかるので[14]、それまでにはすでに公家屋敷地となっていたと考えられる。

当該期の公家町では、成立期や、火災を契機とした拡大が進んだ万治～延宝期と比べると拡大の度合いは低調であったものの、築地之内周辺の明地が公家屋敷地として積極的に利用される動きはみられ、公家町の拡大が進行していたことがわかる。

(2) 火除地の設置

以上のように、武家町、椹木町北頬の火消屋敷跡地は公家屋敷地として利用されたが、明地のなかには火除地

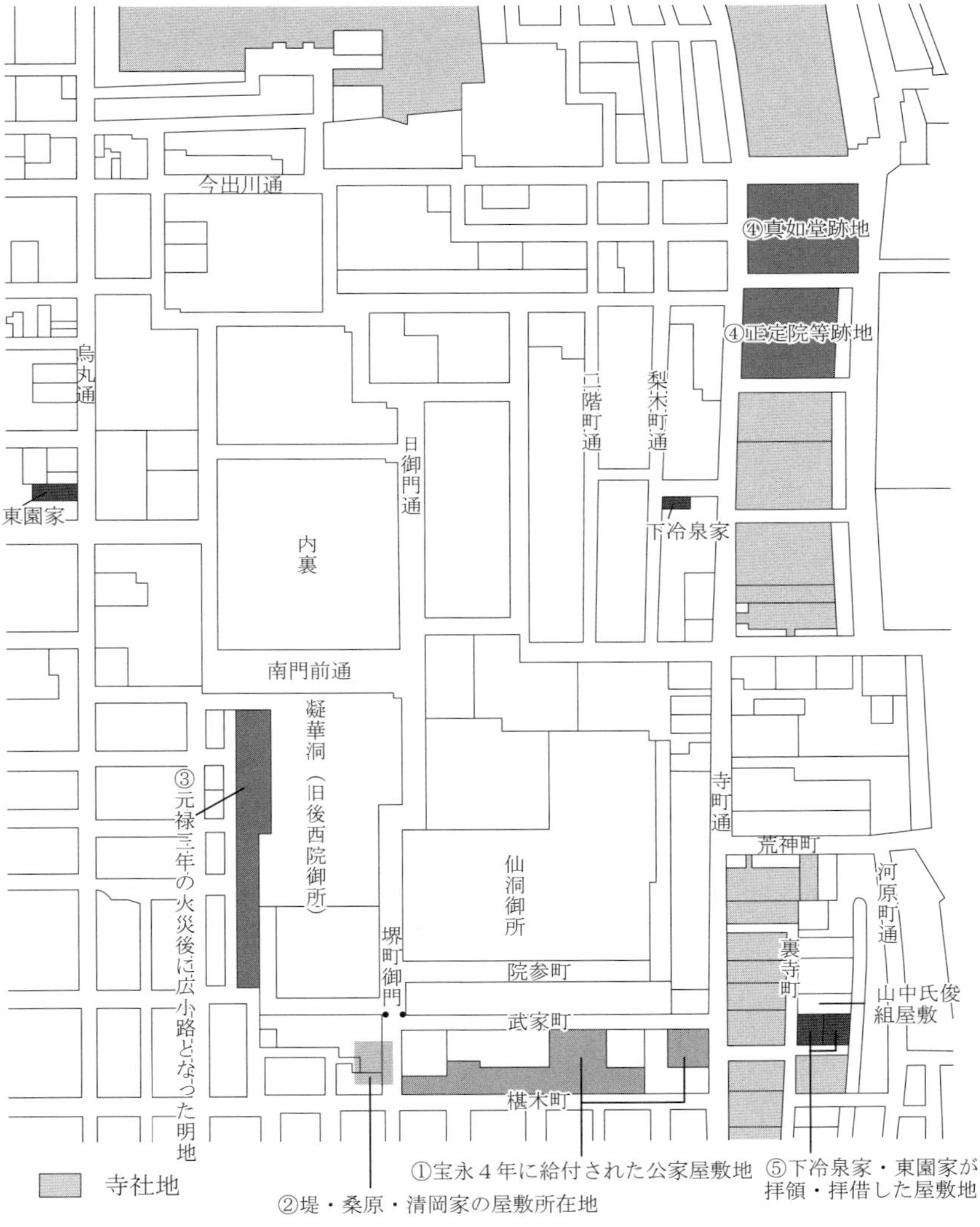

図１　元禄期の公家町

白石克編『元禄京都洛中洛外大絵図』(勉誠社、1987年)をもとに作成
図中の各番号は本文中の図１の後に付された番号と一致

として利用された場所もあった。火除地の設置は公家の集住域の拡大とは異なるが、公家町に必要とされる機能の付加という意味では、公家町の地理的な拡大として捉えられよう。

元禄三年十二月九日、出水通新町から出火した火災は、旧後西院御所西側の新在家にまで燃え広がり、多数の町屋が被災した(15)。火災後、幕府は旧後西院御所西側に位置する新在家の町屋、小川坊城家の屋敷地を強制的に移転させ、その跡地を広小路とした(図1―③)。元禄四年二月十八日には、小川坊城俊広へ屋敷地の上地と移転先が通達されており、それまでには広小路の計画が立案されていたことがわかる(16)。火災直後には、老中が京都町奉行へ、火災を契機とした町小路の拡幅、明地の設置を軸とした町人地の防火対策を実施するよう命じていることから(17)、このときの広小路の設置も老中からの指示にもとづくものであり、火除地としての利用を目的としたものだと考えられる。

さらに、元禄五年十二月一日には、中筋に所在する青蓮院門跡の里坊から出火した火災により、築地之内の北東部から寺町、今出川通北側にかけてが焼失した。その際、幕府は今出川寺町に位置する真如堂・正定院などを鴨東へ移転させ、その跡地を明地としている(18)(図1―④)。所司代小笠原長重はその目的を、「真如堂明地者自然非常之為ニも可相成(19)」としており、火除地として設けられたことがわかる。

十七世紀を通して築地之内に火除地は設けられなかった。築地之内周囲での火除地の設置は、こうした欠陥を補うために行われたと考えられる。だが、元禄期に設けられた火除地は、防火帯としての役割を十分に果たすだけの規模を有していなかった。かかる防火対策の欠如を解決するため、宝永の大火後、道路拡幅・大規模な明地の設置を中心とした公家町再編が実施されたのである。

（３）寺町通以東地区の性格

公家町が拡大する一方、寺町通以東、河原町通以西、丸太町通以北、荒神町以南の地区は、築地之内に隣接する地区のなかで唯一公家屋敷地が増加しなかったところであった。当該地区では、十七世紀を通して火災による被災回数が少なく、屋敷地として利用可能な明地がほとんど生じなかったことがおもな要因として考えられるが、そのほかにも、公家屋敷地の増加が進まなかった要因として、当該地区の性格が考えられる。第三章では、寛文十一年（一六七一）正月の火災後に荒神町・裏寺町の寺院跡地に造成された公家屋敷地が、穢を忌避する公家にとって居住地として適当ではなかったことを指摘したが、ここでは別の事例から寺町以東地区の性格について検討する。

元禄十年二月九日、下冷泉為経は、屋敷地の拝借を武家伝奏柳原資廉・正親町公通に申し入れた[20]。さらに、同年四月一日には、東園基量が同じく屋敷地の拝借を願い出た[21]。下冷泉家は梨木町、東園家は今出川烏丸下ル烏丸頭町に屋敷地を所持していたが、ともに買得地で一度も屋敷地を拝領していなかった[22]。為経が屋敷地の拝借を希望した理由は不詳だが、その屋敷地はわずか百五十坪であり[23]、堂上公家の屋敷地としては最小規模にあたる[24]。公家としての生活を営むのに十分な広さを持つ屋敷地の確保が喫緊の課題となっていたのであろう。一方、東園家は当主基量のほかに息基長、孫藤丸、波多基親が同居しており、屋敷が狭小であったことが理由であった[25]。

これに対して、武家伝奏と所司代との間で何度か交渉が行われた結果[26]、七月十七日に東園家の屋敷地拝借が内定し、八月十三日には下冷泉家の拝領が決定した[27]。だが、屋敷地給付の決定に先立ち、基量は「百万反古屋敷《ママ》」[28]、為経は武家町・裏寺町を避けるよう武家伝奏へ願い出ていた[29]。基量はその理由について、寺院跡地は「井水迄不浄」であり、御神楽・神斎が行えないことを挙げている[30]。前述のように、寛文十一年に裏寺町の寺院跡地で屋敷地を拝領した公家も同様の理由で屋敷地を替えるよう要求しており、寺院跡地は日常的に神事を行う公家にとって「不浄」の地であったことが確認できる。

だが、結局両家の要望が受け入れられることはなく、八月三十日には、裏寺町で屋敷地を給付することが申し渡された(31)。両家の屋敷地は隣り合うかたちで給付されたが、南・西は寺院に隣接し、北は霊元院附武家山中氏俊の組屋敷と接していた(32)(図1―⑤)。

かかる結果に対して、為経は満足せず、屋敷地の取り替えを武家伝奏へ申し出た(33)。為経は武家伝奏へ「前後左右等卒都婆等相見不快」と述べ、屋敷から隣接する寺院の墓地が見える点を強調した。さらに、屋敷地周辺の環境について、基量に対しては以下のように語っている。

【史料二】『基量卿記』元禄十年九月四日条

今度拝借《ママ》屋敷遠方、其上近辺尽寺院也、旁神事等之時居住難成之間、先拝領仕置重而所宜方有之者替地願可申覚悟之由(後略)

為経は給付された屋敷地について、内裏から遠く、かつ寺院に囲まれているため神事の際には居住できないとしており、寺院跡地に当たっていることではなく、寺院に囲まれていることが問題であったことがわかる。

一方、基量の屋敷地も良好な環境にあったとは認識されていなかった。禁裏執次木坂和泉守は基量に「東園殿拝借屋敷あまり所不可然(34)」と述べており、裏寺町が公家屋敷地として適当ではないことは、当該期の公家社会において広く認識されていたと考えられる(35)。

以上、下冷泉家・東園家の屋敷地拝領・拝借の経緯について詳しくみてきた。寺町通以東、河原町通以西、丸太町通以北、荒神町以南の地区に公家屋敷地が増加しなかったのは、十七世紀を通して火災による被災回数が少なく、屋敷地として利用可能な明地がほとんどなかったことがおもな要因であったが、当該地区の屋敷地は寺院跡地か、または寺院に囲まれているかのいずれかであり、寺院跡地か否かにかかわらず公家屋敷地として適当ではないと広く認識されていたことも、公家屋敷地が設けられながらも定着しなかった要因のひとつとなっていたとすることができる。

二　公家の町人地居住に対する幕府の対応

十七世紀を通して公家町は拡大傾向にあったが、近世以降に創立・再興した公家の多くは築地之内に屋敷地を獲得できず、その周囲の町人地に居住したため、町人地でも公家屋敷地が増加した。そして、町人地に公家屋敷地が所在するという状況は十七世紀末になっても変化しておらず、相当数の公家が町人地に居住していたと考えられる。

では、幕府はこうした公家の集住形態の変化に対して、どのように対応したのだろうか。

十七世紀における公家町の拡大は、公家町およびその周辺で火災が発生した際、幕府が被災した寺地・町人地を上地し公家屋敷地に充てていることから、幕府容認のもとで進行したとすることができる。

だが、幕府は創立・再興した公家の増加に見合うだけの屋敷地を用意しておらず、公家屋敷地は慢性的な不足状態にあった。寛文十一年正月の火災後に行われた調査によると、屋敷地を一度も拝領していない公家は二十一人いた(36)。そのうち八人には火災後新たに屋敷地が与えられたが、残りの十三人はそのまま買得地に居住することとなっている。その他にも、下冷泉家、小川坊城家(37)のように調査から洩れた公家、一度は屋敷地を拝領しながらもさまざまな理由により屋敷地を手放した公家がいたことがわかる(38)。延宝期以降は、宝永四年に至るまで大規模な公家屋敷地の給付が行われておらず、新家の創立を合わせるならば、十七世紀後半には一貫して二十家程度の公家が拝領地を所持していなかったと考えられる。

このように、拝領地を所持していない公家が、それぞれの経済状況に合わせ、町人地で屋敷地を獲得し居住するという状況に対して、幕府がその居住地を制限することは困難であり、町人地における公家屋敷の増加は、基本的に幕府容認のもと進んだと考えられる。だが、幕府としてもこうした公家の町人地居住を無条件に許可し続けていたわけではなく、元禄末期にはその対応を変えている。そこで、以下では元禄期を中心に公家の町人地居住に対する幕府の対応の変化についてみていきたい。

(1) 町人地に居住する公家の動向

十七世紀後半には、町人地に少なくない公家が居住していたと考えられるが、町人地に所在する公家屋敷の総数、および所在地を記した史料は管見の限りなく、各公家の居住地を正確に把握することは困難である。だが、当該期に出版された公家鑑や町鑑には、公家の官職、石高などとともに居住地が記されている。これらは公家の居住地を厳密に把握するために作成されたものではないものの、案内記という性格上、記載される情報は一定度の正確性を有していたと考えられる。したがって、これらの史料から当該期における公家の居住地について、おおよその傾向は読み取ることができよう。そこで、ここでは公家の町人地居住に対する幕府の対応を検討する前に、十七世紀後半における公家の町人地居住の動向について確認しておきたい。

表1は、十七世紀後半に出版された公家鑑、町鑑のなかから時期が重複しないものを選び、それぞれに記載された公家の居住地を地区別に分類したものである。ここから当該期における公家の集住形態の特徴についてみると、①十七世紀後半を通して、築地之内、二階町・梨木町には、公家全体の四九〜六一パーセントが居住していたこと、②今出川烏丸周辺をはじめとする町人地に居住する公家は、全体の約三四〜三九パーセントであったこと、③居住地を替える公家がみられるものの、いずれの地区に居住する公家の数にも大幅な増減がみられないこと、といった点を指摘することができる。

表1　17世紀後半における公家の居住地の分布　（単位：家）

居住地区*1	寛文7年	延宝8年	貞享2年	元禄9年	宝永2年
築地之内	48	49	42	53	52
二階町・梨木町	18	15	15	24	22
武家町*2	2	5	1	3	3
今出川烏丸周辺	13	14	13	14	15
「築地之外」北西	9	12	11	15	15
「築地之外」北東	8	6	6	11	12
「築地之外」南東	1	7	6	3	2
「築地之外」南西	1	2	2	3	4
その他	5	5	6	6	4
不明	4	12	13	0	3
合計*3	108	127	115	132	132
典拠*4	『御公家分限帳』	『御公家鑑』	『京羽二重』	『新撰公家当鑑』	『京羽二重』

＊1　「築地之外」のうち二階町・梨木町、武家町、今出川烏丸周辺以外は、南門前通、日御門通をそれぞれ横軸、縦軸として居住地区を4つに区分し分類する。それぞれの地理的範囲は、北西部が上立売堀川周辺、北東部が塔之壇周辺、南東部が春日河原町周辺、南西部が春日烏丸周辺までとし、それより外側に位置する場合はその他に分類する。

＊2　当該期の武家町は武家屋敷地と公家屋敷地の混在する地区であり、町人地としては認識されていなかった。たが、二階町・梨木町のように「築地之内」に準ずる公家の居住地区として判断することはできないので、ここではひとつの地区として扱うこととする。

＊3　父子別居の場合は両方の居住地を数えているため、家数の合計は各時期における公家のそれとは異なっている。

＊4　『御公家分限帳』、『御公家鑑』、『新撰公家当鑑』は、いずれも栗田文庫所蔵（本書では東京大学史料編纂所架蔵写真帳を用いた）。『京羽二重』（貞享2年版）、『京羽二重』（宝永2年版）は、いずれも『新修京都叢書』第二巻（臨川書店、1969年）所収。

すなわち、十七世紀後半を通して、公家の集住形態は築地之内、二階町・梨木町を中心としながらも、築地之内周辺の町人地にも居住地が広がるというかたちを保っていたのである。元禄期に行われた幕府の政策変更はこのような集住の実態が前提となっていた。

（2）居住地届け出の義務化

第三章で指摘したように、十七世紀後半、幕府は公家の居住地選択を朝廷の自主的な統制に委ねており、公家は洛外の知行地に居住するといった例外を除けば、居住地をある程度自由に選ぶことができた。その結果、公家の居住地は、先にみたように築地之内を中心としながらも周辺の町人地にまで広がりをみせていた。

だが、元禄七年二月十一日、禁裏附須田盛輔は、武家伝奏柳原資廉・正親町公通へつぎのように指示した。

【史料二】『公通記』元禄七年二月十四日条

須田大隅（盛輔）守言談、住居肆中或借宅堂上方町所存知度、其故ハ町小路市中九衢間搦取者抔、自然右之時市中居住之御方不存知候へ者慮外仕義も可有之候へハ迷惑候間、内々存知度旨被書付可被遣由、仍触書諸家書付可遣事、

すなわち、市中での犯罪者捕縛の際、公家屋敷の所在地を把握していないがために想定外のことが起こると面倒なので、町人地に居住する公家はそれぞれの居住地を届けるよう指示したのである。この指示は禁裏附から武家伝奏へ伝えられたが、京都所司代小笠原長重の命令だとしてよいだろう。盛輔は町人地居住について「町宅之儀ニ付武家町・二階町・梨木町此方ハ難謂町宅存候、今出川ハ所ニより可申哉、とかく町役勤候儀と奉存候由」[39]と述べており、築地之外でも町役負担の有無が町人地居住かどうかの判断基準となっていたことがわかる。

武家伝奏はこの指示を受けて、公家衆へつぎの触を廻した。

【史料三】『基量卿記』元禄七年二月十四日条

一、自伝奏家来侍可来由被示之間遣伊左衛門、口上覚書来、中将方従番頭被触了、

口上

一、堂上町々御住宅之御方町所御書付可被下候、

一、向後被替御住居或築地之内ゟ町へ御移徙之義候者、其時分町所御書付御届可被成候、以上、

ここでは、①町人地に居住している公家は屋敷所在地を届けること、②居屋敷を替えた公家、築地之内から町人地へ移住する公家は移住先を届けることが定められており、公家の町人地における居住地の届け出、移住の際の報告が初めて制度化された(40)。

ところで、こうした制度が求められた要因として、町奉行所役人が犯人を捕縛する際に「慮外」のことが発生する可能性があるためだと述べられていたが、具体的には、町奉行所役人が公家屋敷へ、それとわからず進入するといった事態が想定される。

近世には、幕府役人が公家屋敷内へ許可なく進入することは基本的に規制されていたと考えられる(41)。時期は下るが、天明六年（一七八六）には、葉室家と禁裏御所方火消との間で、人足を町屋の屋根に上げ火災現場を探させたことについて、つぎのようなやりとりが交わされている。

【史料四】「京都火消方旧記抜書」『高橋正孝家文書』大津市歴史博物館架蔵写真帳

夫ゟ室町上長者町下ル角ニ而中見申付候処野烟ニ而見切、例之通休息致候処、葉室様雑掌ゟ侍使を以尋候者、此方屋鋪見越ニ相成候、御存知ニ而中見被成候哉、御存知も無之候哉、先年紀伊守《松平信庸》様御人数も中見有之候ニ付其段申入置候、依之否之義承度旨申参候ニ付返答ニ申遣候ハ、紀伊守様ゟ左様之申次も無之、畢竟中見之儀ハ変ニ応しいつれと申差別も無之取扱致候、乍然堂上方ハ随分見越不申様相心得候得共御屋敷之義ハ御隣

町と申、殊以町御幷之様ニ見請、堂上方とハ不存中見申付候段及返答候処、又候右之使参り御存知無之候得者不苦候得共、已来ハ相心得候様申聞候付、拙者之儀者致承知候得共、追日余人参候節決而中見仕間敷とハ火之番方と申合も御座候得共不存候旨及返答候（後略）

火災の際に禁裏御所方火消の者が「中見」のため公家屋敷近くの屋根に上がることでさえ、屋敷を上から覗くことになるという理由で問題となっていたのである。さらに、このとき火消が「中見」をしたのは、町人地に所在する葉室家屋敷の近傍であったが[42]、火消役人は「殊以町御幷之様ニ見請」と述べており、公家屋敷によっては「中見」の際に町屋との区別がつかないことがあったことがわかる。

　こうした状況は犯人捕縛の際にも発生していた可能性が高く、町奉行所役人が公家屋敷に誤って進入しないため、町人地に所在する公家屋敷の位置を把握しようとするのは当然であろう。町人地で公家屋敷が増加した結果、元禄期には居住地の届け出という新たな制度が必要とされたのである。なお、この制度は近世を通じて維持され、各公家から提出された移住届は、本紙が武家伝奏へ、写しが所司代へ手渡され、それぞれが管理することとなる[43]。

（3）町人地居住の規制

　だが、こうした居住地の届け出が制度化された要因は、治安維持にかかわる都市行政からの要請だけではなかった。

　元禄八年十一月、中御門宣顕は、父資熙との同居により屋敷が狭小となっていること、築地之内に他の適当な屋敷を獲得できないことを理由に、築地之外への移住を武家伝奏まで願い出た[44]。この願いは禁裏附へ伝えられ、禁裏附と所司代小笠原長重との間で協議が行われた結果、宣顕の要望は許可された[45]。だが、長重は「堂上従築地内被町宅候事不同心ニ候、其上若年御衆ハ別而之事[46]」とするとともに、中御門家は父子ともに朝廷へ出仕していることを考慮した例外であり、前例とはならないとして、公家――とりわけ若年の公家が、築地之内から町人地へ移住することに消極的な姿勢を示した。武家伝奏柳原資廉は町人地への移住について事前に相談に来た資煕に対し、「築地之内ゟ他所被出候衆之義ハ佐州（小笠原長重）段々之おもはくも有之」[47]と語っており、長重がこのような姿勢を以前から示していたことがわかる。

さらに、長重は前年に定められた居住地の届け出制度について、武家伝奏へつぎのように述べていた。

【史料五】『公通記』元禄七年閏六月朔日条

菊亭（公規）今度移居町宅是迄取計無之処、当春堂上居住町宅被乞書付候ニ付、様子可有之歟と始而為念相届候故豫不沙汰候段達隅州（須田盛輔）由演説之、佐州云菊亭殿之義ハ其通ニて候、移徙町宅有之堂上方ハ一応可被仰聞候、其上にて差図仕、御住居之儀申入候ハヽ、御引越之御届可被仰聞由之事、

長重は、公家が町人地への移住を事前に願い出た上で「差図」するとしており、町人地への移住を事前に把握しようとしていたことがわかる。すなわち、居住地の届け出制は、単に公家の居住地の把握にとどまらず築地之内から町人地への移住を統制することを意図して定められたのだと考えられる。たとえば、元禄八年十二月、父子同居を理由に伏原宣幸が町人地へ居住することを願い出た際、長重は、町人地に居住する公家が、町人地所在の別の屋敷に移住することは何ら問題ないとの見解を示していることからも[48]、主たる目的が築地之内から町人地への公家の移住を制限することにあったとしてよいだろう。

では、なぜ幕府は元禄期に至ってこれまでの政策を転換し、公家の築地之内から町人地への移住を統制する方向へ向かったのだろうか。

公家が築地之内から町人地へ移住することについては、資廉が資煕との対談のなかで「主（資煕）ハ御役故他所へ被出候事も難成候」と述べているように、「御役」（＝議奏）を勧めている公家が、築地之内に屋敷を有して

いるにもかかわらず町人地へ移住することは許されることではなかった。天皇の近臣である議奏は、できるだけ内裏の近くに居住することが求められたのであろう。だが、長重が公家の築地之内から町人地への移住についてそれ以上に危惧したのは、公家社会全体の風紀の乱れであったと考えられる。

公家が不行跡で罰せられた例は近世初頭からみられ、元禄期までたびたび問題となっている。(49) 元禄四年八月には、実相院門主義延親王の乱行を発端として、多くの公家の「放埒」、伏見など「悪所」への出入りが明らかとなり、関白近衛基熙・武家伝奏が公家衆へ注意を促している。(50) 長重が前任松平信興の死去にともない所司代に就任したのは、その直後の元禄四年十二月であった。長重は、就任直後に関白・武家伝奏へ対し改めて注意を促しており、特に公家社会の「放埒」ぶりを監視する役割が求められていたと考えられる。(51) こうした公家の不行跡は、元禄六年にはいったん収まっていたようだが、(52) 不行跡が繰り返される可能性がなくなったわけではない。正徳四年（一七一四）には、老中が所司代へ、若年の公家の町小路徘徊に注意するよう命じていることからも、その後も若年の公家の「不行跡」が常に問題となっていたことは明らかである。(53) すなわち築地之内から町人地への移住について、とりわけ若年の公家を問題としたのは、当該期における右のような状況が背景にあったためだと考えられる。

築地之内には各所に番所が置かれ、町人地への出入口となる七箇所にはそれぞれ門が設置されており、公家の行動を監視するのは比較的容易である。だが、町人地に居住する公家については、屋敷の所在地を把握しない限り、行動に気を配るのが困難であったことは容易に想像できる。特に、若年の公家がこれ以上築地之外へ移住することは、行動の監視という意味では、避けねばならない事態であったと考えられる。したがって、当該期の状況をふまえるならば、居住地の届け出制、居住地の統制といった幕府の一連の対応には、公家の行動を改めて規定し、風紀を正すという側面があったとすることができよう。(54)

十七世紀以降、幕府は公家の町人地居住を容認してきたが、元禄期には右のような対応をとるようになった。これにより公家の居住地は幕府の統制するところとなった。だが、これらの対応はあくまでも公家の町人地居住を前提として行われており、それ自体を禁じていない点には注意しておきたい。幕府は町人地に居住する公家に対する監視体制の不備を問題として捉えながらも、公家の集住域を限定するのではなく、居住地の把握と、移住の可否の判断により対応することを選択したのである。

おわりに

以上、元禄・宝永期の公家の集住形態と、幕府の公家の町人地居住に対する対応について検討してきた。最後に本章で明らかになった点をまとめるとともに、残された課題について述べておきたい。

(一) 当該期は、公家町の被災する火災が頻発した万治～延宝期に比べ、公家町の拡大は低調であった。だが、宝永四年の大規模な屋敷地給付にみられるように、築地之内周囲にできた明地を公家屋敷地として利用しようという公家社会の積極的な意思は確認できる。

こうした公家町拡大の背景には、下冷泉家・東園家のように拝領屋敷地を所持しない公家や、狭小な屋敷地しか所持し得ない公家の存在があったと考えられる。後者については、①東園家の屋敷地拝借を願い出た理由が屋敷地の狭小さにあったこと、②中御門家の場合も屋敷地が狭小であることを理由に父子別居を願い出ていること、③公家の数と比較して屋敷地が不足していたことなどをふまえるならば、その総数は不明ながら、新たな屋敷地に対する公家の需要は少なくなかったと考えられる。

(二) こうした動向とともに、元禄期には築地之内周囲にできた明地を火除地とする新たな動きもみられた。火除地の設置は、度重なる火災に対する防火対策の一環であったと考えられるが、防火帯としての役割を十分に果たすだけの規模ではなく、部分的な設置にとどまるものであった。

このように、元禄・宝永期には、公家屋敷地の不足、公家町の防火対策の不備といった公家の集住形態が抱える問題を解消しようとする朝廷・幕府の動きがみられた。だが、いずれも大規模な空閑地を必要とするものであり、十分な対策が実施されたとはいい難い。かかる問題への本格的な対応は、公家町周辺の大規模な都市改造が可能となった宝永の大火後の公家町再編まで課題として残されることとなったのである。

(三) 寺町通以東の寺町・裏寺町に当たる地区では、十七世紀を通して公家屋敷地が定着しなかった。その要因として、火災による被災回数が少なく、屋敷地とすべき明地がそれほど確保できなかったこと、明地が必然的に寺院跡地に当たることとともに、寺院に囲まれた環境自体が、神事に携わる公家の生活する環境にふさわしくなかったことが挙げられる。

(四) 十七世紀後半には一貫して公家の四割弱が町人地に居住しており、公家の町人地居住はある程度自由に行われていた。だが、元禄期に幕府は、都市行政からの要請を理由に、居住地を報告させるとともに、移住の際の届け出を制度化した。この制度は、町人地に居住する公家の居住地を把握すると同時に、築地之内から町人地への移住を統制することを目的としていた。だが、その背景には、都市行政からの要請だけではなく、公家の不行跡の顕在化があったと考えられる。この制度はこれ以降近世を通して維持されており、元禄期は公家の町人地居住を前提とした集住政策が制度として確立した時期として位置づけることができよう。

以上が本章において明らかにし得たことである。だが、その一方で築地之内、町人地に居住するそれぞれの公家が抱える諸問題についてほとんど触れることができなかった。この点は、公家の都市居住のあり方を考える上で検討が欠かせない課題であり、第六章で詳しく論じることとする。

（1）山口和夫「天皇・院と公家集団──編成の進展と近世朝廷の自律化、階層制について──」（『歴史学研究』七一六、一九九八年）。なお、本章では分析の対象を堂上公家に限定する。
（2）公家町の空間構成を分析の対象とした研究の到達点については、序章を参照。
（3）鎌田道隆「近世都市における都市開発──宝永五年京都大火後の新地形成をめぐって──」（『近世京都の都市と民衆』思文閣出版、二〇〇〇年、初出は一九九六年）。
（4）高埜利彦「一八世紀前半の日本──泰平のなかの転換」（『岩波講座　日本通史』第一三巻　近世3　岩波書店、一九九四年）。
（5）京都火消御番の設立については、以下の研究を参照。藤本仁文「元禄─享保期三都における消防制度設立」（『ヒストリア』二〇九、二〇〇八年）。丸山俊明「畿内・近江小藩の京都火消・京都常火消──大名も楽ではない、参勤交代にいかないときも京都の消防──」（『京都の町家と火消衆──その働き、鬼神のごとし』昭和堂、二〇一一年、初出は二〇〇五年）。
（6）延宝期までの公家町の拡大については、拙稿『近世における公家の集住形態に関する研究』（京都大学大学院工学研究科学位論文、二〇〇六年）を参照。
（7）「寛文三年公家町絵図」宮内庁書陵部所蔵。
（8）「内裏之図」（大塚隆編『慶長昭和京都地図集成』柏書房、一九九四年）。
（9）「火消御役屋敷跡立合見分絵図」（『中井家文書』〈京都府立総合資料館所蔵〉文書番号一九一）。
（10）『公通記』（東京大学史料編纂所所蔵原本）元禄十二年九月二十九日条。
（11）『石井行康日記』（京都大学総合博物館所蔵）宝永四年六月五日条。『日次記』（小川坊城俊清）（国立公文書館内閣文庫所蔵）宝永五年三月二十四日条。
（12）『石井行康日記』宝永四年六月五日条。『日次記』（日野輝光）（国立公文書館内閣文庫所蔵）宝永四年六月五日条。
（13）『桂宮日記』（宮内庁書陵部所蔵）宝永五年三月晦日条。
（14）『新撰公家当鑑』（元禄九年）栗田文庫所蔵。なお、本稿では東京大学史料編纂所架蔵写真帳を用いた。
（15）『日野西国豊日記』（宮内庁書陵部所蔵）元禄三年十二月九日条。

(16)『日次記』(小川坊城俊広)(国立公文書館内閣文庫所蔵)元禄四年二月十八日、二十六日、四月二十八日条。「小川坊城殿屋敷増地打渡裏書絵図」(『中井家文書』文書番号七三)。白石克編『元禄京都洛中洛外大絵図』(勉誠社、一九八七年)。
(17)「京都町道幅極之事」(『京都御役所向大概覚書』上巻、清文堂出版、一九七三年)。
(18)「公家幷町家焼失仕候場所印申絵図」(『中井家文書』文書番号三九六)。『後中内記』(国立公文書館内閣文庫所蔵)元禄五年十二月一日条。『松尾相匡日記』(東京大学史料編纂所架蔵写真帳)元禄五年十二月一日条。なお、幕府が真如堂などの寺院跡地を明地としたことについては、第五章を参照。
(19)『公通記』元禄十年十一月十八日条。
(20)『公通記』元禄十年二月九日条。なお、下冷泉家の願いが屋敷地の拝借と記されるのはこのときのみで、その後は拝領と記されるようになる。だが、下冷泉家からの願書や、願い出た内容を変更した記事が残っていないため、当初どのように願い出たのかは不明とせざるをえない。
(21)『基量卿記』(東京大学史料編纂所所蔵)元禄十年四月朔日条。
(22)下冷泉家の屋敷地は、為経の祖父為景が後光明天皇の生母壬生院の屋敷地を買得したものであった(『中院通茂日記』〈東京大学史料編纂所所蔵原本〉寛文十一年四月二十八日条、『公通記』元禄十年八月十七日条)。また、東園家の屋敷地は、東園基賢が叔母の円光院から買得したものであった(『公通記』元禄十年八月十七日条)。
(23)『公通記』元禄十年八月十五日条。
(24)内藤昌・大野耕嗣「公家町における屋敷地規模について――近世初頭京都公家町の研究・その七――」(『日本建築学会東海支部研究報告集』一〇、一九七二年)。
(25)『基量卿記』元禄十年四月朔日条。
(26)『公通記』元禄十年五月二十六～二十八日、七月十八日条など。
(27)『基量卿記』元禄十年七月十七日条。『公通記』元禄十年八月十三日条。
(28)『基量卿記』元禄十年七月十七日条。引用史料中の括弧は、筆者の註記を表す。以下同。
(29)『公通記』元禄十年八月十四日条。

（30）『基量卿記』元禄十年七月十七日条。
（31）『公通記』元禄十年八月三十日条。
（32）前掲白石『元禄京都洛中洛外大絵図』。『松尾相匡日記』（別記二）。
（33）『公通記』元禄十年十一月二十二日条。
（34）『基量卿記』元禄十年九月十日条。
（35）その後、元禄十二年には、東園家からも屋敷地が寺院跡地に当たることを理由に、替地願いが提出された（『基量卿記』元禄十二年九月二十五日条）。
（36）『中院通茂日記』寛文十一年二月二十七日条。
（37）『日次記』（小川坊城俊広）貞享四年二月二十七日条。なお、慶長期には、小川坊城家の屋敷地は中立売御門の東側、烏丸家の屋敷地に隣接する場所に位置しており、その後、烏丸家と肥後藩細川家との婚姻に際して内裏南側の烏丸家屋敷地と交換したという（「中むかし公家町之絵図」〈『中井家文書』文書番号三八五〉、前掲『寛文三年公家町絵図』）。
（38）拝領屋敷地を手放した事例としては、拝領地が寺院跡に当たっていたため屋敷地を相対替した久世家、経済的な理由により拝領地を売却し、借屋居住していた庭田家などが挙げられる（『中院通茂日記』寛文十三年二月二日条、『庭田重条日記』〈宮内庁書陵部所蔵〉寛文九年五月一日条）。
（39）『公通記』元禄七年二月十四日条。
（40）禁裏附は武家伝奏に対して「堂上方町宅只今迄終ニ御届無之」と述べており、町人地への移住に関する届け出制がこのとき初めて定められたことがわかる（『公通記』元禄七年閏五月二十八日条）。
（41）公家屋敷が火災の際、町奉行所与力は公家の許可を得てから消火を開始しなければならなかった。このことを考慮するならば、町奉行所の役人が公家の許可なく屋敷内へ進入することは禁止されていたと考えられる（『京都町奉行所御番方与力覚帳』京都府立総合資料館所蔵）。
（42）このとき葉室頼胤の屋敷は、花立町（中立売室町上ル）に所在していた（第二部第一章補論）。
（43）「雑録（伝奏雑掌要録等）」（『真継家文書』〈名古屋大学文学部所蔵〉文書番号B―五二〇二）。

(44) 『資廉卿記』(東京大学史料編纂所所蔵)元禄八年十一月六日、八日条。『公通記』元禄八年十一月十一日条。
(45) 『資廉卿記』元禄八年十一月十一日条。
(46) 『公通記』元禄八年十一月十一日条。
(47) 『資廉卿記』元禄八年十一月六日条。
(48) 『公通記』元禄七年十二月二十三日条。
(49) 平井誠二「江戸時代の公家の流罪について」(『大倉山論集』二九、一九九一年)。同「前期幕藩制と天皇」(『講座・前近代の天皇』2 天皇権力の構造と展開 その2 青木書店、一九九三年)一五九頁。田中暁龍「延宝元年の公家処罰と法令の制定」「寛文~元禄期の公家処罰と朝幕関係」(いずれも『近世前期朝幕関係の研究』吉川弘文館、二〇一一年、初出は一九九五年、一九九六年)。
(50) 『通誠公記』(史料纂集)元禄四年八月二十三日条。『基長卿記』(東京大学史料編纂所所蔵)元禄四年八月二十四日条。
(51) 『基長卿記』元禄四年十二月十五日条。『資廉卿記』元禄四年十二月十四日条。
(52) 『白川家日記』(宮内庁書陵部所蔵)元禄六年五月二日条。
(53) 『教令類纂』初集(一)(内閣文庫所蔵史籍叢刊 第二十一巻 汲古書院、一九八二年)。若年の公家衆の不行跡がたびたび問題となっていたことは矢野健治、田中暁龍が指摘している(矢野健治「江戸時代に於ける公家衆の経済」(下)〈『歴史地理』六六―四、一九三五年〉四〇頁。前掲田中「寛文~元禄期の公家処罰と朝幕関係」)。
(54) 元禄十二年には、所司代が武家伝奏へ、各公家の兄弟・子息の居住地についても報告するよう命じている(『公通記』元禄十二年五月二十八日条、『基量卿記』元禄十二年五月二十日、六月二、五日条)。だが、このときの幕府の意図については不明であり、今後の検討課題としておく。

第五章　宝永の大火と公家町の再編

はじめに

宝永五年（一七〇八）三月の大火により、京都の市街地は大半が灰燼に帰した。公家町でも内裏・院御所をはじめ多くの公家屋敷が焼失している。この大火は市街地の大部分が焼失した近世最初の火災であり、その復興過程で大規模な都市改造が実施されたことはよく知られる(1)。とりわけ、幕府が町屋を鴨東や聚楽内野へ強制的に移転させ、公家町―おもに築地之内にあたる部分を南へ大幅に拡張したことは、その特徴として挙げられることが多い(2)。たとえば、『史料　京都の歴史』では、宝永の大火を十八世紀以降被害が甚大化する火災の「先き駆け」として位置づけるとともに、都市改造の結果、内裏周辺は「いっそう公家町としての相貌を実現」したとしている(3)。

だが、ここで注意したいのが、公家町周辺の町人地・寺院地の移転は、公家町の再編成を意図して行われたにもかかわらず、再編自体の目的、過程は説明されてこなかったという点である。先行研究では焼失した内裏・院御所などの再建(4)、新地における都市開発が主要な検討課題となり、公家町の再編を朝廷・幕府による都市改造の中心的な課題のひとつとして捉える視点が欠落しているのである。これは都市改造における公家町再編の位置づけを論じる上で大きな問題であり、十八世紀以降の公家町の空間構造、公家の集住形態の変容を明らかにするためにも、朝廷・幕府が再編を実施した目的、経緯、背景については改めて検討する必要があろう。

では、公家町の再編を通して何が達成されたのだろうか。そこで主要な論点として考えられるのが、①公家町の防火対策、②公家の集住形態が抱える諸問題への対応である。①については、後述するように、十七世紀後半だけで公家町が類焼した火災が六度も起こっており、うち三度は内裏が焼亡している。当然、公家町における防火対策は、朝廷・幕府にとって重要な課題であったと考えられる。再編と防火対策との関係は検討すべき問題であろう。一方、②については、公家町が公家の集住地区であることをふまえるならば、公家町拡大・再編の目的のひとつが、公家の集住・居住形態のもつ諸問題の解消にあったとの想定は十分に成り立つ。したがって、再編と公家の集住・居住形態との関連、その背景にある朝廷・幕府の意図、さらに再編により公家の集住・居住形態がどのように変容したのかという問題について説明が必要となる。

そこで、まず本章では二つの論点のうち①に注目し、大火後の公家町再編過程について基礎的事実を確定するとともに、再編における朝廷・幕府の意図を、公家町の防火対策という側面から明らかにすることを目的とする。なお、公家町の防火対策に関して具体的に記した史料は極めて少なく、現段階でその全貌を明らかにすることはできない。したがって、以下では公家町における防火対策について、物理的な再編過程と関連する側面にのみ焦点を絞り検討する。

一　宝永の大火と公家町

(1)　宝永の大火による被災状況と公家町再編への動き

宝永五年（一七〇八）三月八日、油小路三条上ル町両替屋伊勢屋市兵衛の家屋敷より出火した火災は、南西からの強風に煽られ北東へと広がり、北は下鴨、南は四条通、東は鴨川、西は堀川通に至る範囲がほとんど焼亡した(5)。この火災により公家町も被災し、内裏・院御所をはじめ多くの公家屋敷が焼失した。奉行所の調査によると、九十五軒の公家屋敷が焼失したという(6)。そのなかで、公家町北西部の今出川烏丸周辺のみは被災を免れたため、天皇の仮御所として近衛家熙邸が選ばれた。さらに、このとき関白を勤めていた家熙は天皇の側に仕える必要があったため、仮御所近傍の日野輝光・烏丸光栄両邸が家熙の屋敷として借り上げられた(7)。

公家町の復興は、火災直後から始められた。三月十一日、武家伝奏高野保春・柳原資廉から公家衆へ以下の触が廻されている。

【史料一】『基長卿記』（東京大学史料編纂所所蔵）宝永五年三月十一日条

口上覚

一、類焼御屋鋪之外囲之儀ハ其通、普請ケ間敷御指掛なと可為御無用被存候、若御屋敷替なとも可有之候哉、為御心得被申入候事、

一、先々ケ様之節金銀御拝領之儀有之候哉、承置度被存候、尤此度類焼之外之銘々ちも一両日中ニ様子御書付可被遣候事、

一、御屋鋪無之御借宅ニ而御座候御方有之哉、承置度被存候事、

右之趣各迄可申入旨両伝被申候、仍如此御座候、以上、

三月十一日

高野家　雑掌

柳原家　雑掌

触状の内容は、①焼失した屋敷地における本格的な普請の禁止、②類焼にともなう拝領金について先例の届け出、③避難先の報告を命じたものであったが、ここでは特に第一条に注目したい。第一条は、屋敷地の「外囲」は通常通り行ってもよいが(8)、この先「屋敷替」を行う可能性があるため、本格的な仮屋普請などを始めないよう

に命じたものである。これは、この後の経緯を考慮するならば、公家町再編を視野に入れたものだといえよう。(9)触ではこのことを命じた主体が明示されていないが、屋敷地替えの可能性を示唆していることから、武家伝奏の独断によるものとは考えにくく、京都所司代松平信庸の意向が働いていたとすることができる。

だが、ここで注意しなければならないのが、この触が出された三月十一日は、江戸へ大火の報がもたらされた翌日であったという事実である。(10)すなわち、第一条については、直接老中からの指示を受けたものではなく、信庸が自身の判断で武家伝奏に働きかけ、触れたものとすることができる。しかし、京都所司代には京都の都市行政について幕府から強大な権力が委任されていたとはいえ、(11)この後の公家町再編が大規模であったことをふまえると、所司代独自の判断と考えるのは難しい。むしろ、幕府内で再編の必要性が共通認識として形成されていたとするのが妥当であろう。だからこそ、信庸は幕府からの指示を待たずに右記の触を出しえたと考えられる。

では、幕府内で公家町再編の必要性について共通認識が形成された要因とは、どのようなものだったのか。そのひとつに、公家町における防火対策の欠如を挙げることができる。十七世紀後半以降、数軒以上の公家屋敷が類焼した火災は、承応二年（一六五三）、万治四年（一六六一）、寛文十一年（一六七一）、寛文十三年、延宝三年（一六七五）、元禄五年（一六九二）の計六度にも及び、かなり高い頻度で被災している。さらに、後述するように、幕府は元禄期に町人地における防火対策を中心とした都市改造を構想していた。こうした状況をふまえるならば、宝永の大火以前から、朝廷・幕府は内裏を含めた公家町における防火対策の欠如を認め、大規模な再編の必要性を感じていたとすることができよう。

もっとも、右記のように火災は頻繁に起こっており、宝永の大火以前にも公家町で何らかの防火対策が講じられていたと考えられる。そこで、ここでは具体的な公家町の再編について考察する前に、十七世紀後半における公家町の防火対策について確認しておきたい。

（2）公家町における防火対策

十七世紀後半まで、公家町の消防は京都周辺の譜代諸藩によって担われていた(12)。その詳細については不明な点が多いが、内裏延焼の危険性がある場合のみ大名が臨時に上京しており、本格的な消防体制は確立していなかったと考えられる。その後、消防体制の必要性から、元禄三年には京都火消御番が制度化された(13)。この制度は、畿内の外様諸藩が冬季の半年間のみ京都に滞在するというものであったが、宝永三年には早くも京都所司代の兼帯となり大名の駐留は廃止された。したがって宝永の大火の際には、公家町の消防にあたる本格的な体制が整っていなかったといえる。

一方、公家町における防火対策については断片的にしかわからないものの、つぎのような対策が講じられていたことが判明する。

まず、公家町における日常的な防火対策としては、火の用心がほぼ唯一の手段であった。たとえば宝永四年の『白川家日記』からは、火災が多い冬季に火の用心を徹底させる触が、武家伝奏を通じて何度も廻されていたことが確認できる(14)。

つぎに、火災による延焼を防ぐための対策としては、内裏・公家屋敷において、殿舎自体の難燃化を図るとともに、殿舎間の間隔を広げるという対策が講じられていた。前者の事例としてよく知られるのは、承応二年の内裏造営において、紫宸殿・清涼殿など主要な殿舎に銅瓦葺が採用されたことであろう(15)。このときの内裏は早くも八年後に焼失し、以後銅瓦葺が用いられることはなかったが、建造物の難燃化自体が放棄されたわけではない。たとえば、延宝度の内裏造営では、朝廷・幕府間で内裏をとりまく築地について「築地タルキ無之ヌリ立ニスヘキ事」を決めており、垂木を用いず表面を漆喰塗とすることで、難燃化が図られていたことがわかる(16)。

さらに、後者については、延宝二年、鷹司家の屋敷造営に関して京都所司代永井尚庸が武家伝奏へ申し入れた内容から確認できる。

【史料二】『中院通茂日記』延宝二年六月二日条（括弧内は筆者、以下同）

鷹司関白寝殿七間梁ニ被成度由、拙者《（永井尚庸）》罷下候時分、以広庭中務方被仰聞候、老中申談候処、女院御所御近所之事ニ候間、火事等之ためニ候、御家少ク御作事可然候、乍去、関白殿御作法之殿之事ニ候ハヽ、七間梁ニも可被成候哉、此通広庭中務方江被仰伝可被下候、（後略）

尚庸は、鷹司家が屋敷を造営するにあたっては、火事に備えて殿舎の規模を小さくするよう要求した。すなわち、幕府は屋敷内の各殿舎の規模を小さくし、互いの間隔をとることにより延焼を防ごうとしたのである。鷹司家の屋敷地は女院（＝東福門院）御所の北隣に位置しており、幕府にとっては火災に対して厳重な警戒が必要とされる場所でもあることから、ある程度有効だと認識されていたと考えられる。だが、実際にこのような対策が可能であったのは、大規模な敷地を有する親王家や摂家の屋敷地に限られていた。平堂上公家の屋敷地は狭小であったため、殿舎間の間隔を広げる余裕はなく、各公家屋敷で行われたとは考えにくい(17)。

また、殿舎の間隔を広げるのと同様の方法として、道路の拡幅、屋敷地間の新道開通も行われている。道路の拡幅については、延宝元年からの後西院御所再建にあたって、南御門通、院御所・新院御所間通がそれぞれ八間から二十間、七間半から十七間四尺二寸に拡幅されたのがその事例となろう(18)。このときの院御所再建は、寛文十三年の火災による被災にともなうものであった。同時期には鷹司家の屋敷の再建にあたって殿舎間の間隔を広げることが求められたことをふまえるならば、道路の拡幅は、屋敷地の間隔をとることによる延焼防止策であったとするのが妥当である。

一方、新道の開通については、延宝度内裏造営において、武家伝奏中院通茂・日野弘資が所司代に対して「禁中御屋敷ツマルノ間、北ノ新道三間斗被入之事不可成歟(19)」と述べている。これは内裏北側の本院御所との間に設けられることとなる東西の道路を指すと考えられ、最終的には幅九間の道路が通された[20]。さらに、寛文十一年正月の火災後、二階町・梨木町の中程に幅三間の新道が設けられたが、これも延焼防止のために作られたと推測される[21]。

その他にも、臨時的な対策として、明屋敷地を防火帯とする方法もとられていた。元禄十年、常修院宮が京都所司代松平信庸を通して、院御所北東に位置する真如堂跡地を境内地とすることを希望した際、武家伝奏正親町公通は「真如堂明地者自然非常之為ニも可相成、佐州(小笠原長重)明置候地面故不相調儀も可在之之間、他所ニ而願給可然哉[22]」と述べ、その要求を断っている。信庸の前任であった小笠原長重は火災に備え、真如堂跡地を火除地として明地のままにしていたのである。実際、元禄十四年の状況を描いた「洛中洛外大絵図」では、真如堂跡地とその南側が大規模な明地となっている[23]。さらに同絵図からは、旧後西院御所の西側にも明地が設けられていることがわかる。この明地は、元禄三年十二月に新町出水通付近から発生した火災により被災した新在家の町屋や、新在家に所在する小川坊城家の屋敷地を移転させ設けたものであった[24]。『桂宮日記』では明地を「広小路」と記しており[25]、火除地として設けられた可能性が高い。だが、上記のような措置は部分的なものにとどまり、公家町周辺に火除地としての明地が他にも設けられていたことは確認できない。

このように、宝永の大火以前においても公家町の防火対策は講じられていたが、いずれも部分的なもので全体としては不十分であったといえよう。このことは朝廷・幕府も認識するところであり、大火後には消防組織が再構築され、公家屋敷でも一部の殿舎に桟瓦葺が用いられるようになった[26]。そして、以上のような防火対策の一環として実施されたのが、公家町の再編であったと考えられる。

二　公家町再編計画について

(1) 再編計画の成立時期

火災後、三月十一日には早くも公家町再編を視野に入れた触が出されたが、その後の再編に関する幕府内の評議、朝幕間の交渉については史料が残存しておらず、その経緯は不明である。そのなかで勧修寺経慶の日記からは、十五日に京都代官小堀克敬が来訪し、勧修寺家の屋敷前の道路拡幅に関する話し合いが持たれたことがわかる。[27]このとき、経慶は克敬に対して、焼け残った文庫の移動が難しいことはすでに所司代・町奉行へ申し入れたが、道幅を拡幅する分だけ屋敷地を移転させることについては了解していると述べている。

【史料三】『勧慶日記』宝永五年三月十七日条

夕方仁右衛門（克敬）入来、一昨日承屋敷儀直ニ紀伊守幷町奉行申も如何間、中井主水申処、屋敷儀兼而承及候儀候間、成程武辺可申旨申云々、文庫子細も成程存知申候旨主水申云々、

その後、克敬が勧修寺家の屋敷地移転、文庫移動について京都大工頭中井正知に尋ねたところ、正知はそれらをすでに知っており、十一日以降、幕府と各公家の間で屋敷地替えなど、再編に向けた下交渉が始まっていたことが確認できる。

その後、再編に関する動きが徐々に明らかとなるのは、三月末頃からである。三月末には若年寄加藤明英・勘定奉行荻原重秀らが市街地見分のため上洛し、三月二十七日、四月八日には明英が築地之内を見分している。[28]東園基長は上洛の目的を、伝聞であると断りながらも「京中所々令点検、町々小路道幅等広之、宮城近辺広之、諸家屋敷等有所替云々」[29]としている。このような再編に関する情報は公家の間で広く流布していたようで、『桂宮日記』にも「今度回禄ニ付御築地之内地替有之、築地之内広ク成之由風聞」[30]とほぼ同様の情報が記されている。

基長はこの情報を「風聞区々て不慥、難聞定」としているが、実際の再編の内容と一致しており、かなり確実な情報であったことが確認できる。

さらに、三月二十七日には、武家伝奏から日御門通に屋敷地を所持する公家へつぎの通達があった[31]。

【史料四】『白川家日記』宝永五年三月二十七日条

口上之覚

一、日門通御屋敷替之沙汰御座候、御屋布割之儀ハ未相知候得共、此段先為御心得各迄申入候様両伝奏被申候付如此候、

三月二十七日　　高野雑掌
　　　　　　　　柳原雑掌

前内府様・花山・大炊・西洞院・白川・中御門・東坊城・広橋様

日御門通に面した屋敷地については、区画割りがまだ決まってはいないものの、屋敷地替えが行われることだけは決定していたことがわかる。また、同時期には、二階町西頬に屋敷地を所持する公家に対しても屋敷地替えを行う旨の触状が廻されている[32]。したがって、三月末には築地之内の拡張、公家屋敷地の配置替えを骨子とした再編計画が定まっていた可能性が高い。とはいえ、実際に計画を実施するかどうかの最終的な判断は幕閣に委ねられていたと考えられ[33]、若年寄による見分は、被災状況の把握と再編計画の最終的な確認のためであったとすることができよう。

（2）再編計画の特徴

「御築地廻り公家衆屋鋪割絵図」は、再編直後の公家町の状況を描いた絵図である[34]（図1）。京都大工頭中井家

により作製されたもので、当該期の公家町を正確に記しているといえよう。そこで、再編後の公家町の状況を大火前と比較すると、再編による変更箇所として①築地之内、二階町・梨木町の道路が拡幅されたこと（表1）、②南門前の東西道路が直線道路となったこと、③築地之内が丸太町通付近まで拡張されたこと、④築地之内の南側、および西側に大規模な明地が設けられたこと、⑤日御門通、二階町西頬の屋敷地が撤去されたこと、⑥内

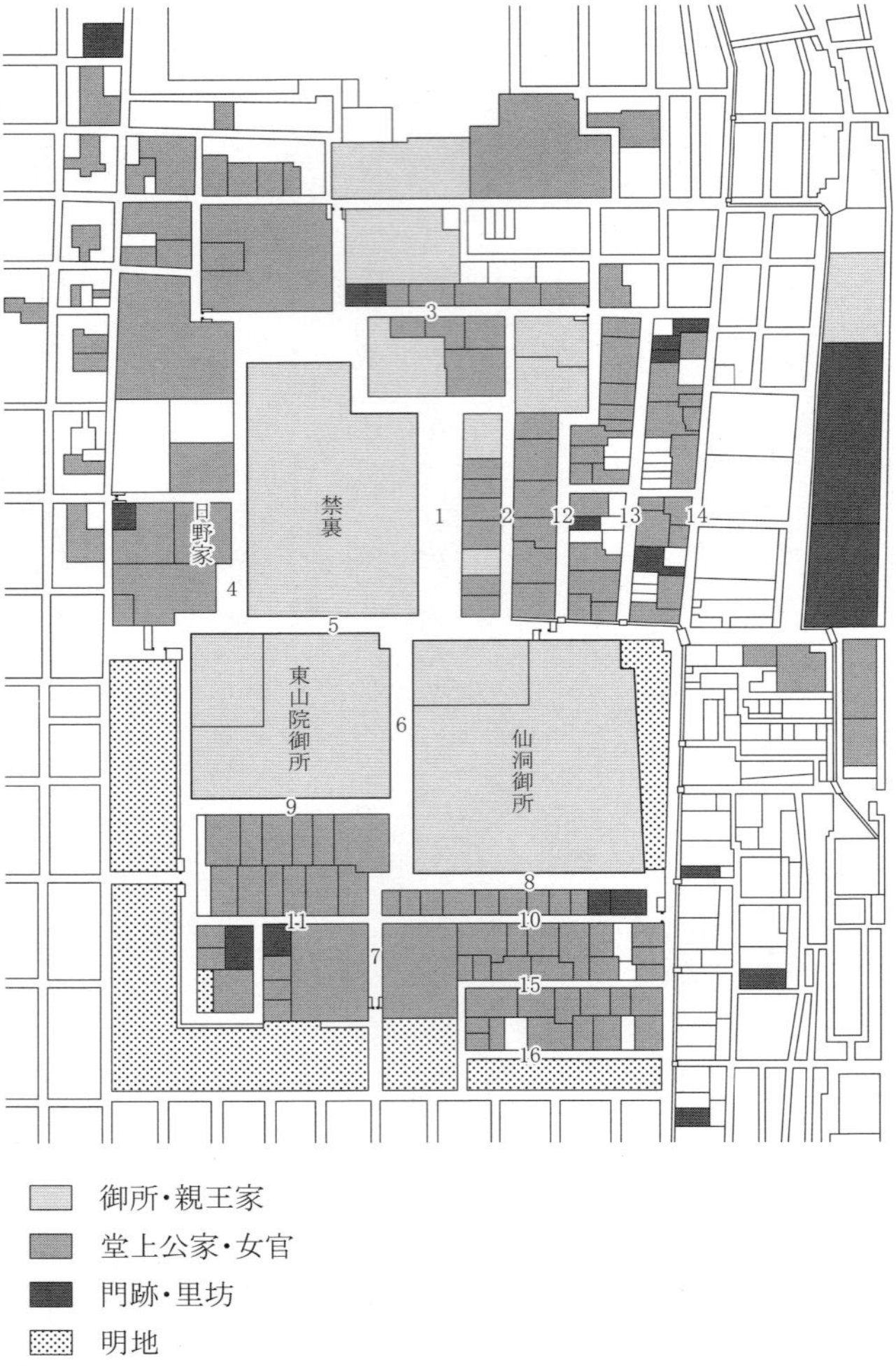

図1　再編後の公家町

図中の数字は表 1 の番号と対応

「御築地廻り公家衆屋鋪割絵図」（谷直樹編『大工頭中井家建築指図集―中井家所蔵本』思文閣出版、2003年）をもとに作成

表1　再編による道路幅員の変更

		再編前	再編後	典拠*1
1	日御門通	八間	三十間	「公家町之絵図」*2
2	中筋	七間二尺	七間二尺	「中むかし公家町之絵図」*3
3	石薬師通	三間半	三間半	『洛中絵図』*4
4	唐門前通	七間五尺	十五間	「宝永四年六月五日普請場見分絵図」*5
5	南御門通	十二間四尺五寸	十二間三尺	「延宝度慶仁親王御所（宝永）築地指図」*5
6	院御所・新院御所間通	十五間半	十五間五尺余	「延宝度慶仁親王御所（宝永）築地指図」
7	堺町御門通	七間五尺八寸	九間	「宝永四年六月五日普請場見分絵図」
8	院参町通	五間	八間	「宝永四年六月五日普請場見分絵図」
9	西院参町通	—	十間	
10	武家町通	三間	四間半	『洛中絵図』
11	西武家町通	—	六間	
12	二階町通	二間半	八間半	「公家町之絵図」
13	梨木町通	二間	八間半	「公家町之絵図」
14	寺町通	三間半	三間半	「公家町之絵図」
15	椹木町通	三間	四間	『洛中絵図』
16	内丸太町通	—	四間	

＊1　再編後の道路幅員については「正徳三年公家町絵図」（平井聖編『中井家文書の研究』第六巻　内匠寮本図面篇六　中央公論美術出版、1981年）を参照。石薬師通のみ「宝永度女御御殿（正徳）敷地絵図二枚」（『中井家文書の研究』第五巻　内匠寮本図面篇五　中央公論美術出版、1980年）を参照。

＊2　『中井家文書』（京都府立総合資料館所蔵）文書番号386。

＊3　『中井家文書』文書番号385。

＊4　『洛中絵図』（宮内庁書陵部　1969年）。

＊5　『中井家文書の研究』第三巻。

裏・院御所がそれぞれ拡張されたこと、⑦公家の屋敷地替えが行われたことなどを挙げることができる。

このように再編における変更箇所は多岐にわたるものの、そのなかで最も目を惹くのはやはり道路の拡幅（①）、明地の設置（④）、公家町の拡張（③）である。これらは、幕府にとって、大規模な公家屋敷地替え、強制的な町屋移転をともなってまでも行う必要があったという点からも、公家町再編の大きな特徴として考えるべきであろう。

では、このような変更はいかなる理由により行われたのだろうか。

そこでまず検討しなければならないのが、防火対策との関係である。近世都市では、道路拡幅、火除地など防火帯の設置が延焼を防ぐ重要な手段として考えられていた(35)。だが、宝永の大火以前の公家町では、内裏をとりまく道路は八間～二十間幅であったものの、隣接する二階町・梨木町では道路幅員が二間から二間半しかなかった(36)。さらに、火除地もほとんど設定されておらず、いずれも防火帯としての役割を十分に果たすものではなかった。十七世紀後半の頻繁な公家町の被災をふまえるならば、朝廷・幕府にとって、このような状況が延焼の危険性をともなうことは明らかであったと考えられる。にもかかわらず、幕府は宝永の大火に至るまで、築地之内において本格的な防火対策に着手しなかったのである。

その要因として考えられるのが、築地之内の狭さである。十七世紀以降天皇の生前譲位が可能となることにより、築地之内にはいくつかの院御所が造営された。だが、寛文三年（一六六三）に後西天皇が譲位する際には、築地之内に明地がなく、二条家の屋敷地を築地之外へ移転させることでようやく院御所の用地を確保している(37)。さらに、延宝元年（一六七三）に焼失した後西院御所を再建するにあたっては、敷地の拡張、および南御門通の拡幅を行うため公家屋敷地を上地したが、その替地を確保するのに院御所の南にあった頂妙寺を鴨東へ移転させねばならなかった(38)。十七世紀後半の築地之内はかなり手狭な状態となっていたのである。実際に幕府が築地之内を「地狭」であると認識していたことは、宝永の大火後に屋敷地の拡大を要求した京極宮に対して、所司代が「御築地之内地狭ニ御座候故、中々御望程の場所無之候」[39]と答えていることからもうかがうことができる。また、築地之内に防火帯を設けるためには、公家屋敷地を強制的に上地するという方法も想定できる。だが、第三章で述べたように、公家衆は日常的に禁裏小番や朝儀への勤仕といった役を勤める上で内裏周辺への居住を望んでおり、上地による道路拡幅や火除地の設置は、現実的ではなかったと考えられる。

そうした防火対策の不備は、町人地でもほぼ同様の状態にあった。大火以前は町人地にも本格的な火除地は設けられておらず、かつ道路の幅員は狭く、火災の際には消防に支障をきたすほどであった。元禄三年十二月には、老中から町奉行へ町人地の防火対策について、以下のような指示が下された。

【史料五】「京都町道幅極之事」（岩生成一監修『京都御役所向大概覚書』上巻　清文堂、一九七三年）

覚

一、元禄三年従御老中被仰渡候由ニ而、京都者町小路狭ク町並悪敷候間、火事なと有之焼候跡道幅広ケ、町並直シ候様ニ被仰候由ニ而、度々火事跡町小路直シ候事、

一、其地火事之ためニ候間、今度焼失候町内に会所之様に明地をいたし可然候、見計存寄之通被致絵図可被相伺候事、

一、惣而其地者町之小路狭候而火事有之候節防候義指つかへ候間、向後町屋作替候歟、又者火事なとにて焼候時者右之心得被致尤候事、

（中略）

一、宝永五子年三月八日焼失跡、此度町方道幅広ク可申付候旨、松平紀伊守殿江安藤駿河守・中根摂津守相窺、上者今出川、下ハ錦小路、東者寺町、西者油小路迄之分道幅馬踏三間、外ニ両方壱尺五寸溝付ケ相極、

河原町通・中町通・二条ゟ上荒神町迄幷塔之段道幅馬踏二間ゟ二間半迄相極候、（後略）

幕府は、町人地における防火対策として道幅の拡幅、火除地の役割を持たせた明地の設置を行うことを構想し、実際、宝永の大火までには部分的な道路の拡幅を行っていた。さらに、大火後には洛中の広い範囲で道幅拡幅を実施しており、町人地の有効な防火対策として継続的に進められたことがわかる。

そこで、改めて公家町再編による変更点を確認すると、道路の拡幅（①）・明地の設置（④）は、町人地で講じられてきた防火対策と一致することがわかる。すなわち、再編において進められた道路の拡幅・明地の設置は、公家町における防火対策であり、かつ都市全体で進められた防火対策の一環と位置づけるのが自然であろう。市街地の大部分が焼失したこのときの大火は、都市の大規模な防火対策を一挙に実施しうる好機であった。大火後に、公家町において①④を中心とした大幅な再編が進められた背景には、こうした点があったと考えられる。

（3）再編における京都所司代の役割

近世の京都所司代は、畿内および西日本における幕府行政の中心的な役割を果たしていた。藤井讓治によると、所司代の職掌は①朝廷の支配、朝廷との交渉、朝廷の守護、②公家・門跡の監視、③京都町奉行、奈良・伏見奉行の統轄が主たるものであったという(40)。さらに、所司代は行政に関して将軍から絶大な権力を委任され、火災など非常時に際しては、幕府の指示を待つことなく対処できる権限を有していたと考えられている(41)。

だが、所司代の職掌については、右のような包括的な指摘はあるものの、その具体的な職掌や勤務実態については、火災時における役割と権限など部分的にしか解明されていない(42)。よって、以下では、公家町再編計画策定の経緯に注目し、再編における所司代の役割について検討していくこととする。

ところで、宝永の大火後、幕府は公家町の再編とともに内裏の造営を行った。両者については、①実施された時期の前後関係、②それぞれを担った組織の実態については不明な部分が多く、ここでは所司代の役割を検討する前に、右の二点について確認しておく。

公家町再編は大火直後から進められ、三月末に若年寄加藤明英・勘定奉行荻原重秀らが上京したときには、すでに再編計画の骨子が定まっていたと考えられる。そして、まもなく道路拡幅・屋敷地区画を中心とした普請が始まり、五月上旬には街区割りが部分的に完成し始めている。さらに六月下旬には、内裏の南・西側を除いた屋敷地の区画が完了し、公家衆へ新たな屋敷地の引き渡しが始まっている。

それに対して、内裏造営については、火災後京都大工頭中井家により内裏以下諸殿舎の指図が作製され、五月初めには江戸へ送られた(43)。ついで、五月十四日には江戸で普請奉行以下の諸役が任命され、六月上旬には中井正知が内裏造営の大棟梁に任ぜられている。一方、所司代・町奉行といった在京諸役人は、これら造営に関わる諸役に任ぜられていない(44)。さらに、こうした造営組織の編成と並行して作事小屋の設置、材木の調達などを中心に造営の準備が進んでいたと考えられる(45)。だが、普請奉行らの上京が六月上旬、釿始《ちょうなはじめ》が行われたのが九月二日で、実際に作事が始まったのは、公家屋敷地の引き渡しがほとんど完了した時期であった。

したがって、公家町再編と内裏造営とは開始時期に差があり、それぞれ別個に編成された組織により実施されたとすることができる。さらに、後述のように、所司代が再編に主導的な役割を果たしていることを考えると、再編は内裏造営から独立した計画であり、所司代の指揮のもと、内裏造営に先行するかたちで行われたとすることができよう(46)。

これらを前提とした上で、つぎに、所司代が再編計画の策定において果たした役割を具体的に検討していきたい。だが、現段階ではその役割が判明する史料がごく限られているため、それを断片的にではあれうかがうことのできる『桂宮日記』を中心として、復元的に検討していくこととする。

宝永五年四月四日、桂宮家の当主であった京極宮は、中筋屋敷地の増地願いを武家伝奏へ提出した。『桂宮日記』には、それに対する幕府内の協議についてつぎのように記されている。

【史料六】『桂宮日記』宝永五年四月十五日条

去日御増地之儀御書付之通武家衆へ相達候節、松平紀伊守（信庸）殿へ被申達候由候、京極宮様ニ者御本屋鋪広く御座候うへに又御居屋鋪外々の並ニ広く御望いかゝニ被存候様相聞候、第へは御築地之内地狭ニ御座候故中々御望程の場所無之候、其上宮様の儀他と違候故御望之通不成申由申入候様難仕様子ニ相見へ、何共紀伊守始武家衆了簡つきかたい様子相聞候、

ここからは、増地願いが最終的に所司代松平信庸へ伝えられたこと、所司代以下の「武家衆」が、親王の希望に添うような屋敷地を用意できず困惑する様子が読み取れる。すなわち、再編の過程で公家から提出された屋敷地に関する願いに対しては、所司代を中心とする「武家衆」が協議を行い、可否を判断していたのである。

では、所司代とともに再編計画の策定に関わっていた「武家衆」とは誰を指すのだろうか。前述のように、勧修寺経慶が京都代官小堀克敬と対談した際、経慶は、屋敷地の移転についてすでに所司代とともに京都町奉行へも相談したと述べており、屋敷地の移転が所司代・町奉行の取り扱うべき事柄であったことがわかる。

さらに、大火後、所司代松平信庸は築地之内を何度か見分している(47)。その目的について逐一明らかにできるわけではないが、四月二十九日の見分に関して地下官人の日記に「御焼屋敷諸司代・町奉行・御附武家見分、此度築地之内広ク成候旨(48)」と記されており、再編の進捗状況の見分を目的としていたと考えられる。その際には、所司代とともに町奉行、禁裏附が同行しており、幕府内で再編に関わっている「武家衆」とは、所司代以下町奉行、禁裏附といった在京諸役人を指すことが確認できる。

一方、宝永五年六月、桂宮家屋敷地の東側に位置する常磐井殿東町の町屋が上地の対象となった際、京極宮は

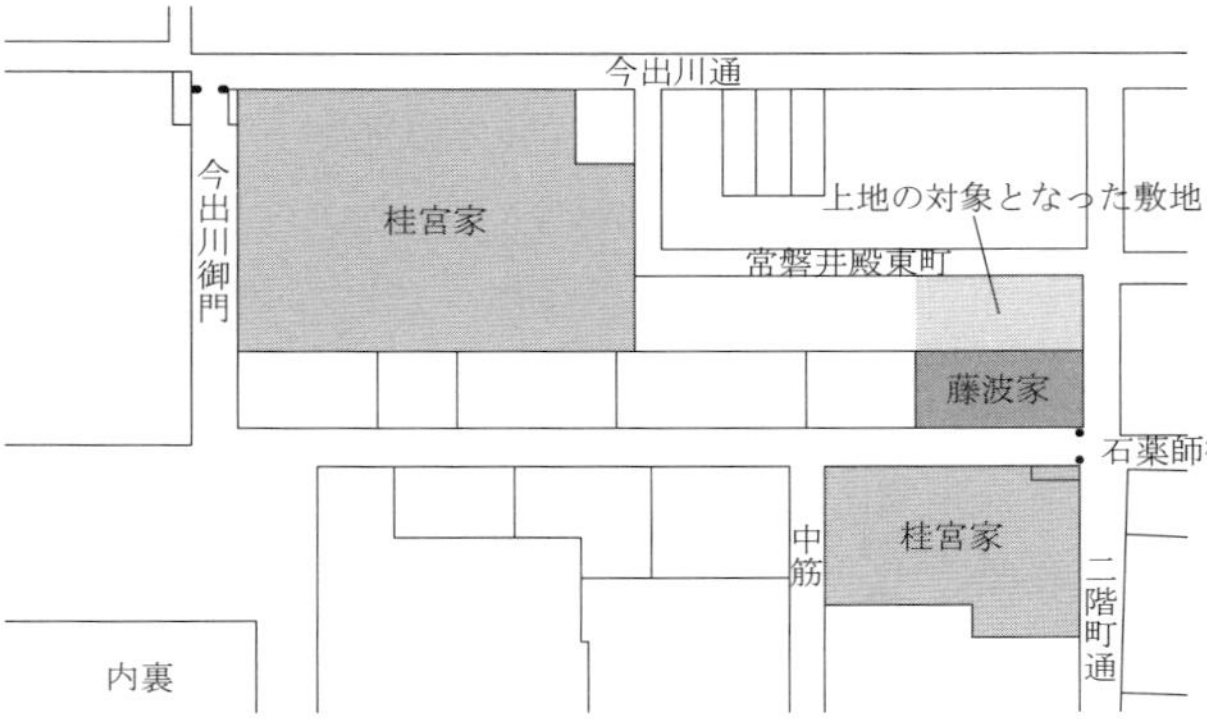

図2　上地の対象となった常磐井殿東町の位置
「御築地廻り公家衆屋鋪割絵図」をもとに作成

幕府へ上地の中止を願い出た。常磐井殿東町は桂宮家が所持する敷地であったが、幕府は、石薬師御門周辺の道幅を拡幅するため藤波家の屋敷地と地尻を接する町屋十七軒を上地し、焼失した藤波家の屋敷地をその分だけ北へずらそうとしたのであった(49)（図2）。

『桂宮日記』には、その経緯がつぎのように記されている。

【史料七】『桂宮日記』宝永五年六月十一日条

去三日、従奉行所御境内東町江申来、南側東方ニて家数十七軒御用地罷成之由、来十四日比明可申之由也、抑御境内之儀上御屋敷引渡、従東照権現被進之、以来于今無相違、然処此度寸尺ても御用地罷成候ハヽ、後代之例ニも可被成御気毒思召候間、此段紀伊守殿へ御通達頼思召候由、山口安房守（直重）・曾根能登守（長賢）江以永盛被仰遣了、

京極宮は、屋敷地東側の「境内」は徳川家康から拝領したものであり、かつ今回上地を承諾すると前例にもなりかねないとの理由で、上地を取りやめるよう、禁裏附を介して所司代へ願い出た。さらに、このときは、親王の母である准后（＝敬法門院）からも上地を中止するよう禁裏附へ命じている(50)。

これに対して、幕府内では協議が行われたと考えられ、所司代はその結果を、武家伝奏を通して桂宮家へ以下の通り伝えた。

【史料八】『桂宮日記』宝永五年六月十六日条

石薬師通藤浪屋敷北之方江引退候筈ニ最前之絵図ニ相認候得共、
大准后・京極宮御内意之趣頃日被仰聞候付、藤浪屋敷幷町屋、尤御門等有来通ニ申付候、以上、
六月十四日

結果的に、町屋の上地は中止されることとなったが、ここで注意したいのは中止に至るまでの期間である。京極宮が願書を提出してから上地の中止が決定するまでの日数は、三日であった。この間に江戸にいる老中の指示を仰ぐことは難しく、上地の中止は所司代の判断によるものだと考えられる。すなわち、所司代は自身の判断により計画の変更を行いうる権限を幕閣から与えられていたことになる。

以上、公家町再編計画の策定における所司代の役割についてみてきた。再編の過程からはわずか二例しか挙げることができないが、少なくとも、再編計画は所司代を中心として、京都町奉行・禁裏附といった京都在駐の諸役人により策定されていたことは明らかであろう。なかでも、所司代は再編計画を主導的に策定する役割を担っていた。前述のように、再編の実施は、幕閣の許可を得る必要はあったと想定される。だが、再編を進めるなかで、所司代は現場において最終的な判断を下すとともに、計画変更をも行いうる立場にあったのである。

三　道路の拡幅・整備過程

以下では、公家町再編の過程を、築地之内の道路拡幅・明地の設置に注目しながら具体的にみていくこととする。(51) なお、内裏南側については、築地之内の拡張とともに節を改めて検討することとする。

(1)　内裏東側

内裏東側では、ほとんどの公家屋敷が焼失したため、日御門通・二階町通・梨木町通の大規模な拡幅が行われ

た。また、中筋では幅員は拡幅されなかったものの、日御門前と一体化した屋敷地替えが行われた。

まず、三月二十七日には日御門通に面する屋敷地を持つ公家へ、二十九日には二階町西頬に屋敷地を所持する公家へ、それぞれ屋敷地替えの予告があった。梨木町通については、屋敷地替えの触が廻された日時は不明ながら、後述するように、二階町通・梨木町通の道路幅員を決める定杭打ちが同時期に行われており、並行して拡幅の計画が進められたとすることができよう。

ついで四月中旬には、この地区に居住する公家衆に対して、今までの屋敷地の間数および坪数を武家伝奏へ報告するよう命じた所司代からの触状が廻されており[52]、五月三日には、所司代が、武家伝奏を通してすべての公家へ、屋敷地で「御指掛御普請」を始めたいかどうか問い合わせている[53]。日御門通・中筋については、仮普請を願い出た日野西家に対して所司代の許可が下りていることから、このときには街区割り、各屋敷地の割り当てが概ね決定していたのであろう[54]。そして、六月二十日までにはこの地区の屋敷地割りがほぼ完了し、二十一日に各公家へ引き渡されている[55]。なお、二階町の北端に位置する京極宮の屋敷地は増地されたため、道路拡幅に関する普請が済んだ八月二十八日に引渡しが行われた[56]。

ところで、二階町通・梨木町通では、八月二十五日から二十六日にかけて道路拡幅に関する普請が実施されたが[57]、このときは幅員等の測量と、それにあわせた定杭打ちが行われたと考えられる[58]。本格的な道路整備は翌年まででずれ込んでおり、宝永六年五月二十五日に入札の告知が行われた。

【史料九】『京都町触集成』別二―補一五六

覚

禁裏御所方御筑（築）地廻往還之道筋入札ニ而地形平均有之候間、望之売人家持請人召連、明二十六日東川原能勢又三郎、平岡彦兵衛御用小屋敷へ罷越、根帳写取、両人差図次第可致入札事、

五月二十五日

築地之内では幅員の決定と定杭打ちのみ幕府が直接行い、地均しなどの道路整備は町人の請負によって行われたのである。具体的な道路整備の過程は不明ながら、宝永七年九月には築地之内の道路掃除を各公家・禁裏六町に割り当てたことを知らせる触が廻されており(59)、遅くともこの頃までには完了したと考えられる。

再編の結果、日御門通は幅員が八間二尺から三十間へと大幅に拡幅され、中筋は七間二尺のままであった。中筋の幅員は、内裏に接しない道路として十分だと認識されたのであろう(60)。一方、二階町通・梨木町通は大部分が大火前より西側へ移動した。二階町通では、北端部に京極宮・准后(敬法門院)の屋敷地があったため道路を移動せず、鍵の字形に曲げている。また、二階町通・梨木町通ともに幅員が大きく拡幅され、八間半となっている。

さらに、道路拡幅により日御門通東頬、中筋西頬に二列に並んでいた屋敷地は一列となり、十八箇所の屋敷地が八箇所に減少している。だが、再編前後の絵図を比較すると、中筋西端の位置はほとんど変更されていないと判断できるので、実際は日御門通の屋敷地を上地し、日御門通の拡幅が行われたことがわかる。また、屋敷地の配置替えの対象となったのも、ほとんどが日御門通沿いに屋敷地を所持していた公家であった(61)。日御門通に居住する公家のうち唯一白川家のみが再編後も日御門通に屋敷地を与えられたが、これは当主雅冬王が、白川家は神祇を司る家であり、寺院跡地への屋敷地替えは容赦してほしいとの願書を武家伝奏へ提出したためだと考えられる(62)。実際、日御門通に居住する公家の替地は旧後西院御所の南側となり、頂妙寺跡地を含んでいた。

一方、二階町通では、西頬の屋敷地がすべて上地された。その結果、中筋と二階町通によって挟まれた区画は屋敷地が一列となり、それぞれの屋敷地の規模が拡大している。これは、二階町通の比較的小規模な屋敷地が密集する状態を解消することにより、延焼を防ぐ目的があったと推測される。

（2）内裏北側

内裏北側では、内裏北隣の女御旧殿を撤去し、石薬師通のうち新造内裏と近衛家の屋敷地に挟まれた部分を二十六間に拡幅した。だが、前述のように、石薬師御門周辺の道路を拡幅する当初の計画が中止となったため、近衛家より東側で幅員に変更はなく、三間半のままであった[63]。

また、石薬師通に面する公家屋敷のなかで被災したのは藤波家の屋敷のみであったこともあり、通り沿いの公家屋敷地の配置替えは行われていない。

（3）内裏西側

内裏西側の唐門前通については、火災直後から屋敷地替えに関する交渉が、幕府と勧修寺家との間で行われていた。経慶は小堀克敬との話し合いのなかで、道路拡幅分だけ屋敷地を移転させることには同意しており、拡幅が当初から計画されていたことがわかる。さらに、この部分は焼失していない日野邸・烏丸邸を同じく西側へ移して幅員を拡幅していることから、内裏に隣接する唐門前通の拡幅は再編計画のなかで重要な位置を占めていたと考えられる。

唐門前通の拡幅は、焼失を免れた菊亭家より南の部分で行われた。宝永五年七月十九日には、他の場所よりもやや遅れて、武家伝奏から勧修寺家へ、道路拡幅分だけ屋敷地を上地する旨が伝えられた[64]。ついで、二十七日には、所司代・町奉行所の役人が勧修寺家屋敷地の見分を行い、道路境界から奥行十間分を上地し、西側の町屋跡地及び、裏松家屋敷地を替地に充てることを勧修寺家へ通知した[65]。その結果、唐門前通は焼失を免れた菊亭家以北を除いて、七間五尺から十五間に拡幅されることとなった。道路の拡幅・屋敷地の区画は十一月四日までに完了していたと考えられ、五日には勧修寺家雑掌と、所司代・町奉行の与力、中井家棟梁の間で屋敷地の引き渡しが行われた。

だが、同じく唐門前に位置する日野家・烏丸家の屋敷は関白近衛家熙の仮屋敷となったため、その部分の拡幅は宝永六年（一七〇九）までずれ込んでいる。宝永五年八月二十一日には、禁裏附山口直重から日野輝光へ屋敷地替えについて問い合わせがあった。その内容は、道路拡幅のため屋敷地東側を部分的に上地することが決定しているが、屋敷地の西側に替地を拝領するのがよいか、全く異なる場所へ屋敷地を移転するのがよいかを尋ねるものであった。これに対して輝光は前者を選択している(66)。その後、九月七日には所司代松平信庸から日野家・烏丸家・裏松家へ、もとの屋敷地の坪数を報告するよう武家伝奏を通じて申し入れられている(67)。

両家の屋敷地の区画が決定したのは、翌年の七月であった。二十七日には町奉行所の役人が屋敷地で仮杭を打ち、区画を定めている(68)。さらに八月三日には日野家の家来が屋敷地へ受け取りに赴いている(69)。

四　公家屋敷地の移転と明地の設置

ついで、築地之内の拡張、および内裏・院御所の南側で公家屋敷地・明地が造成される経緯についてみていく。

（1）　築地之内の拡張と公家屋敷地の移転

内裏周囲を中心に道路の拡幅・整備が進められたことにより、多くの公家屋敷地が御用地として上地された。これらの公家には替地が給付されたが、その場所に充てられたのは、霊元院・東山院御所の南側に新たに設けた公家屋敷地であった。築地之内は北を相国寺、西を富裕な町人が居住する町々と接していた(70)。そのため、築地之内の大規模な拡張を行うには、町屋の強制的な移転をともなうとはいえ、南へ拡張するのが、幕府にとってより現実的な選択であったのだろう。また、寛文十三年の大火以来、院参町の南に位置する武家町・椹木町、東宮御所南側の新在家で公家屋敷が徐々に増加していたことも、築地之内を南側へ拡張する要因となったと考えられる（第一部第四章参照）。

これら新たな公家屋敷地が設けられる経緯は不詳だが、当初から道路拡幅にともなう屋敷地の配置替えが計画されており、築地之内の南への拡張はそれに連動するものであったと考えられる。

この地区の屋敷地割りは、宝永五年六月二十五日に仁和寺門跡が里坊の替地を西武家町に与えられていること、(71)二十七日までには西院参町で九条家の屋敷地引き渡しが行われていることから、(72)堺町御門通より西側の区画は六月末までには終了していたとすることができる。一方、堺町御門通より東側では、五月二十二日に町代から椹木町の町年寄に対して、翌月十五日までに立ち退きの用意を済ませるようにとの通達があったことから、(73)六月中旬以降に屋敷地の区画が行われたと考えられる。その後、七月五日に武家町で風早家の屋敷地が、翌六日には椹木町で三条西家の替地が引き渡されていること、(74)地下官人壬生家の替地の区画が八月三十日に行われていることから、(75)東側の地区でも遅くとも八月末頃までには屋敷地割りが完成していたようである。

このように、両地区の造成は内裏東側の屋敷地区画とほぼ同時期に完了しており、三月末頃から同時並行的に屋敷地の造成が始められていた可能性が高い。だが、新たに公家屋敷地となった地区では、宝永六年三月に至っても道路の整備が行われておらず、二十四日には武家伝奏からつぎの触が廻されている。

【史料十】『仁和寺記録（御記）』宝永六年三月二十四日条

口上覚

御屋敷前道作り候儀者従公儀可被仰付候間、御門前道筋等猥土取之義可為御無用旨紀伊守殿ゟ申参候、此段各迄可申入旨両伝被申付、如此候、以上、

庭田家雑掌

三月二十日　　　　　　　高野家雑掌
　仁和寺様御里坊

ここでは「此段各迄可申入」と書かれていることから、仁和寺里坊の位置した西武家町周辺が対象となっていることがわかる。さらに、同様の触は院参町・武家町・椹木町・西院参町にも廻されており、少なくとも禁裏・院御所南側の地区では三月になっても道路の整備が実施されていないことが確認できる(76)。

したがって、前述した二階町通・梨木町通の場合をふまえるならば、このときの再編では全体として屋敷地の区画が優先され、道路の整備が遅れて行われたことを指摘することができよう。道路整備に先立ち屋敷地を区画することで、各公家が普請に取りかかれるようにとの配慮があったと考えられる。実際、宝永五年九月から十一月にかけて、各公家の屋敷で上棟が相次いでいることからも、それが裏づけられる(77)。

このときの替地の給付により、築地之内に当たる霊元院・東山院両御所の南側が大きく拡張されるとともに、椹木町南頰・内丸太町が新たに公家屋敷地化した（図3）。築地之内が拡張したことは、大火前には院参町の西側に位置した堺町御門が、椹木町まで南に移動されたことからも明らかである。

再編により拡大された部分は、内裏周辺の道路拡幅により屋敷地を上地された公家の替地となったが、詳細にみるならば、東西両地区にはそうした公家以外の屋敷地も多く所在することに気づく。そこで、両地区の公家屋敷地についてみていくと、その配置について三つの特徴を指摘することができる。

第一に、焼失前の屋敷地配置を考慮して屋敷地区画が行われたことである(78)。

宮内庁所蔵の『中井家文書』には、「正徳三年公家町絵図」と題した公家町の絵図が含まれている(79)。この絵図は正徳三年（一七一三）に中井家により作製されたものと考えられ、公家町所在の各屋敷地が①大火以前から所持者が変らないもの（＝「居付」）、②大火後に替地として給付されたもの（＝「地替」）、③新規に与えられたもの

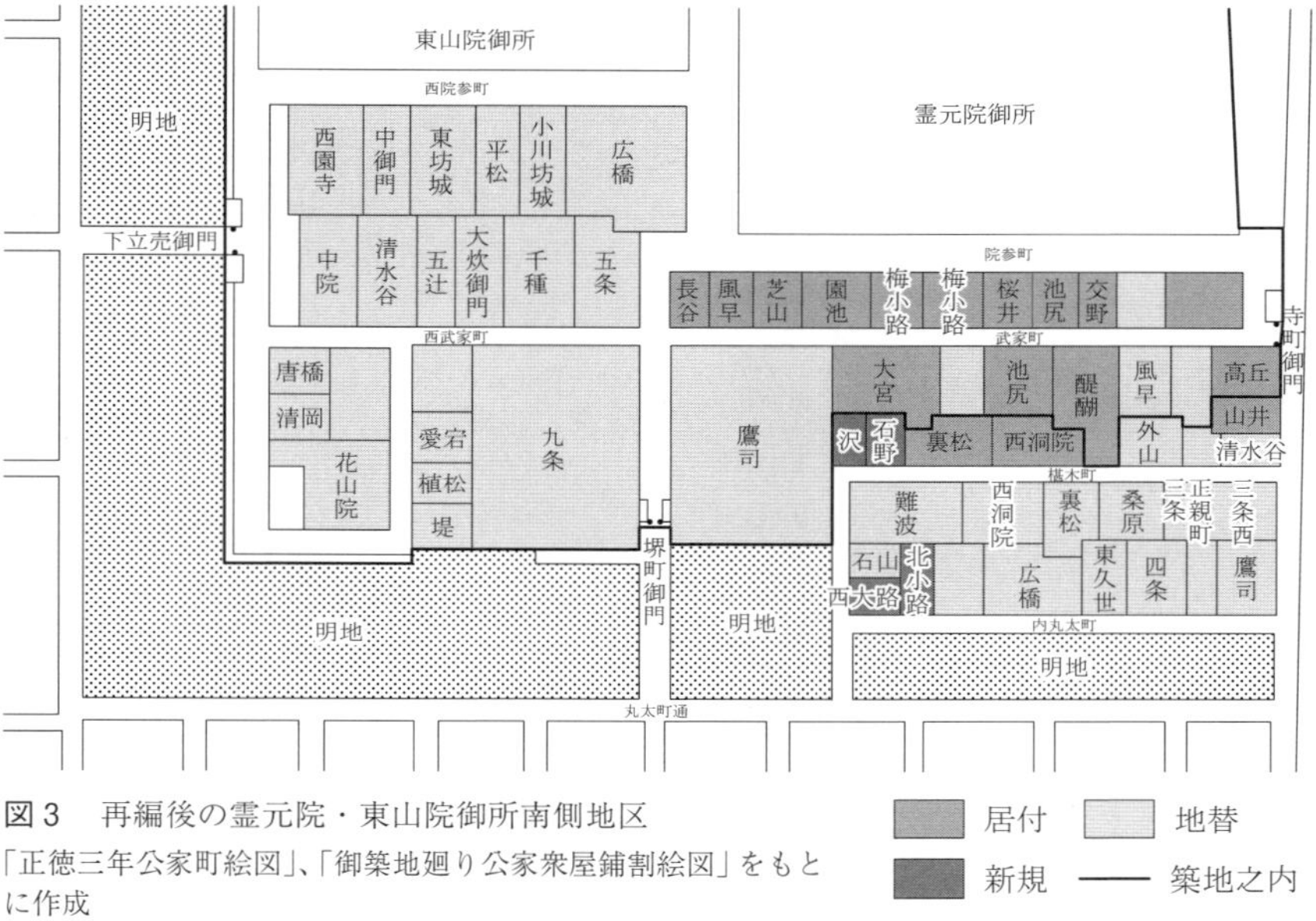

図３　再編後の霊元院・東山院御所南側地区
「正徳三年公家町絵図」、「御築地廻り公家衆屋鋪割絵図」をもとに作成

（＝「新規」）、に色分けされている（図３）。

　そこで、この絵図をみると、霊元院御所南側の武家町・椹木町北側には①に分類された公家屋敷地が多いことがわかる。これら「居付」に分類された公家は、宝永四年に当該地区において屋敷地を拝借した公家と、それ以前から屋敷地を所持していた公家が大部分を占めており、この地区では、大火後もほぼ同じ場所に屋敷地を与えられたと考えられる。

　一方、東山院御所南側に当たる西院参町・西武家町周辺の屋敷地は、すべて②に分類されるが、これは、当該地区の街区割りが大きく変更されたことにともなうものであった。この地区は頂妙寺の跡地、もとの堺町御門南側に当たり、大火以前から公家屋敷地が所在していた。再編後も、大火前から屋敷地を所持していた広橋家・小川坊城家・平松家・西園寺家・五条家・千種家・五辻家・清岡家・植松家・堤家の屋敷地は、この地区に位置しており、街区割りの変更により屋敷地の位置が変わったとはいえ、同一の地区で屋敷地を与えられたことがわかる。

第二に、道路拡幅にともない屋敷地を上地された公家は、地区ごとにまとめて替地が与えられたことである。表2からも明らかなように、日御門通の屋敷地を上地された公家の多くは、西院参町・西武家町周辺に替地を給付されている。また、二階町西頬に屋敷地を所持していた公家は、その半数が椹木町で替地を給付されており、両地区に各公家の屋敷地を無作為に配するのではなく、ある程度計画的に替地が与えられたと考えられる。

第三に、新たに給付された公家屋敷地が非常に少ないことである。「正徳三年公家町絵図」で確認すると、新たに屋敷地を与えられた公家は四家のみであり、両地区は、大火以前から両地区に屋敷地を所持していた公家、

表2　日御門通、二階町所在の公家屋敷地移転先

公家*[1]	再編前	再編後
広橋	日御門通	内丸太町
東坊城		西院参町
中御門		西院参町
白川		日御門通(元菅中納言局屋敷)
西洞院		椹木町北頬
大炊御門		西武家町南頬
花山院		西武家町南側
中院		西武家町南頬
植松	二階町西頬	西武家町南側
難波		椹木町北頬
正親町三条		椹木町北頬
柳原		中筋(増地*[2])
石山		椹木町南側
葉室		清和院口
愛宕	二階町東頬	西武家町南側
四条		内丸太町

(参照)『桂宮日記』(宮内庁書陵部所蔵)宝永五年三月晦日条。「正徳三年公家町絵図」。

＊1　ここでは堂上公家のみとりあげ、門跡里坊、地下官人などは省略した。

＊2　柳原家は、中筋にも屋敷地を所持していた。再編にあたって中筋の屋敷地は上地され、その分を増地のかたちで与えられたと考えられる(『柳原家雑萃記』宮内庁書陵部所蔵)。

道路拡幅により屋敷地が上地の対象となった公家のために用意されたとすることができる。

　このように、両院御所南側の地区は、再編前と比べ街区の構成・道路幅員など大きく変更された部分もあるが、屋敷地の配置は、再編前の状態を保つという原則にもとづいており、その上で、道路拡幅などにより屋敷地を上地された公家の替地が、再編前の居住地を考慮して配されたと考えられる。

　さらに、南側への拡大において特徴的なのが、新たに給付された公家屋敷地が少ないことである。霊元院・東山院両御所の南側地区で新たに屋敷地を獲得した公家は四家であったが、両院御所より北側の地区でも、新たに屋敷地を与えられたのは穂波家のみであった。幕府は、元禄期に公家の居住地を把握する必要からその届け出を制度化したが、公家の居住地の把握という点では、内裏周辺に公家を集住させ管理するのが最も効率的であり、可能性としては、再編を機に町人地に散在する公家屋敷地を築地之内、または新たに設定した公家屋敷地に集中させることもできたはずである。にもかかわらず、幕府は後西院御所南側に設定した公家屋敷地では新たに屋敷地を給付しておらず、この時点においては従来の居住地に関する政策を変更する必要はないと考えていたことがうかがえる。

（2）　明地の設置とその目的

　内裏・院御所南側に公家屋敷地が造成される一方で、丸太町通、烏丸通に面した部分には大規模な明地が新たに設けられた（図1）。なお、霊元院御所東側にも寺町通沿いに明地が描かれているが、これは大火前から設けられていたものである。

　これらの明地は、設置された経緯が不明であり、その目的を史料的に裏づけることはできない。だが、その後の経緯を考慮するならば、火除地としての役割、公家屋敷地の予備地としての役割を担うために設けられたと想定される。

このうち後者については、大火後間もない正徳二年に、旧東山院御所西側・堺町御門南側の明地の築地之内に面する部分が拝領地・拝借地として給付されていることがその傍証となる。(80) 一方、公家屋敷地として給付されなかった明地は、『京都御役所向大概覚書』に再編後丸太町通が「広小路」となったと記されること、(81) 元禄三年に町人地の防火対策に関して老中から町奉行へ指示がなされたなかで、町内に設ける火除地を「明地」と称していることなどから、(82) 火除地としての役割を担っていたと考えられる。再編後の絵図をみると、明地の道路に面した部分に「竹矢来」が描き込まれ、その管理は町に任されていた。その後、享保期に火除地の整備が進み、(83) 享保九年(一七二四)には烏丸通の下長者町通より南側、および丸太町通沿い堺町御門より西側の明地に、享保十五年には院御所東側の明地にそれぞれ土手を築き、松を植えることとなっている。(84) だが、この明地はそのまま火除地として維持されたわけではなく、町人地側を中心に用途変更が行われていく。享保十一年には烏丸通沿いの明地の一部が町屋となっており、(85) 明和期には丸太町通沿いの明地が、部分的に公家屋敷地となっているのが確認できる。(86) ただし、防火対策の一環として設けられた明地が、徐々に屋敷地として利用されていく要因、朝廷・幕府の意図は明らかではなく、公家町の防火対策と火除地の公家屋敷地化との関係については今後の課題としたい。

おわりに

以上、宝永の大火後に行われた公家町再編の過程について、基礎的な事実の確定を行ってきた。最後に、本章での検討結果、および次章における課題を述べておきたい。

公家町の再編は火災直後から開始された。再編に向けての迅速な対応を可能にした背景には、幕府内に防火対策にもとづいた再編の必要性が共通認識としてあったことが考えられる。十七世紀後半以降、公家町を巻き込む火災が重なることにより、防火対策として、道路の拡幅、火除地の設置、公家屋敷内における殿舎配置への配慮などいくつかの対策が試みられたが、いずれも部分的な対策にとどまるものであった。宝永の大火により公家町とそれをとりまく町人地の大部分が焼失したことで、はじめて体系的な計画にもとづく公家町全体の防火対策が実施可能な状況となったのである。その意味では、再編は幕府にとって大火後の都市改造における中心的な課題のひとつであったとすることができる。

再編は焼失した地区を中心に行われた。幕府は、内裏・院御所南側の地区に位置する町屋を強制的に郊外へ移転させ、そこへ多くの公家屋敷地を移した上で、築地之内、二階町・梨木町で大規模な道路拡幅を行った。さらに、築地之内の南半分を囲繞するように、町人地との境界に当たる部分には明地を設置した。これら明地のうち築地之内側は公家屋敷地の予備地に充てられ、道路側のみ火除地として利用されたことから、明地には二つの利用方法が想定されていたと考えられる。

このように、築地之内を中心とした公家町の空間は、町人地を取り込む大規模な再編を経ることにより大きく変容した。防火対策を目的とした同規模の再編は、このあと行われることはなく、近世における唯一の公家町改造として位置づけることができよう。

一方、再編後の公家町の空間構造は、明地の公家屋敷化を除くと、幕末期に至るまで基本的に維持されており、再編が十八世紀以降の築地之内における公家の集住形態を規定したとすることもできる。だが、本章では公家町再編について防火対策を中心に考察を加えたため、再編により公家の集住形態がいかに変容したのかという問題には触れることができなかった。はじめにでも述べたように、公家町が公家の集住地であったことを考慮するならば、再編を通して朝廷・幕府が公家の集住形態の抱える諸問題の解消を目指した可能性は十分想定できる。そこで、次章では再編と公家の集住形態の変容との関係について検討していきたい。

（1）土本俊和「近世京都の拡大過程に関する編年」（『中近世都市形態史論』中央公論美術出版、二〇〇三年、初出は一九九五年）。鎌田道隆「近世都市における都市開発――宝永五年京都大火後の新地形成をめぐって――」（『近世京都の都市と民衆』思文閣出版、二〇〇〇年、初出は一九九六年）。

（2）宝永の大火に言及した文献として以下のものがあるが、いずれも大火について概略を説明するにとどまり、都市に甚大な被害を与えた要因、火災時の消防体制などは不詳である。京都市編『京都の歴史　六　伝統の定着』（学藝書林、一九七三年）六〇～六一頁。京都市編『史料　京都の歴史』第四巻　市街・生業（平凡社、一九八一年）二九～三〇頁。森谷尅久編『図説　京都府の歴史』（河出書房新社、一九九四年）一九一頁。仲尾宏「町の焼亡――宝永大火・天明大火・内裏復古・元治大火――」（京都造形芸術大学編『京都学への招待』角川書店、二〇〇二年）一四八～一四九頁。

（3）前掲『史料　京都の歴史』第四巻、二九～三〇頁。該当する部分では「公家町としての相貌」という抽象的な表現が用いられるが、公家町の整備・拡張が行われたことを指すものと解しておく。

（4）藤岡通夫『京都御所〔新訂〕』（中央公論美術出版、一九八七年）。平井聖編『中井家文書の研究』第五巻　内匠寮本図面篇五（中央公論美術出版、一九八〇年）。

（5）『翁草』（日本随筆大成　新装版〈第三期〉一九、吉川弘文館、一九九六年）六八頁。

（6）『桂宮日記』（宮内庁書陵部所蔵）宝永五年三月十三日条。

（7）『輝光卿記』（国立公文書館内閣文庫所蔵）宝永五年三月十一日条。

（8）火災により屋敷が焼失した際には、各家が屋敷地の「外囲」をしなければならなかった。たとえば、万治四年（一六六一）の大火後、二階町に居住していた地下官人の壬生忠利は、自前で板・柱を用意し、「焼屋敷」を囲っている（『忠利宿禰記』〈宮内庁書陵部所蔵〉万治四年正月十六日条）。

（9）宝永の大火に先行する寛文十一年（一六七一）、同十三年の火災後には、このような内容の触が廻された形跡はない。よって、第一条は定型化された条文ではなく、再編を見据えた上で出されたものと考えられる。寛文期における両火災後の朝廷・幕府の対応については、つぎの史料を参照。『中院通茂日記』東京大学史料編纂所所蔵原本。

（10）『江戸幕府日記』（野上出版、一九八五年）宝永五年三月十一日条。

(11)　当該期の京都所司代に与えられた権限の詳細は不明だが、所司代就任の際に将軍から発給される信任状には、緊急事態には江戸からの指示を待たずに対応できる権限を与えることが明記されている。大火後の再編に向けての対応はこの条文に保証されていたのではないだろうか（山口和夫「近世史料と政治史研究――江戸時代前期の院近臣の授受文書を中心に」〈石上英一編『歴史と素材』日本の時代史三〇、吉川弘文館、二〇〇四年〉一三一～一三六頁）。

(12)　樋爪修「江戸時代の京都大名火消――膳所藩を例として――」（『近江地方史研究』二七、一九九二年）。

(13)　横田冬彦「「非領国」における譜代大名」（『地域史研究』八六、二〇〇〇年）。丸山俊明「畿内・近江小藩の京都火消・京都常火消――大名も楽ではない、参勤交代にいかないときも京都の消防――」（『京都の町家と火消衆――その働き、鬼神のごとし』昭和堂、二〇一一年、初出は二〇〇五年）。

(14)　『白川家日記』（宮内庁書陵部所蔵）宝永四年二月十八日、十二月九日、同二十一日条など。

(15)　前掲藤岡『京都御所（新訂）』、一〇二頁。

(16)　『中院通茂日記』寛文十三年八月八日条。

(17)　川上貢は寛文期の徳大寺家の殿舎構成について、摂家に比べると殿舎の規模が小さく、各殿舎を直結している点を特徴として挙げている（川上貢「公家住宅の変遷について」〈冷泉為任監修『冷泉家の歴史』朝日新聞社、一九八一年〉一七六～一七七頁）。清華家の屋敷地においてさえこのような状況であることから、平堂上公家でも同様であったと考えられる。

(18)　「延宝度後西院御所敷地絵図」（延宝元年）（平井聖編『中井家文書の研究』第三巻　内匠寮本図面篇三　中央公論美術出版、一九七八年）。

(19)　『中院通茂日記』延宝二年二月二十九日条。

(20)　前掲藤岡『京都御所（新訂）』、二二〇～二二一頁。

(21)　「寛文一一年正月一五日公家町寺町焼失絵図」（『中井家文書』〈京都府立総合資料館所蔵〉文書番号三八八）。

(22)　『公通記』（東京大学史料編纂所所蔵原本）元禄十年十一月十八日条。

(23)　白石克編『元禄京都洛中洛外大絵図』（勉誠社、一九八七年）。

(24)『日野西国豊日記』(宮内庁書陵部所蔵)元禄三年十二月九日条。『日次記』(国立公文書館内閣文庫所蔵)元禄四年二月十八日、二十六日、四月二十八日条。「小川坊城殿屋敷増地打渡裏書絵図」(『中井家文書』文書番号七三)。なお、この明地が設けられたのは、【史料四】として掲げた江戸からの防火対策に関する指示が送られてきた直後に当たるので、明地の設置はその指示にもとづき設けられたものだと考えられる。

(25)『桂宮日記』宝永五年三月晦日条。

(26)宝永六年には消防制度の改革が行われ、京都火消御番が畿内の外様大名へ割り当てられるとともに、禁裏の消火に当たる禁裏御所方火消が制度化された(前掲横田「「非領国」における譜代大名」)。

また、殿舎の難燃化については、最近行われた公家町の発掘調査で、宝永の大火にともなう廃棄土壙からは棟丸瓦のみが出土するのに対し、天明の大火にともなう廃棄土壙からは大量の桟瓦が発見されており、宝永の大火後、公家屋敷に桟瓦葺の普及したことが明らかとなった。報告書では、各公家屋敷において桟瓦葺が普及する時期について、京都の町屋では十八世紀以降徐々に普及しており、公家屋敷でも大火を契機として桟瓦葺による建物の難燃化がある程度図られたとしている(『平安京左京北辺四坊―第二分冊(公家町)―』京都市埋蔵文化財研究所調査報告第二二冊　京都市埋蔵文化財研究所、二〇〇四年)。

だが、公家屋敷として唯一の現存遺構である冷泉家住宅は、天明の大火後に造営されたものだが、台所部分は桟瓦葺であったものの、表向の殿舎として用いられた座敷部分は明治期に至るまで柿葺であった(『重要文化財　冷泉家住宅座敷及び台所ほか三棟修理工事報告書』京都府教育委員会、二〇〇一年)。このような殿舎による屋根葺材の区分は、他の公家屋敷でも広く行われたと考えられ、宝永の大火後の桟瓦葺の使用も、台所など奥向部分に限られていたとするのが妥当であろう。

(27)『勧慶日記』(京都大学総合博物館所蔵)宝永五年三月十五日、十七日条。なお、小堀克敬は再編に深く関わっておらず、このときの対談は、経慶の娘が克敬に嫁いでいた関係から、経慶が個人的に望んだものであったと考えられる(『新訂　寛政重修諸家譜』第十六　続群書類従完成会、一九六五年)。

(28)『速水貞益日記』(京都市歴史資料館架蔵写真帳)宝永五年三月二十七日、四月八日条。

(29)『基長卿記』宝永五年四月十一日条。

（30）『桂宮日記』宝永五年三月晦日条。『桂宮日記』は桂宮家の家司によって書き継がれたものであり、再編に関する情報が堂上から地下まで広く共有されていたことを裏づけている。
（31）公家町内の土地区画は大きく拝領地・拝借地・買得地に区分できるが、本章では、行論上これらを区別する必要がない場合は「屋敷地」とし、必要に応じて拝領地、拝借地などと限定することとする。
（32）『桂宮日記』宝永五年三月晦日条。『仁和寺記録（御記）』（東京大学史料編纂所架蔵写真帳）宝永五年三月二十八日条。
（33）幕閣が最終的な判断を行った事例として、正徳三年（一七一三）の火災後に計画された広小路設置が挙げられる。正徳三年三月二十日、椹木町油小路東入ル町から発生した火災は、築地之内の西側、室町通にまで迫るものであった。火災後、所司代松平信庸は、室町通沿いの町屋を上地し広小路を設けるため、広小路の計画図面を作製した上で江戸へその可否をうかがった。この広小路設置は、時期的にも、公家町周辺における防火対策の一環として位置づけられるものだといえよう。それに対して幕閣でどのような協議が行われたのかは不明だが、幕閣からは道幅を変更しないよう指示があり、結果的に上地は取りやめとなっている（「京都町道幅極之事」〈前掲『京都御役所向大概覚書』〉）。
（34）「御築地廻り公家衆屋鋪割絵図」（谷直樹編『大工頭中井家建築指図集―中井家所蔵本』思文閣出版、二〇〇三年）。この絵図の作製年代を特定する手がかりとして、唐門前に位置する日野家屋敷地の形状に注目したい（図1）。日野家の周辺では、宝永六年七月に唐門前通を拡幅するための区画が実施され、その結果、日野家の屋敷地のうち通りに面する部分が上地された。絵図ではこの変更を反映していないことから、東山天皇の譲位した宝永六年六月から七月頃に作製されたものだと考えられる（『輝光卿記』宝永六年七月二十七日条）。
（35）内藤昌『江戸と江戸城』SD選書四（鹿島出版会、一九六六年）。大石学『吉宗と享保の改革』改訂新版（東京堂出版、二〇〇一年）。
（36）内藤昌・大野耕嗣「公家町の道路について――近世初頭京都公家町の研究・その六――」（『日本建築学会東海支部研究報告集』、一九七二年）。
（37）「五摂家の屋敷地の変遷」（平井聖編『中井家文書の研究』第九巻　内匠寮本図面篇九　中央公論美術出版、一九八四年)。

(38)「寛文三年公家町絵図」(宮内庁書陵部所蔵)。「公家衆町絵図」(『中井家文書』文書番号三九三)。

(39)『桂宮日記』宝永五年四月十五日条。

(40)藤井譲治『江戸時代の官僚制』(青木書店、一九九九年)一〇七頁。その他にも京都所司代の職掌に関する先行研究として以下のものがあるが、いずれも織豊期から江戸時代初期にかけての所司代を分析の対象としており、十七世紀後期以降については検討すべき課題が多く残されている。朝尾直弘「京都所司代」(『近世都市論』朝尾直弘著作集　第六巻　岩波書店、二〇〇四年、初出は一九六九年)。藤井譲治「徳川政権成立期の京都所司代」(『近世史小論集──古文書と共に──』(思文閣出版、二〇一二年、初出は一九八三年)。伊藤真昭『京都の寺社と豊臣政権』(法藏館、二〇〇三年)。

(41)前掲山口「近世史料と政治史研究──江戸時代前期の院近臣の授受文書を中心に」、一三六頁。

(42)火災時の所司代の役割に注目した研究として以下のものがある。前掲樋爪「江戸時代の京都大名火消──膳所藩を例として──」。藤本仁文「近世京都大名火消の基礎的考察」(『史林』八八─二、二〇〇五年)。前掲丸山『京都の町家と火消衆──その働き、鬼神のごとし』。

(43)前掲平井『中井家文書の研究』第五巻。前掲藤岡『京都御所〈新訂〉』。以下、内裏造営過程に関する事実関係は両書による。

(44)「宝永五年禁裏院中御造営之時　御用掛リ役付御手伝方御奉行方諸役人　其外　江戸絵師同棟梁　名附」(前掲平井『中井家文書の研究』第五巻、六頁)。

(45)前掲平井『中井家文書の研究』第五巻。また、六月一日から十四日にかけて「御普請諸小屋」に関する入札開催を知らせる町触が廻されている(『京都町触集成』別巻二〈岩波書店、一九八九年〉町触番号補一一七、一二〇、一二一号〈以下、別─補一一七などと表記する〉)。

(46)後述のように、内裏の築地塀、築地之内に面する公家屋敷の門・築地塀の請負入札の窓口は、ともに町奉行の番所であった。さらに、所司代与力が「築地方元〆」を勤めていることから、所司代・町奉行は築地之内の築地塀・公家屋敷の門の作事を担当していたと考えられる(『桂宮日記』宝永六年九月八日条)。このことから、所司代・町奉行は内裏造営組織の一員と見なすことも可能だが、両者は当初造営組織として編成されていないことを考慮するならば、公家町再編に関する普請は内裏造営から独立したもので、それを実施した普請組織は、内裏造営組織とは別に編成された機構として位置づける方が妥当であろう。

(47)『速水貞益日記』宝永五年四月八日、十四日、二十九日条。
(48)『速水貞益日記』宝永五年四月二十九日条。
(49)『桂宮日記』宝永五年六月十六日条。
(50)『桂宮日記』宝永五年六月十一日条。
(51)宝永度造営の内裏では敷地が東側に拡張された。防火対策を目的とした措置である可能性もあるが、本章では考察の対象を公家町に限定する。
(52)『白川家日記』宝永五年四月十四日条。『大外記師英記』（国立公文書館内閣文庫所蔵）宝永五年四月十六日条。
(53)『白川家日記』宝永五年五月三日条。
(54)『日野西国豊日記』宝永五年五月十日条。
(55)『白川家日記』宝永五年五月二十日、二十一日条。『日野西国豊日記』宝永五年五月二十日条。『仁和寺記録（御記）』宝永五年六月二十日条。
(56)『桂宮日記』宝永五年八月二十八日条。
(57)『桂宮日記』宝永五年八月二十四日条。
(58)町人地で道路拡幅を行う際、幕府は幅員に合わせて「御定杭」を打つだけで、道路の地均し、側溝の設置などは町へ任せていた（『京都町触集成』第一巻　岩波書店、一九八三年、四九六号〈以下、一―四九六と表記する〉）。『京都町触集成』別二―補一三二。
(59)『妙法院日次記』（史料纂集）宝永七年九月二日条。
(60)前掲「公家町之絵図」では中筋の幅員を八間としている。だが、①再編後の幅員は七間二尺であること、②中筋北端西頰の清閑寺家の屋敷は焼失していないこと（『桂宮日記』宝永五年三月晦日条）、③発掘調査により中筋東溝が大火前後で移動していないことが確認されていること（前掲『平安京左京北辺四坊―第二分冊（公家町）―』）、

④再編過程で中筋の幅員を減少させるとは想定しにくいことから、ここでは大火前の中筋の幅員を七間二尺と考えておく。

(61) 中筋に面する三条西家の屋敷地は、中宮御里御殿の敷地となったため椹木町に移転している（「私記一」『山城国京都三条西家文書』〈国文学研究資料館史料館所蔵〉宝永五年五月三日条）。

(62) 『雅冬王記』（宮内庁書陵部所蔵）宝永五年三月二十七日条。

(63) 「宝永度女御御殿（正徳）敷地絵図二枚」（前掲平井『中井家文書の研究』第五巻）。

(64) 『勧慶日記』宝永五年七月十七日条。

(65) 『勧慶日記』宝永五年七月二十七日条。

(66) 『輝光卿記』宝永五年八月二十一日条。

(67) 『輝光卿記』宝永五年九月七日条。

(68) 『輝光卿記』宝永六年七月二十七日条。

(69) 『輝光卿記』宝永六年八月三日条。

(70) 内裏西側の町には、諸大名の呉服所、上層町人の屋敷が多く所在しており、幕府もこれら町人の家屋敷を郊外に移転させることは困難であったと考えられる（『京都府の歴史』県史二六　山川出版社、一九九九年、一八八頁。『室町　その成立と進展』京都織物卸商業組合、一九七九年、三一〜四〇頁）。実際、鴨川堤防沿いや鴨東など郊外へ移転した町は、「都市的生業」を行いえず遊所化する傾向があった（前掲鎌田「近世都市における都市開発――宝永五年京都大火後の新地形成をめぐって――」）。

(71) 『仁和寺記録（御記）』宝永五年六月二十五日条。

(72) 『近衛家雑事日記』（東京大学史料編纂所架蔵写真帳）宝永五年六月二十七日条。

(73) 『速水貞益日記』宝永五年五月二十二日条。

(74) 『庭田重条日記』（宮内庁書陵部所蔵）享保二年七月五日条。「私記一」宝永五年七月六日条。

(75) 『季連宿禰記』（宮内庁書陵部所蔵）宝永五年八月三十日条。

(76) 『妙法院日次記』宝永六年三月二十五日条。

(77) 中筋に面する柳原家では、九月中旬に上棟式を行っている。また、同時期には内丸太町の北小路家、梨木町の三室戸家でも上棟式が行われている（『資堯卿記』〈宮内庁書陵部所蔵〉宝永五年九月十二日、十九日、二十一日条）。さらに、三条西家は、十月初めに新たな屋敷へ移徙しており、日御門通の白川家の屋敷は、十一月末に「普請大方出来」という状況であった（「私記一」宝永五年十月五日条、『雅冬王記』宝永五年十一月二十七日条）。

(78) 大火前の公家町については、桂宮家の家司が大火直後に作製した絵図を参照した（『桂宮日記』宝永五年三月晦日条）。

(79) 平井聖『中井家文書の研究』第六巻　内匠寮本図面篇六（中央公論美術出版、一九八一年）二四二頁。

(80) 『公全公記』正徳二年九月三日条。

(81) 「京都竪横町通之事　正徳五未年改」（前掲『京都御役所向大概覚書』）。

(82) その他、『享保撰要類集』など幕府の法令・先例集からも、幕府が火除けのための空閑地を明地と称していることがわかる（『享保撰要類集』旧幕府引継書影印叢刊一　野上出版、一九八五年）。江戸における火除地の成立・変容についてはつぎの論文を参照。千葉正樹「『御府内沿革図書』に見る江戸火除地の空間動態」（『東北大学国際文化研究科論集』九、二〇〇一年）。

(83) 「御所廻り絵図」（前掲谷『大工頭中井家建築指図集―中井家所蔵本』）。「御所廻り竹矢来之事」（前掲『京都御役所向大概覚書』）。

(84) 『月堂見聞集』第一六巻（続日本随筆大成別巻三　近世風俗見聞集三　吉川弘文館、一九八二年）二七一、二九〇頁。同二二巻、一一六頁。

(85) 前掲『月堂見聞集』第一六巻、二七一頁。『月堂見聞集』第一九巻（続日本随筆大成別巻四　近世風俗見聞集四　吉川弘文館、一九八二年、五頁）。

(86) 「内裏図」（宝暦明和ごろ）（『近世京都の珍しい古地図七種』京を語る会、一九七五年）。

第六章　宝永の大火と公家の集住形態の変容について

はじめに

宝永五年（一七〇八）三月に発生した大火により、京都の市街地は大部分が焼失し、公家町でも内裏・院御所をはじめ多くの公家屋敷が被災した。幕府は火災を契機に大規模な都市改造を実施し、その一環として公家町の再編を行った。前章では、大火を契機とする公家町再編のうち、大火直後に実施された築地之内における道路拡幅、築地之内の南側への拡張、明地の設置について具体的な経緯を明らかにするとともに、このときの再編が公家町の防火対策を意図したものであったことを指摘した。だが、そこでも述べたように、再編前後の絵図を比較すると、大火後には築地之内とその周辺で公家屋敷地が急増しており[1]、再編を防火対策との関係においてのみ評価するのでは不十分だと考えられる。公家町は公家の集住地区であり、再編と公家の集住・居住形態との関係についても検討する必要があろう。

では、先行研究において、この点はどのように論じられてきたのだろうか。

『史料 京都の歴史』では、大火後に公家町が拡大したことを指摘している[2]。だが、地理的な拡大という明瞭な変化を述べるにとどまり、拡大の過程、集住・居住形態との関係については検討していない。

一方、鎌田道隆は、大火後に、寺町通より東、丸太町通より北、鴨川までの間の地区で公家屋敷地が増加したことに言及している。鎌田は大火後の都市開発を論じるなかで、公家町の変化を「江戸幕府の主導になる公家街の拡充・整備の都市策定」として位置づけるとともに、門跡・公家の屋敷地が当該地区へ「所替」となったことについて、「この地域は公家街隣接地として準公家屋敷街という理解があったのだろう」と評価している(3)。鎌田のこうした指摘は、公家町の寺町通を越えた拡大を示唆するものであり、慧眼だといえる。だが、門跡・公家の屋敷地が増加した要因を、大規模な都市改造にともなう替地の給付によるものとしており、実態を正確に説明しているとはいえない。

このように、先行研究は、公家町の拡大が都市計画の一環として行われたという事実を指摘するにとどまっており、再編との関係については十分に議論が深まっていないといえよう。さらに、大火から間もない正徳二年（一七一二）には、築地之内の南西部に火除地として設けられた明地のうち、約半分が多くの公家へ屋敷地として給付された。だが、こうした動きもこれまで検討の対象となっていない。すなわち、宝永の大火後にみられる公家町の拡大、屋敷地の大規模な給付については、基礎的な事実関係の確定をはじめ、再編との関係、幕府の意図、公家の集住・居住形態との関連性など、解明すべき課題が多く残されているのである。

また、かかる論点とともに、大火後の公家の集住・居住のあり方を考える上で注目すべきは、大火が公家社会へ与えた経済的な打撃についてである。宝永期における公家社会の経済状態を詳細に明らかにすることはできないが、当該期にはすでに公家社会全体が経済的に困窮していたという矢野健治の指摘をふまえるならば(4)、大火が公家社会へ与えた影響は無視できないものであったと考えられる。そして、こうした大火による経済的な困窮が、公家の集住・居住形態に影響を及ぼした可能性も十分に想定でき、この点もあわせて考察する必要がある。

以上のような問題関心にもとづき、本章では、大火後の公家町拡大、公家屋敷地の増加について事実関係を明らかにし、公家町再編との関係を解明することを第一の課題として設定する。さらに、大火は公家の集住・居住形態に多大な影響を及ぼしたと考えられることから、大火後に公家の集住・居住形態はいかに変容したのか、それに対して幕府はどのように対応したのかについて論じることを第二の課題としたい。

一　公家町再編と公家屋敷地の増加

宝永の大火後、多数の公家から屋敷地の拝領・拝借、増地願いが提出された。その総数は不明であり、朝廷・幕府の対応が判明する事例もごく限られるが、宝永五年（一七〇八）中には少なくとも小川坊城家・桂宮家・非蔵人北小路家・白川家・滋野井家・九条家・上冷泉家・清岡家・外山家の九家が願書を提出したことが確認できる。(5)これに対して朝廷・幕府は、桂宮家・九条家に増地を与えたものの、(6)宝永五年十一月には、武家伝奏柳原資廉が公家からの屋敷地拝借の要望に対して「御用地之外無之」(7)と答えており、十一月の時点で他の公家からの要求には対応していなかったことがわかる。

だが、その後、幕府はこうした消極的な姿勢を一転し、宝永八年と翌年の正徳二年（一七一二）に、二度にわたる大規模な屋敷地の給付を行った。このときは、後述するように、寺町通以東の地区、さらには築地之内の南西部に設けられていた明地において、計二十四名の公家に屋敷地が与えられた。だが、公家屋敷地に充てるべき敷地が不足していた宝永五年の状況から、かかる大規模な給付がいかにして可能となったのだろうか。さらに、そこには朝廷・幕府のどのような意図があり、再編とはどのような関係にあるのだろうか。

そこで、まず、宝永八年の寺町通以東における公家屋敷地の給付、および正徳二年の大規模な屋敷地給付について、事実関係を確定していきたい。

（1）寺町通以東における屋敷地の給付

寺町通以東の地区では、大火後の都市改造により、二条通以北に位置する寺町通沿いの寺院のほとんどが、鴨東二条新地・内野新地へ移転された(8)。それにあわせて、跡地では新たな街区割りが行われ、御用地として上地された町屋の替地に充てられるなど、都市改造の影響を大きく受けた地区であった。そうしたなかで、宝永八年には、寺町通以東、丸太町通以北、河原町通以西、荒神口以南の地区において、多くの公家へ屋敷地が給付されたのである。

前章で述べたように、大火直後の三月十一日には、築地之内および二階町・梨木町などに居住する公家へ、本格的な屋敷の普請は許可が下りるまで行わないよう命じる触が出されたが、九月上旬にも、同様の触が公家・地下官人・口向諸役人・町人などへ触れられた。

【史料一】『松尾相匡日記』（別記二）（東京大学史料編纂所架蔵写真帳）

猶口上ニ公家衆始仲間中其外御所毎所司之役人・町人迄先不致普請候様ニ、御用地ニ可被成所可有之由、銘々被触之筋ヨリ相達候様との儀也、

大火直後の再編にともない上地の対象となった地区のうち、新たな集住地区となった霊元院・東山院両御所南側の地区では、八月末頃までに屋敷地の引き渡しが完了しており（第一部第五章）、この触の対象となったのは、未だ都市改造が始まっていない地区に居住する公家・地下官人らであったことになる。

そこで注目したいのが、【史料一】の記主松尾相匡の屋敷地の位置である。相匡は寺町通の東側、裏寺町に屋敷地を所持していた(9)。六月頃には、屋敷地が御用地となる予定であることが判明したが(10)、替地の給付を求めて相匡が院伝奏に願書を提出したのは九月八日のことであり、正式に上地が決定したのは九月に入ってからであったと考えられる(11)。すなわち、幕府は寺院の移転を行うなど、裏寺町を含む寺町通以東、丸太町通以北、荒神口以南

の地区の大規模な都市改造を計画したものの、築地之内の復興を優先し、九月上旬頃にようやくこの地区でも普請の開始されることが決定したと考えられる。

当該地区における普請の具体的な過程については、史料的な限界から明らかにできないが、東福門院下屋敷跡地の地下官人・口向諸役人屋敷地が改めて整備されるとともに[12]、譲位を予定していた東山天皇の附武家の屋敷地が、寺町通に面して設けられた[13]。さらに、宝永五年中には霊元院附武家の組屋敷が新三本木町から裏寺町へ移転するなど[14]、計画の目的が、内裏・院御所に勤仕する幕府役人の居住地を集中させることにあったとすることはできよう。その一方で、宝永六年頃の状況を描いた「御築地廻り公家衆屋鋪割絵図[15]」をみると、当該地区には、大火前から公家の屋敷が所在する荒神口、鴨川堤防沿いを除くと、公家屋敷は一軒も描き込まれておらず、再編当初に公家屋敷地を配置する計画はなかったと考えられる。

だが、宝永六年十二月の東山院崩御にともない、院附武家の赤井盤公・日根野弘長が罷免されたことにより、寺町通沿いの屋敷地・組屋敷地は明地となった。そして、それに対応するように、翌年には公家衆から屋敷跡地の拝領・拝借を求める願書が提出されるようになる。ここでは、宝永八年に当該地区で屋敷地を拝領した蔵人北小路俊光[16]に注目し、屋敷地拝領に至る経緯を具体的にみていくこととする。

俊光が最初に屋敷地の拝領を願い出たのは、宝永五年四月十日のことであった。

【史料二】『北小路日記』十九、宝永五年四月十日条（括弧内は筆者、以下同）

祓川佐渡当番故、屋敷願之口上書頼候也、

口上之覚

一、私共義京町宅仕候得者、町義等万端気毒成義とも御座候間、若御明地も御座候ハ丶、拝領奉願存候、右之旨御奉行様へ宜被仰上可被下候、以上、

宝永五年
子四月　北小路能登
北小路石見（俊光）
佐々下総殿
大西播磨殿
祓川佐渡殿

このとき俊光は、再編により明地が発生することを予想し、屋敷地の拝領を願い出たと考えられる。だが、前述のように、宝永五年の時点で朝廷に屋敷地を給付する積極的な意思はなく、屋敷地拝領の可否について何の対応もなかった。

だが、俊光は屋敷地の獲得を諦めず、宝永七年二月には出入の同心三輪善蔵へ屋敷地の拝領について相談し(17)、明地の有無に関する町奉行所与力からの情報を得ている。

【史料三】『北小路日記』二十一、宝永七年二月二十一日条

昨日三輪善蔵被申ハ、頼候拝領屋敷之事町奉行与力ニ尋候へハ、寺町ニ三百坪斗ノ二所、河原町辺ニ一所有之由、所ハ不申　禁中へ勝手能近所ニ拝領申度と斗申可然由被申キ、

ここからは、宝永七年二月の時点で、寺町通周辺に三百坪程度の明地が二箇所、河原町通周辺に一箇所あったことがわかる。これらの所在地は記されていないが、寺町通、河原町通周辺に所在する大規模な敷地であることから、東山院附武家の屋敷跡地であった可能性が高い。

こうした情報を受け、俊光は、同じく蔵人であった錦小路頼庸・小森頼方と相談の上、両人とともに屋敷地の拝借を摂政近衛家熙へ願い出た。

【史料四】『北小路日記』二十一、宝永八年二月二十七日条

御所近所ニ明地も御座候ハヽ、屋敷地拝借奉願候、先年藤井民部権大輔（兼充）于時猪熊極﨟二百坪余拝借被仰付候、坪数夫ニ被相准拝借仕候様ニ奉願候、宜願御沙汰候、以上

二月

庭田（重条）前大納言殿

高野（保春）前大納言殿

丹蔵人（錦小路頼庸）・新蔵人（小森頼方）同道　摂政殿へ参千石兵衛ヲ以申上、則願書も懸御目、御対面、此書付之通尤ニ思召候、勝手次第持参可仕由仰候也、

当該期には、堂上公家からも同様に屋敷地の拝領・拝借の願いが出されている。八月には、滋野井公澄・梅小路共方・上冷泉為綱・町尻信方が願書を武家伝奏へ提出し[18]、閏八月に、小川坊城俊清が東山院附武家の屋敷跡地の拝借を願い出た[19]。これらの公家はいずれも東山院の崩御後に願書を提出しており、俊光が町奉行所から明地に関する情報を得ていること、俊清が拝借を希望する敷地を東山院附武家の屋敷跡地としていることをふまえるならば、いずれも院附武家の屋敷跡地獲得を狙った動きとみることができよう。

こうした公家衆からの屋敷地給付の要望を受け、宝永八年四月には、院附武家の屋敷跡地を中心とした大規模な屋敷地の給付が決定した。この間、朝廷・幕府間でどのような交渉があったのかは不明だが、霊元院の院伝奏・院評定衆を勤める公澄・共方・為綱は、霊元院附武家を通して京都所司代松平信庸の内諾を得た上で願書を提出しており[20]、幕府側も、同時期には院附武家の屋敷跡地を給付することを決めていたと考えられる。

このときは、町尻兼量・大原栄顕・錦小路頼庸・小森頼方・北小路俊光に拝領地、小川坊城俊清・滋野井公澄・梅小路定喬・上冷泉為綱に拝借地が与えられることとなり[21]、六月三日には屋敷地の引き渡しが行われた[22]（後掲図1）。

（2）明地の公家屋敷地化

ついで、大規模な屋敷地の給付が行われたのは、正徳二年九月であった。

同年六月二十九日、所司代松平信庸は武家伝奏庭田重条・徳大寺公全に対して、つぎのように指示した。

【史料五】『公全公記』正徳二年六月二十九日条

庭田亜相（重条）同被参彼是談候処、両武家へ出逢之処、紀州（信庸）被申候由、父子同居之衆拝借屋敷地作事有之ハ、其儘被拝借候衆ハ其書出両人方へ被出、又ハ作事無之も只今息無之候而も行末息有之時のため拝借之願候ハ、書付被指出候様ニとの事候、只今迄ハ其願無之候、両人方迄へ成とも出候者宜候由也、

すなわち、①父子が同居する公家のうち、拝借地で作事を行っており、そのまま拝借を望む者、②拝借地での作事は行っていないが、そのまま拝借を希望する者、③将来子息が誕生・成長した時のために屋敷地の拝借を希望する者は、いずれも武家伝奏まで書付を提出せよというものであった。

それを受けた武家伝奏は、公家衆へ触を廻しそれぞれの希望を尋ねた(23)。さらに、七月二十一日には禁裏附が各公家から提出された書付を確認し、屋敷地給付の対象となる公家を内定している(24)。そして、九月には庭田重条・小倉雅季・石山師香・藪嗣義の四名に拝領地、久我通名・徳大寺公全・中山篤親・櫛笥隆真・高倉永重・綾小路有胤・六条房忠・花園公晴・竹屋光忠・芝山広豊・日野西兼栄・七条信方の十二名に拝借地が与えられた(25)。このとき屋敷地に充てられたのは、烏丸通沿いの明地、および堺町御門南側の明地のうち、築地之内に面する部分であった（後掲図1）。

だが、ここで注意しておきたいのが、このとき屋敷地を拝借したすべての公家が、【史料五】で提示された条件に合致したわけではないということである。後述のように、日野西兼栄は、宝永八年六月にすでに屋敷地の拝借を願い出ていた。さらに拝借の理由として老母との同居を挙げており、右の条件とは一致していない。した

がって、このときは、前年の大規模な屋敷地の給付以降に願書を提出した公家、および今回武家伝奏の通知を受けて願い出た公家のなかから給付の対象が選ばれたと考えられる。

二 大規模な屋敷地給付の目的と背景

以上、公家町再編後に進められた公家屋敷地の大規模給付について、事実関係の確定を行ってきた。だが、以上の説明では、なぜこの時期に大規模な屋敷地の給付が行われたかという点については論じ切れていない。そこで、つぎにこの点について考えてみたい。

(1) 公家の居住形態の抱える課題

宝永八年(一七一一)の屋敷地給付については、屋敷地を拝領・拝借した公家・地下官人のうち、錦小路頼庸・小森頼方・北小路俊光と、小川坊城俊清の提出した願書の内容が具体的に判明する。頼庸・頼方・俊光が屋敷地を必要とした理由は、彼らが提出した願書(【史料四】)には記されていない。だが、彼らはいずれも、大火前に町人地に居住しており[26]、そのことが拝借を希望した要因であった可能性が高い(実際には屋敷地を拝領する)。他方、小川坊城家の場合は、俊清が後に提出した口上覚書から、「親子同居本宅狭候ニ付」という理由で拝借を願い出たことがわかり[27]、息子俊将と別居するためであったとすることができる。

これに対して、屋敷地を給付した幕府側の理由は、拝借の場合のみではあるが、明らかとなる。京都所司代松平信庸が武家伝奏庭田重条・高野保春へ、給付の対象となった公家の顔ぶれを伝えた口上覚書によると、その理由は「老母・父子同居ニ付而願之通拝借地被仰付候[28]」というものであり、幕府は、老母または父子同居という居住形態をとる公家へ優先的に給付したとすることができる。

一方、正徳二年（一七一二）の屋敷地給付をみると、屋敷地を拝領した公家のうち、庭田重条・藪嗣義は大火以前から拝領地を所持しておらず[29]、かかる公家に優先的に給付されたと考えられる。また、拝借の理由は、日野西兼栄（資敬）の提出した願書から確認できる。

【史料六】『日野西資敬日記』（宮内庁書陵部所蔵）宝永八年六月十一日条

兼栄屋敷狭少、其上老母同居仕令難儀候、何方にても屋敷地拝借仕度候、只今迄拝借・拝領之儀無御座候、尤只今之屋敷買得地ニ而御座候間頼入存候、宜願御沙汰候、已上、

六月十一日　兼栄

庭田前大納言殿（重条）

高野前大納言殿（保春）

それによると、兼栄が屋敷地の拝借を願い出たのは、現在居住している屋敷が狭小である上に、老母との同居によってさらに屋敷が狭くなり難儀しているという理由からであった。

すなわち、宝永八年・正徳二年に屋敷地を拝領したのは、いずれも町人地に居住していた公家・地下官人であったと考えられ、拝領屋敷地を所持していなかったことが、給付の理由であったとすることができる。それに対して、拝借の対象となった公家は、二世代同居という共通の問題を抱えていた。さらに、その多くは、小川坊城家や日野西家の事例が示すように、二世代が同居するには不十分な規模の屋敷地しか所持していなかった可能性が高い。

それでは、当該期に二世代同居という居住形態をとる公家は、実際にどの程度いたのだろうか。柳原資堯は日記のなかで、宝永の大火で被災した公家の名前・居住形態を書き上げている[30]。そこで「父子同居」と記された公家は、七十九名のうち約三割にあたる二十六名にのぼることがわかる。ここに老母同居の公家は含まれておらず、

それを合わせると、この割合はさらに高くなると考えられる。大火前には、父子・老母同居という居住形態をとる公家が相当数いたのである。

（2）公家の町人地居住が抱える課題

二世代が同居する公家が世代ごとに別の屋敷を構えるためには、屋敷地を拝借できない場合、町人地で屋敷を獲得しなければならなかった。だが、それにはある程度の経済的な余裕とともに、屋敷が所在する町の許可が必要であり(31)、屋敷の獲得は必ずしも容易ではなかったと考えられる。

元禄十五年（一七〇二）、西洞院時成は、武家伝奏へ以下の口上覚書を提出している。

【史料七】『資廉卿記』元禄十五年閏八月二十五日条

西洞院口状、

口上覚

時成唯今之借宅本阿弥六三郎家去三月売払、従当家家主立離候様ニと切々催促申候、因茲方々借宅致才覚候へとも、家主者同心仕候処も町中堂上者合点不仕何共難儀仕候、今度中長者町通新町西へ入中之町升屋又三郎家借宅望申候処ニ、是も家主者成程借可申由申候へとも町ニ合点不申、ケ様ニ而者借宅有兼迷惑仕候、何とそ御了簡被成候而右之借宅相調候様ニ頼入存候、以上、

後八月二十一日　　　時成

柳原前大納言殿（資廉）

高野前中納言殿（保春）

ここからは、時成の借屋する屋敷を家主本阿弥六三郎が売り払ったため、時成が方々の町人に借屋を依頼した

ところ、いずれも家主は承知したものの、町中が堂上公家へ屋敷を貸すことに難色を示し、借屋できなかったことがわかる。こうした状況に対して、時成は武家伝奏へその旨を訴え、最終的には町奉行からの働きかけにより町中の承諾を引き出さざるを得なかったのである[32]。

このように、右の事例からは、元禄期には堂上公家の借屋を歓迎しない町があり、町奉行の仲介が必要となる場合もあったことを確認できる。そして、こうした公家の借屋に対する町側の対応は、つぎに挙げる土御門家の事例にも共通している。

元禄十五年九月二十五日、武家伝奏高野保春は、土御門泰福が居所を替える予定であることを禁裏附へ伝え、翌日には禁裏附から所司代へその旨が報告された[33]。しかし、十月一日に、泰福は武家伝奏へつぎのように届け出た。

【史料八】『資廉卿記』元禄十五年十月朔日条

土御門三位(泰福)借宅之義ニ付口状被出、家主ハ合点仕候へとも町中同心不仕、殊ひなや同心不申不相調由書付被出、町奉行町人共召寄被相尋処ニ家主も曾同心不申之由段々申分有之、ケ様之相違不宜段従紀州(松平信庸)能州(曾根長堅)へ被申由今日於　御所高野(保春)被聞、則其由被申越、

すなわち、泰福が町人へ借屋を依頼したところ[34]、家主はそれを承知したが町中に断られたというものであった。ところが、その報告を受けた町奉行が家主・町中に尋ねたところ、泰福の借屋については家主・町中とも反対であったことが明らかとなった。土御門家がこうした虚偽の報告を行った理由は不詳だが、西洞院家の事例をふまえるならば、家主の承認さえ得られれば、最終的には町奉行が町中との仲介に入ることにより借屋が可能となるという思惑のあったことが想定できる。いずれにせよ、町が堂上公家の借屋を歓迎しないのは、西洞院家や土御門家に対してだけではなく、堂上公家一般に対しても同様であったと考えられる。

以上、判明する事例は少ないものの、大火前の公家社会では、二世代が同居するには屋敷が狭小だが、町人地で借屋を探すのは公家の借屋を歓迎しない町があり困難である、という状況が生まれていたことがわかる。堂上公家の借屋が、家主や町中により拒絶される事例は寛文期にはすでにみられるが[35]、元禄七年に各公家が居住地を武家伝奏へ届け出ることを義務づけられたことで、転居の際の借屋をめぐる町との問題がより表面化したものと考えられる（第一部第四章）。

以上のことを前提とするならば、二度の大規模な屋敷地給付が実施された背景には、公家社会の抱える二つの課題があったとすることができる。すなわち、狭小な屋敷への二世代同居、および町人地における屋敷地獲得をめぐる町方社会との軋轢という課題である。そして、幕府がそれらを構造的な問題として捉えたことが、二度にわたる積極的な給付へつながったと考えられる。

（3）公家町再編における屋敷地給付の位置づけ

以上、宝永八年・正徳二年に行われた大規模な屋敷地給付について事実関係を確定するとともに、給付が進められた背景を明らかにしてきた。ここでは、これまでの議論をふまえて、大火後に進められた公家町再編と、二度の屋敷地給付との関係を検討していくこととする。

まず、宝永八年の屋敷地給付については、①東山院の崩御にともなう附武家の罷免と屋敷の明地化を直接の契機としていること、②屋敷地給付の要望は公家の側から行われていること、③屋敷地を拝領・拝借した公家の約半数が、宝永五年にも給付を希望していること、④東山院附武家の屋敷跡地獲得が目指された可能性の高いこと、⑤二世代が同居する公家へ優先的に屋敷地が給付されたことを指摘できる。これらのことから、宝永八年の屋敷地給付は、東山院の崩御という予測不可能な出来事を契機としており、大火直後から計画的に進められたものではなかったと考えられる。

さらに、このときの屋敷地給付を考える上で参考となるのが、宝永四年の京都火消御番屋敷跡地における大規模な屋敷地の給付である。その際も、多くの公家が、京都火消御番の廃止により明地となった役屋敷跡地の給付を求める願書を提出し、結果として大規模な給付が実現した（第一部第四章）。幕府が屋敷地を給付した理由は不明だが、築地之内周辺に明地が発生した場合、公家がそれを屋敷地として給付するよう求めるのは一般的な対応であったといえる。よって、このときの幕府の対応は、宝永四年と同様、多くの公家から出された屋敷地給付の要望に応えたものと理解することができよう。

つぎに、正徳二年の屋敷地給付については、⑥幕府主導による屋敷地給付であること、⑦屋敷地の用地として築地之内の南西部分に設けられた明地を充てていること、⑧二世代が同居する公家、将来的に二世代同居が予想される公家に優先的に屋敷地が給付されたことを指摘できる。これらのうち⑥⑦から明らかなように、給付は幕府主導により行われ、公家からの要望への対応という宝永八年の事例とは異なる。しかしながら、給付は前年に引き続き行われ、かつその目的も共通しており、そこに幕府の一貫した姿勢を窺うことができる。すなわち、正徳二年の給付は、幕府が前年の給付の過程において公家の居住形態が抱える問題と、屋敷地の需要を明確に把握し、それらを解決するためにふたたび実施したものと考えられる。その意味では、二度にわたる屋敷地の給付は、一連の政策として位置づけられよう。

さて、そこで問題となるのが、かかる幕府の政策と、大火後の公家町再編との関係である。再編は、前章で述べたように、大火前からの懸案であった公家町の防火対策を目的としたものであった。それに対して、屋敷地の給付は、東山院附武家の屋敷地が明地となったことを契機として、幕府が公家の居住形態の抱える問題を明確に把握したことがその背景にあり、防火対策と同時並行して立案された計画ではなかったと考えられる。すなわち、

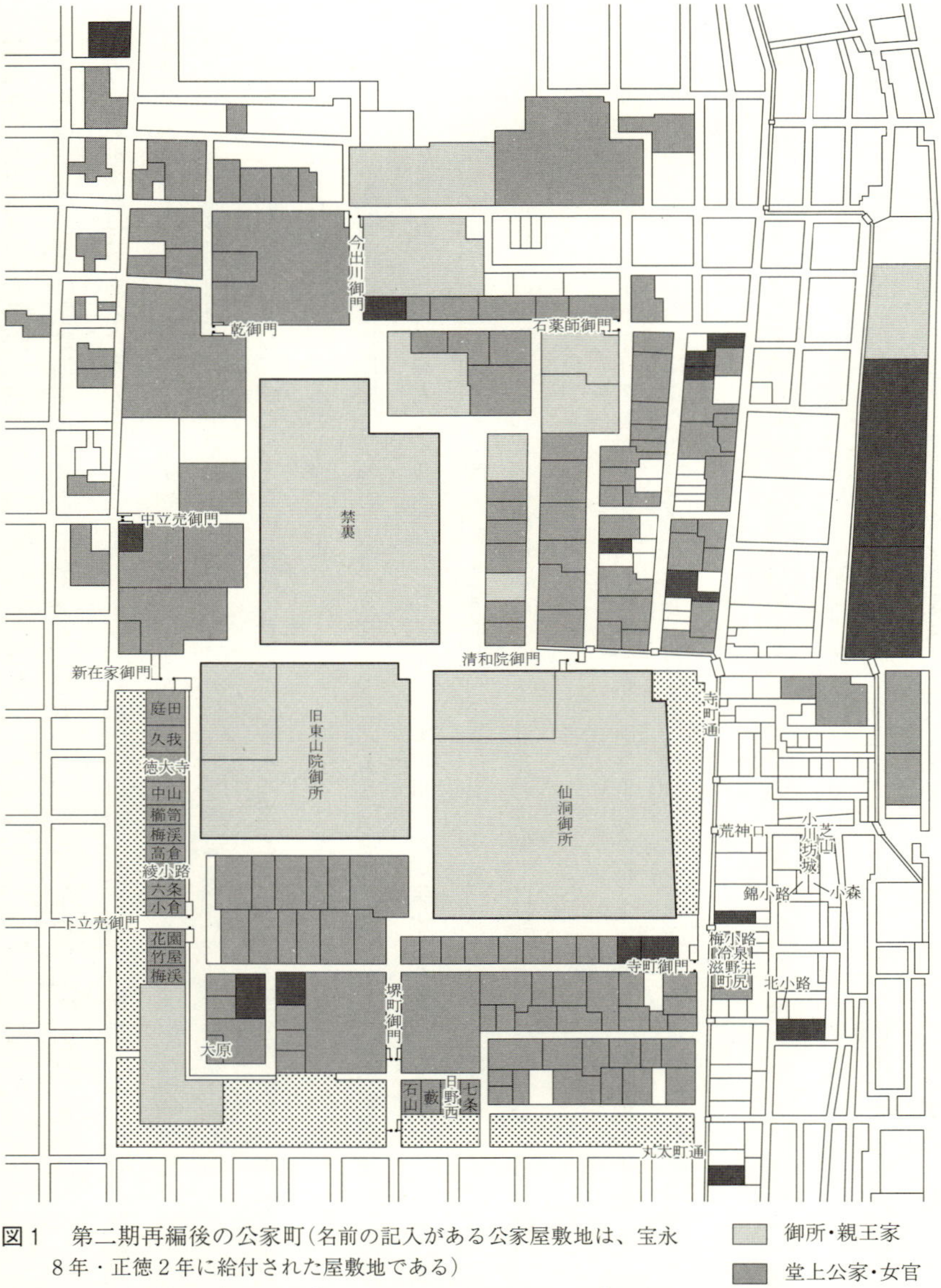

図1　第二期再編後の公家町（名前の記入がある公家屋敷地は、宝永8年・正徳2年に給付された屋敷地である）

「正徳三年公家町絵図」（平井聖編『中井家文書の研究』第六巻　内匠寮本図面篇六　中央公論美術出版、1981年）、「御築地廻り公家衆屋鋪割絵図」「御所廻絵図」（谷直樹編『大工頭中井家建築指図集—中井家所蔵本』思文閣出版、2003年）をもとに作成

防火対策と二度にわたる屋敷地給付とは、直接の関連はない個別の政策として理解する必要がある。とはいえ、両政策の実施により、公家町の地理的範囲、街区構成が大きく変化したこと、公家町の空間構成が、正徳期以降近世を通して基本的には変化しなかったことをふまえるならば、宝永五年から正徳二年にいたる一連の政策を公家町再編と評価するのが妥当であろう。よって、本書では、宝永五年から六年にかけて進められた築地之内の道路拡幅・明地の設置を第一期、宝永八年・正徳二年の屋敷地の給付を第二期の再編と位置づけておきたい（図1）。

三　公家の集住・居住形態の変容と幕府の対応

このように、第二期の公家町再編において、屋敷地を所持していない公家、二世代が同居する公家を対象とした大規模な屋敷地の給付が行われた。それにより、公家社会の抱える居住形態に関する問題は解消するはずであった。だが、火災による経済的な打撃を受けた公家社会は、大火前の状態に容易には戻ることができず、その集住・居住形態は大火前と比べて大きく変化することとなった。

そこで、以下では、経済的な打撃を受けた公家の集住・居住形態が、どのように変容したのか、そして、そうした状況に対して朝廷・幕府がいかに対応したのかをみていきたい。

（1）築地之内の空洞化

享保六年（一七二一）閏七月、所司代から武家伝奏を通じて、公家衆へつぎの触が廻された。

【史料九】『基長卿記』享保六年閏七月十三日条

一、両伝奏有文、申渡義有之、侍一人可遣由也、則家来差遣処、松平伊賀守《忠周》演説之書付一通被相渡、明日人々

へ可相触也、為用意今夜被相渡之由也、小川土佐守相渡候由、

口上

堂上方之内、拝領屋敷被明置、所々囲等茂不被致衆茂相見江、築地廻リ見分茂不宜、先年火事以後余程之年数ニ候処、于今作事之様子も不相見、偏々与被明置、町屋なとニ被致住居候儀者不可然存候、惣而堂上方之作事、小身之衆迄茂格式を被存分限不相応ニ候故、催し手間取候ニ付、普請茂延引候与被存候、（中略）何様ニ茂軽ク作事致され、拝領地者明ケ被置間敷事ニ候、心ニ掛候ハ、是迄延引者有之間敷被存候、（後略）

【史料九】からは、享保六年における公家の集住・居住形態について、①築地之内に、宝永の大火以来明地のままとなっている屋敷地があること、②築地之内で屋敷を造営していない公家のなかには、町屋に居住するものもいること、③幕府は公家衆が屋敷の造営に取りかかれない要因を、「分限不相応」な屋敷の造営を志向していることに求めていることを読み取ることができる。すなわち、公家町再編にともない築地之内の整備が進み、大規模な屋敷地の給付も行われたが、公家のなかには、大火から十三年後の享保六年になっても屋敷を造営できない者がおり、築地之内は、明屋敷地が非常に目立つ空間へと変貌していたのである。

それでは、なぜ築地之内において屋敷の再建が進まなかったのだろうか。

公家衆が屋敷を再建できない状況は、大火直後から確認できる。東園基長は大火後の公家社会の様子について、つぎのように記している。

【史料十】『基長卿記』宝永五年六月十六日条

自或人許、今度焼失之諸家拝領金銀之書付借寄一覧了、昨日記之通無相違誠以厚恵之善政歟、雖然当時不如意諸家々屋難帰始、曾亦類焼諸家多、以屋敷被移改云々、

大火後、屋敷が類焼した公家には、幕府から金子が与えられた。だが、経済的に困窮する公家が自力で屋敷を

造営することは容易ではなく、もとの屋敷に戻ることができない状況にあったのである。さらに、一条兼香は、屋敷の再建が進まない要因を公家の禄高の規模にあるとみており（後掲【史料十六】）、家禄の低さによる困窮も再建が進まない原因となっていた。公家のなかには、平松家のように縁家である島津家の経済的な援助を受けて屋敷の再建に取りかかれた事例もあったものの、(36)大火によって経済的な打撃を被った公家にとって、自力で屋敷を再建することは容易でなかったことは確かであろう。それに加えて、より禄高の低い公家にとっては、屋敷再建のための費用捻出自体が困難であった可能性が高い。こうした状況のもとで、家禄の少ない公家を中心に築地之内からの流出が進んだと考えられる。

また、経済的な困窮が原因であったかどうかは不詳ながら、築地之内での屋敷再建を放棄し、町人地に居住する公家がいたこともわかる。たとえば、西園寺家は西院参町に屋敷地を所持したが、大火以降は本阿弥図子に買得した屋敷に居住しており、築地之内の屋敷地は明地のままであった。(37)愛宕家も、西武家町南側に位置する屋敷地に屋敷を造営しておらず、正徳五年（一七一五）には屋敷地替えを願い出た。(38)その後も、享保二年には新烏丸通荒神前下ルの乾伝兵衛という町人の屋敷に居住しており、(39)このときまで築地之内に屋敷を造営していなかったことがわかる。さらに、正親町家も、大火後は清和院口の拝借地に居住しており、築地之内の日御門通に面する屋敷地は明地のままとしていた。(40)その他に、飛鳥井家も中筋の屋敷地には屋敷を造営していないことが確認できる。(41)

このように、当該期には屋敷を造営できない、あるいは造営しない公家が町人地へ流出した。さらに、第二期の再編において大規模な屋敷地の給付が行われたが、後述のように、その対象となった公家の多くは屋敷地を明地のままとしていたこともあり、享保期までに築地之内の空洞化というべき現象が進行していたのである。

一方、【史料九】において、幕府は、公家衆が築地之内から町人地へと流出した要因として、公家が「分限不相応」な屋敷の造営を志向していたことを挙げていた。ここでいう「分限不相応」とは、家格を超えた豪華な造作を指すものと考えられる。かかる屋敷造営の傾向について、興福寺の僧侶はつぎのように記している。

【史料十一】『宝永三年丙戌正月以来日並記』（国立公文書館内閣文庫所蔵）宝永五年三月十一日条

一、醍醐大納言《冬熙》御殿去々年御縁家宗対馬守《義方》殿ゟ結構ニ新造已後御婚礼相済了、近年堂上方ノ御家作ニハ無双美々敷造立之処ニ今度類火、笑止千万総無語儀也、

大火前の醍醐家の屋敷は、縁戚関係にあった対馬藩主宗義方により立派に造営されたものであった。さらに、こうした屋敷の造営は、醍醐家にとどまらず他の公家も同様であったとも記している。大火前には、経済的に没落する公家がいる一方で、縁家の大名からの援助などを背景として経済的に安定し、より豪華な屋敷の造営に力を入れる公家もいたのである。たとえば、元禄七年（一六九四）には、大炊御門経光が屋敷内の殿舎に三階を増築し、幕府から撤去を命じられている(42)。このときは三階建ての殿舎が「世上仰山評判」(43)となっており、それが問題となったと推測される。さらに、元禄十二年にも鷲尾家が家格に見合わない「事外奇麗」な表門を造営したことが問題となり、所司代は武家伝奏へ、今後は屋敷の作事についても報告するよう命じた(44)。元禄期には公家屋敷の造営にも幕府が関与せざるをえない状況が生まれていたのである。これら二家が縁家の大名から援助を受けていたかどうかは定かではないが(45)、当該期の公家がより豪華な屋敷の造営を志向していたことは確認できる。

こうした縁家の援助による豪華な屋敷造営に対して、幕府は大火後さらに規制を強めていった。つぎの史料は、享保二年に松平忠周が所司代に就任した際の老中奉書である。

【史料十二】「〔京都所司代勤役心得申渡覚〕」『信濃国上田松平家文書』整理番号二八二

覚

一、禁中幷公家衆作法之儀前々被

仰出御法度書弥相違無之様ニ可相心得事、
一、禁中方江被附面々　御所方御作法諸事承候様ニ可被申渡事、
一、公家衆諸大名と内縁有之面々家作其外常式之儀ニ至而も格別ニ取持たれ候儀者有之間敷事、
以上、
享保二年十一月朔日　水野(忠之)和泉守
戸田(忠真)山城守
久世(重之)大和守
井上(正岑)河内守
土屋(政直)相模守
松平(忠周)伊賀守殿

第三条目では、公家衆が縁家の大名の援助により豪華な屋敷を造営しないよう統制することを求めている。この条目は、前所司代であった水野忠之が就任するにあたって発給された老中奉書には記載されておらず[46]、老中となった忠之の意向によりこのとき書き加えられた可能性がある。後述のように、享保二年になっても築地之内で屋敷の造営に着手していない公家は多く、これはそうした公家の屋敷再建を念頭に置いたものと考えられ、当該期の幕閣が、公家のかかる志向をいかに重大な問題として認識していたかがうかがえる。

とはいえ、大火による経済的な打撃を受けた公家社会において、各家がその経済力を超えた「無双美々敷」屋敷を再建することは、困難となっていた。【史料九】に掲げた閏七月の触でも、こうした屋敷の造営を志向することが、再建が進まない要因として挙げられており、被災した公家に、かかる屋敷を造営するだけの経済的な余

力は残っていなかったと考えられる。さらに、大名などと縁戚関係を結んでいた公家にとっても、屋敷の再建は容易でなかった。【史料十一】で批判の対象となっていた醍醐家も、大火後は屋敷の再建に着手できず、宗家の京屋敷に居住し続けている。その後、享保元年頃に屋敷地買得と屋敷造営の費用を宗家が負担したことにより、ようやく屋敷を再建することができた(47)。

(2) 幕府による屋敷地政策の転換

では、かかる築地之内の空洞化というべき現象に対して、幕府はどのように対応したのだろうか。

宝永八年・正徳二年の二度にわたり屋敷地が給付された後も、公家衆からは、屋敷地拝領・拝借の願いが断続的に朝廷へ提出された。特に、二度目の給付以降、正徳五年までには、少なくとも十二家が給付を願い出ていることがわかる(48)。だが、正徳四年七月、武家伝奏が所司代松平信庸へ屋敷地の給付について相談したところ、信庸は「最早場所も有之間敷候、然とも先預リ置候(49)」と述べており、このときまでに給付可能な屋敷地が不足する事態となっていた。ただし、信庸は公家衆から提出された願書を預かるよう指示しており、機会を捉えた屋敷地の給付を続行する意志はあったと考えられる。

だが、信庸の後を襲い所司代に就任した水野忠之は、公家衆から断続的に給付を求める願書が提出される状況に対して、就任直後から屋敷地拝領・拝借の実態把握に着手した。正徳五年二月、忠之は、堂上公家・親王・門跡・尼門跡に対して、官位、家族構成などとともに、それぞれの所持する屋敷について報告するよう求めた(50)。さらに、四月十三日には、先日報告した他にも各公家が拝領・拝借屋敷地を所持していないかどうか議奏へ尋ねており、議奏からはこの点について報告するよう公家衆へ触が廻されている(51)。

その後の所司代の対応は不明だが、屋敷地の実態把握に関する調査自体は継続していたと考えられる。享保二年七月一日、忠之は武家伝奏へ、公家が居屋敷のほかに拝借地を獲得できるようになった時期について尋ねており(52)、公家屋敷地のうち拝借地に対象を絞って調査を行おうとしていたことがわかる。これを受けた武家伝奏庭田重条・徳大寺公全は、公家衆へつぎの触を回して回答を求めた。

【史料十三】『庭田重条日記』享保二年七月四日条(53)

一、梅小路(共方)・東園(基長)へ連名之書付を以て　法皇御伺候之衆中居屋敷之外御拝借地有之方々被書付可被差出之由申遣之、

口上覚

御居屋敷之外ニ御拝借地御願相叶候御方ハ何連之年月ニ而御座候哉、御考御書付可被仰聞候、右之段水野和泉守殿ゟ尋来候間七日頃迄ニ可被示聞候、此段

法皇様御伺候之御方様へも御伝達可被成候様、各迄可申入旨両伝被申付候、以上、

七月四日　両伝雑掌

梅小路前中納言様

東園前中納言様

御雑掌中

追而御拝借地無之御方ハ御口上ニ而御届可被仰聞候也、

これに対して、各公家からは屋敷地拝借の時期、拝借の有無について回答が寄せられ、七月八日には武家伝奏から忠之へ手渡された(54)。

さらに、同時期に忠之は、拝借地の又貸しを願い出た風早公長に先例の有無を提出するよう求めており、幕府側は拝借地の全体的な把握だけではなく、制度自体の明確化も狙っていたと考えられる(55)。

この後、幕府内でどのような議論が行われたのかは、史料的な限界から明らかにできないが、享保四年十月十六日、武家伝奏中院通躬は、忠之の後任となった松平忠周との対談において、つぎのような内容を記した書付をみせられている。

【史料十四】『中院通枝記』（京都大学附属図書館所蔵）享保四年十月十六日条(56)

其序、諸家只今迄拝借地可被上旨事、町宅住居如何旨申来書付被為見之、

この書付は、幕閣から送られてきたものと考えられ、公家の拝借地を上地すること、公家の町人地居住は問題であることを伝えたものであった。【史料十四】で確認できるのはここまでだが、こうした幕府の意向を受け、武家伝奏が公家衆へ廻した触からその詳細が明らかとなる。

【史料十五】『後中内記』享保四年十月十七日条

両伝有触、

其趣、堂上方之内拝領屋敷ニ住宅無之町屋抔ニ被致住居之衆茂有之候、左様之儀有間敷事之間、速々拝領屋敷へ被引移可然事、

一、堂上方之内拝借地ニ茂有之候、右拝借地家作も無之被明置候茂有之候者、此度被差上候様ニ可被致候、拝借地ニ家作有之住居被致之衆者早速被差上候儀可為難義候間、家作致置候節いか成共拝借地者可被差上候事、右之通松平伊賀守殿（忠周）ゟ申来候、拝借地・拝領地之訳幷家作無之明地ニ而在之之方御書付被成来ル二十二日三日比迄へ徳大寺亭へ可被差出候、右之趣各迄可申入旨両伝被申之間如此御座候、以上、

十月十六日　　中院家雑掌・徳大寺家雑掌

ここからは、幕府が各公家へ①拝領屋敷に居住せず町屋に住んでいる公家は、速やかに拝領屋敷へ移ること、②明地のままとなっている拝借地は返上すること、③現在家作がある拝借地については、他の屋敷へ移る際に返

上することを命じたことがわかる。すなわち、当該期における築地之内の空洞化をふまえるならば、幕府の意図は、築地之内から流出した公家を還住させるとともに、明屋敷地をなくすことにあったと考えられる。この時点で、幕府は正徳期までの積極的な屋敷地の給付から、屋敷地の拝借を禁じる方向へと政策を転換させたのである。さらに、このときの幕閣には、所司代を勤めた水野忠之が老中として入閣していた。かかる幕府の決定には忠之の意向が反映されていた可能性が高く、正徳五年以来の拝借地に関する調査と、今回の拝借地の上地とは一連の政策とみなすことができよう。

　こうした幕府による政策の転換について、一条兼香はつぎのように記している。

【史料十六】『兼香公記』（東京大学史料編纂所所蔵）享保四年十月十七日条

一、抑拝借地人々今日以廻文見之、去文昭院（徳川家宣）御代依公武御定其人々給之于時諸司代、紀伊守也、而今度被取上処、以後何可立御用哉、又拝借面々可眼驚、又拝領地人々不作事儀今日堂上録（ママ）軽何日可立哉、又町宅人々者町人輩令借之輩依及難儀哉、一堂上身分不相応依家哉如何、何当家如此事無之可祝也、

【史料十六】からは、上地の主な対象が、徳川家宣の時代、すなわち第二期の公家町再編において給付された屋敷地と認識されたことがわかる。また、このときの上地は、「家作」を行っていない明屋敷地を対象としたことをふまえるならば、第二期再編で給付された屋敷地の多くが明地のままであったとすることができよう。

　とまれ、幕府は、享保期に政策を大きく転換させ、公家に拝領屋敷への還住を促すと同時に、拝借地を上地することとしたのである。これまで、幕府は、公家の居住地について朝廷の自主的な対応に委ねてきた（第一部第三章）。だが、大火が公家社会に及ぼした経済的な打撃によって、公家の集住形態は幕府の思惑を越えて変容し、築地之内の空洞化を招くこととなった。ゆえに、幕府としては、公家の築地之内への還住、拝借地の整理を進め、大火前の集住形態へ戻すために、こうした政策の転換を行わざるを得なかったと考えられる。

とはいえ、結果的には、①②のいずれも幕府の思惑通りに実現することはなかった(57)。つぎの触は、約二年後の享保六年閏七月に、武家伝奏から公家衆へ廻された触である。

【史料十七】前掲『基長卿記』享保六年閏七月十一日条

一、中院・中山前亜相ゟ触状来、

最前堂上方拝借地之分者被差上候様ニ相達候得共、前方相渡候節拝借地之訳不分明義茂有之、其上拝領屋敷江入変り候所茂候付而、只今迄之拝借地者其儘拝借被仰付候、向後拝借地之儀者何と急度其趣相立候願者格別先者不相調事ニ候条此旨堂上方え相達可被置候、

口上

別紙書付之通松平伊賀守ゟ申来候、

洞中祗候之衆中江御伝達可有之候、且又拝借屋敷在之面々者今明日中ニ御承知忝之由被書付候而通躬亭江可被示聞候也、

後七月十一日　兼親

通躬

東園大納言様

梅小路大納言様

その内容は、拝借地の上地を中止するというものであった。幕府はその理由として、①屋敷地が拝借地かどうかわからない場合があること、②拝借地から拝領地へと変更されている場合があることを挙げている。だが、この触では上地を中止した理由が詳細に示されていなかったからか、同月十四日にはそれをより明確に記した触が廻された。その前半部分に当たるのが【史料九】であり、つぎに掲げる後半部分から、幕府側が上地を中止せざ

るを得なかった理由が具体的に明らかとなる。

【史料十八】『基長卿記』享保六年閏七月十三日条

（前略）拝領地ニ住居候得者、第一

御所之近辺〆リニ茂罷成事ニ候間、両卿被相談候而、寄々被申達、拝領地江被引移候様ニ可被致候、拝借地ニ作事有之被致住居候衆者、所々ニ無用之作事可被致様茂無之候間、拝領地之囲見苦無之様ニ被取繕可然候、且又拝借地之儀前方承合候節銘々書付被差出候処、買得地之由被書出候衆茂有之候得共、相渡候節之絵図有之候得者決而買得地共難相定候、其上所々より買得地之場所にてハ有之間鋪地茂相見江候、旁以不分明候、前々より堂上方屋鋪之儀者武家とは違改候事無之候故いつの比より紛候儀茂難計候得者いつれ共難決候間、自今者拝領地・拝借地者勿論之儀買得地たりとも相対替之儀容易者可難成候間、其旨を被存自然無拠子細茂有之候ハヽ、両伝奏江被相達差図次第ニ致され可然候、此段も各江可被相達候、

すなわち、上地が中止に至った要因は、公家・武家双方ともに、築地之内の屋敷地が拝領地・拝借地・買得地のいずれかであるかを判断できなくなっていたことにあった。第一部第三章で明らかにしたように、公家社会では、近世前期から拝領地の相対替や売買が行われていた。管見の限り、幕府がそれを禁じたという記録はなく、相対替や売買が日常的に行われていたと考えられる。また、享保期に屋敷地の属性が不明瞭となっていたのは、幕府も認識していたように、公家の間で進められた屋敷地の譲渡を朝廷・幕府が管理していなかったためでもあった。そして、かかる状況において、拝借地のみを上地することができないのは自明であり、幕府は、これ以降の屋敷地の相対替を制限するとともに、屋敷地の譲渡を武家伝奏の管理下で行うよう指示するにとどめざるを得なかった。

おわりに

宝永の大火後、朝廷・幕府は、内裏・公家町の防火対策を講じるため大規模な公家町の再編を実施した。さらに、東山院の崩御を契機として、二度にわたる大規模な屋敷地の給付を行った。それにより、公家町の空間は、構造・規模の点で大きく変容したといえよう。本章では、これらをあわせて公家町再編と捉え、それぞれを第一期・第二期再編として位置づけた。このときに成立した公家町の地理的な範囲や街区構成は、基本的に幕末期まで踏襲されており、再編は、近世を通した公家町の空間的な変容過程における大きな画期として理解することができる。

ところで、公家町再編のうち、第二期の再編が実施された背景には、公家の集住・居住形態の抱える構造的な課題があった。それは、①築地之内に所在する屋敷地の規模が狭小であったこと、②さらに、築地之内の屋敷地は数が限られており、結果として公家衆の町人地居住が広範に行われたこと、③だが、都市に居住する町人にとって、公家の町人地居住はあまり歓迎すべきものではなかったことである。幕府が、第二期の再編において、二世代が同居する公家を中心に大規模な屋敷地の給付を積極的に進めたのは、こうした課題の解決に本格的に乗り出したためであったと考えられる。

一方、二世代が同居する公家の多くは、屋敷地の拝借を強く求めたが、実際に幕府による屋敷地給付が行われても、大火後に屋敷を新造するだけの経済力を有する家は、それほど多くなかったと考えられる。さらに、当該期の公家社会は「分限不相応」な豪華な屋敷の造営を志向しており、かかる状況において、築地之内にそうした屋敷を二箇所も構えるのは困難であったといえよう。ここに第二期の再編における幕府の目論見は、早々に潰えたといえる。それとともに、大火で被災した公家の多くが、経済的な打撃から簡単に回復することができず、家禄の低い公家を中心に、築地之内における屋敷の再建を放棄し、町人地に居住する途を選ぶこととなった。その結果、享保期までに築地之内には明屋敷地が増加し、築地之内の空洞化というべき現象が発生したのである。

こうした状況を受けた幕府は政策を転換し、公家が築地之内の拝領屋敷へ還住することを強く求めるとともに、屋敷を造営できない公家から拝借地を上地しようとした。幕府にとっては、築地之内において天皇・院を頂点とする朝廷の身分秩序が可視的に表現されていることこそが重要であった。そのためにも、公家の居住する拝領地以外の屋敷地を上地し、築地之内の秩序を再整備する必要があったと考えられる。だが、朝廷・幕府とも、近世前期を通して拝領地・拝借地、および公家間における屋敷地譲渡の管理を欠いたため、両者を明確に分けて整理することができず、今後の屋敷地管理の強化を指示するにとどめざるを得なかったのである。

（1）「御築地廻り公家衆屋鋪割絵図」「御所廻り絵図」（ともに谷直樹編『大工頭中井家建築指図集―中井家所蔵本』思文閣出版、二〇〇三年）。
（2）京都市編『史料 京都の歴史』第四巻　市街・生業（平凡社、一九八一年）二九～三〇頁。
（3）鎌田道隆「近世都市における都市開発――宝永五年京都大火後の新地形成をめぐって――」（『近世京都の都市と民衆』思文閣出版、二〇〇〇年、初出は一九九六年）。
（4）矢野健治「江戸時代に於ける公家衆の経済（下）」（『歴史地理』六六―四、一九三五年）。
（5）小川坊城家：『日次記』（国立公文書館内閣文庫所蔵）宝永五年三月二十四日条。
桂宮家：『桂宮日記』（宮内庁書陵部所蔵）宝永五年四月四日条。
北小路家：『北小路日記』十九（伊勢神宮神宮文庫所蔵）宝永五年四月十日条。
白川家：『雅冬王記』（宮内庁書陵部所蔵）宝永五年四月十五日条。
滋野井家：『滋野井公澄日記』（京都大学総合博物館所蔵）宝永五年五月五日条。
九条家：『近衛家雑事日記』（東京大学史料編纂所架蔵写真帳）宝永五年六月二十七日条。

冷泉家・清岡家・外山家：『資廉卿御月番御用帳』（東京大学史料編纂所所蔵）。
（6）『桂宮日記』宝永五年六月二十一日条。『近衛家雑事日記』宝永五年六月二十七日条。
（7）『資廉卿御月番御用帳』。
（8）前掲鎌田「近世都市における都市開発――宝永五年京都大火後の新地形成をめぐって――」。
（9）『松尾相匡日記』（別記二）。
（10）『滋野井公澄日記』宝永五年六月二十六日条。
（11）『滋野井公澄日記』宝永五年九月八日条。その後、相匡は、内野に移転した立本寺跡地（今出川通寺町上ル）に替地を給付されている（『松尾相匡日記』（別記二））。
（12）「元百万辺屋敷見分地割絵図」（『中井家文書』〈京都府立総合資料館所蔵〉文書番号二一二）。前掲「御築地廻り公家衆屋鋪割絵図」。
（13）「宝永年間公家町絵図」（平井聖編『中井家文書の研究』第六巻　内匠寮本図面篇六　中央公論美術出版、一九八一年）。
（14）新三本木町の跡地は、下北面を勤める地下官人の組屋敷の敷地となった（『松尾相匡日記』別記二、『速水貞益日記』〈京都市歴史資料館架蔵写真帳〉宝永五年九月十日条）。
（15）前掲「御築地廻り公家衆屋鋪割絵図」。
（16）北小路家は非蔵人を勤めていたが、俊光が別家を創立し、宝永六年には蔵人へ任ぜられた（『北小路家譜』東京大学史料編纂所所蔵）。
（17）『北小路日記』二十一、宝永七年二月十六日条。
（18）『公全公記』（東京大学史料編纂所所蔵原本）宝永七年八月二十四日条。
（19）『日次記』（国立公文書館内閣文庫所蔵）宝永七年閏八月五日条。
（20）『滋野井公澄日記』宝永七年八月十一日条。
（21）『近衛家久覚書』（京都大学総合博物館所蔵）。『滋野井公澄日記』宝永八年四月二十一日、二十二日、六月二日条。このときは、堂上公家だけでなく、女官・地下官人・口向諸役人にも屋敷地が給付された（『近衛家久覚書』、

『北小路日記』二十三、宝永八年六月三日条)。
(22)『滋野井公澄日記』宝永八年六月三日条。『北小路日記』二十三、宝永八年六月三日条。「宝永年間公家町絵図」(前掲『中井家文書の研究』第六巻)。なお、このとき屋敷地を獲得した公家のうち、寺町通以東地区以外で屋敷地を給付されたのは、西武家町南側に屋敷地を与えられた大原栄顕のみであった。
(23)『日次記』正徳二年七月四日、十七日条。
(24)『公全公記』正徳二年七月二十一日条。
(25)『公全公記』正徳二年九月三日条。
(26) 小森頼方は、『新校正御公家鑑』(宝永五年版)によると、御霊辻子(新町通今出川上ル東入ル)に居住していたことがわかる。
錦小路頼庸の居所は、『新校正御公家鑑』(正徳二年版)に、頼方と同じ御霊辻子と記載されている。後述するように、頼庸は享保四年(一七一九)の時点でも拝領地に屋敷を造営していないことから、拝領以前から同所に居住していたと考えられる(『錦小路頼庸朝臣記』〈国立公文書館内閣文庫所蔵〉享保四年十月二十二日条)。

北小路俊光は、笹屋町(麩屋町通竹屋町下ル)に屋敷地を所持していたが、日常的には中岡崎村に居住していた(『北小路日記』六、元禄五年三月二十八日条など)。

なお、『新校正御公家鑑』については、いずれも以下の文献を参照。朝幕研究会編『近世朝廷人名要覧』人文叢書一(学習院大学人文科学研究所、二〇〇五年)。
(27)『日次記』正徳二年八月十八日条。
(28)『近衛家久覚書』。
(29) 庭田重条は、寛文年間に築地之内の中筋にあった屋敷地を日野西家に売却した(『庭田重条日記』〈宮内庁書陵部所蔵〉寛文九年五月一日条)。また、藪嗣義は、宝永四年に押小路師英へ屋敷地を売却している(『大外記師英記』〈国立公文書館内閣文庫所蔵〉正徳三年五月十五日条)。
(30)『資堯卿記』(東京大学史料編纂所所蔵)宝永五年三月八日条。
(31) 公家が町人地に屋敷地を買得するにあたっては、その屋敷地に付いている軒役を負担するか、諸役免除の特権を行使するかのどちらかを選択できた。公家にとって経済的な負担を避けるためには、諸役免除の特権を行使することが最も望ましい方法であったと考えられる。だが、諸役免除は屋敷地所在の町の同意が必要であり、諸役免除の特権を行使しないことが屋敷地買得の条件となっていた町もあった（第二部第一章、同章補論参照）。

(32)『資廉卿記』元禄十五年閏九月十三日条。

(33)『資廉卿記』元禄十五年九月二十五日、二十六日条。

(34) 土御門家では、元禄十一年（一六九八）十二月に泰福の息子泰連が元服している（『資廉卿記』元禄十一年十二月十三日条）。このときの借屋は、屋敷の狭さが理由かどうかは判然としないが、少なくとも父子別居を目的としたものということはできよう。

(35)『中院通茂日記』（東京大学史料編纂所所蔵原本）寛文十三年五月十七日、六月五日条など。

(36)「平松時章書状案」（『山城国京都平松家文書』〈国文学研究資料館史料館所蔵〉四九七）。

(37) 三上淳子「近世における西園寺家の屋敷地」（『学習院大学　史料館紀要』一〇、一九九九年）。拙稿「公家の替地拝領過程に関する考察」（『日本建築学会大会学術講演梗概集（北海道）』、二〇〇四年）。

(38)『公全公記』正徳五年十月二十五日条。

(39)『庭田重条日記』享保二年九月四日、十月二十六日条。

(40)『正親町殿敷地事』（東京大学史料編纂所所蔵）。

(41)『公全公記』正徳六年閏二月十三日、十四日条。

(42)『公通記』（東京大学史料編纂所所蔵原本）元禄七年六月二十五日条。

(43)『公通記』元禄七年六月二十五日条。

(44)『資廉卿記』元禄十二年二月朔日、十二日条。『公通記』元禄十二年二月十二日条。

(45) 大炊御門家、鷲尾家はそれぞれ複数の大名家と縁戚関係にあったが、縁家の大名家から経済的な援助が行われていたのかどうかは不明である（『大炊御門家譜』東京大学史料編纂所所蔵、『鷲尾家譜』東京大学史料編纂所所蔵）。

(46) 田中暁龍「天和・貞享期の京都所司代勤方心得とその変容」（『近世前期朝幕関係の研究』吉川弘文館、二〇一一年、初出は二〇〇九年）。

(47)『庭田重条日記』享保二年十二月十六日条。『宗家文庫』には享保元年の醍醐家屋敷の指図が含まれており、醍醐家の新しい屋敷も宗家により造営されたと考えられる（『宗家文庫資料目録』〈記録類Ⅲ〉厳原町教育委員会、一九八九年）。
(48)大規模な給付が行われた正徳二年九月以降、武家伝奏徳大寺公全の日記が連続して残存している正徳五年までをみると、清岡家・醍醐家・舟橋家・橋本家・葉室家・伏原家・堀川家・西洞院家・高松家・三条西家・錦織家・愛宕家から屋敷地給付の要求があったことがわかる（『公全公記』、『庭田重条日記』）。
(49)『公全公記』正徳四年七月十六日条。
(50)『山科家日記』（国立公文書館内閣文庫所蔵）正徳五年二月七日条。
(51)『山科家日記』正徳五年四月十五日条。
(52)『庭田重条日記』享保二年七月一日、三日条。
(53)この触は院参衆への触だが、他の公家へも同様の触を回している（『山科家日記』享保二年七月四日条、『後中内記』〈国立公文書館内閣文庫所蔵〉享保二年七月四日条など）。
(54)『庭田重条日記』享保二年七月八日条。
(55)『庭田重条日記』享保二年七月九日条。
(56)この史料には中院通枝の日記ほかに、通躬の日記も含まれている。
(57)実際にどの程度の公家が屋敷地を返上したのかは不明だが、徳大寺家・高倉家が拝領屋敷地を返上していることは確認できる（『後中内記』享保四年十月二十七日条）。

第二部　公家と町

第一章　堂上公家の町人地における屋敷地集積過程について

――久世家を事例として――

はじめに

一般に、近世の公家は、内裏周辺の公家町に集住していたと考えられてきた。たとえば、吉田伸之は公家の居住地について、「近世の公家は、いずれも京都の禁裏御所に隣接する公家町という狭い社会＝空間―朝廷社会―に閉塞的に集住させられていた」と述べている(1)。だが、そのような状態は近世を通して保たれていたのだろうか。たしかに、近世都市では身分による居住空間の区分が行われており、堂上公家もその例外ではなかった。その点で、公家社会が公家町という「狭い社会＝空間」に集住させられていたとの指摘は、概ね首肯できる。しかし、先行研究では公家町の形成過程、およびその初期の様相を解明するにとどまっているため、従来の居住地に関する説明では、これまでみてきたような、近世以降に家を創立・再興した公家の多くが、築地之内周辺の町人地に居住していたという事実、さらには、宝永の大火以降、築地之内から町人地へ公家が流出したという時代的な変化を捉えきれないのである。

このことは、近世都市における公家社会のあり方を考える上で大きな問題であろう。また、近世京都の都市空間・社会構造の総体を解明するためにも、築地之外に居住する公家の居住形態、そして、そのような公家を中心として形成される社会構造について考察する必要がある。

そこで、本章では町人地に居住していた堂上公家久世家をとりあげ、都市居住の様態について検討する。(2) 具体的な課題として、①町人地での屋敷地獲得・集積過程の解明、②町に居住することにより発生する町との地縁的関係の解明が挙げられるが、ここではまず、屋敷地の集積過程に注目し、その特質を明らかにすることを目的とする。

なお、以下でおもに使用する史料は、明治大学刑事博物館・国文学研究資料館史料館・中央大学図書館に所蔵されている「京都久世家文書」「山城国京都久世家文書」「久世家文書」である。前二館所蔵分は、いずれも古書店から購入されたものである。中央大学所蔵分については入手に至る経緯が不明だが、元来は一括して久世家に所蔵されていたと考えられる。右記以外にも、久世家に関連史料が所蔵されているようだが、部分的にしか公開されていないため、(3) 使用するのは右記三館所蔵のものとし、以下では『久世家文書』と総称する。

一　町人地における屋敷地買得までの経緯

まず、久世家について簡単に説明を加えておく。久世家は、久我家十九代敦道の子通式を祖とする堂上公家である。元和五年（一六一九）には、下久世村に二百石の所領を幕府から与えられている。(4) 家格は羽林家に属し、四代通夏以降は代々権大納言まで昇進している。近世以降に家を創立した公家のひとつであり、近世の公家社会では、家格・家領ともに中程度に属する家であったといえよう。

久世家は創立当初に屋敷地を拝領しておらず、初めてその拝領が認められたのは三代通音のときであった。(5)

寛文十一年（一六七一）正月十五日、内裏東側で火災が発生した。堂上公家六条家の屋敷で催されていた三毬打が原因であった。(6) この火災により、梨木町・二階町・寺町所在の公家屋敷や寺院などが焼失したが、朝廷ではこれを契機に、類焼した寺院を鴨東に移転させ、いまだ屋敷地を拝領していない公家の屋敷地に充てることとしている。(7)四月十五日までには拝領を希望する公家から願書が提出されており、そこに久世家も含まれていた。(8)久世家は通式以来借屋に居住しており、このときには「舟橋」（堀川一条上ル町）に借宅していた。(9)

その後、六月には幕府から屋敷地拝領の許可が下りている。十二月二十五日にその受け渡しが完了し、久世家には寺町通東側荒神町の常林寺跡地に四百坪の屋敷地が与えられた(10)（図1）。屋敷地の規模は知行高により決められていた。荒神町には他にも倉橋家、葉川家など四家が屋敷地を拝領しているが、久世家の屋敷地はそのなかで最大規模であった。(11)

だが、久世家がそこに屋敷を造営し、居住することはなかった。寛文十二年正月、通音は屋敷造営に対する援助を武家伝奏へ申し入れたが、却下されている。(12)ついで閏六月には、武家伝奏に対して、拝領した屋敷地を、「家来同然」の町人が所持する屋敷地と交換したい旨を願い出ている。(13)これについても、拝領地を町人と交換することが問題となり、許可を得ることはできなかった。

しかし、この後も通音は屋敷の造営に取りかからず、翌年二月には、再び拝領地以外に居住することを申し入れている。このときは、元々墓地であった拝領地で作事を行うことは困難であるため、家来へそれを与えるとしている。(14)この願いについて、武家伝奏から京都所司代へ尋ねたところ、所司代が承諾したため、同年十二月に、町人地に屋敷地を買得し移住している。(15)

以上、久世家が町人地に屋敷地を買得するまでの経緯をみてきた。そのなかで最も特徴的なのは、屋敷地を拝領しながらもそれを放棄したことであろう。その要因として、武家伝奏との交渉の過程から①公家町で屋敷を造営するだけの経済力を持ちえなかったこと、②元々墓地であったところに屋敷地を与えられたことが挙げられる。このような条件のもとで屋敷を造営することは、必ずしも久世家の希望に沿うものではなく、町人地に屋敷を構える直接の要因となったと考えられる。

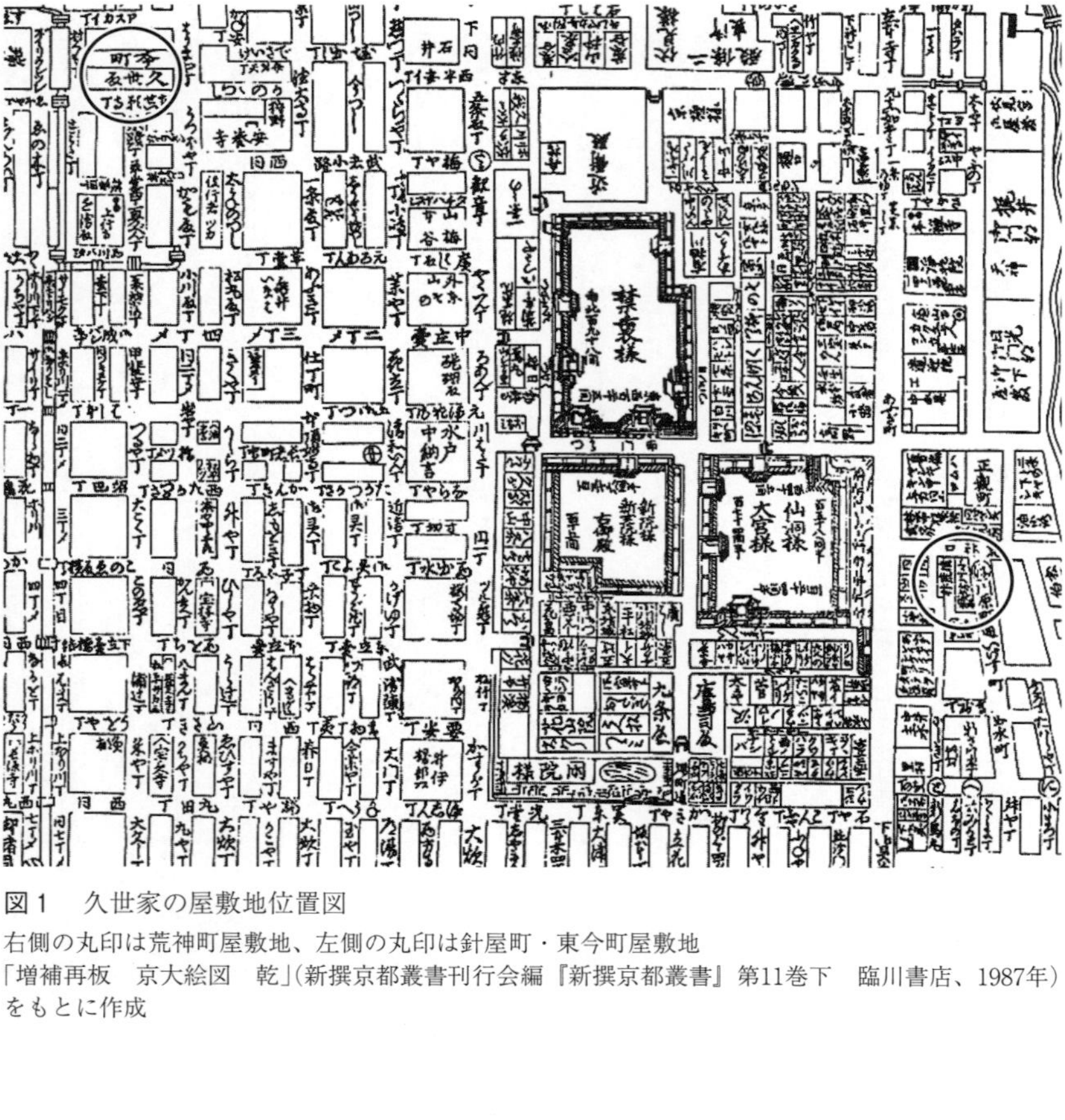

図１　久世家の屋敷地位置図

右側の丸印は荒神町屋敷地、左側の丸印は針屋町・東今町屋敷地
「増補再板　京大絵図　乾」(新撰京都叢書刊行会編『新撰京都叢書』第11巻下　臨川書店、1987年)をもとに作成

二　屋敷地集積の過程

久世家が買得したのは、小川通今出川下ル針屋町と、西隣の東今町に位置する二筆の屋敷地であった（図1）。久世家が町の保管する文書類から写しとった書付によると、売主はともに狩野弥平次であったことがわかる。[16] 針屋町は絵師狩野家が居住していた狩野辻子と隣接しており、弥平次もその一門であった可能性が高い。

針屋町に面する屋敷地の代銀は、十九貫五百目であった。詳細な規模・形状は不明ながら、買得にあたって町中へ支払う「二十分一銀」九百七十五匁のうち、針屋町へ九百一匁、東今町へ七十四匁ずつ出銀していることから、両町にまたがる屋敷地だと考えられる。[17] 一方、東今町の屋敷地については沽券状が残されており、一軒役分の屋敷地で、代銀は一貫目であった。[18]

その後、延宝四年（一六七六）には、東今町に面する屋敷地に対して諸役免除が、[19] 針屋町に面する屋敷地に対して三軒役分の諸役免除がそれぞれ許可されている。[20]

以後、久世家では両町の屋敷地を買得・借地することにより、屋敷地を拡大していった。それを年代順に並べたものが表1である。以下では屋敷地の集積過程を、屋敷地獲得の頻度をおおよその目安としながら、三期に分けてみていく。

(1)　延宝期―文化期

『久世家文書』には、文政期以前の屋敷地獲得に関する史料がほとんど含まれておらず、詳細な集積過程は不明である。かかる条件のもとで、当該期についてさらに時期区分を行うことは困難であり、ここでは一つの時期として扱うこととする。屋敷地及びその周辺の状況が判明する史料を用い、文化十四年（一八一七）頃の屋敷地

表1　久世家の屋敷地集積過程

	年代	所在地	間口	裏行	代銀	獲得法	売主・貸主	軒役	名代
①	延宝元年（一六七三）	東今町	二間半	十二間二尺	一貫目	買得	狩野弥平次	一	
		針屋町			十九貫五百目			三	
②	享保五年（一七二〇）	東今町				買得	海津屋七兵衛	一	
③	元文五年（一七四〇）	東今町	一間半一尺九寸	十四間八尺	計一貫目	買得	星丸屋九兵衛	一	福嶋屋嘉兵衛
			二間七寸	十四間九寸				一	
④―1	安永三年（一七七四）	針屋町	三間三尺二寸二歩	二十間二尺三寸		永借	福嶋屋嘉兵衛	一	
④―2		針屋町	二間三尺一寸	九間三尺一寸八歩	（七百五十目）	永借	彫物屋喜平次	一	
④―3	安永五年（一七七六）	針屋町	三間二尺	二十間二尺三寸	（三貫三百目）	永借	福嶋屋嘉兵衛	一	
④―4		針屋町	一間半六寸	二十間二尺三寸	（一貫二百目）			一	
⑤	文政三年（一八二〇）	東今町			二貫二百五十目	永借	升屋まき	一	
⑥	文政五年（一八二二）	東町	十二間一尺	二十四間	五十三匁／月、二百疋／二季	借地	松村弥三郎		
	天保三年（一八三二）	東町	四間	四尺五寸	金十両、年限五十年	借地	柊屋政七		
	天保九年（一八三八）	針屋町	三間三尺二寸二歩	二十間二尺三寸	金三十両	買得	佐々木政右衛門	四	岡本縫殿
			二間三尺一寸	九間三尺一寸八歩					
			三間二尺	二十間二尺三寸					
			一間半六寸	二十間二尺三寸					
⑦	天保十年（一八三九）	東今町			二貫五百目	買得	俵屋長兵衛	一	山崎志津磨
⑧		東町	四間	六尺五寸	金二十六両二分、年限五十年（諸費用含）	借地	柊屋政七		
⑨	弘化三年（一八四六）	針屋町	一間半二尺五寸	一間		借地	丹波屋久兵衛		
	安政二年（一八五五）	東町	四間	六間四尺八寸		借地	戸屋政次郎		
		東今町	三間五寸	三間五尺五寸		借地	近江屋いそ		
⑩	安政五年（一八五八）	東今町	三間五寸	十三間四尺五寸	一貫六百目	買得	近江屋いそ	一	岡本縫殿
⑪	文久三年（一八六三）	東町	四間	二十三間三尺四寸	三貫四百目	買得	武部了幽		山崎志津磨
⑫		針屋町			六貫九百目	買得	丹波屋久兵衛	四	月岡諫見
		東町	七間八寸	八間二尺七寸	三貫目			二	
⑬	明治二年（一八六九）	東今町	計五間二寸五分	十間	金札百十両	（買得）	河合文五右衛門	一	丹波屋新蔵
								一	

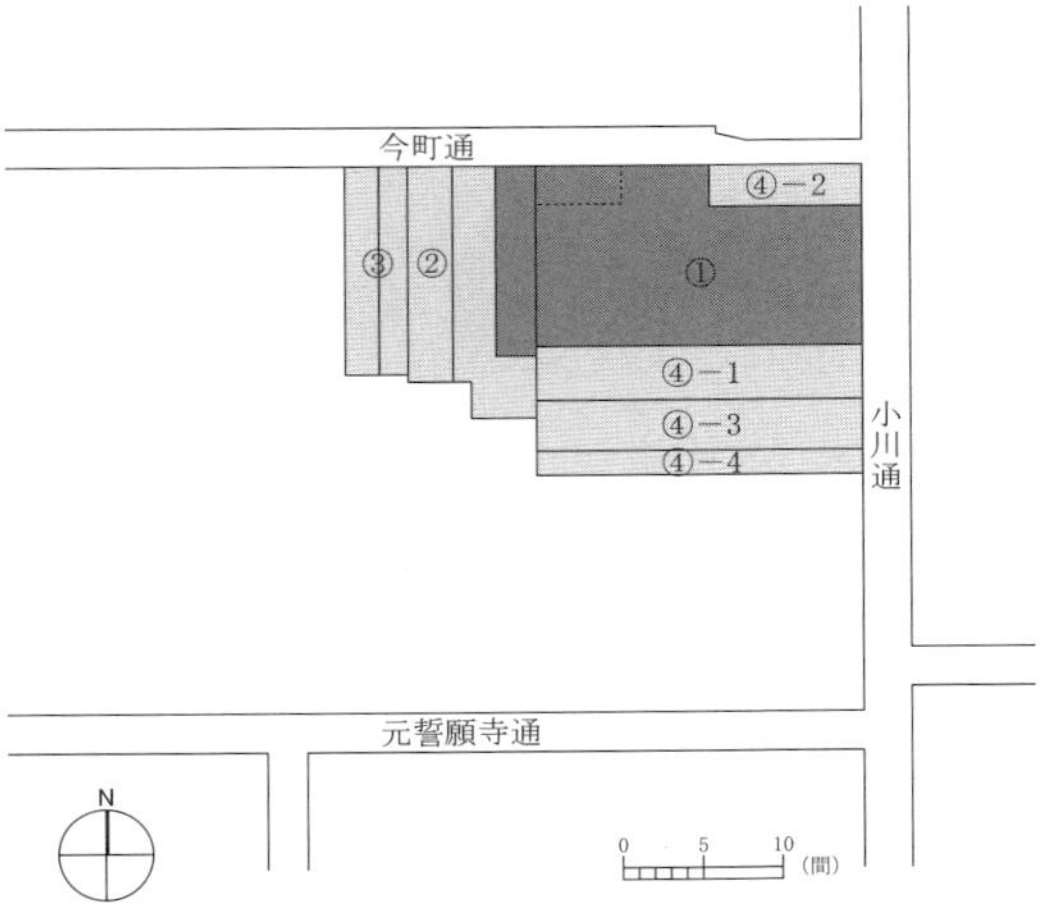

図２　文化14年(1817)頃の久世家屋敷地復元図(推定)
色の濃い部分が延宝元年に買得した屋敷地
破線は明治２年(1869)の町境を示す
「上京拾二番組　御改正絵図面」(『小川小学校所蔵文書』京都市歴史資料館架蔵写真帳)をもとに作成

を復元したのが図2である[21]。以下、集積の過程について考察していきたい。

延宝元年以降、最初に屋敷地の獲得が確認できるのは東今町においてである。享保五年（一七二〇）頃には、海津屋七兵衛から屋敷西隣の家屋敷を買得している（屋敷地②）[22]。ついで、元文五年（一七四〇）六月には、東今町星丸屋九兵衛の屋敷地二箇所二軒役分を、同町の町人福嶋屋嘉兵衛を名代として買得している（屋敷地③）[23]。

一方、針屋町での屋敷地買得を示す史料は見当たらない。明和四年（一七六七）には、町に対して諸役負担がないことを申し出ているので[24]、少なくとも明和期までに新たな屋敷地買得はなかったと考えられる。

その後、安永三～五年（一七七四～七六）にかけて、針屋町で四筆の屋敷地を借地している（屋敷地④―1～4）。以下では借地に至る過程について、やや繁雑ではあるが、過去へ遡及するかたちで考察を加えていく。

「表町内帳箱ニ入有候書付類写」には、寛政元年（一七八九）三月十四日の日付がある譲状が二通と、その際に町へ提出された諸文書が写されている。譲状二通は、内容が同じで、差出がそれぞれ大文字屋孫兵衛、彫物屋かなとなっている点のみ異なっている。【史料一】は、そのうち孫兵衛のものである。また、【史料二】は、譲渡に先立つ天明八年（一七八八）に町へ提出した願書の案文である。

【史料一】「表町内帳箱ニ入有候書付類写」（括弧内は筆者、以下同）

譲り状之事

一、当町我等所持之地屋敷弐ヶ所此度主人六角左衛門尉（敦文）へ譲渡申処実正也、然ル上は親類縁者其外他所ゟ違乱妨申者毛頭無御座候、為後日譲状仍而如件、

寛政元年酉三月十四日　　譲り主　大文字屋孫兵衛印

小川通針屋町

年寄　佐兵衛殿

五人組町中

【史料二】「表町内帳箱ニ入有候書付類写」

切紙一通

南隣三軒役　大文字屋孫兵衛

北隣一軒役　彫物屋かな

右弐ヶ所屋鋪地面、今度御出入町家何屋誰両人之名前を以当家へ致買得、表側構之通江被取込度候ニ付、右孫兵衛屋敷地代銀三百七十目・かな屋敷代銀百三拾目、弐ヶ所合五百目ニ相定メ、右地代弐拾分一并町内定之通買得ニ付て之出銀之義可差出候事、右一統御熟談之上前文之通相済候様頼入存候事、

六月四日

右一紙宛名なし、佐渡守（六角敦周）手跡と相見へ候也、（朱筆）

【史料一】【史料二】によると、図2のうち④―1・3・4の屋敷地は大文字屋孫兵衛から、④―2の屋敷地は

彫物屋かなから、すべて久世家の家来であった地下官人六角敦文へ譲渡されている。孫兵衛・かなは敦文の家来となっており、表向きは家来から主人への譲渡というかたちをとっていることがわかる。いずれも「地屋敷」と記されていることから、建家は前年の天明の大火で類焼したと推測される。この火災により久世家の屋敷も被災しており[25]、屋敷再建を契機に譲渡されたのであろう。【史料二】には、四筆の屋敷地について「表側構之通江被取込度候」と記されていることから、作事にあわせ、町屋の建っていた部分も屋敷内に取り込もうとしていたと考えられる[26]。

久世家は、これらの屋敷地を敦文から永借するというかたちをとっていたが、実際は久世家が買得したものであった。天保九年（一八三八）に久世家は改めてこれらの屋敷地を買得するのだが、当主であった通理は獲得から永借に至る経緯についてつぎのように述べている。

【史料三】天保九年「日次」（久世通理）『久世家文書』（中央大学図書館所蔵）天保九年八月十日条

表町小川通針屋丁四軒役買得地候処、其節福嶋や与申者名前ニ而求之、其福嶋や六角故左衛門尉敦文家来と申者ニ而主人敦文へ譲与、天明相済、右地面ハ丁中含ニ而当家へ永借之由、依之町内含為会釈銀三枚遣之有之、（後略）

ここから、四筆の屋敷地は福嶋屋という商人の名義で買得したものであったが、天明の大火後、それらは福嶋屋から敦文に譲渡されたことがわかる。表向きは敦文が地主であったため、永借という煩雑な手順を踏まなければならなかったのである。

ところで、『久世家文書』には、「御割印沽券状四通之写」と題した史料が残されている[27]。その内容は、これら四筆の屋敷地の沽券状を書き継いだものである。そこで、この史料から各屋敷地の売買の過程をみていきたい。

④―1は、明和元年に塗師屋市兵衛が買得した屋敷地であった。その後安永三年九月には、市兵衛の姪よしか

ら福嶋屋嘉兵衛が譲り受けている。さらに安永五年十一月、嘉兵衛から大文字屋孫兵衛に譲渡された。

④—2は、安永三年十一月近江屋清光から矢嶋屋伊左衛門へ代銀四百五十目で売却されたが、そのわずか一ヶ月後に、伊左衛門から彫物屋喜平次へ七百五十目で売却された。さらに喜平次は、買得した十二月八日に早くも久世家への永借地としている。

④—3・4は、安永四年五月雁金屋恵正から町中へ売却された屋敷地であった。代銀はそれぞれ一貫五百目、五百目である。翌年五月には、町中から福嶋屋嘉兵衛に代銀三貫三百目、一貫二百目で売却され、そのわずか六ヶ月後には④—1の屋敷地とともに孫兵衛が譲り受けている。

以上から、④—1・3・4を買得したのは福嶋屋嘉兵衛だったことが確認できる。久世家が屋敷地買得にあたって名義人とした福嶋屋とは、この嘉兵衛のことだと考えられる。嘉兵衛は東今町の町人として、東今町所在の久世家屋敷地の名代を勤めていた。久世家との関係は不詳だが、通理の日記からは敦文の家来を名乗っていたことがわかる。

なお、嘉兵衛は、安永五年にこれらの屋敷地を孫兵衛へ譲渡しているが、両者はともに敦文の家来となっており、実態としては、通理が記しているように嘉兵衛からの譲渡として差し支えないと考えられる。

一方、④—2は嘉兵衛が買得したものではなかった。しかし、通理はすべての屋敷地を獲得したと述べているので、実際は喜平次を介して嘉兵衛が買得したとみなすべきであろう。この屋敷地のみが喜平次の所持であったのは、四軒役分以上の屋敷地を所持する際には、町へ出銀が義務づられていたためだと考えられる(28)。

以上、久世家が、嘉兵衛を介して四筆の屋敷地を買得するまでの経緯をみてきた。これらが天明の大火後敦文へ譲渡されたのは前述した通りだが、そのときの経緯を考慮するならば、当初から、建前としては福嶋屋からの借地というかたちをとっていたと考えられる。「表町内帳箱ニ入有候書付類写」には、④—2を除く屋敷地を久世家が借地したことを示す文書は含まれておらず、安永期にどのようなかたちで借地していたのかは明らかでないが、④―2の事例をふまえるならば、永借していたと考えるのが妥当であろう。

また、これらの屋敷地にはそれぞれ町屋が建っていたため、久世家が敷地を拡張するには町屋を撤去しなければならなかった。④―1・3・4については、安永六年八月に、通りに面した部分を残し裏側の建家は撤去されている(29)。その範囲は不明ながら、撤去された部分は敷地の拡張に用いられたと考えられる。また、④―2についても、何らかの作事を行っていることが確認できる(30)。その詳細を示す史料は残されていないため作事の内容は明らかではないが、他の屋敷地と同じように、裏側を撤去したのではないだろうか。

なお、ここでは事実関係を確認するにとどめ、久世家が四筆の屋敷地を正式に買得できなかった理由については、後で検討することとする。

（2）　文政期―嘉永期

文政期以降は、久世家の家政機構である「役所」が作成した日誌「役所日記」が残されており、集積過程を詳細に追うことができる(31)。

当該期は、屋敷地の集積が活発に行われ始めた時期である（図3）。なかでも特筆すべきは、隣町である東町に大規模な屋敷地を獲得したことであろう。ここには、後述するように、新たに馬場が設けられており、屋敷へ新たな機能＝空間を付加するために獲得したと考えられる。一方、東今町にも二筆の屋敷地を買得しているが、どちらも借屋として経営することとなっており、この時期には屋敷の西側への拡張が必要なくなっていたと推測される。以下、具体的に集積の過程をみていく。

寛政元年以降、屋敷地獲得に関連する史料はしばらく見当たらない。次に買得が確認できるのは、文政三年

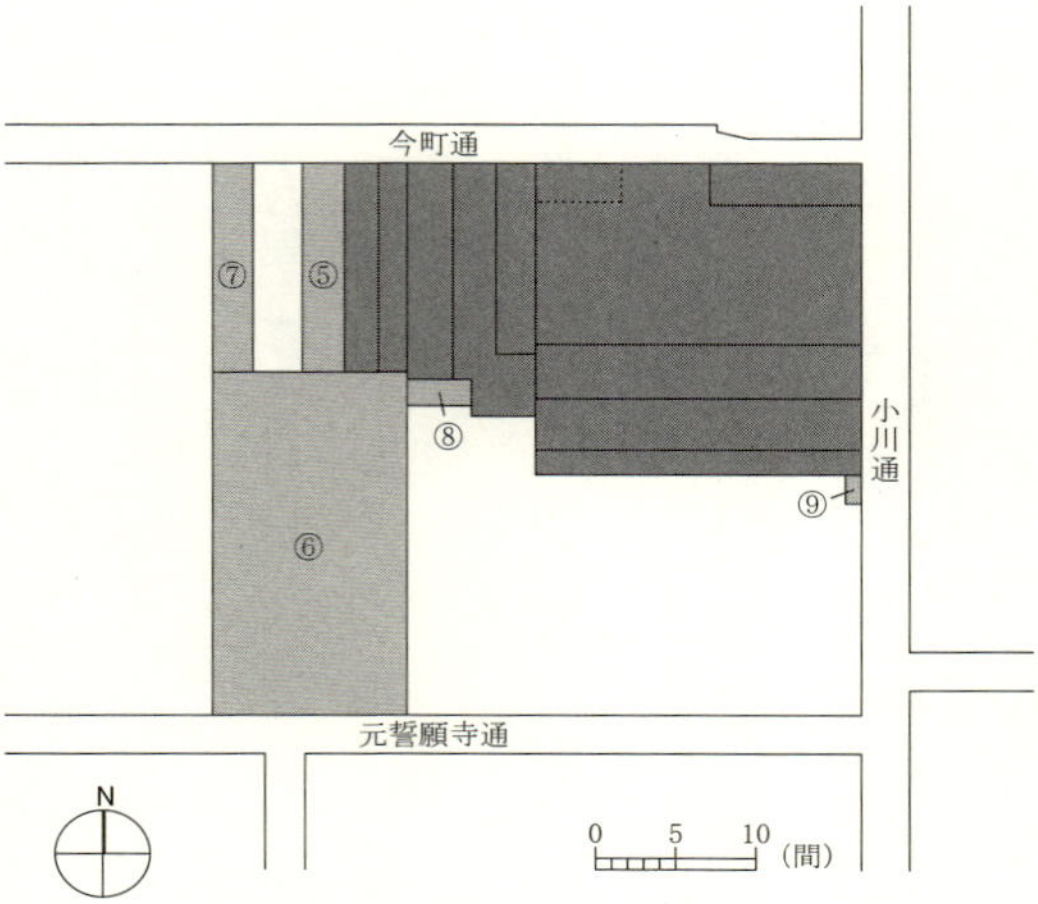

図3　嘉永7年（1854）頃の久世家屋敷地復元図（推定）
色の濃い部分が文政期までに集積した屋敷地

（一八二〇）である。同年十二月、東今町屋敷地の西隣に八文字屋久右衛門から一軒役の屋敷地を買得している（屋敷地⑤）。代銀は二貫二百五十目であった。このときは町の要求により家来を名代として買得することができず、同町町人である升屋おまきの名義で買得している（文政三年十二月十八日条）。また、久世家ではこの日までに代銀を用意できなかったため二百五十目だけを支払い、残り二貫目は近江屋太兵衛という者から借用したうえで支払っている（文政四年十二月十四日条）。帳切は十八日に済ませたが、実際に沽券状が奉行所で認可され、正式に売買が成立したのは翌年五月二十九日のことであった（文政四年五月二十九日条）。なお、この屋敷地は、すぐに敷地拡大に用いられることなく、買得後は借屋として利用されていく（文政十一年五月二十四日条）。

さらに文政五年正月には、東今町南隣の東町に借地している。東町中が借地した御太刀金具師松村弥三郎の拝領地を、又借りしたのである（屋敷地⑥）[32]。松村家は幕府から江戸居住を命じられ、屋敷地は無人であった。当初は、町中が屋敷地の西半分を十年の年限で松村家から借地し、借屋を建てる予定であった。このことを知った久世家では、松村家から直接借地する「直借」を希望し、町中と交渉に及んだが、すでに町奉行所へ借地の申請を済ませていることを理由に断られている。その結果、表向きは町中が建てる借屋を家来六角右兵衛尉が賃借するというかたちをとりながら、月々五十三匁、二季毎に二百疋を町中に支払うこと、借地内東側に町中が八日条）。

借屋を建てることなどを条件に町中から借地することとなった（文政五年閏正月十四日条）。久世家ではこのとき借地した屋敷地を馬場として利用することとし、翌月二十八日には馬場開きを行っている（文政五年二月二十八日条）。

しかし、その後も久世家では「直借」を諦めず、文政七年八月に松村弥三郎が上京した際、屋敷地の「直借」について直接交渉し、町中との契約が終了した後は久世家の「直借」とする旨の一札を得ている[33]。さらに、文政十二年四月弥三郎が再び上京した際には、①借地の年限を二十年とすること、②地代の半分に当たる銀二貫五百目を今回支払い、残りは年に二両二分ずつ松村家へ納めること、③松村家と直接借地契約を結ぶことを記した証文を得ており、五月六日には、松村家京留守居の岡田木工左衛門へ代銀を支払っている（文政十二年五月六日条）。

以上のような交渉を経て、天保四年三月には松村家屋敷地を「御買得同様」というかたちで借地するに至る[34]。だが、このときも町奉行所役人から、「直借」は「甚以六ツかしく」という見解が示されたため、表向きは京留守居であった木工左衛門が経営する借屋を、再び六角右兵衛尉が借屋するというかたちをとらざるをえなかった[35]。

ところで、この間、久世家からは一貫して屋敷地の西半分を借地範囲として町奉行所へ申請しているが、実際は、天保十三年までに敷地全体を借地しており、東半分は表向き松村家の屋敷であることを示すために「南長屋門ハ表向松村之門故、始終ニ開門之義ハ不相成」こととしている[36]。全面を借地した時期については明確ではないが、文政五年にも松村家から長屋門を開門しておくこと、さらに門に表札を打ち付けることを禁じられており（文政五年閏正月十四日条）、文政十二年に松村家へ渡された一札でも、屋敷地西半分には物見などを造作してもよいが、東半分は松村家の屋敷であることを示すために長屋門と高塀を残しておくことが借地の条件として記されているので（文政十二年五月六日条）、当初から敷地全体を借地していた可能性が高い。

松村家と交渉を行う一方で、天保三年五月には、松村家東隣の柊屋政七が所持する屋敷地のうち、敷地北側の東西四間、南北四尺五寸を、五十年を年限として十両で借地している（天保三年五月三日条）。
そして、天保九年八月頃からは、寛政元年に永借した屋敷地の買得を試みている[37]。天保八年には六角敦文が死去し、屋敷地はその弟で同じく久世家家来であった佐々木政右衛門と、その妹の若枝に譲渡されていた[38]。しかし、当主通理が、本来買得地であるはずのものを借地としておくのを不服としたため、買得について町と交渉を始めることとなったのである[39]。

久世家が借地を買得地に変更するよう申し出たのに対して、町側は承諾の条件として、毎年銀二枚を出銀するよう要求している。これは屋敷地の譲渡を五年に一度ずつ行うのと同額であったため、久世家は年に金二百疋（後に銀一枚に増額）で済むよう掛け合ったが、町側は拒否している。

町中がこのような強硬な態度に出たため、通理もいったん買得を諦めたようだが、現在のような状態はあまりにも「不本意」であるとし、再度交渉に及び、買得の条件として金三十両支払うことを申し出ている。

これに対しては町側も了承せざるをえなかったようである。十月二十二日には、家来岡本縫殿を名代として佐々木政右衛門から屋敷地を買得したことを、町から町奉行所へ、久世家からは武家伝奏へそれぞれ届け出ている（天保九年十月二十二日条[40]）。

天保十年二月には、東今町で俵屋長兵衛の屋敷地を代銀二貫五百目で買得している（天保十年二月十三日条）。屋敷地の規模は不明ながら、町から今宮社への寄進に際して長兵衛は一軒役分を負担しているので、一軒役の屋敷地だったと考えられる。町内での位置も確定はできないが、他の屋敷地との関係から⑦の屋敷地としておく。

長兵衛は経営的な行き詰まりから屋敷地を手放すに至ったようで、久世家から代銀を「先借」というかたちで受け取るとともに、三年間はそのまま居住し続けることを許されている。一方、久世家にとっても、この買得は急を要するものではなく、屋敷地が必要となった元治元年（一八六四）十一月まで、長兵衛の居住を許していた

（元治元年十一月四日条）。当初から内々の買得であったため、帳切は長兵衛が立ち退くこととなった元治元年十一月に、家来山崎志津磨を名代に立てて行われた。

次いで天保十年五月、東町の柊屋政七に対して、久世家の屋敷と隣接する場所に建てられた「細工小屋」を、別の場所に移動するよう依頼している。戸屋を営む柊屋から発生する騒音を嫌ったためであった。さらにこのときには、先に借地した部分の南側から細工小屋付近まで東西四間、南北六尺五寸を、五十年の年限で借地している（屋敷地⑧）[41]。地代は他の細工小屋を他所へ移すための費用も含め、二十六両二分としている。

弘化三年（一八四六）八月、針屋町の丹波屋久兵衛が所持する屋敷地のうち、北側から表口一間半二尺五寸、奥行一間分を十年の年限で借地している（屋敷地⑨）。久兵衛は久世家出入の大工で、屋敷の造営・修繕をおもに任されていたことがわかる（安政三年四月四日条など）。借地料として毎年銀十二匁のほかに、町会所への扶持米六升、町の臨時入用については、久兵衛分の半額を久世家が負担するとしている（弘化三年八月二十七日条）。

このとき借地した部分には、天保十年に久世家が高塀を建てていた。同年七月、久兵衛へつぎのような依頼がなされている。すなわち、小川通沿いに建てられていた「板囲」を「以前之通」の高塀にするにあたり、高塀を久兵衛屋敷地の内へ一間だけ延長して建てたいというものであった（天保十年七月二十四日条）。弘化三年の借地は、この高塀の背面にあたると考えられ、塀の裏側に何らかの施設を造作するために借地したと推測される。

（3）安政期―明治期

当該期は、他の二期と比較して、最も頻繁に屋敷地の集積が行われた。約十五年という非常に短い期間に、四度も屋敷地を買得している。なかでも、針屋町・東町に六軒役の軒役を持つ大規模な屋敷地を買得したことにより、針屋町西側のうち今町通・元誓願寺通間は久世家の屋敷地が占めることとなった。屋敷地の規模が最も拡大

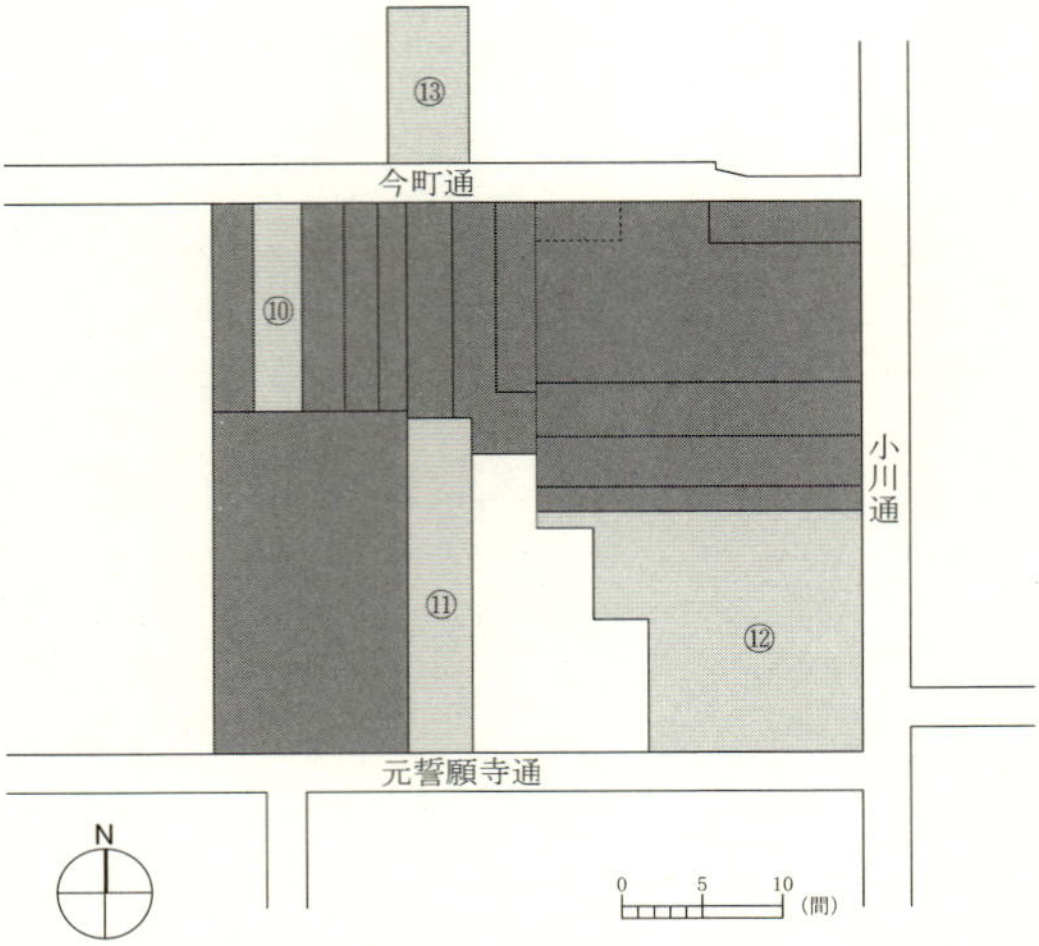

図４　明治２年(1869)頃の久世家屋敷地復元図(推定)
色の濃い部分が安政期までに集積した屋敷地

した明治二年（一八六九）頃の屋敷地を図化すると図４のようになる。以下、集積の過程について述べていく。

嘉永七年（一八五四）四月の大火により、内裏をはじめとした上京の広い範囲が焼失した。このとき久世家の屋敷も被災している。屋敷の再建は火災後しばらくして始められ、「役所日記」によると安政三年（一八五六）まで行われた。その半ばの安政二年正月には、柊屋の屋敷地のうち、以前「細工小屋」があった部分南北六間四尺八寸、東西四間を、五十年を年限とし新たに借地している（安政元年十二月二十九日、安政二年正月四日条）。天保十年に借地した部分は年限に達していないため、このときはさらにその南側へ借地したと考えられる。

また同年二月には、東今町の町人であった近江屋いそから、同町所在の屋敷地のうち地尻から南北三間五尺五寸、東西三間五寸を借地している（安政二年二月朔日、二十六日条）。屋敷地の位置は、後述するように久世家の屋敷地と接していることから、おそらく久世家の隣であり、その規模は表口三間五寸、裏行十三間四尺五寸と推測される（屋敷地⑩）[42]。いそは久世家の御納戸銀から繰り返し借銀しており、このときには嘉永六年に借銀した一貫五百目の利息と、半軒役分の役負担を地代としている。

久世家は屋敷地の買得について、安政元年末からいそと交渉していた。当初は二貫八百目で買得することが内定したが、結局は前述した条件で屋敷地の裏側をのみを借地することになったようである。

その後、久世家は二度にわたって借銀の返済を催促したが、いそが返済分を用意できなかったため、安政三年には、借地のうち久世家の屋敷地と入り組んでいる部分を残して返却するかわりに、以前のように借銀の利息を久世家に支払い、半軒役の役負担も負担するように要求している（安政三年十月十五日条）。

借地については、それからも町役人を交えて交渉を行ったようだがうまくいかず、翌年には、久世家が借地して以来町に「悪敷事斗」起こることを理由に、借地を返却するよう町から申し渡されている（安政四年五月二十六日条）。これに対して久世家は申し出を承諾するとともに、いそには借銀をすぐにでも返済するよう要求しており、実際に五月九日からは借地した屋敷地を「已然ノ通」にするため、囲い込んでいた高塀などを撤去し始めている（安政四年五月九日条）。

だが、一方の当事者であるいそは銀子を用意することができず、二十六日には屋敷地の買い取りを、息子を通して久世家へ依頼している。それに対して、久世家では借銀分一貫五百目で買得することとし、八月十一日には年寄へその意向を伝えている（安政四年八月十一日条）。しかし、その後この一件は進展しなかったようで、翌年まで持ち越しとなっている。六月になっても買得を済ませておらず、年寄の催促でようやく十五日から家来岡本縫殿を名代に立て、町奉行所へ申請する準備に取りかかり、二十七日に新しい沽券状が発券されている[43]（安政五年六月十五日、二十七日条）。

なお、この屋敷地はすぐに久世家の敷地内に取り込まれたわけではなく、表側の部分は借屋として残すこととしている（文久三年正月十三日条）。

ついで、文久三年（一八六三）七月、柊屋政七の屋敷地を武部了幽から買得している（文久三年七月十一日条）。代銀は三貫四百目、屋敷地の規模は表口四間、裏行二十三間三尺四寸であった（屋敷地⑪）（嘉永七年十二月二十九日条）。了幽は東町で表具屋を営んでいた町人と考えられる[44]。

了幽は、文久三年以前に柊屋から屋敷地を買得していたが、「役所日記」にはそれに対する久世家の動きについて何も記されていない。了幽は、屋敷地を久世家へ転売しようとしていたようだが、久世家では、七月八日に屋敷地買得の返事を伺いに来た了幽に対して、翌日中に返答すると答えており、このときまで買得しようという強い意志があったとは考えにくい（文久三年七月八日条）。しかし、最終的には買得することとなり、十一日には帳切を済ませている。買得の際の名代は、家来山崎志津磨であった。

さらに、同年九月には、丹波屋久兵衛から針屋町・東町両町にまたがる屋敷地を買得している。屋敷地の規模は、針屋町分が帳切の際の出銀高から四軒役分（慶応三年六月十四日条）、東町分が明治三年の地図より表口七間八寸、裏行八間二尺七寸、二軒役分だったことがわかる。(45) 屋敷地の位置は小川通と元誓願寺通の角であった（屋敷地⑫）。

久兵衛は屋敷地を更地とした上で久世家に渡すこととなっており、当初はそれにかかる諸費用を含め二百七十五両という売買契約であった。久兵衛は、文久三年にその売買契約を交わしていたようだが、実際に建物の撤去を開始したのは慶応二年（一八六六）になってからであった。だが、その間に物価が高騰したことで、久兵衛は撤去などにかかる諸経費を賄えなくなり、六月には増額を嘆願している（慶応二年六月六日条）。久世家ではこれを承諾し、金五十両・銀百二十枚を追加分として支払うとともに、二十両を無利子で貸しており（慶応二年七月三日条）、敷地内の土蔵一箇所・塗屋一箇所についても九十五両で買い受けることとしている（慶応二年十一月朔日条）。

久兵衛は八月十九日に引き払うこととなったが、両町の帳切は翌年まで持ち越され六月十四日に行われている。久世家は名代として家来月岡諫見を立てている（慶応三年六月十五日条）。帳切後十五日・二十七日には、久世家家来が針屋町・東町の町人をそれぞれ料亭に招き、酒宴を催している（慶応三年六月十五日、二十七日条）。

その後、明治二年三月には東京「奠都」が行われた。多くの公家が東京へ移住したことにより、各公家を中心として形成されていた社会構造は、その中心を失い急速に崩壊していった。このような状況のなかで、久世家は京都にそのまま居住し続けることを選択したのである。

明治二年四月には、東今町北側の河合文五右衛門屋敷地二箇所を買得している（屋敷地⑬）。代金は金札百十両であった。このときは家来を名代とするのではなく、小川通上立売下ル近衛殿北口町に居住する丹波屋新蔵名義で買得している（明治二年四月二十日条）。新蔵については不詳ながら、翌年四月には屋敷地すべての名代となっており、久世家とかなり深く関係していた人物だと考えられる（明治三年四月十八日条）。これらの屋敷地には借屋が二軒あったが、久世家ではそのまま借屋として経営することとしている（明治三年五月三日条等）。

以上が、『久世家文書』から判明する屋敷地集積の過程である。これが買得・借地のすべてとは限らないが、おおよその過程は把握できたと考えられる。なお、明治期の史料によると、集積した屋敷地の面積は、買得分が一千五十坪余、松村家からの拝借分が二百九十一坪六分余、計千三百四十坪ほどで、そのうち建家の面積は約三百三十坪であることがわかる(46)。

三　屋敷地集積の特質

これまでの考察により、久世家は町人地に屋敷地を買得して以来、周辺の屋敷地を断続的に獲得・集積していったことが明らかとなった。以下ではその特徴について、獲得の方法、屋敷地の拡張と獲得時期との関係に注目し検討していく。

(1) 屋敷地獲得の方法

久世家が屋敷地を獲得する方法は、大きく買得と借地に分けられる。屋敷地の集積はこの二つを使い分けることにより行われていったが、それぞれの特徴について以下の諸点を指摘することができよう。

(一) 延宝元年(一六七三)に屋敷を構えた針屋町・東今町、その隣町である東町において、隣接する屋敷地を買得・集積していったこと。

久世家は、延宝元年以降少なくとも十度の買得を繰り返しており、その対象は当初屋敷地が位置していた針屋町・東今町だけではなく、南隣の東町にまで及んでいる。だが、買得したのは、ほとんどが隣接する屋敷地で、当初屋敷地を持たなかった東町においても、買得は地尻で接する屋敷地に限られている。居屋敷から離れた屋敷地を買得することは、明治二年(一八六九)の例を除いてなかった。[47]

(二) 屋敷地を買得する際には、当主の名前ではなく、名代を立てて買得に至っていること。

全ての屋敷地について名代を確認するのは、史料的な制約により困難である。だが、名代を確認できないのが三例のみであることから、買得の際には常に名代を立てる必要があったと考えられる。[48]また、屋敷地買得の度に名代を変えていることが、表1から読み取れる。その理由として、他町の町式目に散見される軒役制限への対応を考えることができるが、[49]針屋町・東今町ともに式目を欠いており、明確な理由は不明とせざるをえない。

(三) 借地の際には、屋敷地全体を借地する場合と、一部分のみ借地する場合があること。

『久世家文書』から判明する限り、久世家は九度借地している。そのうち屋敷地全体を借地しているのは、安永期に借地した屋敷地、松村弥三郎屋敷地である。前者は「永借」、後者は「買得同様」というように、全体を借用する際には、久世家が実質的に所持するかたちで借地していることがわかる。しかし、これらの屋敷地はそれぞれ買得できない特殊な事情を有していた。後者については、拝領地という屋敷地の持つ属性によると考えられるが、安永期に借地した四筆の屋敷地は、なぜ正式に買得できなかったのだろうか。

久世通理は、【史料三】で引用した部分の少し後で、久世家がこれらの屋敷地を買得することに対して「何分当家地面と相極候義、元来町内不得心」と述べている。これは、天保九年（一八三八）に屋敷地を再度買得しようと試みたことに対する町側の認識ではあるが、町側が一貫して久世家の買得を快く思っていなかったことはわかる。つまり、久世家が屋敷地を買得できなかった背景には、町中の反対があったのである。通理は町中が「不得心」であった具体的な理由については述べていないが、久世家がすでに三軒役分の屋敷地を所持していたことをふまえるならば、町内でさらに屋敷地を集積することに対する不満があったのではないだろうか。その結果、安永期・寛政期と二度買得の機会がありながらも、永借というかたちをとらざるをえなかったのだと考えられる。

以上のように、屋敷地全体の借地は、必ずしも久世家の意向に沿ったものではなく、その背景にそれぞれ、町の思惑や、屋敷地の属性（＝拝領地）、というやむをえない事情が存在したためだということができる。

一方、部分的に借地する際には、久世家の屋敷地と接する部分を借用しており、借地面積も非常に小さいことが特徴である。その理由としては、屋敷内での造作が敷地内に納まらなかったことや、造作にともない隣地との境界が狭まったこと、屋敷地を集積するなかで不整形な部分ができたことが想定できる。前二者についてはそれを明確に示す史料はないが、嘉永七年（一八五四）の大火後、屋敷再建中に戸屋政次郎から借地したケースは、どちらかに当てはまるのではないかと考えられる。後者の例としては、安政三年（一八五六）に近江屋いそ屋敷地の返却が検討された際、近江屋へ「間中計此御方へ地面入組有之候間、夫丈ハかしくれ候」（安政三年十月十五日条）として、屋敷地と入り組んでいる部分だけは返却せずに、借地の継続を依頼していることが挙げられる。

（2）屋敷地の拡張と獲得時期

久世家が屋敷地を獲得・集積した最大の目的は、家賃収入を目的とした借屋経営ではなく、屋敷地の拡張にあった[50]。これは集積した屋敷地のうち、敷地全体が最後まで借屋として経営された例が、明治二年の河合文五右衛門屋敷地のみであることからも妥当だといえよう。

屋敷地の買得が敷地拡張という意図のもとに行われたと考えられる事例として、丹波屋久兵衛屋敷地の買得が挙げられる。撤去・移築費などの増額を願うため久兵衛から提出された口上書では、屋敷地売却の経緯について以下のように述べられている（慶応二年六月六日条）。

【史料四】

私居宅幷ニ借家地面御望ニ付、去ル亥九月御譲申上、其迄ノ地面料幷建物取払運送料・引建料共之処へ、金子弐百七拾五両ニ而地面奉差上候御約定申上（後略）

ここからわかるように、久兵衛の屋敷地は久世家の希望により売却されたのである。売却理由は不明だが、久世家では地代・建物の撤去料のほかに、移築に関わる費用まですべて負担しており、屋敷地買得を強く望んでいたことがうかがえる。また、久兵衛の屋敷地内には借屋が建てられており、久世家がそのまま借屋経営をすることも可能であった。しかし、このときは更地として受け取っており、屋敷地の拡張を目的とした買得だったと考えるのが妥当であろう。

だが、屋敷地の集積は久世家の意向により自由に行えたわけではなく、このような例は稀であった。特に買得については、屋敷地を売却する町人の存在が前提となるからである。そのため、久世家では、隣接する屋敷地が売却されたときや、経済的に困窮し屋敷地を手放さざるを得ない町人が現れたときには、積極的に獲得への動きをみせている。

たとえば、文政三年（一八二〇）に八文字屋久右衛門屋敷地を買得した際には、久世家の家計は傾いており、十月には五ヶ年の「厳敷倹約」を始めることとなっていたにもかかわらず、借銀した上で獲得している（文政三年十月六日条）。また、俵屋長兵衛屋敷地の場合には、買得の経緯について「先日以来段々相対ヲ以、此度代銀弐貫五百匁ニて御買得ニ相成候」と記されているように、買得までに交渉が繰り返されたことがわかる（天保十年二月十三日条）。

そして、将来の屋敷地拡大を意図し買得した屋敷地は、必要となるまで借屋として利用されていた。長兵衛から買得した屋敷地は、元治元年十月に馬場の拡張により取り壊されるまで、長兵衛とその家族が居住していた（元治元年十月七日条）。さらに、近江屋いその屋敷地も通りに面した部分は従来のまま残し、いそとその家族が借屋住まいをしており（安政七年閏三月二十六日条）、近江屋の転居後も、敷地が必要となる明治三年閏十月までは借屋として経営している（明治三年閏十月二十九日条）。

おわりに

堂上公家久世家は、十七世紀後半以降、町人地に屋敷地を構え居住し続けた。本章では築地之外に居住する公家の居住形態を明らかにするため、久世家の町人地における屋敷地獲得・集積過程に注目し考察を加えてきたが、最後に以上の考察から明らかとなったこと、および今後の課題について述べ、しめくくりとしたい。

（一）久世家は、延宝期に町人地の屋敷地を買得して以降、断続的に屋敷地の集積を進めた。なかでも、十九世紀以降は屋敷地の獲得が活発となり、特に文政期から明治最初期にかけて集積が急速に進められた(51)。

（二）久世家は屋敷地を獲得するため、敷地全体を獲得する場合は買得、部分的に獲得する場合は借地というように、獲得のための手段を使い分けていた。だが、ときには町中の反対や、屋敷地の属性により買得が実現しない場合もあった。その際には、実質的には買得に至りながらも、表向き所有者から（永）借地するという方法をとっていた。

（三）久世家の屋敷地集積は居屋敷の拡張が最大の目的であり、屋敷地が売却されることがわかった場合には、買得へ積極的な動きを見せている。そして、買得した屋敷地は必要となるまで敷地内に取り込まず、借屋として経営されていた。

以上のように集積を繰り返した結果、幕末期には針屋町西面の南半分、東今町南面の大部分を占める大規模な屋敷地が形成されることとなった。同じく幕末期には、針屋町南隣の靱屋町・元誓願寺図子町では岡山藩池田家が京屋敷を造営している。特に靱屋町では東頰をすべて屋敷地として利用しており、針屋町・靱屋町周辺には、通りの両側に町屋が櫛比するのではない、特異な景観が形成されていた(52)。

一方、今後の課題は、はじめにで述べたように、町に居住することにより発生する地縁的関係を明らかにすることにあり、具体的には以下の二点を挙げることができる。第一点は、久世家の屋敷地獲得に対する町側の対応である。町中は屋敷地買得に難色を示す場合もあり、久世家の屋敷地集積は簡単に進んだわけではなかった。本章でも若干考察を加えたが、屋敷地を集積することへの町の対応については、さらに考察を深める必要がある。第二点は、久世家の町内におけるあり方である。久世家は屋敷地を買得・所持していたため、家持として町への諸役負担が求められていたことはある程度予想できよう。しかし、町人地に居住するうえで、どの程度の諸役負担を求められていたのかについては不明であり、今後の検討課題として残されている。

（1）吉田伸之『成熟する江戸』（日本の歴史17　講談社、二〇〇二年）二八頁。

（2）久世家は、居屋敷のほかにも岡崎村に下屋敷を所持しており、ひとつの屋敷で生活が完結していたわけではない。

だが、現段階で下屋敷の役割を明らかにすることは、史料的な限界から困難である。よって、居屋敷以外の屋敷の機能、都市生活のなかでの位置づけについては今後の課題としておく。

(3) 久世家に所蔵されている史料の一部は、史料館で写真版により公開されている（国文学研究資料館史料館『史料館報』三四、一九八一年）。

(4) 『大日本史料』第十二編―三十一。久世家領についてはつぎの論文を参照。神崎彰利「近世における公家領の構造――久世家領を中心に――」（『明治大学刑事博物館年報』一二、一九八一年）。

(5) 通音が屋敷地を拝領するに至る詳細な経緯については、第一部第三章を参照。

(6) 『中院通茂日記』（東京大学史料編纂所所蔵原本）寛文十一年正月十五日条。

(7) 『中院通茂日記』寛文十一年二月二十六日条。

(8) 『中院通茂日記』寛文十一年四月十五日条。

(9) 『中院通茂日記』寛文十一年五月八日条。

(10) 「寛文一一年正月一五日公家町寺町焼失絵図」（『中井家文書』〈京都府立総合資料館所蔵〉文書番号三八八）。絵図については、つぎの論文を参照。「総合資料館所蔵の中井家文書について」（京都府立総合資料館『資料館紀要』一〇、一九八一年）。

(11) 『中院通茂日記』寛文十一年十二月五日、二十二日、二十五日条。

(12) 『中院通茂日記』寛文十二年正月十四日条。

(13) 『中院通茂日記』寛文十二年閏六月二十四日条。

(14) 『中院通茂日記』寛文十三年二月二日条。

(15) 「役所日記」（『山城国京都久世家文書』〈国文学研究資料館史料館所蔵〉一五五、弘化四年四月四日条、以下では文書名を略し、所蔵先を史料館と略記する）。

(16) 「表町内帳箱ニ入有候書付類写」（『京都久世家文書』〈明治大学刑事博物館所蔵〉書冊・横帳の部ロ―七九、以下では文書名を略し、所蔵先を明刑博と略記する）。当史料はその内容から、町有文書のうち久世家に必要な箇所を写したものと考えられる。書写の際の誤字・脱字は想定できるが、内容的には信頼に足るものと考える。なお、「表町」とは針屋町を指しており、『久世家文書』ではそのように表記される方が多いが、以下では針屋町に統一する。

(17)「表町内帳箱ニ入有候書付類写」では、「二十分一銀」を九百七十目としているが、代銀の二十分の一は九百七十五匁である。実際に両町へ支払った銀高を足し合わせると九百七十五匁となることから、筆写の際の誤りだと考えられる。

(18)「家屋敷之事（沽券改に付割印）」（明刑博）書状の部イ―一〇七。

(19)「起源」（『古久保家文書』〈京都府立総合資料館所蔵〉文書番号一一三）。

(20)「表町内帳箱ニ入有候書付類写」。

(21)図2のうち、①と②の間に不整形な屋敷地がある。明和四年（一七六七）の沽券状によると、福嶋屋嘉兵衛が地主となっている。その後、文政期には、久世家は東今町に対して五軒役を負担しており、それまでにこの屋敷地は久世家の所持となったと考えられる。だが、『久世家文書』には買得に関する史料が含まれておらず、買得時期や売主など詳細は不明である。よって、この屋敷地については表1に載せていない。

(22)「久世家屋並屋敷売上之節売券状差上延引之儀詫書」（明刑博）書状の部ロ―一。

(23)「家屋敷之事（沽券改に付割印）」。

(24)「表町内帳箱ニ入有候書付類写」。

(25)「（居宅類焼手当金拝領上聞に付）老中若年寄連署状」（明刑博）書状の部イ―一一〇。

(26)町屋のうち通りに面する部分を屋敷内に取り込むことは、町との取り決めにより禁じられていた（第二部第四章参照）。

(27)「沽券状写」（明刑博）書冊・横帳の部イ―六六、「表町内帳箱ニ入有候書付類写」。

(28)「表町内帳箱ニ入有候書付類写」。なお、六角敦文へ屋敷地を譲渡した彫物屋かなは、その屋号と屋敷地の位置から、喜平次の親族だと考えられる。

(29)「表町内帳箱ニ入有候書付類写」。

(30)同右。

(31)「役所日記」は、毎年一冊ずつ作成されることがほとんどである。「御役所日記」と題することもある。現存が確認できるのは、史料館が所蔵している文化九年（一八一二）から明治十四年（一八八一）までのものだが、一部欠落している年もある。以下「役所日記」からの引用については、年月日のみ記すこととする。

(32)『久世家文書』には、この一件に関して多くの史料が残されており、まとまったものとして以下のものがある。「松村屋敷一件帳」「松村弥三郎屋鋪地直借り一件之留」「松村屋敷借屋ニ致度願書写」（いずれも明刑博）書冊・横帳の部イ―七〇。

(33)「松村弥三郎屋鋪地直借り一件之留」。

(34)同右。

(35)町奉行所は松村家の借屋経営を許可するにあたり、周辺の町に対して問題がないかを尋ねており、拝領地における借屋経営には、周辺の町の許可が必要であったことがわかる（「松村弥三郎屋鋪地直借り一件之留」）。なお、久世家は明治維新まで借地し続け、慶応四年（一八六八）にはようやく「直借」となった。維新の際に松村家屋敷地は上地されることとなり、久世家では改めて京都府へ屋敷地の拝借を願い出、明治四年に許可されている（「元松村弥三郎上地拝借願書」〈史料館〉一八九一）。

(36)「松村屋敷借屋ニ致度願書写」。

(37)以下の交渉の過程については、天保九年「日次」〈久世通理〉天保九年八月十日条）による。

(38)「表町内帳箱ニ入有候書付類写」。

(39)天保九年「日次」（久世通理）天保九年八月十日条。

(40)このときの買得は、表向き久世家の家来間の売買であった。なぜ通理が政右衛門を名義人とすることを不服としたのかは、町との関係において検討すべき問題だと考えられる。よって、この点については次章で改めて扱うこととする。

(41)「五十年季借地為取替一札」（史料館）一八八一。

(42)「家屋敷永代売券状」（史料館、二二五四）によると、文化八年（一八一一）、近江屋利兵衛が東今町南側に屋敷地を買得している。その後、文政八年（一八二五）には町内に利兵衛の名前はすでになく、近江屋いそが町人として史料上に現れている（「両町内出銭出入帳」〈史料館〉八三六）。両者の屋号は一致しており、かつ①久世家が借地した部分の東西幅が、利兵衛屋敷地の間口と一致すること、②いそが負担する軒役が利兵衛屋敷地のそれと一致することから、いそは利兵衛の親族で、屋敷地は利兵衛から譲り受けたものである可能性が高い。

(43) 沽券状では、屋敷地の代銀を一貫六百目とし、借銀との差額百目は昨年八月からの利子分としている（安政五年六月十五日条）。

(44) 武部了幽についての詳細は不明だが、「上京拾二番組　御改正絵図面」（『小川小学校所蔵文書』京都市歴史資料館架蔵写真帳）では、柊屋の東隣に居住していた表具屋久左衛門の苗字が同じく「武部」となっていることから、ここでは了幽を久左衛門の親族と考えておく。

(45) 「上京拾二番組　御改正絵図面」。「御役所日記」明治三年三月二十九日条。

(46) 「借地届、家人雇入届他」（明刑博）書冊・横帳の部イ—八四。

明治維新以降、久世家の経済状態は悪化していき、明治八年には、屋敷地を抵当として借金をしなければならなくなる。そしてその翌年には、元松村家の屋敷地を残し、すべて上京区へ売却することとなる（明治九年九月七日条など）。

(47) 文政十二年（一八二九）閏七月、塔之壇にあった家来八木源之進の屋敷地を買得している。これは源之進が久世家からの借銀を返済できなかったためであった。しかし、この場合はそのまま源之進を住まわせていることから、借屋経営が目的ではなく、家来に対する救済措置としての側面が強いと考えられるので、例外と見なせる（文政十二年閏七月十三日条）。

(48) 久世家が屋敷地を買得する際、家来を名代に立てる場合と、家来・町人を名義人とする場合がある。久世家ではこれらを明確に区別しており、屋敷地所持に対する認識にも差があったと考えられる。詳しくは第二部第二章を参照。

(49) 小川保「京都における三井家の屋敷——集積過程からみた特質——」（『三井文庫論叢』一四、一九八〇年）。

(50) 久世家の屋敷地拡張は、公家としての生活に必要な空間＝形式を整えることを目的としていたと予想される。例えば幕末期に、新たに宸殿を造営していることからもそれをうかがうことができる。だが、本章では詳しく検討することができず、今後の課題としたい。

（51）久世家は、佐賀藩主鍋島家と縁家であった。藩政改革が成功した幕末期には、鍋島家から多額の援助が毎月行われていた。このことも屋敷地の急速な集積を可能にする要因だったと考えられる（「鍋島家御仕向金之留」〈史料館〉八〇六）。なお、久世家と鍋島家の関係についてはつぎの論文を参照。清水善仁「江戸時代の縁家について——武家から公家への助力金を中心に——」（『中央史学』二八、二〇〇五年）。

（52）「京都御屋敷略絵図」（『池田家文庫』〈岡山大学附属図書館所蔵〉資料番号T五—五二）。

補論　町人地における公家の屋敷地買得について

ここでは、町人地における公家の屋敷地買得の事例をとりあげ、屋敷地が公家の間で譲渡されていく過程と、それに対する町側の対応を検討することにより、屋敷地をめぐる公家社会と町方社会との関係について考察する。

一　十八世紀中頃の公家町

近世京都では、内裏を中心として公家町が形成されていた。これまでの考察により近世前期の公家町の様相は明らかとなったものの、その後の時代的な変容についてはいまだ不明な点が多い。そこで、まずは十八世紀中頃の公家町の様相について確認しておきたい。

享保六年（一七二一）閏七月十四日、拝領屋敷地について武家伝奏から公家衆へつぎのような通達があった。

【史料二】「拝領屋敷一件廻状幷口上書」（『久我家文書』第三巻　國學院大學、一九八五年）

（括弧内は筆者、以下同）

一、両伝奏有使、申渡義有之、侍一人可遣由也、則家来差遣処松平伊賀守演説之書付一通被相渡、明日人々へ可相触也、為用意今夜被相渡之由也、小川土佐守相渡候由、

口上

堂上方之内、拝領屋敷被明置、所々囲等茂不被致衆茂相見江、築地廻リ見分茂不宜、先年火事以後余程之年

数ニ候処、于今作事之様子も不相見、偏々与被明置、町屋なとニ被致住居候儀者不可然存候、惣而堂上方之作事、小身之衆迄茂格式を被存分限不相応ニ候故、催し手間取候ニ付、普請茂延引候与被存候、（中略）何様ニ茂軽ク作事致され、拝領地者明ヶ被置間敷事ニ候、心ニ掛候ハヽ、是迄延引は有之間敷被存候、拝領地ニ住居候得者、第一　御所之近辺〆リニ茂罷成事ニ候間、両卿被相談候而、寄々被申達、拝領地江被引移候様ニ可被致候、拝借地ニ作事有之被致住居候衆者、所々ニ無用之作事可被致様茂無之候間、拝領地之囲見苦無之様ニ被取繕可然候、（中略）前々より堂上方屋鋪之儀は武家とは違、改候事無之候故いつの比より紛候儀茂難計候得者、いつれ共難決候間、自今者拝領地・拝借地者勿論之儀、買得地たりとも相対替之儀容易者可難成候間、其旨を被存、自然無拠子細茂有之候ハヽ、両伝奏江被相達差図次第ニ致され可然候、此段も各江可被相達候、

その内容は、宝永五年（一七〇八）三月の大火以降かなりの年数が経っているにもかかわらず、拝領地を明地のままにしている公家がいる。なかには屋敷を造営せず町屋に居住しているものもいるが、拝領地が空いているのは「築地廻リ見分」も悪く、御所周辺の秩序にも関わるので、屋敷を造営して引き移るように、また、拝借地に居住し拝領地を明地のままにしている公家は、拝領地の板囲いを見苦しくないよう修繕するように、というものであった。第一部第六章でも述べたように、この時期の公家町は屋敷が建て揃わず、明地となった拝領地がところどころにみられるような状況であった[1]。

ところで、この触で注目したいのは、築地之外に居住する公家の存在である。ここでは、拝領地に屋敷を構えず町屋に居住する公家の存在が指摘されているが、その他にも町人地において買得した屋敷地に居住する公家もいた。たとえば、西園寺家は築地之内に拝領地を持ちながらも、明和四年（一七六七）までは本阿弥図子に買得した屋敷地に居住していた[2]。また、後述する綾小路家や葉室家も、町人地の買得屋敷に居住していた。十八世紀

中頃には、築地之外に屋敷地を買得し居住する公家が少なからず存在していたのである。
では、町人地における屋敷地買得は、どのようにして行われたのだろうか。また、屋敷地の所在する町はどのように対応したのだろうか。以下では公家町の西隣に位置する花立町（室町通上長者町上ル）を事例に検討していく。

二　屋敷地譲渡の経緯

京都大学総合博物館所蔵の『勧修寺家文書』には、勧修寺家が花立町の屋敷地を買得した際の文書が、「室町屋敷普請之内届書写」と題した包紙とともに残されている。その内容は、屋敷地が綾小路家→葉室家→勧修寺家と公家の間で「譲渡」された過程において作成された覚書・証文などの写しがほとんどで、勧修寺家が買得した際に入手したものと考えられる。

まず、屋敷地の概要について述べておく。屋敷地が所在した花立町は、禁裏六丁組花立町七町組に属する古町で、富裕な町人が多く居住していた町として知られる。(3) 屋敷地は町の西頬南角に位置しており、間口十二間四尺二寸、裏行二十間余であった（図１）。軒役は四軒役で

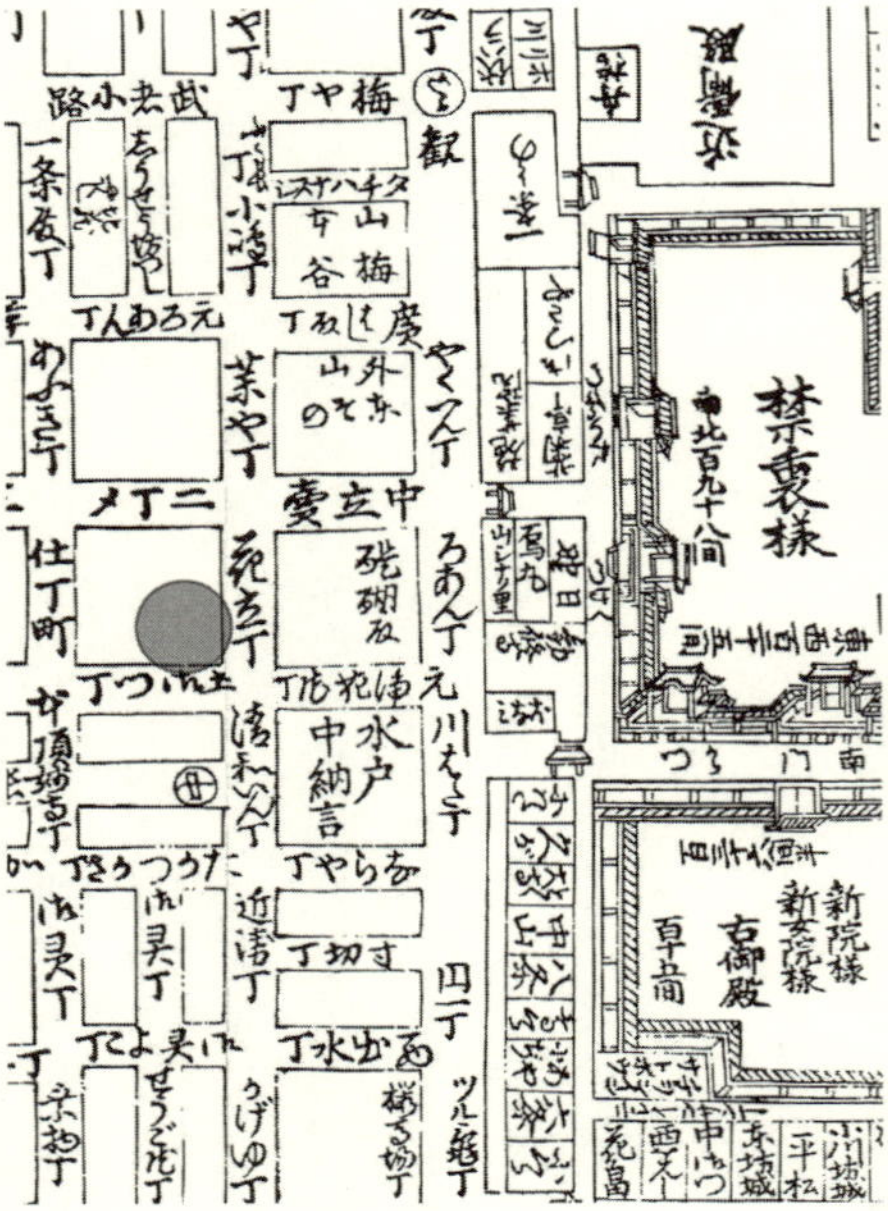

図１　勧修寺家花立町屋敷の位置

「増補再板　京大絵図　乾」（新撰京都叢書刊行会編『新撰京都叢書』第11巻下　臨川書店、1987年）をもとに作成

あったが、敷地内には上長者町通側に借屋があったため、元土御門町にも一軒役を負担していた。これらは譲渡の過程で変化していない。

つぎに、沽券状や町に提出した「一札」から譲渡の経緯をみていく。

（1）町中→菱屋喜□□（虫損、兵衛カ）

屋敷地買得に関する文書のなかで年代が最も古いものは、享保十年（一七二五）五月十四日に町中から菱屋に宛てた沽券状である。(4) 沽券状からは、年寄を玉屋甚右衛門という町人が勤めていること、屋敷地が銀八貫目で売買されたこと、屋敷地の北隣には堀田正悦という町人が居住していたことがわかる。(5)

（2）菱屋源右衛門→綾小路家

享保十五年、屋敷は菱屋源右衛門から綾小路家に売却された。十月二十一日には綾小路有胤から武家伝奏へ屋敷買得の旨を届けているが、(6) そのなかで「被致買得住居候」と述べられているので、有胤が実際に居住するために買得したと考えられる。

綾小路家の屋敷は、築地之内の西院参町に所在しており、そこには当主有胤の息俊宗が居住していた。一方、有胤は、この屋敷を買得するまで上立売室町西入ル上西大路町南側に居住していたことがわかる。(7) だが、享保十五年六月二十日には上立売室町西入町大文字屋五兵衛の屋敷を火元とする大火災が起こり、有胤の屋敷も焼失しているので、(8) 有胤は新たな屋敷を造営するのではなく、花立町の屋敷をその替わりとして買得した可能性が高い。

このとき綾小路家から町中に以下の「一札」が入れられている。

【史料二】「家屋敷譲渡ニ付一札」一二

一札

家屋敷　　　室町通上長者町上ル花立町西かわ南角

壱ヶ所但四軒役
表口十二間四尺
裏行二十間余
右ハ菱屋源右衛門所持之家屋敷ニて候処、此度松下昌林と申者名代ヲ以綾小路前中納言殿御買得被成候、右買得屋敷ニ付諸役御免許被相願候儀永々在之間敷候、則其趣綾小路殿え相達置候、勿論、公役は不及申、町役出銀等、不何寄町並之役儀町中指図之通名代之者急度相勤させ可申候、尤此以後名代之者対町儀不埒有之候ハヽ、幾度ニても早速仕替役儀無滞相勤させ可申候、仍て為後証如件、

綾小路前中納言殿家
享保十五庚戌年　　隅田数馬　印
　　　　　　　　名代　松下昌林　印
室町通花立町
　年寄正悦老
　五人組中

右本紙之通中納言殿被見被申、則裏書印形被致候者也、
隅田数馬　印

（裏書）　表書之通相違無之者也、
㊞

【史料二】からは、つぎのことが明らかとなる。①年寄は北隣の堀田正悦が勤めていること[9]、②名代には松下昌林という者が任命されていること、③町中は綾小路家が諸役免除を願い出ることを認めていないこと、④名代

は町中の指図に従い、公儀役・町役を勤めなければならないこと、⑤名代の任免権は綾小路家にあるが、勤め方次第で町中が交代を要求できること、⑥町中は条件の実効性を保障するために当主綾小路有胤の裏書・印形を要求していることである。

(3)　綾小路家→葉室家

寛保二年（一七四二）十二月、屋敷地は綾小路家から葉室頼要に譲渡された。その理由は定かではないが、同年九月には有胤が死去しているので、それを契機として屋敷を手放したと推測される。

一方、頼要は、この時期転居を繰り返していた。頼要の日記によると、元文元年（一七三六）十一月には相国寺突抜二本松町の磨屋安右衛門家を借屋しており[10]、その後元文三年九月頃には、油小路通上長者町上ル甲斐守町の大文字屋藤兵衛屋敷を借屋している[11]。

葉室家では、屋敷地を入手する際、町に了承を得た後、禁裏附を通して京都町奉行にも支障がないかを尋ねるという手順を踏んでいる[12]。十二月二十六日には帳切を済ませているので、このときまでには譲渡されたと考えられる。その際に葉室家から綾小路家には「御樽代銀」として八貫目が支払われている[13]。翌年の二月三日には、借屋していた頼要が引移っている[14]。この頃当主頼胤は別の屋敷に居住しており[15]、この屋敷地は頼要が居住するために購入したと考えられる。

葉室家の場合も、町中に対して「一札」を入れている[16]。綾小路家のものと比較すると、①③〜⑤については同様で、今回も町側は当主頼胤の裏書・印形により町中の要求を認めさせている。異なるのは、名代を松本良因という町人が勤めていることである。

(4)　葉室家→勧修寺家

寛政二年（一七九〇）四月、屋敷地はさらに勧修寺家へ譲渡された。二日には勧修寺家から代銀八貫目のうち六貫目が支払われ、十三日に武家伝奏へ屋敷地譲渡の届書が提出されているので、その頃までには受け取りが完了していたと考えられる(17)。

勧修寺家も他の二家と同様、町に「一札」を入れている(18)。内容も③〜⑤については同一で、当主の裏書・印形も付されている。相違点は、名代を勧修寺家の家来である三宅右衛門尉が勤めていること、年寄が近藤元昌という町人であることである(19)。なお、買得にあたって、町中からは屋敷の名代につき、つぎのような条件が提示されていた。

【史料三】「抱屋敷名代之儀ニ付口上」一六

口上

御抱屋敷名代之御方町人ニ而御座候へハ是迄之通岡松良因之被勤之通相勤り申候、若帯刀之御方差出され候へハ町並外之儀勤之通、半季ニ銀壱枚宛不勤料与申出申候儀ニ御座候、焼場困窮之節ニ御座候故只今ニ而ハ弐百疋ニ申合候得共、次第ニ本之通建双候ハヽ、前々之通ニ仕候筈ニ申合居申義ニ候間、右之段御噂可被下候、以上、

年寄

元昌

【史料三】によると、町は名代をこれまでの通り岡松良因という者に勤めさせるか、帯刀の者が勤める場合には、半季ごとに「不勤料」として銀壱枚を支払うかのいずれかにするよう申し入れている(20)。結果的に、勧修寺家は家来三宅右衛門尉を名代とすることを選んだが、町側が名代を町中の意向に沿った人物にするよう求めている点は注目される。

三　町側の対応――むすびにかえて――

以上、公家の間で花立町の屋敷地が譲渡（＝売買）される過程と、それに対する町の対応をみてきた。花立町の屋敷地は久世家の場合とは異なり、公家の間で売買された事例であるものの、公家の屋敷地買得に対して町の意向が強く作用していた点は、久世家が居住した針屋町・東今町との共通点として挙げられる。

花立町では、公家が町内に屋敷地を所持することに対して、①諸役免除を朝廷に願い出ないこと、②名代を出し諸役（＝公儀役・町役）を勤めること、③勤め方次第で名代の交代を要求できることをその条件として提示した。諸役免除の特権を持つ公家が屋敷地を買得することにより、町人の諸役負担が増加する可能性があったとはいえ、これらの要求が町人・公家間の売買だけではなく、公家間で譲渡する際にも出されていたこと、さらに当主が裏書・印形を付し、町側の条件の実効性を保障していたことは特記すべきことである。町側の史料を欠いているため、その詳細を確かめることはできないが、ここでは、町に屋敷地を所持する限りは、家持としての役割を平等に果たさなければならないという町の論理が、身分を超えて働いていたのだと考えておきたい。ただ、針屋町では、久世家が諸役免除の特権を行使することは禁じておらず、公家の屋敷地所持への対応に差があったことがわかる。これは町人の発言力の違いに起因すると推測されるが、現段階では史料的な限界からその詳細を明らかにすることはできない。今後は、より多くの事例から町による対応の違いについて検討していく必要がある。

一方、公家にとっても、諸役免除を認めない町に屋敷地を所持するのは、経済的に大きな負担であったことは間違いない。築地之内およびその周辺に屋敷地として適当な敷地がなかったことが、かかる町側の条件を許容した一因であったとすることができよう。

(1) 築地之内の屋敷地に屋敷が造営されない状況は、明和期になってもあまり改善されなかったと考えられる(拙稿「公家の替地拝領過程に関する考察」〈『日本建築学会大会学術講演梗概集(北海道)』、二〇〇四年〉)。なお、【史料一】は、第一部第六章でも検討しており、内容が重複する。だが、本章の行論上必要であり、煩雑となるが再掲することとする。
(2) 三上淳子「近世における西園寺家の屋敷地」(『学習院大学 史料館紀要』一〇、一九九九年)。
(3) 『江戸時代の中立学区』(中立住民福祉協議会)五六~五八頁。
(4) 「家屋敷売渡証文」(『勧修寺家文書』〈京都大学総合博物館所蔵〉文書番号T七六五—一二—九)。以下同文書からの引用の場合は史料名、文書番号のみを記す。なお屋敷地関係の文書は一括されているので、文書番号については末尾の番号のみを記す。
(5) 享保二十年十二月の町触では、院別当内侍の出産に関わる医師・産婆の、居住地から築地之内までの経路が示され、その経路には障害物などを置かないよう命じている。その医師のなかに堀田正悦の名前も含まれており、正悦は医師であったと考えられる(『京都町触集成』第二巻 岩波書店、一九八四年、町触番号八四四)。
(6) 「綾小路前中納言町家買得ニ付口上覚」一四。
(7) 『資方朝臣記抄』(宮内庁書陵部所蔵)。
(8) 『月堂見聞集』巻二二(続日本随筆大成別巻 近世風俗見聞集4 吉川弘文館、一九八二年)。
(9) 寛保二年(一七四二)に綾小路家から葉室家へ渡された沽券状によると、屋敷の北隣には堀田正悦が居住していたことがわかる(「家屋敷譲渡証文」七)。
(10) 『葉室頼要記』(宮内庁書陵部所蔵)元文元年十一月十一日条。
(11) 『葉室頼要記』元文三年九月三十日条。
(12) 「馬場讃岐守・三井下総守書状」二六—一。
(13) 「松永左衛門銀子請取状」一〇。
(14) 「葉室頭弁転居届」一三。
(15) 『通兄公記』(史料纂集)寛保二年十月九日条。

(16)「家屋敷譲受候ニ付一札」六。
(17)「家司日録」追六―五―四〇〇―T二。
(18)「家屋敷譲渡ニ付一札」二。
(19) 寛政二年の新典侍局の出産に際して出された町触では、出産を担当する医師の居住地から御産所である葉室家に至る経路に当たっている町は、夜中に医師が通行する際、速やかに木戸を開けるよう命じられた。その医師のなかに、花立町に居住する近藤元安という人物が含まれている。近藤元昌は元安と苗字が同じで、名前にも元の字があることから、元安と元昌とは親族であり、元昌も医師であったと推測される（『京都町触集成』第七巻〈岩波書店、一九八五年〉町触番号二八一）。
(20) 京都の町では、年に二回算用寄合を開催しており、町人は出席が義務づけられていた。だが、武士身分の者は寄合に参加できず、その代わりに不勤料を支払うこととなっていた。ここで支払いを求められた不勤料はそれにあたると考えられる（熊谷光子「帯刀人と畿内町奉行所支配」〈塚田孝・吉田伸之・脇田修編『身分的周縁』部落問題研究所出版部、一九九四年〉）。

第二章　町人地における久世家の居住形態について

はじめに

一九八〇年代以降、近世都市史研究は飛躍的に進展した。これらの研究は江戸・大坂を中心に進められ、建築史学をはじめ、文献史学、考古学など学際的な研究領域となったことで、江戸・大坂の都市空間・社会構造の特質が、多面的かつ重層的なかたちで示されるようになった。一方、江戸・大坂とならび三都のひとつに数えられる京都については、他の二都に比べ町方社会以外の研究が立ち後れているといえよう。これまでの近世京都に関する研究は、町方社会、特に町・町組といった地縁的共同体に関する研究が中心となり、公家・武家・寺社といった諸身分集団の都市における存在形態、相互の社会的関係についてはほとんど明らかにされてこなかった。本章でとりあげる公家社会についても、内裏・院御所を中心として形成された公家町の空間構成を中心に研究が行われてきたが、(1)もっぱら公家が公家町に集住したという都市の分節構造に注目が集まり、公家町における集住の実態、都市居住者としての公家の存在形態などへの視角は欠落している。都市における公家の生活の実態については、いまだ検討すべき課題が山積しているのである。

こうした研究段階を受け、第一部第三章・第四章では近世前期における公家の集住形態について検討した。そのなかで、親王家・摂家・旧家に属する公家が築地之内に屋敷地を所持したのに対し、近世以降に家を創立・再興した公家の多くは町人地に屋敷地を獲得し、築地之内をとりまくように集住していたことを明らかにした。だが、そこでは公家の集住形態に焦点を絞って検討を加えたため、公家の都市生活のあり方には触れることができなかった。

そこで、本章では、前章でもとりあげた堂上公家久世家に注目し、都市における生活のあり方を検討したい。久世家は近世以降に創立された公家の一家であり、近世を通して町人地に居住した。その意味では、近世以降創立・再興した公家の典型的な事例とすることができる。また、久世家については厖大な史料が残されており、(2)近世における公家の都市生活の実態を詳細に検討することが可能だと考えられる。

その際に主要な論点として挙げられるのが、①久世家の町における居住形態、②久世家の信仰形態である。公家の日常生活は、朝廷への勤仕と屋敷での居住により成立していた。また、それと同時に神仏への祈りも日常生活のなかで切り離せないものであった。したがって、これらの論点を中心に検討することで、久世家の都市生活の実態を明らかにできるとともに、町方社会、寺社社会など他の諸社会集団との関係についても解明することができよう。

なお、本章では、久世家に関する文書のなかでも比較的残存状況が良い近世後期、とりわけ文政期から天保期を中心に考察することとする。

一　町における久世家の居住形態

(1)　町人地における屋敷地の集積過程

延宝元年（一六七三）十二月、久世家は今出川通小川下ル針屋町と西隣の東今町にまたがる屋敷地を、狩野弥平次という者から買得した。屋敷地は内裏の北西に位置しており、公家屋敷地の集中する築地之内からはやや離れていた（第二部第一章図1）。それ以後、久世家は明治期に至るまで針屋町に居住するとともに、近世を通して隣接する家屋敷を集積し、明治期には一千坪以上の屋敷地を所持することとなった。集積した屋敷地のうち借屋経営に用いたものはごく限られており、そのほとんどは公家としての生活を営むのに必要な殿舎や馬場などの敷地として用いられた。

こうした屋敷地集積の過程は、第二部第一章で明らかにした通りだが、本章でとりあげる文政～天保期にかけての集積過程を示すと図1のようになる。図1、および第二部第一章の表1（二四二頁）からは、久世家の屋敷地集積の特徴として、①屋敷地に隣接する家屋敷を買得・借地することで拡張を進めたこと、②屋敷地を買得するにあたっては、名代を立てる場合と、家来・町人からの永借とする場合があること、③部分的に借地する場合には、年限を設定することなどが挙げられる。

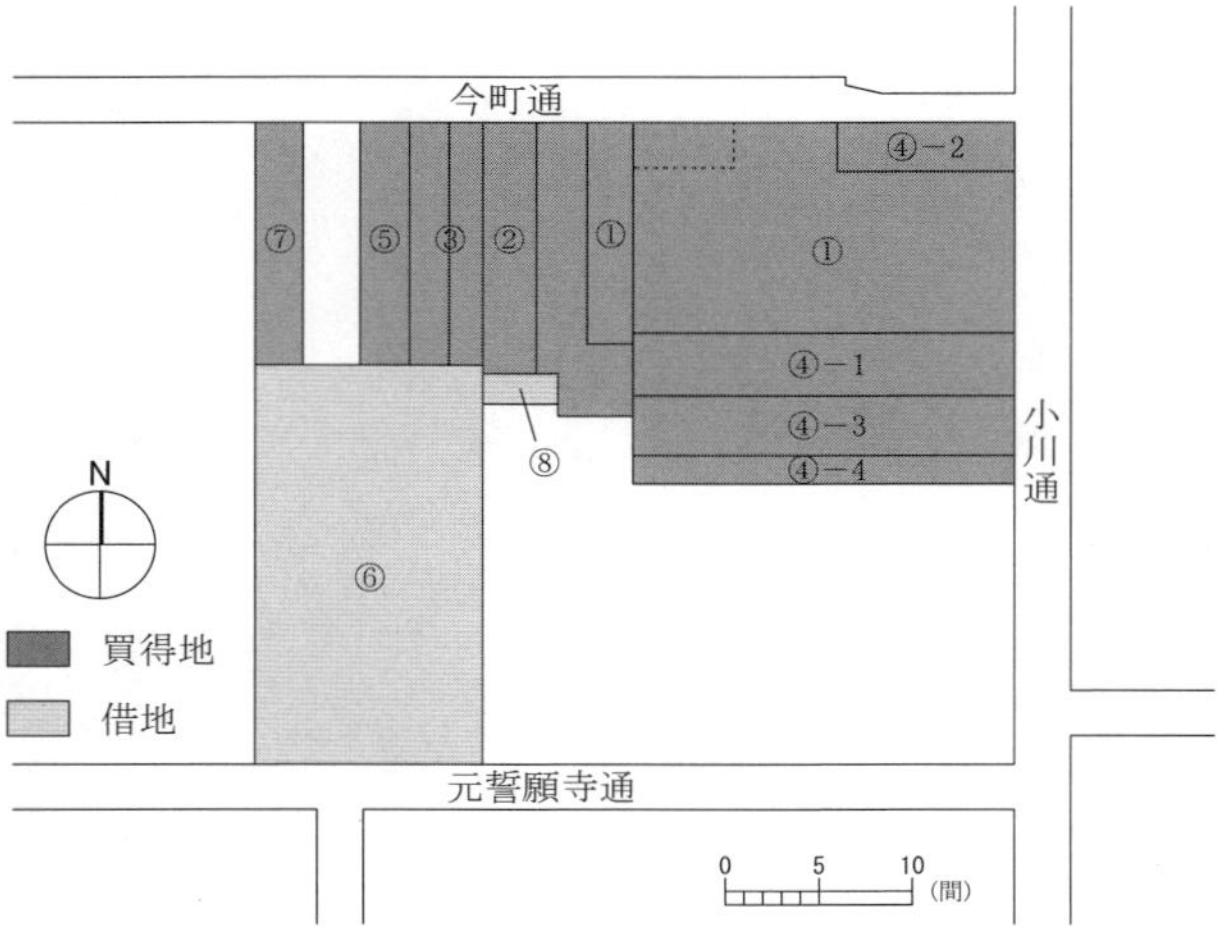

図1　天保15年（1844）頃の久世家屋敷地復元図（推定）
「上京拾二番組　御改正絵図面」（『小川小学校所蔵文書』京都市歴史資料館架蔵写真帳）をもとに作成

(2)　屋敷の空間的特質

それでは、久世家はどのような屋敷に居住していたのだろうか。屋敷内部の殿舎構成やその変遷については、屋敷全体の指図を欠いているため不明な点が多いものの、「役所日記」[3]などの記録から断片的に屋敷内部の状況をうかがうことができる。そこで、以下では、近世後期における屋敷の空間的特質を、記録類から明らかとなる範囲で検討することとする。

延宝元年（一六七三）に久世家が買得した屋敷内の殿舎構成・配置は不明である。ただし、『久世家文書』では針屋町を一貫して「表町」と記しており、表門が小川通に設けられていた可能性の高いことは指摘できる。

その後、久世家では針屋町・東今町の家屋敷を買得し、屋敷地の拡張を進めた。安永六年（一七七七）には、針屋町に面した図1の④—1・3・4の敷地について、地主であった大文字屋孫兵衛から町中へつぎの証文が提出された。

【史料二】「表町内帳箱ニ入有候書付類写」『京都久世家文書』（明治大学刑事博物館所蔵）書冊・横帳の部ロ—七九

一札

一、私所持家屋鋪此度勝手ニ付、裏之方取払表側者其儘致置候、然ル処隣家御堂上様ニ付、若右地面貸地等ニ仕候義御座候ハ、御町中へ及御相談、如何様共御指図之通取計可申候、仍一札如件、

大文字屋孫兵衛印

安永六年酉八月二十日

小川針屋町

年寄　三左衛門殿

町中

これらの敷地は、いずれも久世家が福嶋屋嘉兵衛の名前で買得した屋敷地で、安永五年に嘉兵衛から孫兵衛に譲渡された（第二部第一章）。孫兵衛は久世家の家来六角敦文の家来を名乗っており、このときに地主の交代があったと考えられる。

さて、【史料一】からは、孫兵衛が通りに面した部分を残して、裏側の建物を撤去したことがわかる。さらに、

この部分を久世家へ借地するにあたっては町中へ相談するとしている。だが、これらの屋敷地を実質的に所持していたのは久世家であり、建物の撤去はその意向にもとづくものとしてよい。したがって、当該期には地尻のみを用いた屋敷地の拡張が行われたと考えられる。こうした拡張が屋敷内の殿舎造営とどのように関わっていたのかは明らかでないが、それにより小川通に面して表門と町屋が並び、その奥に殿舎が展開する「町奥型屋敷」[4]が形成されたとすることができよう。

だが、通りに面した部分に町屋を残すことは、後述のように、町中の意思によるものであった。天明八年（一七八八）の大火により、小川通に面した町屋は屋敷とともに焼失した。屋敷の再建にあたって、久世家は町屋跡地を屋敷内へ取り込むことを町へ要望しており（第二部第一章【史料二】）、本来は敷地を小川通まで拡張することを望んでいたと考えられる。それ以降、記録類にはこれらの町屋に関する記述はなく、跡地は屋敷内へ取り込まれた可能性が高い。したがって、寛政期以降は「町奥型屋敷」から「町並型屋敷」へと変化したといえよう。天保十年（一八三九）には、小川通沿いの「板囲」を以前と同じ「高塀」へ改めており（「役所日記」天保十年七月二十四日条[5]）、通りに面して高塀を立てていたことがわかる。

一方、東今町側の様子はほとんど明らかとならないものの、今町通に面して「御裏御門」「台所格子」のあることが確認でき、東今町側にも門を開くとともに、通り沿いに台所の配されていたことがわかる（文政九年四月三十日、五月七日条）。「御裏御門」は「御裏様御門」とも記されており、当主の正妻が用いる門であったと考えられる。

したがって、屋敷内の殿舎については、①小川通に面して表門を開いていたこと、②今町側には御裏御門が立ち、その付近に正妻の居住する殿舎があったと考えられること、③今町通に面して台所があったこと、④屋敷地が東西に奥行きの深い形状であったことをふまえるならば、文政期から天保期には、主屋を屋敷地中央に置き、表門の開く東から南側にかけてハレの空間を、北側に奥向き・台所などのケの空間をそれぞれ配していたと考えられる。さらに、文化十五年（一八一八）、北の庭に六畳敷の部屋を建て増し、文政十二年（一八二九）には東の庭に稲荷社を建立しており（文化十五年十月十八日、文政十二年三月八日条）、主屋の北・東側に庭を設けていたことがわかる。また、この時期に特徴的なのが、文政五年に借地した御太刀金具師松村弥三郎の屋敷地に馬場を設けていることである（文政五年二月二十八日条）。当主通理は洛外の寺社参詣などに乗馬で出かけており（文政八年八月二十四日条など）、乗馬の訓練のため馬場が必要であったと考えられる。しかし、当該期に平堂上公家の屋敷で馬場を設けることは一般的でなく[6]、このときの馬場の設置が、実用以外にどのような意味を持ったのかは今後の検討課題である。

その後、久世家の屋敷は、嘉永七年（一八五四）の大火により焼失した。屋敷の再建は火災後しばらくして始められたが、再建過程の詳細は不明であり、主要な殿舎については、安政二年（一八五五）六月に台所の立柱を行い（安政二年六月朔日条）、翌年には「御玄関・内玄関・御使者之間」の作事に着手することとなっているのが判明するのみである（安政三年六月朔日条）[7]。

だが、幕末期には、「御宸殿」「御三階」という二棟の殿舎が建っていることがわかり、当該期における大きな特徴として指摘できる。御宸殿は、慶応元年（一八六五）六月頃には造営の計画があり（慶応元年六月二十三日条）、翌年の慶応二年二月には造営を予定していた北の庭において、幸徳井播磨守により除方忌祭が執り行われた（慶応二年二月二十五日条）。さらに、六月には造営に着手し、七月に上棟を迎えている（慶応元年六月二十三日、慶応二年七月二十七日条）。

御宸殿の造営を担ったのは、西洞院一条上ルに居住する八文字屋半兵衛という大工であった。『久世家文書』には、半兵衛の作成した仕様帳が含まれており、その詳細が明らかとなる[8]。それによると、御宸殿は、南北に棟を揃え、北側を入母屋造、南側を切妻造とする瓦葺の建物であった。室内は二列四室で構成し、東に「上々之間」「御次之間」の二室、西に二室を並べる。さらに、その周囲には広縁（＝「御入側座敷」）、落縁を廻す。「上々之間」は十二畳半で、床・違棚を備えていたことがわかる。

御宸殿は、棟札に「御広間」と記されており、対面を目的とした建物であったと考えられる（慶応二年七月二十七日条）。屋敷内には、造営以前にも対面のための座敷があった可能性が高く、このときさらに対面の場を設けたことになる。その理由は定かではないが、御宸殿と呼んでいることをふまえるならば、より格式の高い建物として位置づけられたのではないかと推測される。

さらに、屋敷内には、位置は不明ながら「御三階」と呼ばれる殿舎があった（慶応三年八月十四日条）。この建物は、名称が示す如く三階建てであり、眺望を楽しむために設けられたと考えられる。幕末期の公家屋敷に三階建ての殿舎があったことは、二条城に移築された桂宮家の常御殿の事例から明らかとなるが[9]、平堂上公家の屋敷にこうした高層の殿舎があったことは、現段階では確認できない[10]。したがって、ここでは差し当たり御三階の存在を、久世家の屋敷の特質として位置づけておきたい。

以上、近世後期を中心に屋敷内の空間的特質をみてきた。明らかとなった事実はごく限られるものの、幕末期には、主屋や台所など一般的な殿舎のほかに、御宸殿、御三階といった特徴ある殿舎が建つとともに、馬場が設けられていたことがわかる。現在の研究状況においては、こうした屋敷内のあり方が特殊であるのかどうかを明確にすることはできない。近世の公家屋敷におけるその位置づけについては、今後の研究の進展を俟ちたい。

（3）屋敷地集積に対する町の対応

さて、前述のように、久世家は近世を通して屋敷地の集積を進めたが、その獲得は必ずしも自由に行えたわけではなかった。町人の所持する家屋敷は町中が共同で所持するものでもあり、個々の町人の意思のみで売買できなかったからである。さらに、十七世紀後期以降には特定の町人に家屋敷が集中することを防ぐため、町式目で家屋敷の集積を規制する町もあった(11)。それでは、かかる状況において、久世家はどのように屋敷地を集積していったのだろうか。ここでは久世家の屋敷地集積に対する町の対応を、買得地、借地に分けて検討していきたい。

買得地

久世家が延宝元年に初めて屋敷地を買得したときの町の対応は、史料的限界から詳細を明らかにすることはできない。ただし、久世家は屋敷地を買得した後、朝廷に諸役免除を願い出ており、延宝四年には針屋町に面する屋敷地に対して三軒役分が諸役免除となっていること(12)、東今町に面する屋敷地に対して諸役免除が許可されていることがわかる(13)。公家が諸役を免除されたことにより、他の町人はその役を共同で負担しなければならず、諸役免除の特権を行使しない旨を買得の条件にする町や、公家の居住自体を断る町もあった（第一部第六章、第二部第一章補論参照）。その意味では、延宝期における屋敷地の買得は、町側の規制がなかったか、あるいは狩野弥平次がすでに諸役免除を得ていた可能性があると考えられる。久世家が諸役免除の特権を行使したのはこの時のみであり、それ以降に買得した屋敷地については、他の町人と同様軒役を負担している。おそらくは、町との間で何らかの交渉があり諸役免除の行使が規制されたのであろう。

その後、屋敷地買得に対する町の対応が明らかとなるのは、文政三年の八文字屋久右衛門の家屋敷を買得した事例、および天保九年の佐々木政右衛門屋敷地買得の事例においてである。

文政三年十二月、久世家は屋敷地の東今町側に隣接する久右衛門の家屋敷を買得した（屋敷地⑤）。だが、東今町は久世家が家来を名代として買得することを認めず、同町町人である升屋まきの名前で獲得するよう申し出た（文政三年十二月十八日条）。後述のように、家来を名代に立てて屋敷地を買得することは、久世家・町ともに久世家の屋敷地であることを明示することとして理解しており、このとき町中は、表向き升屋が買得した屋敷地を久世家が永借するという形式をとるよう要求したとすることができる。町側がかかる要求を行ったことについて、「役所日記」には「少々御差支有之」とのみ記されており、具体的な理由は不明である。だが、久世家は東今町にすでに五軒役の屋敷地を所持しており、表向き久世家への屋敷地集中を規制することがその要因であったと考えられる。結局、久世家は町の要求に従い、まきの名前で買得に至っている。

しかし、文政十二年五月にまきから息子千之助・従妹みつへ屋敷地が相続されることとなった際には、家屋敷の所持の形式についてふたたび町と交渉を行っている。

【史料二】「役所日記」文政十一年五月二十九日条

元来此度譲之義御家来名前譲度旨町分へ掛合候処、此義ハ町分ニ而も差支申上出来かたく、毎々及掛合候処、右之次第出来不申候、依之町内当時五人組ノ近江四郎と申者参上申候ハ、一向御家来へ帳切ニいたし候てハいかゝ式、是ハすい分町内ニ而一統承知も可致旨申出候へ共、何分当時六ツかしく、町分へ申掛候も後々御買得之邪魔ニも可相成ニ付矢張町内ノ意ニマカセ如此ノ譲ニ相成可申事、

このときも、久世家はまきから家来への屋敷地の譲渡を希望したが、町側は「一向御家来へ帳切ニいたし候てハいかゝ式」としてその申し出を断った。これに対して、久世家もこのような意向を示した町との交渉を続けることがそれ以降の買得の障害となることを恐れ、千之助・みつへの相続を認めざるをえなかった。

さらに、天保九年には、針屋町の屋敷地（屋敷地④）をめぐり同様の問題が起きている。天保八年五月、家来であった六角敦文の死去にともない、屋敷地が敦文の弟で同じく家来の佐々木政右衛門と、妹の若枝に譲渡された。この屋敷地は、寛政元年（一七八九）に大文字屋孫兵衛から六角敦文へ譲渡されたものだが、本来は安永三・五年に久世家が福嶋屋嘉兵衛・彫物屋喜平次の名前で買得した屋敷地であった(14)。久世家がこの屋敷地を所持することに対して町中が「不得心」(15)であったことが、このような形式をとらざるをえない要因となっていた。こ

れに対して、当主久世通理は、買得したはずの屋敷地を借地としておくのを不服とし、翌天保九年から町との交渉を始めたのである。

通理が屋敷地の買得を希望した最大の動機は、つぎのようなものであった。

【史料三】天保九年「日次」（久世通理）天保九年八月十日条（括弧内は筆者、以下同）

表町小川通針屋町四軒役買得地候処、其節福嶋やと申者名前ニ而求之、其福嶋や六角故左衛門尉敦文家来と申者ニ而主人敦文へ譲与天明相済右地面ハ丁中含ニ而当家へ永借之由、依之町内含為会釈銀三枚遣之有之、先達敦文死去前死後譲佐々木政右衛門・若枝両人へ則武辺届相済有之、昨年敦文死去候間本譲致候様自町内申之、但元来久世家実者買得之義候条如今町四軒役、但近年求候一軒役者他名前也、名代ニ而当家買得表立候様致度、自然差支候義も可有之旁ニ付針屋町中へ及懸合候処（後略）

すなわち、屋敷地を政右衛門・若枝から永借するのではなく、東今町の四軒役分の屋敷地のように名代を立てて買得することにより、久世家の名前が「表立」つようにしたいというものであった。久世家と町とは交渉を繰り返し、最終的に久世家が町へ三十両支払うことで家来を名代とした買得が成立した[16]。

以上から、久世家の屋敷地所持のあり方、および町側の対応の特徴として以下の諸点を挙げることができる。

（一）屋敷地買得には、名代を立てて買得する事例と、表向きは町人または家来が屋敷地を買得し、それを久世家が永借するという事例がある。久世家は前者を希望したが、町中は後者を要求した。

（二）いずれの事例も実質的には久世家の所持であったが、前者の場合は、沽券状に持主として久世家の名前が記載されるのに対して[17]、後者の場合は、持主が町人または久世家家来となる点に大きな違いがあった[18]。通理が問題としたのは、まさしくこの点だとすることができよう。

（三）屋敷地買得においては、久世家の希望よりも町中の意思が優先した。町中が表向きの買得を拒否した文政

～天保期には、久世家はすでに針屋町に三軒役分、東今町に四軒役分の屋敷地を、名前が「表立」つかたちで所持していた。特定の町人が大規模な屋敷地を所持することに対して、針屋町では三軒役以上の屋敷地を所持することを認めていたものの、帳切の際に銀二匁を出すことを決めていた[19]。東今町の対応は町式目を欠いているため明らかではないが、元治元年には久世家が家来を名代に立てて屋敷地の買得に至っていることをふまえるならば[20]、おそらくは針屋町と同様の対応をとっていたものと想定できる。こうした屋敷地所持の形式的な相違には、久世家に屋敷地が集積することを快く思わない町中の意向が影響していたのであり、そのための手段として、町人・家来を地主とした買得を要求したのだと考えられる。

借地

借地の場合は、ほとんどが年限を定め、屋敷地の一部を借用するものであった[21]。それに対して町が直接規制を加えた事例は見当たらないが、針屋町では久世家の屋敷に隣接する家屋敷を買得した町人に、つぎのような一札を提出させている。

【史料四】「表町内帳箱ニ入有候書付類写」

一札之事

一、此度御町中所持之家屋敷弐ヶ所買請候ニ付、自今以後御町中諸御相談ニ相儀申間敷候、万端御指図次第ニ相勤可申候、其上隣家御堂上様之義故万一私相対ニ而裏之方御借地ニ差出候共御町中諸事御相談之上取計可申候、且又表側之義是迄両店之町家建ニ候得者自今何方へ貸付、又者私住居ニ而も其儘有姿之通普請可仕候、一存之造作一切仕間敷候、（後略）

福嶋屋嘉兵衛印

安永五年申五月

元誓願寺浄福寺西へ入弐丁め

中川元安印

同通六軒町
山形屋清兵衛印

　ここからは、買主が屋敷地の地尻部分を久世家へ貸す際には、町中の許可が必要であること、通りに面した部分の建家は現在のまま維持することを町中が求めていることがわかる。だが、ここで注意したいのは、これら二筆の屋敷地を実質的に買得したのは、久世家であったということである。表向きの地主は福嶋屋嘉兵衛となっているが、これは町が久世家の買得を認めなかったためである。さらに、同様の一札は、前述のように、久世家の代わりに屋敷地を買得した他の地主も提出している。したがって、これらを前提として一札の意味を考えるならば、町中は、隣接する家屋敷の地尻部分を久世家が屋敷地内へ取り込むことを規制するとともに、通りに面する部分は町屋のまま維持しようとしており、一札の提出を買得の条件として、久世家による屋敷地の取り込みを間接的に町中の管理下に置こうとしたのだと考えられる。

　さらに、久世家に隣接する家屋敷の地主が久世家へ屋敷地を貸した場合、換言するならば、町中が久世家への借地を認めた場合も、町中は借地での作事に介入できるようになっていた。安永三年、久世家は屋敷地④―2を彫物屋喜平次から借地した。これも嘉兵衛の事例と同様、実質的には久世家の買得によるものであったが、その際に町中は喜平次へ、作事を行う際には町中へ報告するとともに、町中の指示に従うことを記した一札を提出させており(22)、久世家の作事を間接的に把握しようとしていたのだと考えられる。

　以上、久世家の屋敷地獲得に対する町の対応についてみてきた。これら一連の対応からは、屋敷地の拡張を目指す久世家に対して、町中はその動きを常に規制できる状況をつくりだそうとしていたことがわかる。一方、久世家側も屋敷地の獲得に影響を与えないよう、できるだけ町中の意向に沿おうとしていた。したがって、屋敷地所持の点では、一部の町人への屋敷地の集積を規制しようとする町中の意向が、久世家の意思より勝っていたとすることができよう。

（４）町運営への参加とその実態

近世の町は町人によって運営されたが、そのなかで町人として最低限担うべき役割とされたのは、①公儀役・町役の負担、(23) ②算用寄合への出席、③町の年中行事への参加であったと考えられる。(24) したがって、久世家についても、これらの役割をいかに、どの程度担っていたのかを検討することにより、町運営への参加の実態、および町が久世家に期待していた役割を明らかにすることができよう。そこで、ここではこの三点について順にみていくこととする。

①公儀役・町役の負担

久世家が屋敷地を所持した針屋町・東今町はいずれも上古京小川組に属し、それぞれ三十一軒役、二十九軒役の軒役を負担していた。それに対して、久世家は文政期中頃には針屋町に七軒役分、東今町に六軒役分の屋敷地を実質的に所持していたが、そのうち、両町でそれぞれ三軒役、一軒役の諸役免除を受けていたので、両町に対してそれぞれ四軒役、五軒役分の公儀役・町役を負担していたこととなる。ただし、針屋町の屋敷地については、表向き軒役賦課の対象となったのは地主の六角敦文であり、東今町では、四軒役分の公儀役・町役が久世家へ、一軒役分は表向き地主となっていた升屋まきへ賦課された。

針屋町・東今町の町人は、家屋敷に付けられている軒役に比例して町入用を分担しなければならなかった。久世家も一部の屋敷地については諸役免除を行使していたものの、他の町人と同様に公儀役・町役を負担しており、町入用負担の点では町人としての役割を果たすことを期待されていたといえる。なお、久世家では両町の町入用の一部に、東今町での借屋経営にともなう家賃収入を充てており、不足分は当主の御手元金から支出していたことがわかる[25]。

一方、こうした金銭的な負担とともに、公儀役・町役には、自身番役、年寄・五人組役といった町人自身が勤める役も含まれていた。久世家では、東今町における役は升屋まきを名代として負担していたと考えられる。また、針屋町では、自身番役は代理人を出すことにより負担したが（文政八年八月二十二日条など）、年寄役・五人組役は、屋敷地買得の際に免除銀を支払い、勤めていない[26]。本来、年寄役・五人組役は、町人身分の町人が勤める役であった。名代または常帯刀の者がこれを勤めることは、町としての存在理由を否定することにつながるため、町側がこうした措置をとったものと考えられる。

②算用寄合への参加

両町における町運営の中心は、年二回開催される算用寄合であった。町年寄は毎月町入用を徴収するとともに、毎年七月と十二月には半季分の町入用の勘定を行うため算用寄合を催した。寄合への出席は、軒役の負担ととも に町人としての義務であった。これに対して久世家は、東今町の寄合には升屋まきを名代として出席させていたと考えられる。一方で、針屋町の寄合には誰も出席させていなかったようだが、文政四年には、町年寄が町内に居住する町人が少なくなったことを理由に、誰かを寄合に出すよう願い出たため、家来の一人を出席させるようになっている（文政四年二月二十八日条）。

だが、そこで、注目すべきは、針屋町の算用寄合に六角敦文、山崎志津磨といった常帯刀身分の家来が出席していたことである（文政六年十二月二日、文政八年七月二日条など）。近世において、町の寄合への出席は町人自身が果たすべき義務であり、町人身分ではない者の参加や代理を立てての参加を規制する町もあった[27]。だが、針屋町では、町人が減少していることを理由に久世家に家来を出席させることを選択した。これは、町中が町人不在による町共同体の機能不全を防ぐため、久世家に家として町人の義務を果たすことを期待せざるを得なくなっていたことが要因であったと考えられる。

③町の年中行事への参加

針屋町・東今町では年間に数度の年中行事を催していた。そのなかには、町人が交代で当番を勤めなければならない行事もあった。

東今町の年中行事は、七月二十二日の地蔵会が中心となっていた。京都の地蔵会では、町内の地蔵が飾りつけられ読経が行われた後、町人が集まり宴会が催された。東今町の地蔵会もこれに類するもので、年ごとに当番を町人の間で持ち回っていたと考えられる。だが、久世家では升屋まきが名代として当番を勤めていたようで、「役所日記」には、毎年地蔵へ供物を供えるとともに、町中へ毛氈を貸したという記事しか残されていない。

一方、針屋町では多くの年中行事が開催されており、地蔵会のほかにも、七月二十七日の大日会、年に二回催される御千度などが確認できる。このうち、町中が大日堂へ集まり読経を行う大日会、洛中の寺社へ町中で参詣する御千度は文政四年から始まった新しい行事であった（文政四年七月二十七日、九月二十五日条）。久世家では、こうした年中行事のうち地蔵会・大日会には供物を供えるのみであったが（文政八年七月二十二日条など）、御千度には家来が参加し、当番に当たった際には料理や酒を用意している（文政四年九月二十五日条）。

以上、久世家の町運営への参加のあり方についてみてきた。久世家は、堂上公家として朝廷へ勤仕することによりその役を果たしていた。だが、その一方で町人地に屋敷を買得し居住したため、町人としての役も同時に負担しなければならなかった。そのなかで、久世家は所持する屋敷地に比例した諸役を他の町人同様に負担するとともに、自身番役、算用寄合への出席、年中行事への参加についても家来を代理人として役を果たしており、本来ならば当主が担うべき諸役を、家として負担していたということができよう。こうした町運営に対する参加のあり方は、地下官人と共通する部分もあり(28)、町人地に居住する堂上公家、または地下官人にまで一般化して考えられる可能性が高い。

二　久世家と諸社会集団

以上のように、久世家は町において家として諸役を負担し、町運営にも参加していた。だが、久世家の都市生活は町内で完結していたわけではなく、公家社会・武家社会・寺社社会・町方社会との日常的・臨時的な関係のなかで成立していた。各社会との関係は久世家が生活を営む上で欠かせないものであったが、ここでは、おもに町方社会との間で形成された社会的関係に注目して検討する。

(1)　久世家へ出入りする商人・職人

久世家は生活を支えるための生産活動を行っておらず、生活に必要となる商品・労働力のほとんどを都市社会に依存しなければならなかった。そのため、久世家では諸商人・職人との間に出入関係（＝「御立入」）、または恒常的な取引関係を形成し、安定的な商品・労働力の供給を確保していたと考えられる。だが、久世家にとって出入・取引関係にあった商人・職人の存在は自明であった。そのため、改めてその全容を記すことはほとんどなく、史料から出入・取引関係を取り結んでいた商人・職人をすべて抽出することは困難である。よって、以下では、出入関係にあった商人・職人について、「役所日記」など限られた史料から復元的に検討することとする。

「役所日記」において、出入関係にあった商人・職人がまとまって確認できるのは、文化十年（一八一三）正月元日と二日の記事である。そこには、久世家へ年頭の挨拶に訪れた地下官人とともに商人・職人の名前が記されているが、それぞれの職名に敬称が記されていること、商人・職人が扱っている品目が生活必需品の一部であること、年頭の挨拶が可能であったことから、他の商人・職人とは異なる関係、すなわち出入関係を久世家との間に形成していたと考えられる。

さらに、「諸色御入用高見合覚」という史料からは、恒常的に久世家へ出入りしていた商人・職人が確認できる。[29] この史料は、魚、野菜、灯油など生活必需品の値段を文政四年（一八二一）と同九年とで比べたもので、品目ごとに両年の値段と購入先が記されている。両年とも各品目の購入先はほとんど同じであり、記載された商人・職人は、久世家と恒常的に取り引きを行っていたと判断できる。また、そのなかには年頭の挨拶に訪れた商人・職人の名前も記載されており、久世家と出入関係にあった商人・職人がこのなかにもいたと考えられる。その他にも、「役所日記」から出入・取引関係が確認できる商人・職人として、笹屋宗兵衛（紙屋）、平野屋久兵衛（両替）、丹波屋久兵衛（大工）が挙げられる。

以上のような久世家と出入・取引関係にあったと考えられる商人・職人を一覧にしたものが、表2である。これは文化・文政期に限定したものであり、かつ衣類、化粧品、料理など、取り扱う商人・職人が不明な品目もあるが、当該期において久世家に必要な商品・労働力を供給した商人・職人の一端が明らかとなったといえよう。

ところで、出入・取引関係にあった商人・職人のなかで、丹波屋久兵衛、大坂屋長兵衛については、「役所日記」からその関係が具体的に明らかとなるので、やや詳しくみておきたい。

丹波屋久兵衛は、久世家の南隣に居住していた。針屋町・東町にまたがる大規模な屋敷地を所持しており、針屋町では有力な町人の一人であったと考えられる。久兵衛は屋敷の作事をほぼ独占しており（文化十五年十月十八日、文政二年七月二十九日、文政五年二月五日条など）、葬送の際には木棺の製作なども行っていた。[30]

だが、嘉永七年（一八五四）の大火後、久兵衛は屋敷の再建を任されたが、台所部分の外観が悪いという理由により、綾小路家の作事を請け負っていた庄五郎という大工と交代するよう命じられた（安政三年四月四日条）。これに対して、久兵衛は作事の請負を何度も嘆願したが決定は覆らず、久世家では久兵衛とともに庄五郎とも出

表2　久世家と出入・取引関係にあった商人・職人

類型	名前	取扱商品・職種	居所	典拠
食品	木屋利助	魚		(A)
	秋田屋多兵衛	酒		(A)
	丹波屋伊兵衛	醤油		(B)
	井佐一			(B)
	中武			(B)
	井筒屋佐兵衛	酒		(B)
	かしわ屋喜八	菓子		(B)
	片木善左衛門	茶		(B)
	松坂屋新兵衛	御膳用味噌、塩など		(B)
	一もんし屋勘兵衛	もち		(B)
	近江屋吉兵衛	とうふ		(B)
	とうふ屋源兵衛			(B)
	丹波屋吉兵衛	青物、酢	武者小路小川東入ル町	(B)(G)
道具・小間物	大黒屋清兵衛	茶碗		(A)
	梅菱屋藤兵衛	小間物		(A)
	丹波屋新兵衛	提灯	河原町西	(A)
	木村肥後守	冠師		(A)
	雁金屋五左衛門	糸		(A)
	笹菱屋長右衛門	小間物		(A)
	笹屋五兵衛	乗物師		(A)
	鱗形屋仁兵衛	扇子		(B)
	中嶋屋五兵衛	糸		(B)
	ひし屋久兵衛			(B)
	樽屋藤兵衛	桶		(B)
	参もんし屋又吉	たばこ		(B)
	脇部屋			(B)
	若山屋付重	髪油など		(B)
筆記具	古梅園	墨、筆	寺町二条上ル	(B)
	笹屋宗兵衛	紙		(C)
燃料	香具師彦兵衛	香具、蠟燭	小川元誓願寺下ル靭屋町	(A)(H)
	木津屋半兵衛	灯油、荒物		(B)
	まつ屋吉兵衛	炭、下用味噌		(B)
両替	平野屋久兵衛	両替	小川上立売下ル町	(D)
大工	丹波屋久兵衛	大工	針屋町	(E)
	大坂屋長兵衛	下部親方		(F)

(A)「日記」『山城国京都久世家文書』(国文学研究資料館史料館所蔵)文書番号122、文化10年正月元日、2日条。
(B)「諸色御入用高見合覚」『京都久世家文書』(明治大学刑事博物館所蔵)書冊・横帳の部ロ―72。
(C)「御役所日記」『山城国京都久世家文書』　文書番号131、文政5年12月朔日条。
(D)「役所日記」　『山城国京都久世家文書』　文書番号127、文化15年12月17日条。
(E)「役所日記」　『山城国京都久世家文書』　文書番号163、安政3年4月4日条。
(F)「御役所日記」『山城国京都久世家文書』　文書番号130、文政4年2月5日条。
(G)「役所日記」　『山城国京都久世家文書』　文書番号126、文化14年5月19日条。
(H)「御役所日記」『山城国京都久世家文書』　文書番号134、文政8年11月29日条。

入関係を取り結ぶこととしている。さらに、前述のように、慶応二年（一八六六）に御宸殿を造営した際には、新たに八文字屋半兵衛という大工に請け負わせており、幕末期には久兵衛が独占的に形成してきた出入関係は解消されることとなる（慶応二年二月九日条）。

一方、大坂屋長兵衛は、日常的な雑用などを担う下部を供給する「下部親方」であった（文政四年二月五日条）。

【史料五】「役所日記」文政三年二月二十九日条

昨日之分

一、御下部親方長兵衛此節不快罷在候ニ付、代人を以下部三人之者共交代之御伺奉申上旨也、

【史料六】「役所日記」文政三年二月晦日条

一、御下部親方長兵衛参ル、昨日伺置候交代之儀伺出ル、三人共重年申付且三人之者共シバリ銀三十匁相渡ス、

【史料七】「役所日記」文政三年九月九日条

一、御近習山崎志津馬〔磨〕尚亦重年被　仰渡事、

一、御下部三人共此亦重年被　仰渡候事、

右二口役所ニて執之、

右の史料からわかるように、久世家において、下部の雇用は半季契約であり、半季ごとに長兵衛から来季もそのまま雇用するのか、あるいは交代させるのかを尋ねている。(31) さらに、交代させる場合は、代わりの者の補充を行っている（文政元年九月十日条）。下部は短期契約の労働者、いわゆる「日用」層に当たる存在であり、長兵衛は「日用頭」として存在していたと考えられる。(32) さらに、長兵衛は鷹司家とも出入関係を結んでいた可能性が高く、文政四年に鷹司政熙が関東へ下向するにあたってはそれに従っている。その際には、同じく「下部親方」

であった七兵衛が代わりに下部の手配を担っている（文政四年二月五日、七日条）。これらのことから、各公家の家政機構のうち下部は、こうした日用により構成されており、出入関係にあった日用頭が供給源としての役割を果たしていたことがわかる。さらに、これらの日用頭は共同組織を形成し、相互扶助の関係を築いていたと考えられる。

（2）町人との社会的関係

上述したように、久世家は町に居住する上で、公儀役・町役を負担し、町運営にも可能な限り参加していた。だが、久世家と町との関係は町運営にとどまらなかった。そのひとつとして挙げられるのが金銀の貸し付けである。たとえば、文政八年七月には針屋町へ貸し付けた借銀の一部、十二月には利息分をそれぞれ受け取っており（文政八年七月二日、十二月二日条）、天保十年（一八三九）には、針屋町からの願いにより金六十両を貸し付けていることが確認できる（天保十年三月十九日条）。さらに、貸し付けは各町人にも行っており、嘉永二・六年には東今町の町人近江屋いそへ銀一貫目、一貫五百目ずつ貸している[33]。

また、その他にも、町中や町人の依頼により家来の名義を貸すこともあった。安政四年（一八五七）正月に針屋町は寄合のための会所を建てたが、町奉行所与力・同心に町廻りの際の休息所として用いられるのを防ぐため、名目上久世家の家来の借屋とするよう依頼している（安政四年正月二十五日条）。さらに、幕末期には、東町の町人が将軍の上洛に随従した旗本・御家人などの寄宿を回避するため、家に家来が同居しているよう朝廷へ届け出て欲しいと願い出ている（元治元年九月二十一日条）。

このように、久世家は町中や町人へ金銀の貸し付けを行うとともに、彼らが幕府からの負担を回避できるよう、家来の名義を貸すこともあった。その意味では、町中や町人にとって久世家はさまざまな局面で頼るべき存在であったといえよう。だが、「役所日記」には、こうした願いを引き受けるのは「旁隣家之義亦此御方ゟ少々之無理申入候時、兎哉角不申様ニ恩ニきせ」るためだと記されており（元治元年九月二十一日条）、その背景には、町中や町人に協力することにより、彼らへの貸しをつくろうという思惑のあったことがうかがえる。すなわち、久世家と町とは一種の相互依存の関係にあり、このことが、町中が久世家の屋敷地獲得を完全には規制せず、屋敷地の集積と町居住を容認した要因ともなっていたと考えられる。

三　久世家と洛中洛外の寺社との関係——寺社への参詣・代参を中心として——

以上のように、久世家は、日常生活において町中と社会的な相互関係を築くとともに、諸商人・職人と出入・取引関係を形成していた。その一方で、生活を営むなかで重要な位置づけにあったのが、定期的・日常的な寺社への参詣であった。「役所日記」には、当主が洛中洛外の寺社への参詣を頻繁に行っていることが記されており、寺社参詣が生活の一部となっていたことがわかる。そこで、ここでは久世家の定期的・日常的に参詣していた寺社を明らかにするとともに、参詣の実態を検討していくこととする。

（1）家の由緒・存続に関わる寺社への参詣

寺社参詣において最も重要な位置づけにあったのは、石清水八幡宮への参詣であったと考えられる。石清水八幡宮は源氏の信仰が篤く、氏神として位置づけられていた。源氏の一員であった久世家にとっては、他の寺社への参詣とは異なる意味を持っていたといえよう。

久世家では、石清水八幡宮への社参が年中行事となっており、年始、夏には必ず家来による代参を行うとともに、数年に一度は当主が家族と参詣していた（文政元年九月十三日、同三年九月十日条など）。さらに、毎年四月の石清水臨時祭、八月の放生会が行われる日には、当主が屋敷において神事を催し八幡宮を遥拝するなど、重要な信仰対象であった(34)。

他方、石清水八幡宮への社参と同様に重要であったと考えられるのが、菩提所への参詣である。久世家では、初代通式・二代通俊は、本家久我家の菩提所でもある大徳寺三玄院に葬られた。だが、三代通音以降は、当主・妻子ともほとんどが真如堂に埋葬され、同所が主たる菩提所となったと考えられる。文化期から嘉永期にかけて行われた回忌法会の状況を見ると、代々の当主やその妻子の回忌法会をほぼ毎年真如堂において執り行っており(35)、先祖供養のための特別な寺院として位置づけられていた。

そのなかで、文政四年を事例に「役所日記」などから真如堂参詣の様相をみると（後掲表3⑥）、三月に一回、七月に三回行っている。さらに、表にはないが十二月にも一回参詣している。このうち、通理が直接真如堂へ赴いたのは、七月十一日・十六日のみで、その他は家来の代参としている。十一日は通理の長男鎮丸の十三回忌と、楽邦院の三十三回忌の法事を執り行ったためであり、十六日は兄孝通の祥月命日であったためであった(36)。それに対して、十二月二十二日は実父通根の祥月命日に当たっていたが家来の代参としている。このことから、父親の祥月命日に参詣しない理由は不明ながら、日常的な参詣は家来の代参とし、ごく近親者の祥月命日には当主が参詣していたとすることができよう。

このように、石清水八幡宮・真如堂は、いずれも氏族や家と深く関わっており、定期的な参詣は、氏神祭祀や先祖供養のために行われていた。その意味では、両寺社への参詣は、家の由緒や存続と関わるとりわけ重要な位置を占めていたと考えられる。

（2） 日常的な寺社参詣とその対象について

こうした石清水八幡宮・真如堂への参詣の一方で、日常的には洛中・洛外の寺社への参詣や代参が頻繁に行われていた。日常的な当主の参詣または、家来による代参の行き先は、当主の日記、および「役所日記」「御玄関日記」といった家政機構が役割ごとに記した日記から明らかとなる。表3は、おもに「御玄関日記」から文政四年正月～七月における参詣先を抽出したもので、上半期に限られるが、参詣先について以下の諸点を指摘することができる。(37)

⑴当主通理は、①広橋家邸内に祀られた稲荷社、清荒神、梶井宮門跡の里坊に祀られた火除天満宮（梶井天満宮）へ月に八～十九日は参詣している。この三社は「例三所」と記され、最も日常的な信仰対象となっていたことがわかる。これらの神社のうち、清荒神、火除天満宮には柳原家も定期的に参詣しており、(38)近世公家社会において広く信仰を集めていたと考えられる。

⑵右の諸社に次ぐ信仰対象となっていたのは、②上京に点在する柳原大神宮（＝榊宮）・上御霊社・花御所八幡宮、③北野天満宮・紅梅殿・平野社・地神天満宮・毘沙門天の諸社であり、月に一～二度の頻度で参詣している。通理が②③の諸社に参詣した具体的な要因については不明ながら、北野天満宮、紅梅殿はいずれも菅原道真を祭神としており、右の火除天満宮とともに、近世公家社会に広く行われた天神信仰の一環として捉えられる。また、平野社には源氏の氏神が祀られていることが理由となっていたと考えられる。なお、②③の諸社はいずれも久世家の屋敷より北に位置しており、まとめて参詣することや、参詣の途中に今宮社や七野社といった近傍の神社に立ち寄ることもあった。

⑶その他にも、二・五・六月には④伏見稲荷社・牢谷稲荷社・清水寺・安井金比羅社・祇園社、といった京都の南東部に所在する寺社、二～六月には⑤上加茂社・児社・太田社・三宅八幡宮・玉山稲荷社・赤山大明神・下

表3　久世家の寺社参詣日数(文政4年)

参詣先／月	① 稲荷社 清荒神 火除天満宮	② 柳原大神宮 花御所八幡宮 上御霊社	③ 北野天満宮 紅梅殿 平野社 地神天満宮 毘沙門天	④ 伏見稲荷社 牢谷稲荷社 清水寺 安井金比羅社 祇園社等	⑤ 上加茂社 児社、太田社 三宅八幡宮 玉山稲荷社 赤山大明神 下加茂社等	⑥ 真如堂
1	20	1	2	0	0	0
2	19	2	2	1	1	0
3	12	4	3	0	1	1
4	8	1	2	0	2	0
5	13	1	2	1	1	0
6	13	1	1	1	1	0
7	11	0	1	0	0	3

「御玄関日記」文書番号200、「日記」文書番号104、「御役所日記」130(いずれも『山城国京都久世家文書』)より作成

加茂社といった北東部の寺社へそれぞれ参詣している。文政四年は「御玄関日記」の下半期分を欠いているため、年間を通してどの程度④⑤の寺社への参詣が行われていたかどうかは明確ではないが、他の年には八月以降も参詣しており（文政八年八月二十四日条など）、①〜③の諸社に比べ参詣の頻度は少ないものの、日常的な参詣は続けられていたと考えられる。

(4)通理が日常的に参詣していた寺社は、洛中・洛外に広がっていた。これらの参詣先を地図上に落としたものが図2である。ここからは、日常的な信仰対象となった寺社が京都の北部、南東部に集中しており、松尾社や東西本願寺といった南・西部に所在する大寺社への参詣は認められない。

また、以上の寺社のうち、①については家来が代参することもあったが、②〜⑤は、通理の参詣する場合がほとんどであり、日常的な信仰において、家来の代参のみで済ませる寺社はなかったと考えられる。

このように、通理は洛中・洛外の寺社へ日常的に参詣していたが、屋敷内にも小社を設けていた。通理は

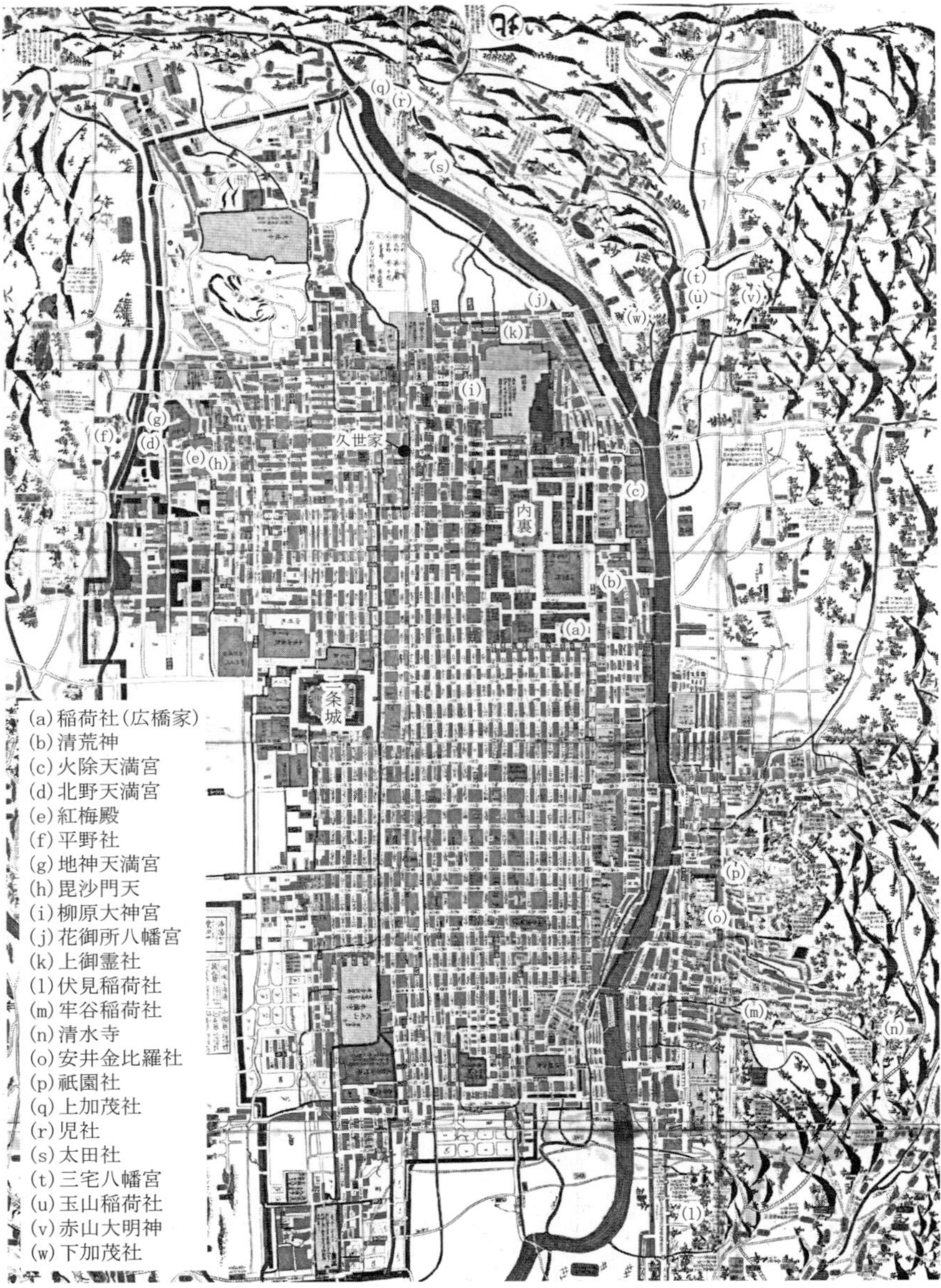

図2　久世家の寺社参詣先分布図

「天保二年　京町絵図細見大成」(京都市歴史資料館所蔵)をもとに作成

個人的に稲荷大明神を信仰していたようで、文政七年に伏見の稲荷社から稲荷大明神を勧請し、前述のように、文政十二年には屋敷内の東庭に稲荷大明神と柿本人麻呂を祀った人麻呂社を祀るための社殿を造営している（文政十二年五月十一日条）。[39]

以上、久世家の寺社参詣についてみてきた。洛中・洛外の寺社への参詣は久世家の日常生活のなかに組み込まれており、とりわけ広橋家内稲荷社・清荒神・火除天幡宮への参詣が最も頻繁であり、石清水八幡宮に対する信仰とともに、日常的な信仰の中心に位置していた。また、それらの神社と比べると参詣の頻度は少ないものの、②～⑤の寺社へも年間を通して参詣しており、日常的な信仰の一部となっていたと考えられる。

おわりに

本章では、堂上公家久世家に注目し、都市における生活の実態を、居住形態・信仰形態を中心に検討してきた。最後に、ここまでの論点の整理を行うとともに、今後の課題について述べておきたい。

（一）久世家は、近世を通して町人地に居住した。久世家は町運営において他の町人と同様の立場にあったと考えられ、公儀役・町役などを家として負担し、町の年中行事にも参加していた。その一方で、朝廷・朝儀へ勤仕することにより公家としての役を果たしており、二重役負担者であったといえる。公家や地下官人にとって、こうした役負担のあり方は一般的であったと考えられ、この点に公家の都市居住の特質をみることができよう。

また、久世家は、公家としての生活を営むのに必要な屋敷地を確保するために、その集積を進めた。屋敷地の獲得は、町中の意向に沿ったかたちで行うことが求められたため、町中の意向の優位性を認め、かつ町との協調関係を維持する必要があったと考えられる。このことが、町運営への家としての参加を促した要因の一つであったといえよう。だが、近世後期には、久世家は周辺の町人と比べ政治的・経済的に優越するようになり、町側が金銀の貸借や、幕府からの負担回避において久世家へ依存することもあった。町中の優位性があらゆる局面で貫徹していたわけではなく、久世家と町中は相互に依存しつつ生活を営んでいたのである。

（二）久世家は、非生産的消費者であり、都市生活を営むためには安定的な生活必需品の供給が必要であった。そのため、さまざまな商人・職人と出入・取引関係を形成していた。本章で明らかとなったことはごくわずかであるが、大工久兵衛の出入関係の解消にみられるように、出入りする商人・職人の交代の可能性は常にあり、固定的な関係ではなかったことがわかる。また、大工庄五郎、下部親方大坂屋長兵衛は、ともに複数の公家と出入・取引関係を結んでいた。こうしたあり方は、他の商人・職人にも敷衍することができると考えられ、公家同士のつきあいを介した出入・取引関係の形成が、公家社会と商人・職人社会との関係構築において一定の役割を果たしていた可能性を想定することができよう。

（三）久世家の都市居住において、定期的・日常的な寺社への参詣が生活の一部を構成していた。参詣先は大きく、石清水八幡宮・真如堂といった氏神信仰・先祖供養に関わる寺社と、当主の信仰に関わる寺社に分けることができる。このうち後者については、年間を通して、広橋家邸内の稲荷社・清荒神・梶井門跡里坊内の火除天満宮には頻繁に参詣していたことがわかる。本章では、公家屋敷、あるいは門跡寺院里坊内の神社が公家らの日常的な信仰対象となったことを指摘したにとどまるが、その現象は非常に興味深く、信仰の社会的な広がりについては、今後検討すべき課題である。

（1）序章を参照。
（2）久世家の残した史料は、「京都久世家文書」「山城国京都久世家文書」「久世家文書」として、明治大学刑事博物館、国文学研究資料館、中央大学図書館にそれぞれ所蔵される。前二館所蔵分は古書店から購入したものであり、中央大学所蔵分の入手経緯は不明である。これらの史料は、その内容から元来一括して久世家に所蔵されていたものと考えられることから、以下では『久世家文書』と総称し、所蔵先を明示する必要がある場合に限り、それを記すこととする。

(3)「役所日記」は久世家の家政機構が書き継いだもので、毎年一冊ずつ作成されることがほとんどである。「御役所日記」と題することもある。現存が確認できるのは、資料館が所蔵している文化九年（一八一二）から明治十四年（一八八一）までのものだが、一部欠落している年もある。

(4) 藤川昌樹「近世京都における町奥型屋敷の成立とその背景」（『近世武家集団と都市・建築』中央公論美術出版、二〇〇二年、初出は一九九五年）。

(5)「役所日記」（『山城国京都久世家文書』〈国文学研究資料館所蔵〉文書番号一四七）。以下、「役所日記」からの引用については本文中に年月日のみを記すこととする。

(6)「華族建家坪数書控」（『京都府庁文書』〈京都府立総合資料館所蔵〉文書番号明四―二三）。

(7) 屋敷内の殿舎のうち御玄関は、明治期に宝慈院へ移築されて現存する（西田典代・大場修「近代公家町とその変遷に関する研究」〈『日本建築学会近畿支部研究報告集』計画系　五〇、二〇一〇年〉）。

(8)「御普請仕様書」（『山城国京都久世家文書』文書番号一四六九）。

(9) 太田博太郎責任編集『日本建築史基礎資料集成一七　書院Ⅱ』（中央公論美術出版、一九七四年）。

(10)「華族建家坪数書控」。

(11) 吉田伸之「町人と町」（『近世都市社会の身分構造』東京大学出版会、一九九八年、初出は一九八五年）。

(12)「表町内帳箱ニ入有候書付類写」（『京都久世家文書』〈明治大学刑事博物館所蔵〉書冊・横帳の部ロ―七九）。

(13)「起源」（『古久保家文書』〈京都府立総合資料館所蔵〉文書番号一一三）。

(14) 第二部第一章参照。

(15) 天保九年「日次」（久世通理）（『久世家文書』〈中央大学図書館所蔵〉天保九年八月十日条）。

(16) 同右。

(17) 名代を立てた買得の場合、沽券状には持主として「久世様」と記載され、その隣に名代の名前が付記される形式となっている（「家屋敷之事（沽券改に付割印）」〈『京都久世家文書』書状の部イ―一〇七〉）。

(18)「沽券状写」（『京都久世家文書』書冊・横帳の部イ―六六）。

(19)「表町内帳箱ニ入有候書付類写」。

(20)元治元年には、俵屋長兵衛の家屋敷を、家来山崎志津磨を名代に立てて買得している。だが、実際は天保十年に町に申し出ないまま、長兵衛との間で買得に至っていた（天保十年二月十三日、元治元年十一月四日条）。

(21)文政五年に御太刀金具師松村弥三郎の拝領屋敷を借地した際には、表向きは屋敷地の西半分を借用することとなったが、実際は屋敷地全体を借地していた可能性が高い（第二部第一章参照）。

(22)「表町内帳箱ニ入有候書付類写」。

(23)ここでいう公儀役とは寄宿役、人足役、自身番役など幕府から賦課される役を指し、町役とは幕府への年頭拝礼のための費用、大仲の廻勤入用、町代への給銀、年寄・五人組役、町運営に関わる諸経費などを指すものとする。

(24)秋山國三『近世京都町組発達史』（法政大学出版局、一九八〇年）。

(25)「今町宿料入帳」（『山城国京都久世家文書』文書番号八三七）。

(26)「表町内帳箱ニ入有候書付類写」。

(27)京都市歴史資料館編『京都町式目集成』（叢書　京都の史料3　京都市歴史資料館、一九九九年）。

(28)第二部第三章参照。

(29)「諸色御入用高見合覚」（『京都久世家文書』書冊・横帳の部ロ―七二）。

(30)「祥雲院様御凶事雑記」（『山城国京都久世家文書』文書番号九六七）。

(31)毎年九月には、近習などを勤める臨時抱えの家来についても、翌年も奉公を続けさせるかどうか当主が判断しており（【史料七】、文政四年九月十日条など）、これらの家来は一季契約であったことが判明する。

(32)吉田伸之「日本近世都市下層社会の存立構造」（前掲『近世都市社会の身分構造』、初出は一九八四年）。

(33)「御納戸銀拝借証文」（『山城国京都久世家文書』文書番号一〇四三）、「御納戸銀拝借証文」（同　文書番号一〇四四）。

(34)「久世通理　日記他」（『京都久世家文書』書冊・横帳の部イ―一一七）。

(35) 登谷伸宏・岸泰子「近世京都における公家の都市生活に関する研究——居住形態・信仰形態を中心として——」(『住宅総合研究財団研究論文集』三三、二〇〇六年版)。
(36)「日記」(『山城国京都久世家文書』文書番号一〇四)。
(37)「御玄関日記」には当主や家来の外出先が最も詳細に記され、日常的な参詣先を確認する上で非常に有効な史料である。だが、文政期から天保期の残存状況が悪く、一年を通しての参詣先を明らかにすることができない。
(38) 拙稿『近世における公家の集住形態に関する研究』(京都大学大学院工学研究科提出学位論文、二〇〇六年)。
(39)「御役所日記抜萃」(『山城国京都久世家文書』文書番号一一一)。

第三章　幕末期における地下官人真継家の居住形態について

はじめに

これまで、堂上公家を中心として、公家の都市における集住・居住形態についてみてきた。本章では、少し視点を変え、朝廷・公家社会の下部構造を形成する地下官人に注目し、都市における居住形態を明らかにしていきたい。

近世の公家は、堂上公家と地下官人とに大別される。このうち、地下官人は朝廷の日常的な政務や、朝儀の実務に関する部分を担っており、朝廷内で実務官僚としての役割を果たしていた。さらに、地下官人のなかには、堂上公家の家来を兼ねる者もおり、朝廷・公家社会を下支えする多様な役割を受け持っていたといえよう。また、その数は、『地下次第』によれば、延享五年（一七四八）には四百二十九人で、その後は増加の一途をたどり、元治元年（一八六四）には一千九十人を数える。(1)そのなかで、下級の地下官人である下官人には、よく知られるように商工業者が補任されることもあり、(2)周縁においては「身分的中間領域」(3)を形成していた。こうした朝廷・公家社会の下部構造を形成する集団としては、その他にも朝廷の経済を担う口向諸役人、各公家や門跡に仕える家来なども多数おり、総数は不明ながら、全体として大きな社会集団を形成していたといえよう。

それでは、地下官人や口向諸役人などは、都市においてどのような居住形態をとっていたのだろうか。天保期に武家伝奏を勤めた徳大寺実堅は、彼らの居住形態についてつぎのように述べている。

【史料二】『徳大寺実堅武家伝奏記録』（東京大学史料編纂所所蔵）天保十五年七月四日条（括弧内は筆者、以下同）

一、御所御内之者・官人其外摂家・宮門跡幷堂上家来町住之儀、

御内之者・官人一同ニ拝領屋敷地夫々江被下ニも難相成、摂家・宮門跡・堂上家来向夫々分限ニ応シ長屋住居ニても可有之処、何分手狭行届兼候付、従来町住居いたし買得又者借屋住居等も致し候事ニ候、（後略）

すなわち、地下官人・口向諸役人らは屋敷地を拝領できず、その多くが町人地で屋敷地を買得、または借屋しで居住するという居住形態をとっていた。彼らは、町人地を主たる生活の場とし、町と日常的な社会関係を取り結んでいたのである。

近年、地下官人の持つ多様な側面のうち、地下官人組織については飛躍的に研究の蓄積が進み、その実態が明らかとなってきた(4)。だが、官人の居住形態、町方社会との社会的関係を本格的にとりあげた研究はほとんどなく(5)、不明な点が多く残されている。これは、近世京都の都市社会構造を明らかにする上で大きな問題といえよう。

そのなかで、地下官人らの町人地居住の特質に言及した貴重な成果として、熊谷光子、梅田千尋の研究がある。熊谷は、都市における帯刀人の存在形態を検討するなかで、常に刀を差すことが許された常帯刀の町における位置づけについて詳しく論じている(6)。熊谷は、蛸薬師町に家屋敷を所持していた有栖川宮家の家来が、軒役は他の町人と同様に負担するものの、町年寄役や月行事役などの町役は「不勤料」を支払い回避していたことについて、「町方に居住する家来＝帯刀人は、実際問題として、公役の面では家来としてあるいは家持として二重の役を負担しながらも、町役の面では家持が当然負担するべき役を勤めない（金銭で代替）という意味で、町人とは区別された（町運営からは排除された）存在であった(7)」と述べている。すなわち、常帯刀に区分される者は、たとえ家持であっても、町運営には関与しない存在であったというのである。

一方、梅田は、地下官人大黒松大夫について、「御所北辺の相国寺付近の塔之段町に居住して町共同体の運営には関わりながらも、陰陽師として帯刀・諸役免除を受け、町人役から分離しているという状態にある(8)」と述べ、地下官人が町人としての諸役は負担しないが、その一方で町運営には関わっていたことを指摘している。すなわち、地下官人・公家家来などの町における位置づけは、熊谷の指摘にはない多様なあり方が想定されるのである。地下官人らの町人地居住については、事例研究をより多く積み重ねるなかで、その特質を明らかにしていく必要があろう。

本章では、以上の問題関心にもとづき、地下官人の真継家をとりあげて、町における居住形態、町人地居住の特質を明らかにしていくこととする。

一　真継家について

真継家は、地下官人のなかでも並官人に属する家であった(9)（系図）。近世の地下官人は催官人、並官人、下官人という大きく三つの階層に区分される(10)。このうち並官人は世襲により官職を勤め、初叙六位から昇進する階層を指し、身分としては公家身分に属するといえよう。真継家の場合は十歳頃に正六位下、国司次官に叙任されることが慣例となっており、その後、約七年ごとに昇進し、正五位下、国司長官を先途としていた(11)。

真継家系図（『地下家伝』二　日本古典全集　日本古典全集刊行会、一九三七年）

┄新見有弘―真継久直―（宗弘）―康綱―康利―親賢―久忠―玄弘―珍弘―┐
┌矩弘―親弘―量弘―康寧―則能―能弘┄

『地下家伝』によると、真継家の初代は御蔵小舎人新見（紀氏）則弘で、十七代目久直の代に真継に改姓したという。だが、先行研究が指摘するように、これは後世の系図改竄で、実際は久直による新見家の簒奪であった。真継家の祖先は不詳だが、戦国期には「六町」を代表する町人として史料に登場する。[12]このときの当主真継新九郎は柳原家に「柳原家内衆」として奉公しており、柳原家と主従関係にあったことがわかる。天文八年（一五三九）、新九郎の息子久直は、新見有弘から御蔵小舎人の役職を譲り受けた。新見家は代々御蔵小舎人の職を世襲していたが、戦国期には没落し真継家からかなりの借財をしていた。御蔵小舎人の跡職を譲らざるを得なかったのは、その借財が原因だと考えられる。その後、新見家と真継家の間で争論が行われたが、天文十二年、久直は後奈良天皇の綸旨を得、跡職相続が正式に認められた。これ以降、真継家は近世を通して御蔵小舎人を勤めていく。

御蔵小舎人は蔵人方に属し、近世以降は三催の一家である平田出納家の支配下にあった。近世には、真継家の他に御蔵小舎人を勤める家として山科姓二家、粟津家があり、四家で年番・月番を定め朝儀に勤仕していた。本来、御蔵小舎人の主要な役割は、出納とともに納殿の御物を出納するというものであった。だが、近世には納殿自体がなく、御蔵小舎人は、「御蔵」として朝儀に用いられる照明の準備や殿上下での作業を、また「小舎人」として職事蔵人への随従、告使を勤めていた。その一方で、真継家は斎部姓を持ち、伊勢例幣使・日光例幣使が派遣される際には奉幣使を勤めており、地下官人として諸朝儀を実務レベルで支えるためのさまざまな役割を担っていたとすることができよう。

真継家は、地下官人として西院村・千本廻に知行地を宛行われるとともに、諸朝儀への勤仕に対する経費・報酬として下される下行米を得ていた。その内訳をみると、知行高は五石で、年貢率は定免八ッ四分五厘、下行米は臨時朝儀の回数により異なるのでその合計は不詳ながら、恒例朝儀分として毎年五石八斗八升四合を受け取っていたことがわかる。

また、真継家は諸国鋳物師を組織し、本所としての役割も果たしていた。前述のように、真継家は新見家から御蔵小舎人の跡職を譲り受けたが、その際に新見家が有していた諸国鋳物師の本所としての役割もともに引き継いだと考えられる。だが、新見家の鋳物師支配は、戦国期にはほぼ有名無実なものとなっており、改めて諸国鋳物師支配を立て直す必要があった。真継家では、久直以降鋳物師支配の再編を数代にわたって試みており、十八世紀中頃には全国的な鋳物師支配を確立した。

真継家は、配下の鋳物師に鋳物職許状、呼名許状、座法などを発給し、それに対して諸国の鋳物師からは、許状発給などに対する礼金や冥加金が上納されるとともに、年頭・八朔、鋳物師代替わりの際には嘉儀金などが献上された。鋳物師支配による収入は、真継家の家政を支える主要な財源のひとつであり、幕末期にはこれらの収入により安定的な家経営を行っていたと考えられる。

以上のように、真継家は地下官人を勤める家であったが、同時に堂上公家柳原家の雑掌を代々勤めていた。地下官人が公家の家来を兼ねるというあり方は中世以来多く見られ、近世には「肩入」と称されていた。慶応三年（一八六七）の『雲上便覧大全』からは、公家に仕える雑掌百五十五名のうち三十九名が地下官人であったことがわかる。[13]明治元年（一八六八）には地下官人の「肩入」が禁じられるが、後掲の【史料六】によると、その対象は雑掌だけではないので、「肩入」は雑掌以外にも広範に行われていたと考えられる。

真継家と柳原家との主従関係は、前述したように、戦国期までさかのぼる。その後、柳原家とどのような関係が保たれたのかは不詳ながら、「家伝」によると、真継珍弘は享保十年（一七二五）から柳原光綱へ奉公し始めている。[14]また、その由緒は「数代」前からのものであるとしており、近世に入ってからも柳原家と主従関係を保っていたことは確かである。

二　真継家の屋敷について

ここでは『真継家文書』に残されている屋敷関係の文書、および指図を中心に、真継家の居住形態の変遷と、屋敷の空間的特徴についてみていきたい。

（1）真継家の居住形態とその変遷

真継家は、家伝によると、久直から玄弘に至るまで、築地之内に隣接する二階町に屋敷地を所持し居住していた[15]。慶長末期の様子を描いた「中むかし公家町之絵図[16]」では、二階町東頬の南から三軒目に「やくにんまつき」と記載された屋敷地が確認できる。真継家は、前述のように、「六町」の町人として登場していることから、戦国期には六町内に屋敷があったことは確かで、慶長十年（一六〇五）以降の二階町・梨木町の造成にともない、二階町で屋敷地を獲得したと考えられる。その後、寛永期の公家町絵図でも同じ位置に「松木兵部《久忠》」と記載された屋敷地があるが、このときには屋敷地の規模が拡大し、地尻が梨木町まで達している[17]。梨木町に面する屋敷地を買得、または借地したのであろう。

さらに、万治四年（一六六一）の大火により屋敷が焼失し[18]、「寛文三年公家町絵図[19]」では、後水尾院御所北隣に位置する九条家の屋敷と向かい合う位置に屋敷地が移転している。もとの屋敷地は北隣の転法輪三条家の屋敷地に吸収されていることから、火災を機に屋敷地を手放し、新たな屋敷地を獲得したと考えられる。

この後、玄弘は天和年間に「大乳人」へ屋敷地を譲渡し、相国寺門前西町北頬に屋敷地を買得した[20]。規模は表口六間三尺五寸、裏行十一間二尺五寸であった[21]。だが、元禄三年（一六九〇）には屋敷地を売却し、同町北頬に位置する縁者の屋敷へ移っている。元禄六年頃にはその家屋敷を縁者から相続したものの、享保六年（一七二一）にはこれを売却し、それ以降は同町、上立売烏丸西へ入ル町、室町新町間今出川上ル畠山町と借屋を転々とする。(22)そして、矩弘の代に当たる元文二年（一七三七）には、畠山町西頰の家屋敷を飛鳥井家の家司安田宮内から一貫六百目で買得し移住した。この屋敷地は表口八間四尺、裏行十八間の規模であった。(23)

その後、真継家の居住形態が明らかとなるのは寛政期になってからである。寛政三年（一七九一）九月二十八日、真継康寧は岡崎村伊勢屋専次郎の借屋から烏丸通上立売上ル柳図子に所在する実父森沢長養の屋敷へ転居した。(24)それと同時期に、康寧は禁裏の北西に位置する瓢箪図子町に屋敷地を買得し、以後、真継家は明治七年（一八七四）まで同町に居住することとなる。

『真継家文書』には、瓢箪図子町に所持した屋敷地の一部について、明和四年（一七六七）の沽券改状・屋敷地絵図・寛政三年の沽券状を一括して写した史料が含まれる。【史料二】は、そのうち寛政三年の沽券状の部分である。

【史料二】「永代売渡申地屋敷之事」『真継』D―一六四三

永代売渡申地屋敷之事

壱ヶ所壱軒役　上京瓢箪之図子町西側

表口三間　　　南隣菱屋さの

裏行拾七間四尺　　北隣真継能登守

但地面入組有之御割印絵図之通候事、

且建物者去ル申年正月晦日類焼仕、当時地屋敷ニ相成候事、

右地屋敷我等所持候得共、此度要用有之ニ付、代銀弐百目ニ其方江売渡銀子請取申処無紛候、則　御割印沽券状相渡候、尤売渡候儀ニ付親類縁者、其外地境幷他之障毛頭無之候、若已来如何様之儀申出候共、急

度埒明可申候、為後日永代売券状仍而如件、
清兵衛弟平四郎事
売主　鱗形屋清兵衛
寛政三年亥九月二日　年寄　蒔絵屋次兵衛
五人組　日野屋五郎兵衛
乍五人組
吹挙人　塗師屋忠助
室町今出川上ル町
売請人　鱗形屋仁右衛門
真継能登守殿
右之通買得相違無之候、以上
町代　梅村七左衛門
古久保勘十郎

【史料二】によると、寛政三年、康寧は少なくとも二筆目の屋敷地を、鱗形屋清兵衛から買得している。この屋敷は町内の西頬に位置し、天明の大火で被災した後は地屋敷のままであった。沽券状では北隣も真継家の屋敷地となっているが、明和四年の沽券改状からは、もとは二筆とも清兵衛の所持していたことがわかる。また、明治期の史料によると、寛政三年にすべての屋敷地を買得したとしているので、ほぼ同時期に、清兵衛から二筆の屋敷地を買得したのだろう。(25)これらの屋敷地を買得した後、翌年八月十七日には平田出納家へ宿所届を提出しており、(26)それまでには屋敷の普請が完了し、同居していた森沢家の屋敷から移ったと考えられる。

さらに、文化七年（一八一〇）閏二月には、南隣の家屋敷を帯屋伊兵衛から銀一貫五百目で買得し、屋敷地を拡張している。[27]このときは、家来海老屋新兵衛の名義で買得しており、形式上は新兵衛からの永借であった。明治四年に新兵衛の息子である鈴木新兵衛が屋敷地の所有権について真継能弘へ差し出した証文によると、屋敷の規模は間口二間、裏行十六間であることがわかる。[28]『真継家文書』には、このときの家屋敷の買得とその後の帳切、および作事に要した費用を書き上げた帳簿が含まれる。[29]作事については、①敷地にあった「古家」を曳家した代銀を大工・瓦師などに支払ったこと、②植木屋へ作庭を依頼していること、③後の指図では買得した部分に建物がないことがわかるので、庭の拡張・整備を目的に買得した可能性が高い。

真継家がこの時期に断続的に屋敷地を集積した要因として、天明の大火により地屋敷となった敷地が多く、買得が容易だったことが挙げられる。だが、康寧の代は諸国鋳物師支配が安定し、それにともなう収入も増加した時期でもあり、こうした動向の背景に、改めて地下官人としての生活を営むのに十分な規模の屋敷を獲得しようという康寧の意思をうかがうことができよう。

その後も、真継家では屋敷の部分的な改造・修理を断続的に行っている。その具体的な内容を記した「普請修覆等雑記」[30]、当主の日記などから、やや規模の大きな改造をみていくと、嘉永元年（一八四八）六月には、街路に面して四畳半の「物見」を新築したことがわかる。[31]物見は公家屋敷の街路沿いに設けられることのある施設で、道路側には格子が付けられ、祭礼などの際にはそこから通りの様子を眺められるようになっていた。[32]真継家の物見もおそらく類似した用途に使用されたと推測される。

ついで、安政四年（一八五七）四月には、「四畳半」を新たに建てている。この建物は名称がないものの、安政期の指図をみると、屋敷の南側に四畳半の離れが新築されていることが確認できるので、[33]「四畳半」はこの離れとみてよい。

また、安政七年二月には、座敷の東側に「使者之間」と呼ばれる六畳敷の部屋を増築している(34)。さらに、同月には当主能弘が京都所司代与力であった冨田家から養子直千代（のち安千代、康弘と改名）を迎えることとなり、屋敷の大規模な改造を行っている（「普請修覆等雑記」）。このときの改造にあたって作製されたと考えられる指図には(35)、変更予定箇所に押紙が押され、間取りについてさまざまな検討が行われたことがわかる。「普請修覆等雑記」によると、おもな変更部分は、①主屋西端に位置する座敷の移動と模様替え、②走りの増築、③各部屋の建具・畳の新調であった。だが、敷地北東部の小規模な社殿など、指図に押紙があるものの「普請修覆等雑記」に該当する記述がない建物もあり、実際には建てられなかったものもあったと考えられる(36)。

（2）　屋敷の構成と空間的特質

図1は『真継家文書』に含まれる諸指図をもとに作成した真継家の屋敷図である(37)。明治四年頃の状態を示すが、改造に際して作成された図面と比較して各建物の配置、間取りともほぼ一致しており、幕末期の状態とすることができる。

屋敷地の規模は表間口が十五間半、裏行は北側が十七間半二尺、南側が十六間二尺八寸で、南西部には切欠部がある。明治期の記録によると総坪数は二百五十四坪五分である(38)。

敷地の四周には塀が建つ。街路に面して北寄りに表門を開き、中央には物見を設ける。表門の構造形式は、指図の表現から棟門である可能性が高い。表門から玄関に至る空間は塀で仕切り、表から屋敷内部が見通せないようになっている。

主屋は敷地のやや北寄りに位置する。大名屋敷や上級旗本の屋敷のように機能によって棟を分けるのではなく、ほとんどの部屋を一棟にまとめる。玄関の西には台所、二箇所の居間、南には使者之間、三間続きの座敷、西端

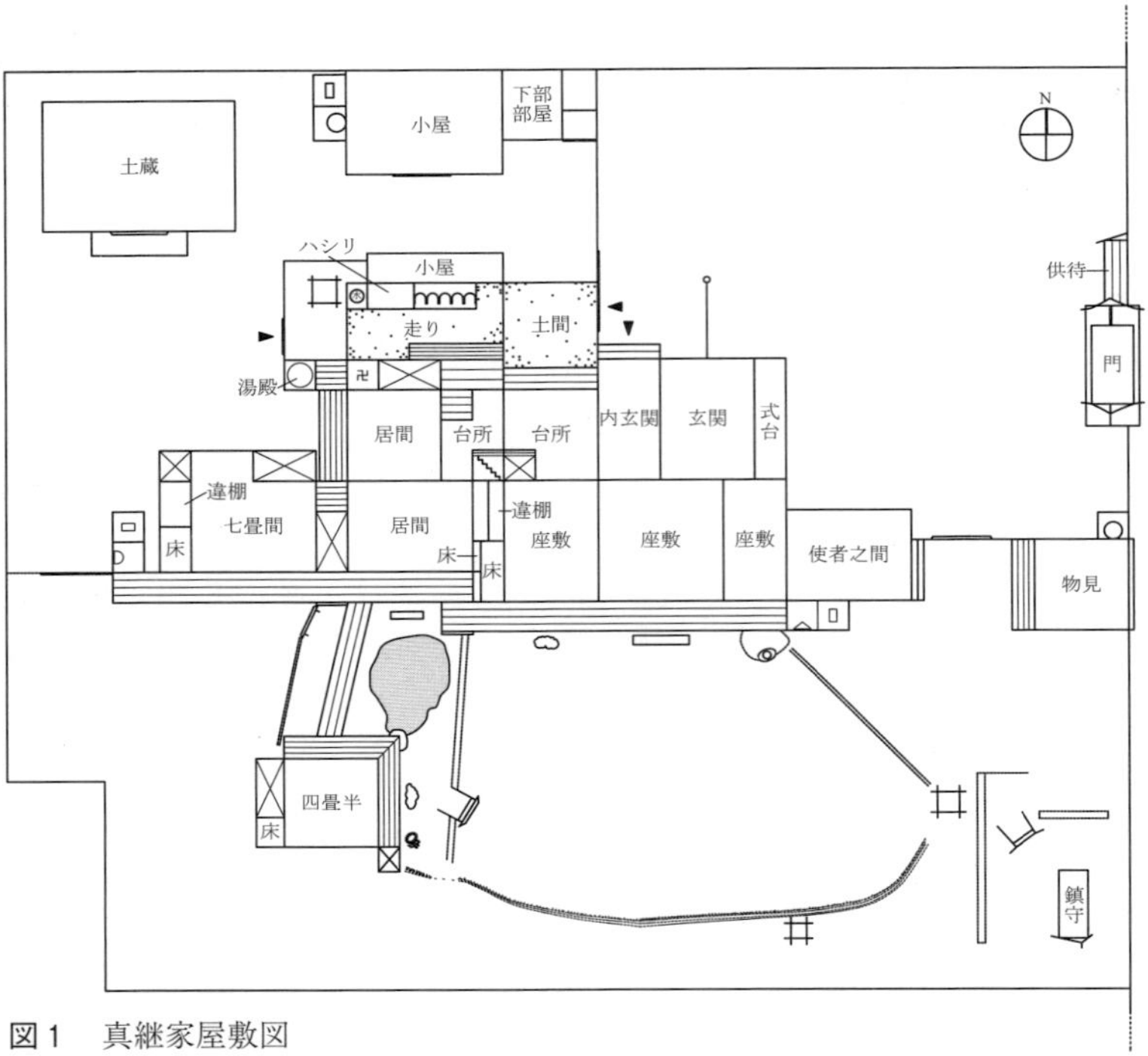

図1　真継家屋敷図

「(屋敷絵図面)」(『真継』D-4451)、「(屋敷居宅絵図面)」(『真継』D-4458)、「惣図面(屋敷建物絵図面)」(『真継』D-4464)、「普請修復等雑記」より作成

に七畳間、北には土間と走りを配する。主屋中央の台所には階段とともに「ニカイ上リ口」と書かれており、二階があったと考えられる。さらに主屋の北には土蔵・小屋・下部部屋、南には茶室と考えられる四畳半の離れ、南東の隅には鎮守社がある。

主屋は、大きく接客などの公的な機能を持った「表」の空間と、家族のための私的な空間である「裏」に分けられる。前者に相当する部屋として玄関・三間続きの座敷・使者之間、後者に当たる部屋として居間・七畳間・台所・土間・走りなどがある。ここでは、それぞれの部屋の役割や使い方について、指図や「普請修覆等雑記」から詳しくみていく。

玄関と座敷

玄関は、式台と六畳の間で構成する。

式台付きの玄関は、主に客を迎えるための格式を持った空間で、客、主人など限られた者しか出入りできなかった。そのため、家族や使用人は他の出入口を利用していたと考えられる。指図をみると、出入口は玄関の他にも三箇所があることがわかる。一つは玄関奥の内玄関である。指図によっては内玄関北側の縁にも「敷台」（＝式台）と書き込まれているものもあるので(39)、日常的には主人や家族、もしくは私的な客などが利用していたのであろう。具体的な使用例としては、諸国から上京した鋳物師と真継家家来との面会に用いられた事例が挙げられる(40)。あとの二つは内玄関北側の入口と、裏の勝手口である。この二つは式台を備えておらず、玄関、内玄関よりは格式の低い出入口として、使用人や家来等が使用したと想定できる。

座敷は、玄関の南に接するかたちで設けられている。座敷は接客のための空間であり、主屋南側の最も居住条件のよい部屋が充てられている。西から六畳、八畳、四畳の三間続きで、その東に使者之間が続く。奥の六畳間には床と違棚があり、屋敷のなかで最も格式の高い部屋である。座敷の南側には庭が作られており、座敷と庭によって接客のための空間が演出されていた。

能弘の日記には座敷の具体的な使用例がほとんど記されないが、安政七年、能弘が養子を迎えるにあたって、冨田家から祝いの品々を持参した使者を使者之間に通し、食事を供していることがわかる(41)。また、その後屋敷で真継・冨田両家の顔合わせを行った際には、まず、家来が玄関で両家とその親類を出迎え、つぎに両家の親類を使者之間へ通し、しばらく休息した上で座敷へ通すという手順がとられている(42)。さらに、このときの能弘の日記には座敷における着座の図が描かれている。両家とその親類は、西奥の上座から四〜六人ずつが対面して着座しており、おそらくは西奥の六畳間と、続く八畳間が用いられたのであろう。そして、一番下座には家来、下女が食事の給仕などのために西向きに控えていた。能弘の図では、親類の着座する部屋との間に線が引かれているので、東端の四畳間に控えていたと考えられる。

台所

内玄関の奥には押入のついた四畳間と、二階への階段が描かれる二畳間が続く。これは玄関部と居間をつなぐ部屋で、指図によってはどちらも「台所」と書かれることがある(43)。両室の関係はわからないが、西側の台所は家族の居間に隣接し、走りからの上がり口でもあることから、配膳などを行う部屋として使用されていたと考えられる。

また、真継家は家政機構を有していたが、指図を見る限り、公家屋敷には設けられている「役所」、侍部屋といった家来の詰める部屋がみあたらない(44)。このことは、堂上公家と地下官人の家政機構の規模の差によるものとすることができようが、恒常的ではないにせよ家来が詰めるべき部屋は必要である。東側の「台所」は玄関のひとつである土間からの上がり口に位置しており、家来の詰所としての役割も担っていた可能性がある。

居間・七畳間

二箇所の居間は台所の奥に南北に並べて配されている。武家屋敷では一般的に主人用と家族用の居間があり(45)、真継家の屋敷でも同様に使い分けたと想定される。南側の居間は床・物入・書物押入が付くのに対し、北側は押入と仏壇のみであることから、南側が主人用で、北側が家族用であったのだろう。

なお、主人用の居間の南には茶室と思われる四畳半の離れがあり、渡廊でつながっている。主屋と離れの間には池が描かれており、庭には垣と木戸がみえる。

さらに、主人用の居間の奥には七畳の部屋がある。この部屋は、安政七年以前は北側の居間と中庭を介したところに位置し、能弘の祖母萬寧院の隠居部屋として用いられていたと考えられる。室内は押入があるだけで、簡略なつくりとなっていた。安政四年に萬寧院が死去した後(46)、養子安千代を迎えるにあたって大幅な模様替えが行われた。中庭をなくし、部屋自体を主人の居間に隣接する位置まで移すとともに、内部造作は、嫡男が使用するにふさわしく、床と違棚を備えた格式のある部屋としている(「普請修覆等雑記」)。

土間および走り

土間は内玄関の北西にあり、走りはその西奥に位置している。走りには四口の竈口を持った竈、水がめ、「ハシリ」が描かれている。また、安政七年までは走りの外に井戸と薪置があったが、走りの拡張により井戸が屋内に取り込まれた。一方、薪置のあった場所は、図1で小屋となっており、明治四年頃までには薪を収納するための小屋が建てられたと推測される。

走りの北側には小屋と下部部屋がある。真継家の召し抱えていた下男・下女は、諸国から上京した者である場合が多く[47]、これらの建物は、下男・下女の生活空間として用いられていたと考えられる。

以上、真継家の屋敷の構成と機能をみてきた。おおまかな空間構成については地下官人独自の特徴を見出すことはできず、中下級旗本の屋敷とほぼ同様の構成をとっていたといえよう。だが、現段階で地下官人の屋敷の構成・機能については不明な点が多く、並官人全体のなかでの位置づけは今後の課題とせざるをえない。

三　町人地居住の特質

これまでみてきたように、真継家は寛政期以降明治期に至るまで、瓢箪図子町に屋敷を構え居住していた。それでは、真継家は屋敷が所在する町とどのような社会的関係を形成していたのだろうか。

『真継家文書』には、幕末・維新期の町運営に関する文書が数点含まれている。そのほとんどが公儀役・町役[48]といった役負担に関するものだが、そのなかで、幕末期における真継家の公儀役・町役負担について最も詳細に記しているのが、「町内軒役割出シ帳写幷雑用差出候留用向等控」[49]と題した史料である（以下、「軒役用向控」と略す）。これは表題が示す通り、軒役負担や、町運営に関する町年寄からの廻状などを書き留めたもので、元治元年（一八六四）から明治三年（一八七〇）まで書き継がれている。なかには町運営と真継家の関わりを示す記載もあり、真継家の町における居住のあり方を考察する上で重要な史料である。そこで以下では、この史料を中心に、幕末期における真継家の町人地居住の特質を、役負担のあり方に注目して検討していく。

(1) 地下官人の町人地居住と諸役免除

具体的な検討に移る前に、町人地に居住する地下官人の一般的な役負担方法を確認しておきたい。

町人地に家屋敷を所持し、居住する地下官人は、禁裏御用を勤めているという理由で公儀役・町役の一部を免除されることがあった。諸役を免除された地下官人には朝廷から免除札が交付され、諸役免除の証となっていた。免除札の裏面には札が発行された年と、諸役免除の対象となる家屋敷の所在地が記されており、記載された家屋敷の軒役に対してのみ有効であったことがわかる。だが、免除札には三百枚という定数が設けられ、家持の地下官人全員に渡されたわけではない。さらに、諸役免除札に記載された家屋敷を手放したときや、地下官人を辞める際には返上しなければならなかった[50]。

免除の対象となる役の内容は時代により異なるが、基本的には朝儀など公事への出仕に差し障る役、および町入用のすべてまたは一部が免除された。前者は、公儀役と、町役のうち町年寄・五人組役などがその対象となり、後者については、免除札に記載された軒役分の町入用が免除された。だが、地下官人が諸役免除の特権を持っていることから、駕輿丁など朝廷へ勤仕する機会が少ない下官人に対しては、諸役免除の不公平さから居住を制限する町や、代人を立てて町役を果たすことを要求する町もあり、地下官人の町方居住は、必ずしも自由に行われていたわけではなかった。

(2) 瓢箪図子町の住民構成

瓢箪図子町は上立売九町組に属し、軒役は二十四軒役であった。

まず、瓢箪図子町の屋敷地割をみていく。「瓢箪図子町用向幷代筆　二」[51]は、町入用の書き上げや転居届など、町運営に関わる書類を写したもので、そのなかに瓢箪図子町の絵図、および屋敷地一筆ごとの寸法と所有者を記した書き上げが残されている。作成時期は、史料中の位置から明治六年頃だと判断できる。

そこから、近世以来の町人と考えられる名前を抜き出すと、西頬には北から金森とみ、藤田伊三郎、真継能弘、鈴木新兵衛、高屋要蔵、佐野平兵衛がいる。瓢箪図子町は元治元年の大火による被害を受けておらず、屋敷地所持者の移動も少ないと想定されるので、屋号が苗字に変わっているものの、名前から判断すると、それぞれ伊勢屋とみ、但馬屋伊三郎、真継能弘、海老屋新兵衛、藤屋要蔵[52]、井筒屋平兵衛に比定できる。

同じく東頬についても、名前を北から抜き出すと、佐野平兵衛、鈴木平治郎、高橋清兵衛、高橋利三郎、広瀬政重、高屋要蔵、鈴木新兵衛、人長吉右衛門がおり、それぞれ井筒屋平兵衛、鈴木平治郎、万屋清兵衛、万屋利三郎、広瀬政重[53]、海老屋新兵衛、桑田屋吉右衛門に比定できる。

一方、「軒役用向控」に記された慶応二年（一八六六）の軒役とその負担者の書き上げをみると、伊勢屋おとみ、但馬屋伊三郎、真継能弘、海老屋新兵衛、桑田屋吉右衛門、松波家、藤屋重吉、高嶋屋喜兵衛、広瀬重次郎、万屋利三郎、万屋清兵衛、鈴木平治郎、井筒屋平兵衛の順に記されている。これは元治元年についても、松波家、若狭屋利助、および同年以降に屋敷を買得した万屋清兵衛、広瀬政重を除くと、その順序に変更はない。

そこで、この順序と、先にみた明治六年の所有者の書き上げを比較すると、大部分が屋敷地の配列と一致し、「軒役用向控」に記された軒役は、屋敷の位置に従い書き上げられており、幕末～明治期にかけて、町内における町人の家屋敷の移動はなかったとすることができる。よって、慶応二年頃の屋敷地割を、「瓢箪図子町用向幷代筆　二」と、大正元年（一九一二）の地籍図[54]から復元すると図2のようになる。

このうち、真継家が所持する屋敷地は、明治六年の書き上げから三筆であったと考えられ、うち二筆は寛政三

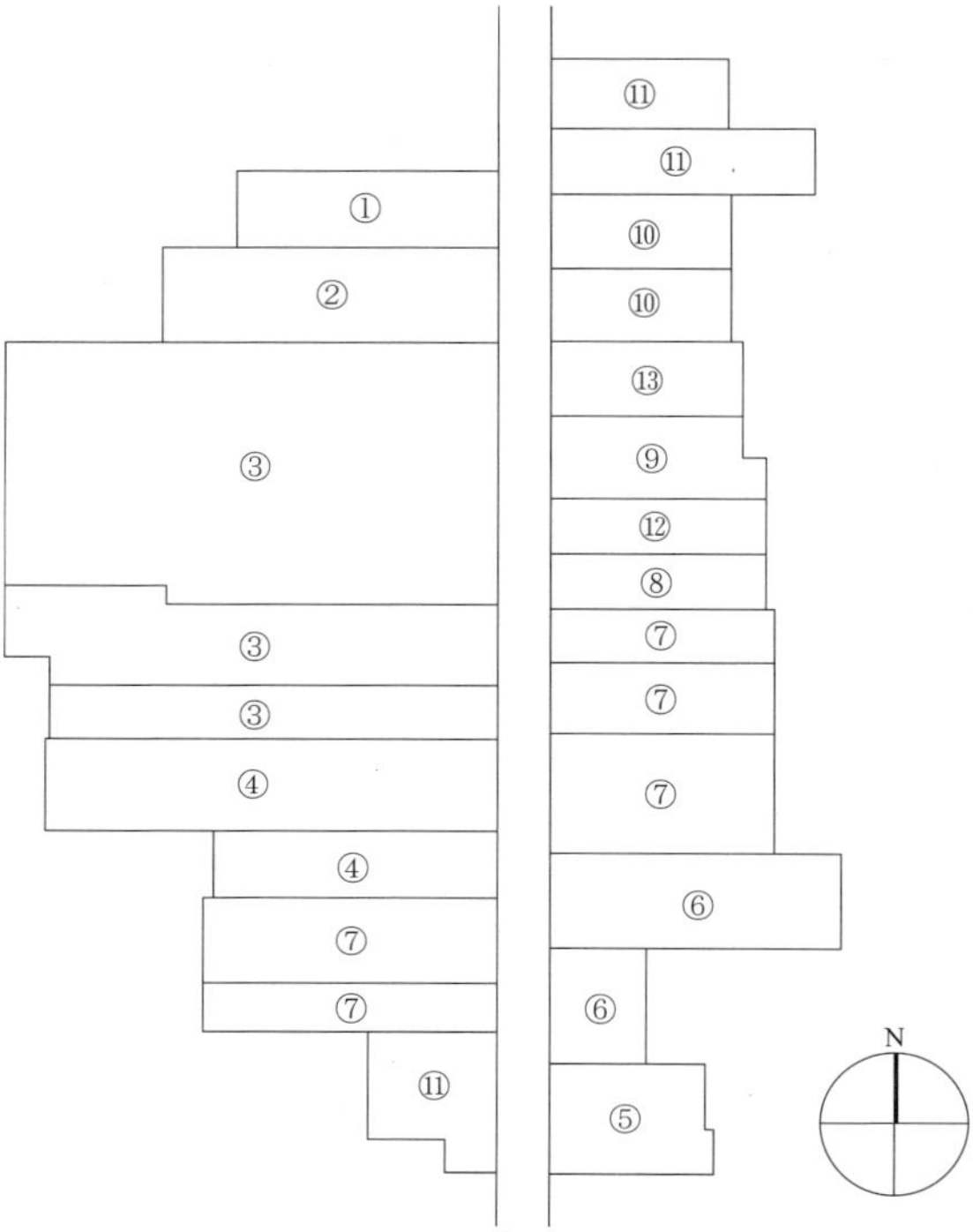

図2　瓢箪図子町町割復元図—慶応2年(1866)
「瓢箪円子町用向幷代筆　二」(『真継』B-6153)、稲津近太郎編『京都市及接続町村地籍図』上京之部(京都地籍図編纂所、1912年)をもとに作成
図中の数字は表1と対応し、所持している家屋敷を示している

年（一七九一）に買得した屋敷地で、間口がそれぞれ九間四尺七寸、三間であった。そして残りの一筆が、文化七年（一八一〇）に海老屋新兵衛名義で買得した屋敷地で、間口は二間であった。各屋敷地の軒役は、【史料二】に掲げた屋敷地が一軒役、海老屋新兵衛名義で買得した屋敷地が半軒役であり、明治期には四軒役を負担するようになること（後述）をふまえると、残り一筆は二軒半役であったと考えられる。

つぎに、瓢箪図子町の町人の構成についてみていく。前述のように、「軒役用向控」には町入用徴収にあたって、各町人が負担すべき軒役が書き上げられており、住民の構成が明らかとなる。表1は元治元年と慶応二年の

表1　瓢箪図子町の住民構成（借家人は除く）

元治元年		慶応二年		家屋敷の位置＊1
名前	軒役	名前	軒役	
伊勢屋友七	1	伊勢屋とみ	1	①
但馬屋伊三郎	1	但馬屋伊三郎	1	②
真継能弘	3.5	真継能弘	3.5	③
海老屋新兵衛	3.5	海老屋新兵衛	1.5	④
桑田屋吉兵衛	1	桑田屋吉右衛門	1	⑤
松波家	2	松波家（不在）	2	⑥
藤屋重吉	5	藤屋重吉	5	⑦
高嶋屋喜兵衛	1	高嶋屋喜兵衛（不在）	1	⑧
万屋利三郎	1	万屋利三郎	1	⑨
鈴木平治郎	2	鈴木平治郎	2	⑩
井筒屋平兵衛	2	井筒屋平兵衛	3	⑪
若狭屋利助（不在）	1	広瀬重次郎	1	⑫
		万屋清兵衛	1	⑬
	計24		計24	

（参照）「町内軒役割出シ帳写幷雑用差出候留用向等控」
＊1　各番号は図2と対応

軒役負担者の構成を一覧にしたものである。そこから幕末期の住民構成の特徴について、以下の三点を挙げることができる。

第一に、家持の多くが町内に居住する居付家持（＝町人）だということである。幕末期の瓢箪図子町には、家持が十二〜三人いた。このうち、元治元年の時点で不在地主であったのは、若狭屋利助のみである（「軒役用向控」）。若狭屋は家持として公儀役・町役を負担したが、元治二年に家屋敷を売却した際、その家屋敷は「抱屋敷」と記されており、不在地主であったとすることができる。そこで、若狭屋が負担した町入用をみると、若狭屋は町へ「不参料」を支払い、町寄合への参加を免除されていることがわかる。これは他の町人との大きな違いであり、不参料の支払いの有無が不在地主であったか否かの指標となりうると考えられる[55]。

なお、真継家の家来であった鈴木新兵衛こと海老屋新兵衛は、表向き真継家の屋敷地の一部を所持するとともに、町内に数箇所の家屋敷を所持し、借屋経営を行っていた。だが、新兵衛は、瓢箪図子町の東隣に位置する裏築地町の町人でありながら、(56)不参料を負担していない。こうしたあり方が可能なのは、新兵衛が自身の所持する町内の屋敷のひとつに一時的にではあるにせよ居住する場合のみであろう。よってここでは、幕末期に新兵衛は瓢箪図子町に居住していたと考えておく。

また、表1からは、元治元年から慶応二年の間に、住民構成に変化のあったことがわかる。まず、元治二年には、万屋清兵衛と井筒屋平兵衛が新たに屋敷地を獲得している。

【史料三】「軒役用向控」

一、五百二十四文　算用結
　　　　　　　　　壱軒半役　　海老屋新兵衛様

一、三百四十八文　月結三軒半
　　　　　　　　　十二月・正月　　三月分より

一、四百二十二文　同断　　　　　壱軒半役
　　　　　　　　　　壱軒半
　　　　　　　　三月ゟ六月中

（後略）

瓢箪図子町では、年間の町入用を盆前と暮れの二回に分けて集めており、そのなかで、月括り（＝「月結」）は盆前に七～八ヶ月分、暮れに四～五ヶ月分ずつ集金していた。だが、【史料三】からわかるように、元治二年に新兵衛は、三軒半役分の月括りを十二月・正月の二ヶ月分のみ支払い、三月からは一軒半役分のみを負担している。それに対して、このときから万屋清兵衛と井筒屋平兵衛が、軒役を新たに一軒役ずつ負担し始めていることから、新兵衛の所持する家屋敷の一部を両者に売却したと考えるのが妥当であろう。このとき清兵衛・平兵衛の

買得した家屋敷は、表1に示したように、それぞれ図2の⑨、⑪（町内西側）であったと考えられる。

つぎに、同じく慶応元年十月には、広瀬重三郎が若狭屋利助から家屋敷を買得している。重三郎は後述のように仕丁を勤めていたが、諸役免除札は所持しておらず、算用寄合には不参料を支払い出席しなかったものの、他の公儀役・町役については町人と同様に負担している。さらに、同年の暮れには高嶋屋喜兵衛が不参料を支払い始めており、不在地主化したことがわかる。

一方、借屋人については、幕末期の構成は不明だが、明治二年には十六世帯が借屋に居住していた。さらに、明治五年には表店借が十二世帯、裏店借が七世帯の計十九世帯いたことが判明する。(57)「瓢箪図子町用向幷代筆二」に記載された町内の絵図には、真継家の二軒南隣、鈴木新兵衛の敷地に奥行方向に並ぶ小区画が描かれており、裏長屋があったと考えられる。瓢箪図子町は、前述したように元治元年の大火による焼失を免れており、幕末・維新期に借屋人の割合が大きく変化したとは考えにくく、幕末期にも十六世帯程度が居住していたとすることはできよう。

また、「軒役用向控」から判明する時期には、井筒屋平兵衛が町年寄を勤めており、公儀役・町役を一軒役分免除されていることがわかる。だが、他の町役人（＝五人組・月行事）を誰が勤めていたのかは不明であり、町会所、町用人の有無についても「軒役用向控」には記載されておらず不詳とせざるを得ない。ただし、広瀬重治郎が家屋敷を買得した際には、帳切を平兵衛の家で行っており、幕末期には町会所を持たなかった可能性が高い。

住民構成の特徴の第二は、居付家持の軒役がほぼ均等なことである。慶応二年には、家持のうち最も軒役を負担していたのが五軒役の藤屋重吉で、そのつぎが真継家、海老屋新兵衛の三軒半役、(58)ついで井筒屋平兵衛の三軒役であった。よって、これらの町人を除くと、二軒役が二軒、一軒役が八軒で、家屋敷所持の面では、居付家持の間にそれほど大きな差はなかったといえよう。

第三に、居付家持として口向諸役人の家が二家あったことである。広瀬重三郎・鈴木平次郎はともに仕丁を勤めていた。仕丁は口向諸役人として、おもに朝廷内での日常的な雑務を行う役割を担った。その身分はさまざまであり、苗字・帯刀を許された者から、町人身分の者までいたという[59]。重三郎・平次郎の場合は苗字を名乗っていることから、仕丁のなかでも身分的には比較的上層にあったと考えられる。さらに、借家人のなかにも地下官人の家が一家含まれている。岡左兵衛権大尉である。岡家は、「地下官人家伝」によると、代々天王寺方楽人を勤める家であることがわかる[60]。

このように、瓢箪図子町には、地下官人・口向諸役人といった朝廷へ勤仕する家が、真継家をはじめ四家居住していた。当町が位置する禁裏北西部は、十七世紀後半頃から公家屋敷が多い地区であり、特に室町上立売周辺には公家屋敷が集中していた[61]。瓢箪図子町がこうした住民構成をとるのは、禁裏近傍に位置することが主たる要因となっていたと考えられる。

以上、瓢箪図子町の住民構成についてみてきた。当町には一～二軒役分の家屋敷を所持する小資本の商工業者が多く居住しており、幕末期には、一部の町でみられるような大商人による家屋敷の集積と不在地主化はほとんどみられないことに特徴があった。さらに、町内に朝廷へ勤仕する地下官人・口向諸役人が複数居住していたことも、その特徴として挙げることができよう。

(3) 真継家の役負担と町運営における役割

瓢箪図子町に家屋敷を所持する家持は、身分、および居付・不在に関わらず、町入用をそれぞれの家屋敷の軒役数にもとづき分担した。当町の軒役二十四軒役のうち、各町人の負担する軒役の内訳は表1に示した通りである。なお、それぞれの軒役を合計すると二十四軒役となり、真継家は諸役免除札を所持していなかったことがわかる。

表2には、元治元年の一年間に真継家が負担した町入用を掲げる。瓢簞図子町の町運営の中心は、他町と同様、年に二度催される「算用寄合」であった。毎年七月・十二月になると、町年寄が各町人から町運営に必要な経費などを町入用として集め、その後に町入用勘定のための算用寄合が開かれた。町入用の内訳は、①上下京すべての町が各町の軒役にもとづき負担すべき費用と、②町ごとに必要な町運営の経費とに分けられる。①に該当するのは、公儀役として御土居藪の竹切人夫への給金・籾年番への役料、町役として幕府への年頭拝礼のための費用・大仲の廻勤入用・町代への役料などがあった。一方、②に該当するのは、町運営の諸経費・町で雇用している町用人や番人の給金などがあった。だが、当町では、諸役免除札を所持したと考えられる松波家がこれらの経費を全く負担しておらず、②も町役の一部であったとすることができる。

町人に負担が求められた公儀役として、町入用のほかにも自身番役がある。自身番は将軍が死去した際や、風の激しい夜などに町人自身が勤める役である。真継家は地下官人であったため、禁裏御用に差し障ることを理由に断ることができたと考えられるが[62]、家来を代理として出すことにより勤めている[63]。

また、「軒役用向控」からは、真継家が町内で毎年催さ

表2　真継家の町入用負担一覧（元治元年）

費目	割当／一軒役	支出高	時期
算用結（半季）	348文	1貫224文	盆前勘定
月結（7ヶ月）	48文（1ヶ月）	1貫224文	
番銭（7ヶ月）	18文（1ヶ月）	451文	
不参料		248文	
間地改帳面	47文	189文	
桑田屋吉衛門香典		100文	
算用結（半季）	348文	1貫224文	十二月勘定
月結（5ヶ月）		872文	
不参料		250文	
籾年番	19文	37文	
年頭集	578文	2貫31文	

「金銀出入覚帳」（『真継』D-5070）より作成

れる地蔵会の当番を勤めていることがわかる。地蔵祭は毎年七月二十三、二十四日に各町で催される年中行事のひとつであり(64)、毎年、真継家からは地蔵へ供物を出していた(65)。

瓢箪図子町の地蔵会はつぎのような日程で行われた。

【史料四】「軒役用向控」

当年地蔵祭当番、依之年寄ゟ申来候故宜敷相頼申置候、且又新兵衛方へ宜頼置候由申遣置候、

二十二日　地蔵堂掃除、町内年寄取斗事、

二十三日　朝参り、町内一同みきあわひ遣度候事、

是迄銘宅ニ而参り、当家新兵衛借家頼参候処、一両年前ゟ地蔵堂ニ而参り、向ヒ側盛物台組立有之事、

一、盛物煎たき　くし百二十本出来致候事、

右是迄番夜之節は年よりニ而出来、右之心得共、今年諸色も上り居申哉、当家ニ而煎たき頼度由申来候間承知致候、且年内一同之酒之せつ、煎たきは宜敷御頼申入度由申入候処承知之事、

一、堤燈　一対

代壱分ト弐百文　西堀川出水上ル井筒や善七申付也、

右者町内地蔵堂へキフ致くれ候様年より申来候故、致キフ候事

一、地蔵様御膳　町内ニ而出来致候事、

一、和久入三張堤燈　井ツ平但伊おしけ　組合キフ事、

一、例之通地蔵方へ盛小いも　一升分、

一、番夜入用年よりへ差出　四百五十文、

一、例之地蔵くくり　三十二文、

一、於当方煎たき分為手伝 向ヒおまき、大工清兵衛妻も、井ツ平家内等来候事、

いも　　串ニサシ

かほちや

右町内藤屋重吉、桑田屋吉右衛門両人差配、子供召連町中ニ串ニきくりんとう十枚宛軒別ニ分配、

未半刻頃、堀内庄兵衛短冊導師念仏相済、子供ニ又一串ニきく林糖五枚宛遣候由事、但是モ少之処

菊林糖ニ相成候由事、

一、酒肴煎たき、

一、ひやそうめん　だし当家ニ而出来、　一、かもうりと上ケとふふ、

こんほう、小いも

一、汁　ねき　　赤みそ也、　一、さやまめ

上ケとふふ

一、小いも一鉢　　入用百文、割木二束・醤油一升事、

右品物町内ゟ来、割木幷醤油等当方ゟ出ス、酒直ニ而町内ゟ来、

一、酒席年寄井ツ平方ニ而致呉候、造酒俵申来□(虫損)頃参り□(虫損)候事、

地蔵会の当番は町人が毎年交代で勤めたと考えられ、町役のひとつとみなすことができる。真継家では、能弘が当番としての役割をすべて果たすのではなく、家来である鈴木新兵衛がある程度肩代わりしたようである。だが、料理や道具など地蔵祭に必要な諸品は真継家から提供しており、真継家という家として可能な範囲で当番を勤めていたと考えられる。

その一方で、真継家の負担しない役として、つぎの二つがあった。

第一が町年寄役である。表2からも明らかなように、真継家は不参料を支払い、算用寄合への出席を免除されていた。瓢箪図子町の場合、町入用の徴収、算用寄合の開催は町年寄の職務となっており、算用寄合への不参加はすなわち町年寄役の免除ということになる。こうした不参料の支払いは仕丁鈴木平治郎・広瀬重次郎も同様である。算用寄合への出席は町人としての義務であり、不参料を支払っていることからも、本来免除の対象ではなかった。だが、瓢箪図子町では諸役免除札の所持・不所持にかかわらず、町の意向により町年寄役の免除が行われた。これは、駕輿丁などの下官人が、諸役免除札を所持しながらも、町年寄役を勤めるよう町から要求されたのとは大きく異なる。(66) 熊谷は、常帯刀を許された公家家来が算用寄合に参加しない理由として、武士身分として認知されていたことを挙げている。(67) 地下官人、とりわけ並官人は、商人・職人を含む下官人とは異なり町人身分ではないことが明らかであり、町年寄役の免除は、地下官人としての身分に起因すると考えられる。

第二が寄宿役である。慶応元年閏五月に将軍徳川家茂が上洛するにあたって、上下京の各町には扈従の武士が分宿することとなった。瓢箪図子町でも、寄宿役にもとづき町屋を提供することとなり、年寄から真継家へ寄宿を引き受けてくれるよう頼んでいる。

【史料五】「軒役用向控」

一、町内年寄井ツ平来、此度

大樹公御参

内ニ付、当町内下宿申来候間、於当家も下宿相頼申度旨申来候間、何分官人□(虫損)用下宿致候故も無御座候哉存候、尤門向ヒ玄関之処御座候哉、□借屋人、且者門無之処□(虫損)格別、且者神事も何時致候も難計候間、当家者御除キ可被下候様頼遣候処、承知致候、此願候間又々例ニ相成候ハヽ不御宜候間、相除キ可申段申之事、依之新兵衛聞遣候処左之通、

明日下宿ハ当町内出納・鳥山無御座候間、決而御請ニハ不及、御断ニ而宜候間、為念申上候由申来候、

真継家は町年寄に対して、地下官人は寄宿役を担わないこと、いつ神事を行うかわからないことなどを理由に武家の寄宿を拒否した。真継家は諸役免除札を有しておらず、地下官人という身分を根拠にせざるを得なかったと考えられる。それに対して、町年寄は真継家の申し出を了承し、寄宿役は免除されることとなった。

このとき、真継家が寄宿役を負担しなかったのは、並官人という身分によるところが大きかったと考えられる。しかしながら、同じく町人身分ではない仕丁鈴木平治郎、楽人岡左兵衛権大尉は、当初屋敷を提供することとなっており、その要因を身分にのみ帰すことはできない。両者が寄宿役を負担したのは、仕丁が幕府の支配下にある口向諸役人であったこと、岡は借家居住であったことに要因があった可能性がある。それに対して、真継家が免除されたのは、【史料五】において、町年寄が真継家の主張を了承し、さらに先例とならないよう配慮していることをふまえるならば、寛政年間以降、真継家が町との間に築いてきた関係、すなわち右にみた自身番役、地蔵祭の当番の分担といった町運営への関与が一因となっていたのではないだろうか。

以上、真継家の町人地居住のあり方を、役負担に注目してみてきた。真継家は地下官人として公家社会に属し、諸朝儀への勤仕などの役を果たしていた。その一方で、町人地に家屋敷を所持し居住しており、町共同体の構成員として公儀役・町役を分担した。町に居住する限りにおいて、真継家は完全な二重役負担者であったといえよう。その役負担の特徴としては、年寄役のように町人身分である当主が勤めるべき役や、神事などに直接差し障る寄宿役以外は、他の町人と同様に負担し、自身番役など当主が勤められない役は、家来を代理に立てて担うことにあった。さらに、地蔵祭といった町の年中行事においても当番を受け持ち、町人としての役割を果たしていた。町における真継家は、当主に身体的な負担が生じない限りは町運営に参加する存在、換言するならば、ひとつの家として可能な限り町運営に関わるような存在であったといえよう。

おわりに

以上、地下官人真継家の町人地居住の特質について論じてきた。真継家は、地下官人、鋳物師本所としての役割、柳原家の雑掌など、朝廷・公家社会において多様な機能を担っていた。また、町においては、町人としてその運営にある程度参加していた。本章では、真継家のみを考察の対象としたが、堂上公家久世家も家として可能な限り町運営に関与したことをふまえるならば（第二部第二章）、町におけるこのようなあり方は、一般性を持っていたと考えられる。近世における地下官人社会は、都市社会において、地下官人であり、かつ町人でもあるという身分の二重性を有していたとすることができる。

最後に、明治維新以降の公家社会の変化について触れておきたい。

明治元年（一八六八）閏四月十五日には、地下官人が公家の家来を同時に勤めることが禁じられた。

【史料六】『太政類典』（国立公文書館所蔵）第一編・第九巻・種族四

官人中宮堂上ニ肩入ト称シ家士トナルヲ停止ス、

諸官人ノ輩宮堂上へ肩入ト称シ家来ニ相成候儀、於名義甚不都合ニ候間自今被止候、併其家難離由緒有之向ハ　朝臣ノ列ヲ可被除候間各所存ノ通以書取来十七日中職事へ可差出候事、

この法令により公家の家来と地下官人が明確に区分されることとなり、地下官人が家来を兼ねることで成立していた公家の家政機構は再編を余儀なくされていく。さらに、翌年には東京奠都にともない多くの公家が東京に移住することで、公家町を中心とした公家社会は解体していったのである。

ついで、明治二年には官職が、さらに翌年には位階が廃された。地下官人のほとんどは士卒族以下に編入され、おもな収入源であった下行米、公家の家来としての俸禄、そして諸役免除の権利などを失うこととなった。真継

家も時代の変化の影響を大きく受け、右記の特権とともに、明治四年には諸国鋳物師支配の権限を失った(68)。鋳物師支配は収入のなかでも大きな比重を占めており、真継家の家経営は悪化していくこととなる。

また町においても、永借地であった敷地の所持関係が清算され(69)、表向き家来鈴木新兵衛が肩代わりしていた軒役を含め四軒八分役分の町役を負担することとなった。さらに、明治五年からは、他の町人と同様算用寄合に出席するようになり(70)、町における身分差はこの時点で消失したのである。

明治維新によって、京都の都市社会構造は大きく変化したといえよう。幕藩制国家を支えていた武家・公家・寺社社会は特権を剝奪され、身分制にもとづく都市社会構造は解体していった。しかし、それは同時に新たなまちづくりの担い手となる市民を登場させることにもなったのである。

（1）西村慎太郎「近世地下官人組織の成立」（『近世朝廷社会と地下官人』吉川弘文館、二〇〇八年、初出は二〇〇三年）。

（2）下橋敬長述、羽倉敬尚注『幕末の宮廷』東洋文庫三五三（平凡社、一九七九年）。

（3）朝尾直弘「十八世紀の社会変動と身分的中間層」（『身分制社会論』朝尾直弘著作集　第七巻　岩波書店、二〇〇四年、初出は一九九三年）。

（4）近世の地下官人、および地下官人組織に関する代表的な研究として以下のものがある。中村一郎「出納平田家とその記録」（高橋隆三先生喜寿記念論集刊行会編『高橋隆三先生喜寿記念論集』続群書類従完成会、一九七〇年）。梅田康夫「地下官人考」（大竹秀男・服藤弘司編『高柳真三先生頌寿記念　幕藩国家の法と支配』有斐閣、一九八四年）。須田肇「近世の内膳司について」（『学習院大学　史料館紀要』五、一九八九年）。秋山晶則「御蔵小舎人真継家について」（『論集　きんせい』一三、一九九一年）。羽中田（井伊）岳夫「近世の朝廷機構と民衆――地下役人に対する役免除システムの展開――」（京都大学大学院文学研究科修士論文、一九九四年）。小林丈広『明治維新と京都――公家社会の解体――』（臨川選書一四　臨川書店、一九九八年）。小川朝子「楽人」（『芸能・文化の世

界』シリーズ近世の身分的周縁二　吉川弘文館、二〇〇〇年）。廣庭基介「江戸時代非蔵人の考察」（『花園史学』二三、二〇〇二年）。松田敬之「近世期の近衛府官人（御随身）」（『花園史学』二四、二〇〇三年）。前掲西村『近世朝廷社会と地下官人』。梅田千尋『近世陰陽道組織の研究』（吉川弘文館、二〇〇九年）。

（5）羽中田（井伊）岳夫は、地下官人の町における役負担の実態を明らかにしている（前掲羽中田〈井伊〉「近世の朝廷機構と民衆――地下役人に対する役免除システムの展開――」）。だが、この研究は修士論文として執筆されたもので、広く公開されてはいない。よって、ここでは、重要な成果ではあるものの、註で挙げるにとどめることとする。

（6）熊谷光子「帯刀人と畿内町奉行所支配」（塚田孝・吉田伸之・脇田修編『身分的周縁』部落問題研究所出版部、一九九四年）。

（7）前掲熊谷「帯刀人と畿内町奉行所支配」、三八二頁。

（8）梅田千尋「禁裏陰陽師大黒松大夫」（前掲梅田『近世陰陽道組織の研究』、初出は二〇〇二年）一二五頁。

（9）近世の真継家については、以下の文献を参照。中川弘泰『近世の鋳物師――真継家を中心として――』（近藤出版社、一九七七年）。小原昭二「近世における真継家の鋳物師統制について」（『地方史研究』三一―六、一九八一年）。笹本正治「職人と職人集団」（朝尾直弘編『日本の近世』七　身分と格式、中央公論社、一九九二年）。笹本正治『真継家と近世の鋳物師』（思文閣出版、一九九六年）。前掲秋山「御蔵小舎人真継家について」。横田冬彦「鋳物師――辻村鋳物師と真継家――」（横田冬彦編『職人・親方・仲間』シリーズ近世の身分的周縁三　吉川弘文館、二〇〇〇年）。三宅幸子「幕末の地下官人――真継家を中心に――」（『ばさら』四、二〇〇四年）。『日本前近代社会における下級官人の研究――真継家を中心として――』（文部科学省科学研究費補助金研究報告書　研究代表者稲葉伸道、二〇〇五年）。

なお、以下では、真継家に関する基本的な事実関係は、特に断らない限り、『真継家と近世の鋳物師』、「御蔵小舎人真継家について」によるものとする。

（10）西村慎太郎「地下官人化する百姓・町人とその身分的特質」（前掲『近世朝廷社会と地下官人』、初出は二〇〇五年）。

(11)『地下家伝』二（日本古典全集　日本古典全集刊行会、一九三七年）。
(12)髙橋康夫「町組「六町」の成立と構造」（『京都中世都市史研究』思文閣出版、一九八三年、初出は一九七八年）。
(13)西村慎太郎「堂上公家雑掌の地下官人」（前掲『近世朝廷社会と地下官人』、初出は二〇〇三年）。
(14)「家伝　一」（『真継家文書』〈名古屋大学文学部所蔵〉文書番号D―六一七一、以下では『真継』分類―整理番号と略す）。真継家の雑掌としての具体的な役割については、拙稿『近世における公家の集住形態に関する研究』（京都大学提出学位論文、二〇〇六年）を参照。
(15)「家伝　一」。真継家の居住形態の変遷は、以下の論文でも述べられている。笹本正治「真継家文書について」（前掲『真継家と近世の鋳物師』、初出は一九九〇年）。前掲秋山「御蔵小舎人真継家について」。
(16)「中むかし公家町之絵図」（『中井家文書』〈京都府総合資料館所蔵〉文書番号三八五）。
(17)『洛中絵図寛永後万治前』（臨川書店、一九七九年）。
(18)『忠利宿禰記』（宮内庁書陵部所蔵）万治四年正月十七日条。
(19)「寛文三年公家町絵図」（宮内庁書陵部所蔵）。
(20)「家伝　一」。
(21)「永代売渡申家屋敷之事」（『真継』D―五六七）。
(22)「家伝　一」。
(23)「永代売渡申家屋敷之事」（『真継』D―三二六）。
(24)「口上覚（転居につき届）」（『真継』B―一三二一）。
(25)「（宅地建物坪数書上）」（『真継』D―四四六六）。
(26)『平田職厚日記』（宮内庁書陵部所蔵）寛政四年八月十七日条。『真継家文書』には、このとき平田家へ提出した宿所届の写しが残されている（「口上覚〈瓢箪図子町転居に付届〉」〈『真継』D―五五五〉）。この届には八月十六日に平田家へ提出したと記されており、平田職厚の日記と若干のずれがある。
(27)「南隣地面買得幷普請方入用控」（『真継』D―四四五九）。
(28)「証拠一札之事（屋敷地沽券状）」。

(29)「南隣地面買得幷普請方入用控」。

(30)「普請修覆等雑記（屋敷内鎮守・土蔵・居宅）」（『真継』D―一七五六）。以下、「普請修覆等雑記」と略す。

(31)「普請修覆等雑記」には「新調」とのみ記されるが、当主則能の日記には「表之方ニ四畳半格子附建之、今日ヨリ取掛ル、大工新七江申付、」とあり、新築であったことがわかる（「公役幷雑録」〈『真継』B―六一三二〉嘉永元年六月十五日条）。なお、物見の造営には金十両一歩かかっている（「附届幷諸払留」〈『真継』D―六〇六七〉）。

(32)松井みき子「「格子」と「物見」」（後藤久太郎編著・松井みき子著『近世初期上層公家の遊興空間』（中央公論美術出版、二〇一〇年、初出は一九九八年）。

(33)「（屋敷絵図面）」（『真継』D―四四五一）。

(34)「公役幷雑記十三」（『真継』B―六〇九七）安政七年二月十日条。

(35)「（屋敷絵図面）」。

(36)指図に貼られた鎮守社や座敷などは、明治期の指図にも記載されておらず、実際は建てられなかった可能性が高い（「（宅地図面）」〈『真継』D―一七九九〉、「惣図面〈屋敷建物絵図面〉」〈『真継』D―四四六四〉）。

(37)「（屋敷絵図面）」「（屋敷居宅絵図面）」。なお、『真継家文書』には、このほかにも屋敷の指図が数点含まれているが、ほとんどが明治期のものである。

(38)「（真継家屋敷坪付書上）」（『真継』D―四四六一）。

(39)「（屋敷居宅絵図面）」。

(40)「雑記　上三」（『真継』D―五八七七）元治二年四月十日条。

(41)「公用雑記十三」安政七年二月二十七日条。

(42)「公用雑記十三」安政七年二月二十八日条。

(43)「（屋敷居宅絵図面）」「惣図面（屋敷建物絵図面）」。

(44)熊本達哉「寛政再建時の冷泉家住宅について」（『建築史学』三〇、一九九八年）。

(45)鈴木賢次「旗本住居の平面構成について――江戸時代中期の様相と展開」（『日本建築学会計画系論文集』三五四、一九八五年）。

(46)「公役幷雑記十」(『真継』B―六〇九四)安政四年二月二十四日条。
(47)「奉公人請状之事」(『真継』D―二〇六九)、「証札(奉公人請状)」(『真継』D―二〇七〇)など。
(48)ここでは、各町人が負担する諸役を公儀役、町役に区分する。それぞれの内容は、幕府から賦課される人足役・自身番役、将軍上洛時などに家来へ宿を提供する寄宿役を公儀役とし、町年寄・五人組などを勤めること、町運営に必要な経費の出費を町役とする。
(49)「町内軒役割出シ帳写幷雑用差出候留用向等控」(『真継』D―五八二一)。
(50)前掲羽中田(井伊)「近世の朝廷機構と民衆――地下役人に対する役免除システムの展開――」。以下、地下官人の役負担の概略は、当該論文によるものとする。
(51)「瓢箪円《図》子町用向幷代筆　二」(『真継』B―六一五三)。なお、本文中では「瓢箪図子町用向幷代筆　二」と記す。
(52)ほぼ同時期に町内にいた高屋重吉は藤屋重吉に比定できることから、高屋要蔵は藤屋の親族と考えておく(「瓢箪円子町用向幷代筆　二」)。
(53)広瀬政重は、幕末期に居住していた広瀬重三郎と苗字が一致するので、重次郎の親族として考えておく。
(54)稲津近太郎編『京都市及接続町村地籍図附録』第一編(京都地籍図編纂所、一九一二年)。
(55)その他にも不参料を支払っていた町人として、真継家・鈴木平治郎・伊勢屋とみがいる。このうち、真継家、鈴木平治郎は、それぞれ地下官人、口向諸役人であり、後述のように、町寄合には出席できなかった。伊勢屋は、明治期の史料から居付家持であることが確認でき(「瓢箪円子町用向幷代筆　二」)、女性であることがその要因であったと推測される。
(56)「一札之事(町差出の家屋敷沽券状につき一札)」(『真継』D―一二五九)、「証拠一札之事(屋敷地沽券状)」など。
(57)「軒役用向控」「瓢箪円子町用向幷代筆　二」。
(58)表1によると、新兵衛は一軒半役の負担となっているが、実際には、それに加えて松波家の軒役二軒役を肩代わりしていた(「軒役用向控」)。
(59)前掲下橋『幕末の宮廷』、一四六・一七六頁。
(60)「地下官人家伝十」(『下橋家資料』〈京都府立総合資料館所蔵〉文書番号二六九)。

(61) 第一部第三章参照。また、享保十五年、上立売室町西へ入ル町大文字屋五兵衛屋敷が火元となった西陣の大火の際には、上立売室町近辺に居住する四家の堂上公家が被災している（『資方朝臣記抄』中〈宮内庁書陵部所蔵〉享保十五年六月二十日条）。
(62) 前掲羽中田（井伊）「近世の朝廷機構と民衆――地下役人に対する役免除システムの展開――」。
(63)「公役幷雑録」（『真継』B―六一三二）弘化五年六月二十六日条など。
(64) 山路興造「京都の盆行事――その歴史的考察――」（『京都市歴史資料館紀要』一〇、一九九二年）。
(65)「雑々日記　二」（『真継』D―五八五九）文久三年七月二十三日条など。
(66) 前掲羽中田（井伊）「近世の朝廷機構と民衆――地下役人に対する役免除システムの展開――」。
(67) 前掲熊谷「帯刀人と畿内町奉行所支配」。
(68) 大塚英二「明治四年における真継家鋳物師支配の終焉」（『名古屋大学古川総合研究資料館報告』一〇、一九九四年）。
(69)「証拠一札之事（屋敷地沽券状）」。
(70)「瓢箪円子町用向幷代筆　二」。

第四章　御産所と都市社会——霊元天皇の後宮を中心として——

はじめに

近世において、天皇・院の子を懐妊した正配や女官の出産は、御産所で行われた。これは神事を行う内裏を、出産による産穢や安産を願う仏事から分離するために行われたと考えられる。その成立は詳かでないが、平安時代には御産所の設置、および出産前の御産所への退出が出産儀礼の一部となっていた(1)。古代・中世には、主に妊婦の親元、または身内に当たる人物の屋敷が御産所に充てられた。

天皇家の出産儀礼は、奥向の儀礼であり、かつ後継者の無事な誕生を願うものであったため、それ自体が廃絶することはなかったが、中世以降、その内容は多くの儀礼と同様変容を遂げながら、近世の天皇家へと引き継がれていった。そのなかで、御産所の設置と退出という儀式は維持され、出産が近づいた妊婦は内裏から御産所の設けられた屋敷、または殿舎へ退出することとなっていた(2)。

しかしながら、近世における天皇家の出産儀礼について先行研究を振り返ると、天皇家の出産儀礼にかかわる史料を編纂した『皇室制度史料』を除き、研究の蓄積がほとんどないことに気づく。文献史学では、おもに女性史の分野から近世における出産の問題がさまざまな角度から論じられてきたものの、天皇家の御産所について検討した研究はない。一方、建築史学では、中宮・女御が出産の際に用いる御里御殿がとりあげられるが、造営の経緯や殿舎の構成が明らかにされるにとどまり、御産所としての機能には、議論がおよんでいない(3)。出産儀礼のひとつである御産所の設置に関しては、基礎的な事実関係の確定を含め、検討すべき課題が多く残されているのである。

そこで、本章では、まず近世天皇家における出産儀礼、とりわけ御産所の設置に注目し、その実態を検討していきたい。御産所は妊婦が出産を行う場所であり、無事に御産を行いうることが求められる。その点では、設置場所の選択は出産儀礼のなかでも重要な意味を持つ。したがって、御産所の設置は天皇家のいかなる論理により決定され、実際にどこに設けられたのかということが検討課題となろう。なお、ここでいう天皇家とは、天皇と配偶者(正室・側室)、皇子女、上皇、女院により構成される集団を指すものとする。

一方、御産所は都市内に設けられたため、その経営は、幕府や町方社会の意向との間に常に摩擦を伏在させるものであったと考えられる。換言するならば、御産所の設置は、天皇家・幕府・町方社会それぞれが掲げる論理の平衡の上に実現するものであり、かかる平衡を保つことにより、初めて御産所は安定的に維持できたはずである。それでは、天皇家は御産所を設けるにあたって、幕府・町方社会といかに相対したのだろうか。ここでは、その具体的な様相を明らかにすることを、もうひとつの課題として設定したい。

こうした問題意識にもとづき、以下ではこれら二つの課題について検討を加えていくこととする。だが、近世の天皇(院)すべてについて考察するのは困難であり、歴代の天皇のなかでも多くの皇子女を儲けた一人である霊元天皇(院)に注目し、論を進めていきたい。

一　近世天皇家の後宮と出産儀礼

ここでは、御産所について考察する前に、天皇家の後宮制度と出産儀礼について確認しておく。

（1）天皇家の後宮

近世天皇家の奥向の生活は、多くの女官によって支えられていた。これら女官により構成されるのが後宮である。女官は天皇の身辺の世話から、武家伝奏・禁裏附・口向諸役人などとの交渉に至るまで幅広い役割を担うともに、天皇の「お手かけ」[4]、すなわち側妾となり皇子を出産する役割をも期待されていた[5]。

天皇家では、天皇の居住する内裏、院の居住する院御所、東宮の東宮御所にそれぞれ女官が仕えており、各御所間での女官の異動はあったものの、独立した後宮を形成していた[6]。そのなかで、天皇の後宮は、尚侍―典侍―掌侍―命婦―女蔵人―御差―御末などの女官により構成されていた。女官の家柄は、典侍・掌侍が堂上公家、命婦・女蔵人・御差が三位に昇りうる家格を持った諸大夫・地下官人・非蔵人・社家の出身者に限られており、御末以下はそれより家格の低い家から召し抱えられた。一方、院の後宮は、上﨟―中﨟―下﨟―女蔵人―御差―御末などで構成されていた。天皇が譲位して院御所へ移る際には、内裏に残留する一部の女官を除くと、その多くが院に従い異動し、典侍、掌侍、命婦はそれぞれ上﨟、中﨟、下﨟と呼ばれるようになる。

（2）近世の出産儀礼と御産所

天皇家では、正配や側妾となった女官の懐妊から出産に至る過程でいくつもの儀式が執り行われたが、戦国期に天皇家・公家社会が経済的に没落すると、出産儀礼は他の諸儀式と同様十分に行いえなくなった。『皇室制度史料』によると、当該期には出産後に行われるべき湯殿始や読書鳴弦之儀といった儀礼が記録上確認できないという。だが、こうした状況においても御産所の設置は不可欠な儀式のひとつであり、妊婦の親元、または身内に当たる者の屋敷が御産所に充てられることが多かった[7]。

織豊期以降、統一政権による朝廷の再整備が行われたことにより、天皇家の経済的基盤が確立するとともに、在国していた公家の帰京、および廃絶した家の再興・新家の創立が進み、公家社会の規模は拡大していった。そして、こうした公家社会の復興は、天皇家の後宮にも女官の増加というかたちで影響を与えたと考えられる。戦国期の後柏原天皇は側妾が三人、後奈良天皇が六人、正親町天皇（院）が三人であったのに対し、近世前期の天皇（院）をみると、後陽成天皇（院）は八人、後水尾天皇（院）は七人、後西天皇（院）は六人、霊元天皇（院）は十四人の側妾を設けており、(8)後宮の充実が側妾の増加というかたちで現れていることは明らかであろう。

だが、一度衰退した出産儀礼は、簡略化されたままであった。近世前期における天皇家の出産儀礼については、史料的な限界からその詳細を明らかにすることができないが、湯殿始、読書鳴弦之儀は引き続き行われず、生母の無事と新生児の誕生を祝うため産後三夜・五夜・七夜・九夜目に催された産養も御七夜にのみ行われた。一方、近世後期になると、朝儀復興の流れのなかで、出産儀礼もまた、廃絶した儀式が復活するなど整備が進んだ。その次第は妊婦の身分により異なるものの、近世末期の朝廷で行われていた儀礼をまとめた『公事録』によると、中宮・女御の場合には、①内々着帯 ②（表向）着帯 ③御産所退出 ④御産御祈之儀 ⑤献借地文之儀 ⑥御降誕之儀 ⑦御産雑事日時勘申 ⑧湯殿始日時勘申 ⑨賜剣 ⑩御乳付 ⑪湯殿始・読書鳴弦之儀 ⑫納胞衣之儀 ⑬御七夜の順に行われた。

こうした一連の出産儀礼のなかで、御産所への退出は近世を通して出産のほぼ一ヶ月前と定まっており、妊婦の身分を問わず表向着帯を済ませた直後に行われた。中宮・女御の場合、御産所は御里御殿に設けられるのが通例であったが、(9)典侍以下の女官の御産所は設置場所が明らかとなっていないことが多く、親元または身内に当たる人物の屋敷に設けられる事例がみられること、方角や佳例に合わせて選ばれることのあったことが指摘されるにとどまる。

二　御産所設置における天皇家の論理

霊元天皇（院）[10]は、寛文九年（一六六九）から享保六年（一七二一）の間に、女御、および十四人の女官との間に三十二人の皇子女を儲けた。近世天皇家のなかでも、後水尾天皇についで多くの皇子女を儲けた天皇である。表1は、天皇の皇子女と生母、および御産所の設置場所を一覧にしたものである。そのなかで、御産所の場所が確認できるのは二十二例で、全体の約七割にあたる。すべてについて設置場所、設置に至る経緯が判明するわけではないが、これらの事例から、御産所が設けられた場所の特質を指摘することはできよう。そこで、以下では、表1をもとに御産所の設置場所と、そこに働く天皇家の論理について検討していくこととする。

（1）御産所の設置場所

霊元天皇に仕えた女官の御産所の設置場所を、御産所に充てられた屋敷所持者の身分および妊婦との関係に即して分類するならば、設置場所は、(a)天皇家の屋敷、(b)親元または身内に当たる人物の屋敷、(c)血縁関係にない堂上公家の屋敷、(d)女官の里屋敷、(e)町人地に用意された町屋敷の五つに分けられる。その内訳は、表2に示すとおりだが、使用頻度に注目すると、最も高いのが(c)で九例、ついで(d)の五例、(b)の四例であり、親元・身内の屋敷よりも、血縁関係にない堂上公家の屋敷、または女官の里屋敷を用いることの多かったことがわかる。さらに、頻度は低いものの、町屋敷を御産所としていることも注目されよう。

一方、都市内における御産所の位置に注目すると、築地之内に設けられたのが八例であったのに対し、築地之外は十四例であった（図1）。そもそも、築地之内は堂上公家の居住地区であるとともに、公家社会において内裏に準ずる空間として認識されていた。だが、右の結果からは、御産所の位置がかかる空間の特質にもとづき選

（参照）『霊元天皇実録』第一～三巻（ゆまに書房、2005年）

性別	生年月日	御産所	所在地	典拠
女	寛文９年２月28日	女御御殿北御所	内裏	『无上法院殿御日記』寛文９年２月28日条
女	寛文９年３月21日	白賁軒	二階町	『庭田重條日記』寛文９年３月21日条
男	寛文11年８月17日	小倉家	塔之壇藪下	『中院通茂日記』寛文11年４月16日条
男	寛文12年９月12日	白川家下屋敷	二階町	『中院通茂日記』寛文12年７月１日条
女	寛文13年８月23日	九条家	清和院御門前	『中院通茂日記』寛文13年５月12日条
男	延宝３年７月５日			
男	延宝３年９月３日			
男	延宝３年11月27日			
女	延宝４年９月14日			
男	延宝４年12月28日			
女	延宝５年閏12月５日	飛鳥井家下屋敷	舟橋町	『永貞卿記』延宝５年閏12月24日条
男	延宝７年８月５日			
男	延宝８年８月16日			
女	延宝９年７月27日	池尻家	院参町	『基量卿記』元禄２年４月２日条
女	貞享３年２月21日	池尻家	院参町	『基量卿記』貞享３年２月６日条
男	貞享５年５月21日	菊亭家	唐門前	『基量卿記』貞享５年４月18日条
男	元禄２年６月27日	池尻家	院参町	『基量卿記』元禄２年４月２日条
男	元禄３年11月８日	風早家	院参町	『続史愚抄』元禄３年11月８日条
男	元禄５年１月27日	東久世家	射場町	『資廉卿記』元禄５年10月７日条
女	元禄６年３月３日	按察使局里屋敷	新町カ	『基量卿記』元禄６年２月17日条
女	元禄９年７月３日	里屋敷	中筋	『妙法院日次記』元禄９年７月２日条 『雅冬王記』　宝永５年６月21日条
男	元禄10年８月５日	交野家	院参町	『公通記』元禄10年６月８日条
男	元禄12年11月22日	今城家	二階町	『桂宮日記』元禄12年11月22日条
女	元禄15年11月20日			
男	宝永６年９月29日			
男	宝永７年９月13日			
女	宝永７年11月30日	按察使局里屋敷	新町	『松尾相匡日記』宝永７年11月21日条
男	正徳３年９月10日	元小山主水屋敷	西武者小路町	『基長卿記』正徳３年７月30日条
女	正徳４年８月22日	里屋敷	西武者小路町	『基長卿記』正徳４年正月８日条
男	正徳５年３月２日	新屋敷	塔之壇藪下	『松尾相匡日記』正徳５年２月29日条
男	享保２年４月３日	里屋敷	西武者小路町	『基長卿記』享保２年２月６日条
女	享保６年７月２日	高辻家	二階町	『基長卿記』享保６年３月15日条

表1　霊元天皇女官の御産所

		女官		身分	親元	皇子女	
1	天皇在位期	多奈井小路局			西洞院家	某	
2		藤大典侍局	藤原房子	典侍	小川坊城家	憲子内親王	近衛家煕室
3		中納言典侍局		典侍	小倉家	済深親王	勧修寺門跡門主
4		源内侍局	源福子	掌侍	愛宕家	寛隆親王	仁和寺門跡門主
5			藤原房子	女御	鷹司家	栄子内親王	
6		少将内侍局	菅原庸子	掌侍	五條家	三宮	
7		御岩御料人	藤原宗子		松木家	朝仁親王	東山天皇
8		源内侍局	源福子	掌侍	愛宕家	綱宮	
9		御岩御料人	藤原宗子		松木家	福子内親王	伏見宮邦永親王妃
10		少将内侍局	菅原庸子	掌侍	五條家	堯延親王	妙法院門跡門主
11		御岩御料人	藤原宗子		松木家	永秀女王	大聖寺門跡門主
12		少将内侍局	菅原庸子	掌侍	五條家	某	
13		大納言典侍局	藤原宗子	典侍	松木家	文仁親王	京極宮
14		大納言典侍局	藤原宗子	典侍	松木家	田鶴宮	
15		大納言典侍局	藤原宗子	典侍	松木家	勝子内親王	
16	第一院政期	大納言典侍局	藤原宗子	典侍	松木家	清宮	
17		菅中納言局	菅原経子		五條家	富貴宮	常磐井宮
18		菅中納言局	菅原経子		五條家	性応親王	大覚寺門跡門主
19		源中将局	源博子	中臈	東久世家	徳宮	
20		菅中納言局	菅原経子		五條家	文喜	円照寺門跡門主
21		菅中納言局	菅原経子		五條家	元秀	林丘寺門跡門主
22		師局	源博子	小上臈	東久世家	力宮	
23		藤式部局			今城家	尊賞親王	一乗院門跡門主
24		藤式部局			今城家	永応女王	円照寺・大聖寺門跡門主
25		おいつ御料人			入江家	嘉智宮	
26	第二院政期	中将局		中臈	倉橋家	峯宮	
27		兵衛局			入江家	止宮	
28		伊勢局	秦敦子	下臈	松室家	職仁親王	有栖川宮
29		伊勢局	秦敦子	下臈	松室家	吉子内親王	八十宮
30		玉垣局	秦仲子	下臈	松室家	尊胤親王	
31		右衛門佐局	秦敦子	中臈	松室家	堯恭親王	妙法院門跡門主
32		小少将局		中臈	南家	八重宮	

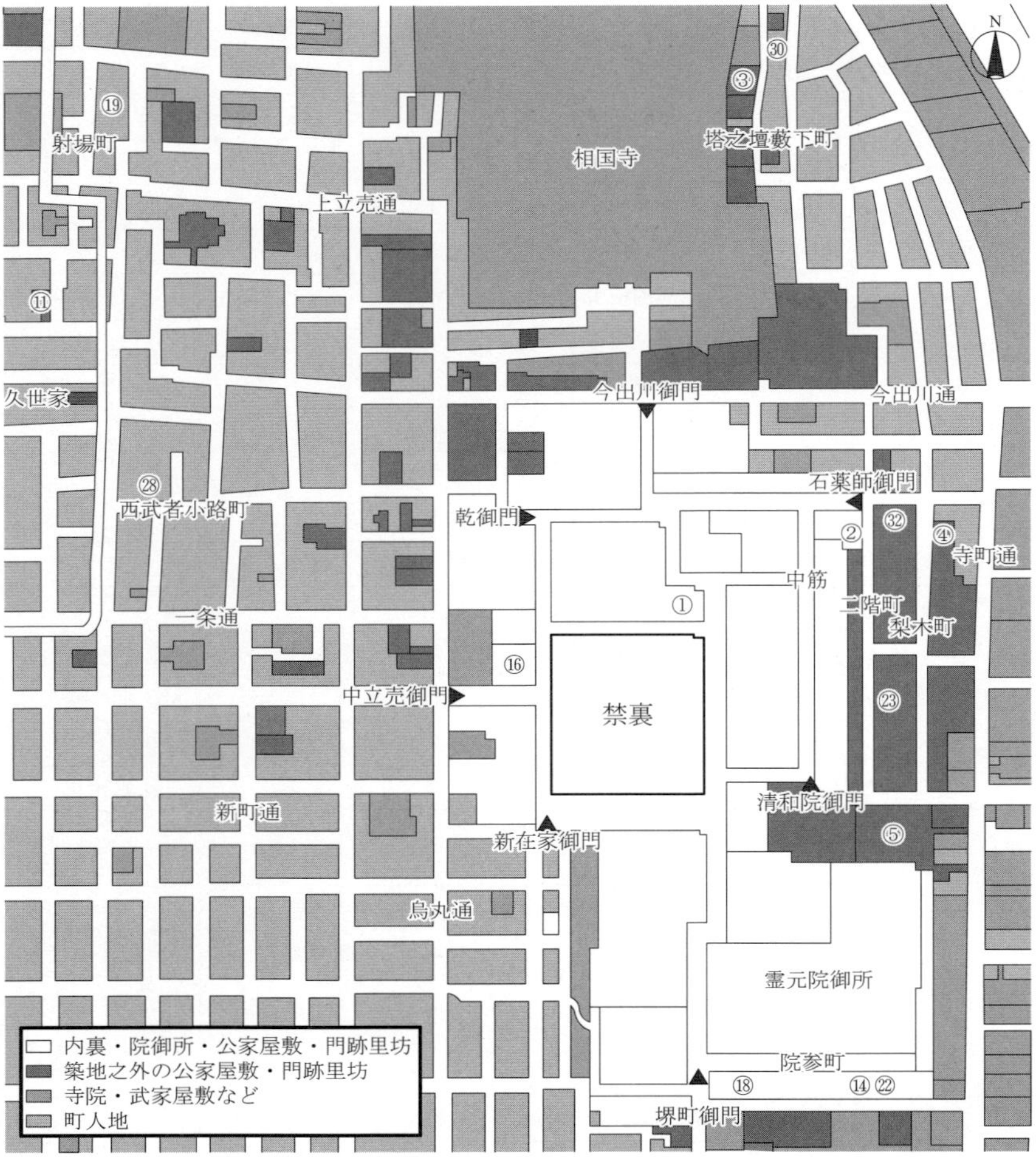

図1　霊元天皇女官の御産所の位置（図中の数字は表１と対応）
『元禄京都洛中洛外大絵図』（慶應義塾図書館所蔵）をもとに作成

ばれていなかったとすることができる。御産所の位置はそれとは異なる原則により決められていたのである。さらに、築地之外に設けられた御産所は、都市内に無限定に拡散していたわけではなく、築地之内をとりまくように設置されたことがわかる。なお、こうした御産所の位置については、天皇家の論理を明らかにした上で改めて検討していきたい。

表２　御産所の設置場所

(a)	(b)	(c)	(d)	(e)
1　2	3　5　19　23	4　9　14　15　16　17　18　22　32	20　21　27　29　30	28　31

（２）　御産所設置の条件

霊元天皇に仕える女官の御産所は、築地之内を中心としながらもさまざまな場所に設けられたようにみえるが、そこには何らかの論理が働いていたことが想定される。そこで、つぎに、御産所が設置されうる条件について検討していきたい。

寛文十一年四月、中納言典侍局の懐妊が明らかとなり、御産所が設けられることとなった。だが、朝廷内ではその設置場所が問題となった。当初、御産所として中納言典侍局の父親である小倉実起の屋敷が候補として挙がったが、武家伝奏中院通茂と女官新中納言局は、小倉家の屋敷は狭く新たに御産所を建てざるを得ないものの、そのための費用調達は困難であるという認識を示していた。(11)しかし、十六日には院参衆であった園基福から通茂へ、後水尾院のつぎのような指示が伝えられた。

【史料二】『中院通茂日記』寛文十一年四月十六日条（括弧内は筆者、以下同）

於番所逢於園大納言（基福）、中納言典侍懐妊御産之事従新中納言被尋、其所内々窺於法皇之処親父之私宅例之事也、其通可然之由仰也、

後水尾院は、女官の御産所は父親の屋敷に設けることが慣例であり、中納言典侍局の御産所も

小倉家へ設けるよう命じたのである。すなわち、当該期の天皇家では御産所を親元の屋敷に設置することを原則としており、表2の(b)は、この原則にもとづき設けられたと考えられる。[12]

だが、実際には、親元の屋敷を御産所とする事例はそれほど多くない。では、なぜかかる原則から外れる事例が頻出するのだろうか。その要因としてつぎの三点が挙げられる。

第一に、方角の吉凶が、御産所の設置に大きく作用していた点である。貞享五年（一六八八）、大納言典侍局（＝御岩御料人）の御産所として菊亭家の屋敷が充てられたが、その理由は、親元である松木宗条の屋敷が「不宜」方角に当たったこと、かつ北西の方角が「吉方」であることにあった。[13]出産儀礼では、陰陽師の勘申により儀礼を執り行う日時や方角が決まっており、御産所を設置すべき方角も、そうした勘申による吉凶に従い定められていた可能性が高い。

第二に、無事に皇子女が出産した屋敷が「吉例」として認識された点である。元禄二年（一六八九）、菅中納言局の出産にあたって、院参町の池尻家の屋敷が御産所として用いられた。

【史料二】『基量卿記』元禄二年四月二日条

一、庭田《重条》被示、昨日仰云依吉日今日可申渡子細者、菅中納言御産所被借用池尻《勝房》、就此義昨日鳥山将監行向彼亭
　　請取由也、准后毎度御産所ニ被借用依吉例也、

東園基量はその理由を、池尻家の屋敷は大納言典侍局の御産所として毎回使用しており、「吉例」であるためだとしている。[14]近世においても、出産は妊婦を危険にさらす行為であり、出産が無事行われたという先例は重視されたと考えられる。その意味では、池尻家の屋敷を御産所とした大納言典侍局の出産が、二度とも無事に行われたということが、御産所を設ける上で重要な要因となっていたとすることができる。

第三に、御産所を設けるのに十分な規模を持った屋敷が少なかった点である。延宝五年（一六七七）の御岩御

料人の出産では、宗条の屋敷が御産所に充てられることとなったが、それに対して、宗条は他の屋敷を御産所として借用できるよう二度にわたり武家伝奏へ願い出ており(15)、最終的にはつぎに示すように、飛鳥井家の下屋敷が御産所として選ばれた。

【史料三】『永貞卿記』（東京大学史料編纂所所蔵）延宝五年閏十二月二十四日条

行向松木亜相亭飛鳥井前亜相下屋布、舟橋丁ト云所也、松木亜相息女局来月御誕生月也、依本宅狭被借用此亭也、

富小路永貞は、松木家の屋敷が狭かったために飛鳥井家の下屋敷を御産所として借用したと記しており(16)、宗条が他の屋敷を用いた理由は、自身の屋敷の規模にあったことがわかる。寛文十一年に中納言典侍局の御産所となった小倉家でも、屋敷が狭小であったため新たに御産所の建物を増築せざるをえず、その費用調達が問題となったことをふまえるならば、屋敷内に御産所を設けるのは、それほど容易なことではなかったといえる(17)。

さらに、こうした御産所と屋敷規模の関係がより具体的に明らかとなる事例として、貞享五年に大納言典侍局が用いた菊亭家の屋敷をとりあげる。

このときは、当初、菊亭家の表向殿舎のみを御産所として用いることとなっていた。五月六日には局が御産所に移ったが、それにともない、局の母親である東二条局、口向諸役人から冨島左兵衛・田村三之丞・松田源左衛門・三宅善右衛門、および仕丁三人が常時屋敷に詰めることとなった。その他にも口向諸役人赤井加右衛門・渡部新之丞・水口将曹、および仕丁四人がそれぞれ交替で詰めることが決定している。さらに、御産前後には岡本淡路守、木坂和泉守、三沢壱岐守といった取次・院取次も詰めることとなっており、少なくとも十人以上の女官・役人が御産所に常駐していた(18)。これに対して、菊亭家の屋敷地は千坪以上あり、堂上公家のなかでも広い方に属する(19)。当然、表向殿舎も他の公家屋敷と比べると大規模であったと考えられるが、十六日頃には表向殿舎の

みでは狭すぎるという理由で、奥向の殿舎も借用することとなった[20]。すなわち、こうした規模の大きな公家屋敷であっても、御産所としては狭小であると認識されたのである。これは大納言典侍局という、天皇の生母でもある高位の女官の出産にあたって付けられた役人の数であり、その他の女官の場合には人数が少なかった可能性が高い[21]。とはいえ、日常的に数名の役人が詰めることになるのであり、やはり平均的な規模の公家屋敷において、御産所の機能と妊婦の家族の生活とを両立させること、あるいは屋敷内に新たに御産所を建てることは、いずれも困難であったと考えられる。

（3） 下﨟の懐妊と御産所

その一方で、御産所に町屋敷が充てられた事例がある。正徳三・四年（一七一三・一四）の伊勢局、同五年の玉垣局の出産においてである。

霊元天皇の皇子女の生母には、女御・典侍・掌侍、上﨟・中﨟といった堂上公家の出身で身分の高い女官とともに、下﨟という地下・社家の家出身の女官がいた。前者が皇子女の懐妊を期待されたのに対し、後者は天皇の身の回りの世話をする役割を勤めており、皇子女を出産する役割は求められていなかったと考えられる[22]。伊勢局、玉垣局の父親はいずれも院非蔵人で、伊勢局の父親松室重敦の官位は無位備中介、玉垣局の父親松室重仲の官位は正五位下備前介であった。両局は社家出身の下﨟として院に勤仕していたのである。伊勢局の御産所は院に勤仕する小山主水から召し上げた西武者小路町の屋敷、玉垣局の御産所は塔之壇西藪下に新たに獲得した屋敷が充てられたが、御産所に町屋敷が用いられたのは、こうした特殊な事例であったためである可能性が高い[23]。武家伝奏徳大寺公全は、伊勢局の御産所を町屋敷に設置した理由をつぎのように述べている。

【史料四】『公全公記』正徳三年九月一日条

仍堂上息女ニ候得者築地之内ニ御産屋被構候、右之子細故上京ニ而との事ニ而武者小路之町ニ被構候、此義ハ紀伊少《(松平信庸)》不気ニ入候得共、当時築地之内ニ無之候故其通候、

堂上公家出身の女官であれば築地之内に御産所を設けられたが、伊勢局は下﨟であったため、上京、すなわち築地之外に設置せざるをえなかったのである。玉垣局の御産所も同様の理由により選ばれたと考えられる。なお、町人地に位置する女官の里屋敷が御産所として用いられる事例(d)があるが、中﨟以上の女官の里屋敷は堂上公家の屋敷と同格と位置づけられており、[24]使用できるのは中﨟以上の女官であった。皇子女を懐妊しているとはいえ、下﨟の御産所は築地之内・築地之外を問わず、公家屋敷には設けられなかった。御産所の設置場所は、妊婦の身分に応じても決められていたのである。

このように、御産所設置における天皇家の論理とは、女官の親元の屋敷に設けることを原則としながらも、設置できない場合には、吉方・吉例にもとづき、公家屋敷、女官の里屋敷を選択するというものであった。[25]さらに、御産所の場所をめぐっては、妊婦の身分による峻別が付随した。当該期には、皇子女を懐妊した段階で女官の身分が上昇することはなく、地下身分である下﨟の場合には、皇子女の出産であるにもかかわらず、町屋敷を御産所とせざるをえなかったのである。御産所の設置には、奥向の身分的な序列、すなわち奥向の論理も働いていたとすることができる。

さて、これらの論理をふまえ、都市における御産所の位置を改めて検討すると、その分布の特質を以下のように理解することができる。すなわち、出産儀礼における御産所の設置は、奥向の儀式としての位置づけもあり、築地之内という空間概念よりも天皇家の論理が優先されたことが、築地之外に多くの御産所が分布する要因となった。さらに、相当数の公家が築地之外に居住、あるいは屋敷を所持するという当該期における公家の集住のあり方も、要因のひとつとなったことは確かであろう。また、前述したように、伊勢局の御産所について、霊元

院は身分の低い女官の御産所を築地之内に設けられないため、「上京」に設置するよう命じた。これは、院が上京という地域を御産所を設ける場としてふさわしいと認識していたことを示しており、かかる天皇家の都市空間に対する認識のあり方も、御産所が築地之内を中心とした限られた地域に設けられたことにつながったと考えられる。

三　御産所と都市社会

以上、御産所の設置において働いた天皇家の論理、ならびに奥向の論理についてみてきたが、ここで改めて注意したいのが、御産所は都市内に天皇家により設けられたという点である。御産所は都市社会と無関係な存在ではなく、その設置や経営は、天皇家・幕府・町方社会それぞれの掲げる論理の平衡の上に成り立っていた可能性が高い。ゆえに、御産所の設置・経営の実態を検討することにより、天皇家が幕府・町方社会といかに相対しようとしていたのかを明らかにできると考えられる。そこで、以下では、町人地に設けられた御産所をめぐって継起する問題と、それに対する町方社会、朝廷、幕府それぞれの対応についてみていきたい。

（1）　御産所と町

正徳四年（一七一四）正月八日、伊勢局に懐妊の兆候があり、院御所では御産所の準備が課題となった。御産所は、西武者小路町の町屋敷に設ける予定であったが、伊勢局は昨年出産した明宮を御産所へともなうこととなっており、霊元院は御産所の規模拡張を検討するよう院伝奏梅小路共方・東園基長に命じた(26)。それを受けた両人は院附武家へ隣接する町屋の買得を指示したが、院附武家は検討の上でつぎのように返答している。

【史料五】『基長卿記』正徳四年正月十一日条

一、両武被申云、先日承候伊勢殿屋敷事、被　仰出候隣裏ハ致吟味皆有徳町人故安易ニ離申間敷存候間、若其思召入ニ候ハヽ、外ニ広キ屋敷尋試候事も可宜存候由也、

隣接する町屋には「有徳町人」が居住しているため買得は困難であり、他の場所で広い屋敷を獲得した方が良いとしたのである。だが、霊元院は隣地の獲得を諦めず、院執次を通して町との交渉を進め、二十一日には、西隣の染物屋の家屋敷を買得することとなった。屋敷地は、間口二間三尺八歩、裏行二十二間五尺五寸であったが、そのうち通りに面した町会所を除く地尻十一間分が買得の対象であった。染物屋が屋敷を買得した際の代銀は二貫目であったが、院御所は三貫目で購入し、さらに染物屋の引越費用として銀二十枚、町へ支払う費用として銀十五枚を負担することとしている。

だが、屋敷地の買得は順調には進まなかった。二十三日には、染物屋が家屋敷を召し上げられるのは「難儀」であると町奉行所に訴え出たのである。院附武家は訴訟の理由を、屋敷代銀の引き上げを狙ったものであると院伝奏に説明しているが、二十四日には町中も屋敷地譲渡の証文への添書を拒んでおり、実際には町中の意向として買得を拒否したと考えられる。院御所にとって、屋敷地の獲得は御産所の拡張を目的としたものだが、町側からみるならば屋敷地の集積にほかならず、町人の減少にともなう町役負担の増加を意味していた。さらに、院御所が諸役免除を獲得するならば、町人の負担する軒役が増えることとなる。これらのことが証文への添書を拒む要因のひとつとなった可能性が高い。また、近世には、堂上公家が一時的とはいえ町に居住することは、町にとって好ましくないと認識されることがあり(27)、そうした町中の意向も働いていたと推測される。その後、院執次とともに町奉行所役人らが染物屋・町中との交渉に乗りだした結果、二十七日には、屋敷地代銀を銀百枚に増額することで、ようやく屋敷地の買得が成立したのである。

天皇の子を懐妊したとはいえ、下﨟など地下身分の女官の御産所は、町屋敷に設けざるをえなかった。だが、

それは、以上のように、町との間に摩擦を生じさせる可能性を持ったものであった。正徳五年、右衛門佐局（＝伊勢局）の子である八十宮が、この御産所を徳川家継に嫁するまでの御在所として用いることとなった際にも、霊元院は隣接する家屋敷の買得による敷地拡張を目指した。しかし、このときは町との交渉が不調に終わり、最終的に買得を断念せざるをえなかった[28]。町における御産所の設置・経営は、天皇家の論理・奥向の論理のうち、後者から求められるものであった。そして、それは町との対峙を不可避とし、ときに御産所の経営に困難をもたらすものであったということができる。

（2） 御産所の設置場所をめぐる朝廷・幕府の対応

一方、幕府にとっても、女官の御産所を町屋敷に設けることは好ましいことではなかった。所司代松平信庸は、正徳三年に伊勢局の御産所が築地之内ではなく町屋敷に充てられたことに対して、「少不気ニ入」としていた（【史料四】）。信庸がそのように述べた理由は記されないものの、徳川家継と婚約した八十宮がこの御産所を一時的に御在所として使用するにあたって、信庸の後任である水野忠之が武家伝奏へつぎのように申し入れていることは注目すべきである。

【史料六】『公全公記』正徳五年九月二十九日条

一、巳刻、庭田（重条）同道和泉守（水野忠之）江向候処、則被出逢、八十宮御屋敷之事吟味候得者、殊外狭少ニ候、小路も逼ク候間五間三間弘ケ候而も市中ニ候、然者軽作事ニ而も堂上之家作宜候間、堂上之内被明御移被遊候ハ、可宜歟、左様候得者和泉了簡ニ而罷成義候、小路等弘ク仕義候得者江戸へ申遣候ハねハ一分之了簡ニ而ハ難成候、町家へ火元之義申付候得共気遣存候由申也、

ここからは、忠之が①御在所を堂上公家の屋敷へ移すことを提案していること、②御在所が狭く、かつ周辺の

道が狭いため、火災による類焼の可能性を懸念していることがわかる。さらに、①について、忠之は「堂上之内」に御在所を移すとしているが、朝廷側ではこれを築地之内への移転と受け取っており(29)、実際は築地之内の公家屋敷を念頭に置いていたと考えられる。こうした所司代の意向が前任者と大きく変わるとは考えにくく、以上の点をふまえるならば、信庸が問題と捉えていたのも、忠之と同様御産所の立地とそれにともなう火災による類焼の可能性であったとすることができよう。幕府側は、御産所を町屋敷のように町屋の建ち並ぶなかに設置するのを避けるべき事態として認識し、可能ならば築地之内の公家屋敷を御産所として用いるべきだと考えていたのである。

だが、奥向の論理によるならば、下臈の御産所を築地之内はもちろん、堂上公家・中臈以上の女官の屋敷に設けることは、堂上・地下の身分差を越えるものを意味していた。ゆえに、天皇家として幕府側のかかる意向に沿うのは困難であったと考えられる。

しかしながら、享保六年の小侍従局（＝小少将局）の出産では、御産所の設置場所に大きな変化が現れることとなる。

小侍従局は、松尾社神主南相忠の娘であった。院御所へは下臈の身分で勤仕したが、霊元院の側妾となり、享保六年（一七二一）正月には懐妊が明らかとなった(30)。その後、三月十六日には、霊元院の命により堂上公家である高辻総長の屋敷が御産所に充てられることが決まり、着帯の前日にあたる五月二十五日には局が中臈（＝小少将局と改名）へ昇進することとなった(31)。以上が小侍従局の御産所が決まるまでの経緯だが、注目すべきは、局が高辻家の屋敷を御産所に用いたこと、御産所へ退出する直前に中臈へ昇進したことであろう。とりわけ、中臈への昇進は、伊勢局、玉垣局の場合も中臈へ昇進しているものの、あくまでも皇子女出産の後であり、異例のことであったといえる(32)。

では、なぜこうした出産前の昇進が行われたのだろうか。それを考える際に参考となるのが、小侍従局とほぼ同時期に懐妊が明らかとなった中御門天皇の女官伊予局の事例である。(33) 局は典薬頭丹波頼季の娘であり、身分としては地下に相当する。そのため、当初は女蔵人として出仕したが、享保六年五月二十四日には御雇分の中﨟へ昇進している。これは局の懐妊によるもので、八月二十一日には御産所に充てられた尼門跡曇華院の里坊（三条東洞院）へ退出した。すなわち、伊予局の出産では、御産所へ退出する以前に中﨟への昇進が決まるとともに、御産所として堂上公家の屋敷と同格の門跡寺院里坊が充てられたのである。ただし、こうした伊予局の昇進は、後宮における身分秩序を揺るがすものであり、簡単に行いうるものではなかった。中御門天皇の女官たちは猛烈な抗議を行い、全員の退任を希望した。これに対して、天皇家では、東山天皇の母である敬法門院が女官たちへの説得を行い、かつ局の昇進を内侍ではなく御雇分の中﨟にとどめるなどの対応をとらざるをえなかった。(34) 伊予局の昇進は、天皇・院が後宮への多大な配慮を払うことによりはじめて可能となったのであり、そこには強行する必要性があったと考えられる。

このように、両局の昇進は軌を一にしたものであり、かつ非常に強硬に進められており、天皇家の意志が介在したことは確実である。そして、それは、小侍従局の中﨟への昇進が懐妊と対応すること、御産所が霊元院の命により決まったことをふまえるならば、御産所設置における奥向の論理を否定し、御産所の公家屋敷への設置を実現することにより、町方社会・幕府の論理への対応を目指したものであったと理解できる。とりわけ、小侍従局の御産所に高辻家の屋敷が用いられることは、昇進の二ヶ月前に決定しており、かかる天皇家の動きが霊元院の主導によるものである可能性は非常に高い。(35)

（3）享保期の都市社会と御産所

その一方で、小少将局が御産所へ退出した日に、霊元院から院伝奏へつぎのような指示が下された。

【史料七】『基長卿記』享保六年六月七日条

小少将局及夜陰臨産之時、産医者一橋其隆・小児科石川仲安・産婆等被召寄候、其使尤御紋桃灯持向候事仰付候得共、当時洛中夜更町々門戸閉候而往反不可容易候、此三人之道筋早速相通候様ニ町奉行江以防州自分心得可被申達（後略）、

小少将局が深夜に産気づいた場合、産医・小児科医・産婆を召し寄せなければならない。だが、最近は各町の木戸門の戸締まりが厳しく、菊御紋入りの提灯を携帯するとはいえ、使者が御産所と医師・産婆の屋敷を往復するのは容易ではない。ゆえに、あらかじめ道順に当たる町に、使者を速やかに通すことを触れておくよう院附武家から町奉行へ命じるべきであるというものであった。

享保六年五〜六月には火災が頻発し[36]、五月二十四日には、下立売通・三条通など定められた通りを除いて、夜四ツ時以降町々の木戸門を閉めるようにとの町触が廻されている[37]。当該期には、都市の治安強化にともない、医師・産婆の御産所への通路をあらかじめ確保しておく必要が生じていたのである[38]。このときの町触は『京都町触集成』に掲載されないが、同時期の伊予局の出産にあたっては、御産所から医師北小路大膳亮、産婆の屋敷へ向かう道順に当たる町に、深夜でも使者の通行を妨げないよう準備しておくことを命じた町触の出されたのが確認できる[39]。その後も、悪化する都市治安の回復を目指した幕府により、各町の木戸門の戸締まりを厳しくすることを命じた町触が何度も触れられており[40]、享保末期には、中御門天皇女官の御産所への退出に合わせて、医師・産婆の通行を確保するための町触が出されるようになっていった[41]。天皇家では、御産所の安全を確保するため、これまでも女官の御産所への退出にともない、町奉行を通して周辺の町に火の用心を命じるといった対策をとって

きた。[42] それに加えて、享保期には、治安維持の強化をふまえた対策を講じるようになっており、都市社会の変化に対して柔軟に対応しようとする天皇家の姿勢を読み取ることができる。

以上のように、享保期には御産所の設置のあり方が大きく転換し、御産所は、妊婦の身分にかかわらず公家屋敷に相当する場所に設けられるようになった。その背景には、御産所の場所の選定に関わる奥向の論理を否定し、その部分を天皇家の論理に組み込むことにより町方社会・幕府の論理に対応しようという、霊元院の強い主導性をうかがうことができた。その意味で、このときの変化は、近世天皇家の出産儀礼における画期のひとつとして位置づけられよう。

また、同時期には都市の治安強化にともない、霊元院から町奉行へ、医師・産婆の御産所への速やかな通行を確保するよう命が下された。天皇家にとって都市社会の変化は把握すべき事柄であり、それに対応できるだけの実力を有していたのである。そして、かかる対応からは、近世の天皇家、さらにはそれを頂点とする公家社会が、都市を活動基盤とする身分集団であったことを改めて指摘することができる。

おわりに

以上、霊元天皇の女官の御産所に注目し、御産所の設置における天皇家の論理を明らかにするとともに、御産所の設置をめぐり、天皇家が幕府・町方社会といかに相対したのかをみてきた。

近世の天皇家では、出産儀礼の一環として御産所を設けたが、その位置は天皇家の論理・奥向の論理にもとづき決定された。前者は、親元の屋敷を御産所に充てることを原則としながら、それが困難である場合には、吉方または吉例にもとづき御産所を設けるというものであり、後者は、御産所を設置する場は妊婦の身分により峻別し、堂上公家出身の女官には公家屋敷を、地下出身の者には町屋敷をそれぞれ充てるというものであった。

御産所はかかる論理により選ばれたため、町人地に設けられることも多くあったが、それは常に町方社会、幕府との摩擦を伏在させるものであったと考えられる。本章で明らかにしたように、御産所を町屋敷に定めた伊勢局の場合には、天皇家による屋敷地の集積を拒む町の意志、御産所の安全を確保したい幕府の意向が、天皇家・奥向の論理と衝突し、御産所の経営をめぐって三者の対立が顕在化することとなった。だが、こうした事態に対して、霊元院は、地下身分の女官の御産所を公家屋敷に設けられるよう、出産前に女官を堂上身分へ昇進させており、御産所の選定を天皇家の論理として引き受けることで、町方社会・幕府との対立を回避したのだとすることができる。このことは、換言するならば、霊元院による天皇家・幕府・町方社会の三者の論理を新たな平衡へと導くための試みであったということができよう。

一方、天皇家は、享保期における治安の強化など都市社会の変化を明確に把握し、妊婦の無事な出産を行えるよう、それに応じた対策を講じており、そこに都市を活動基盤とする身分集団としての側面が顕著に表われていた。近世の天皇家・朝廷は、即位礼、御灯籠などいくつかの朝儀や年中行事にあたって民衆の拝見を許可するとともに、節分には内侍所を民衆に開放しており(43)、それにより、強制力は喪失したものの、天皇を天皇たらしめるだけの権威を保ち続けていることを、自らが再確認していたと考えられる。天皇家にとって、都市社会とは天皇としての権威を維持するために注意を払うべき対象であり、そのことが、都市社会の変化に対応しうる実力を備えていたことと深く関係していたとすることができよう。

(1)　古代・中世における天皇家の出産儀礼については、以下の文献を参照。日本学士院編『明治前日本医学史』第四巻（日本学術振興会、一九六四年）。平間充子「平安時代の出産儀礼に関する一考察」（『お茶の水史学』三四、一九九一年）。杉立義一『お産の歴史――縄文時代から現代まで』（集英社新書、二〇〇二年）。森本仙介「天皇の出産空間――平安末・鎌倉期」(『岩波講座　天皇と王権を考える』第八巻　コスモロジーと身体　岩波書店、二〇〇二年)。また、古代から近代にかけての出産儀礼に関わる史料を集成した文献として、以下のものがある。『皇室制度史料』儀制　誕生一～四(吉川弘文館、二〇〇一～二〇一一年)。

(2)『皇室制度史料』儀制　誕生二。現段階で、中世において御産所がどのような原則にもとづき設けられたのか、その原則が近世へいかに継承されたのかは不明であり、この点については後考を俟ちたい。

(3)平井聖編『中井家文書の研究』第二巻　内匠寮本図面篇二(中央公論美術出版、一九七七年)。同編『中井家文書の研究』第五巻　内匠寮本図面篇五(中央公論美術出版、一九八〇年)。同編『中井家文書の研究』第七巻　内匠寮本図面篇七(中央公論美術出版、一九八二年)。

なお、近世の御産所の研究は、小沢朝江の研究発表が唯一のものである。だが、小沢のそれは、中宮・女御の御産所となった御里御殿の平面形式、室内装飾について触れたものであり、他の女官の御産所については検討していない(小沢朝江「近世内裏における御里御殿の平面・意匠と用途について――女性のための建築に関する史的研究(一)――」『日本建築学会大会学術講演梗概集(北海道)』F―2　建築歴史・意匠、二〇〇四年)。

(4)近世の女官については、以下の研究に詳しい。河鰭實英『宮中女官生活史』(風間書房、一九六三年)。奥野高広『皇室御経済史の研究』(国書刊行会、一九八二年)。高橋博『近世の朝廷と女官制度』(吉川弘文館、二〇〇九年)。また、霊元天皇の後宮とその役割については、つぎの論文を参照。石田俊「霊元天皇の奥と東福門院」(『史林』九四―三、二〇一一年)。

(5)下橋敬長述、羽倉敬尚注『幕末の宮廷』(東洋文庫三五三　平凡社、一九七九年)一九頁。

(6)以下、女官制度に関する説明はつぎの研究による。前掲高橋『近世の朝廷と女官制度』。

(7)『皇室制度史料』儀制　誕生二。以下、出産儀礼に関する一般的な説明は『皇室制度史料』(儀制　誕生一～四)によるものとする。

(8)『正親町天皇実録』第二巻、『後陽成天皇実録』第二巻、『後水尾天皇実録』第三巻、『後西天皇実録』、『霊元天皇実録』第三巻(いずれも、ゆまに書房、二〇〇五年)。『後柏原天皇実録』第二巻、『後奈良天皇実録』第三巻(いずれも、ゆまに書房、二〇一〇年)。

（9）前掲小沢「近世内裏における御里御殿の平面・意匠と用途について――女性のための建築に関する史的研究(一)――」。『皇室制度史料』儀制　誕生二。

（10）以下、天皇在位期、または譲位後の区別が必要と考えられる場合のみ天皇、院の区別を行い、それ以外の場合は天皇で統一する。

（11）『中院通茂日記』（東京大学史料編纂所所蔵原本）寛文十一年四月十五日条。

（12）表1のうち、源中将局⑲、藤式部局㉓はともに父親が死去しており、兄の屋敷を御産所とした。だが、いずれも父親の居住していた屋敷であり、ここでは、親元の屋敷が選ばれたと考えておく。

（13）『基量卿記』（東京大学史料編纂所所蔵）貞享五年四月十八日条。

（14）菅中納言局が池尻家の屋敷を御産所として用いた理由のひとつに、当主池尻勝房の母親が五条為適の娘であり、菅中納言局とは従兄弟の関係にあったことも挙げられよう（『池尻家譜』東京大学史料編纂所所蔵）。

（15）『定誠公記』（東京大学史料編纂所所蔵）延宝五年十一月二十六日、十二月朔日条。

（16）【史料三】では、宗条の屋敷と飛鳥井家下屋敷のどちらに御産所が設けられたのか明確ではないが、当初、宗条は、自身が屋敷を離れられないことを理由に他の屋敷を借用できるよう武家伝奏へ依頼しており（『定誠公記』延宝五年十一月二十六日条）、後者に御産所が充てられたとするのが妥当である。

（17）小倉家・松木家の屋敷地の正確な規模は不明だが、後者については、延宝五年の『新改内裏之図』（京都市歴史資料館所蔵）でみる限り、公家屋敷のなかでは中程度の規模であったことがわかる。一方、前者については寛文期の屋敷地規模が判明する史料がないが、元禄末期に作製されたと考えられる『元禄京都洛中洛外大絵図』（慶應義塾図書館所蔵）では、菊亭家の屋敷地と比べると半分以下の大きさで描かれており、やはり中規模であったとすることができる。

なお、公家屋敷内に御産所を設けるにあたって必要な部屋数や規模は、史料的な限界から具体的に明らかにできない。天保十五年（一八四四）と時期は大きく異なるが、仁孝天皇の子を懐胎した新典侍局の御産所が、親元である橋本家の屋敷に設けられた際には、妊婦が出産を行う部屋は屋敷内に確保したものの、生まれてくる皇子女の在所や湯殿などは増築する必要があったことがわかる（『新典侍経子御懐胎御用記』宮内庁書陵部所蔵）。御産所に設けられる部屋が近世を通して大きく変化するとは考えられず、御産所には、妊婦の出産を行う部屋、皇子女の在所・湯殿、さらに御産所に詰める女官・役人の詰所（後述）が必要であったとすることはできよう。

(18)『基量卿記』貞享五年五月一日条。『庭田重条日記』（宮内庁書陵部所蔵）貞享五年五月一日条。

(19)内藤昌・大野耕嗣「公家町における屋敷地規模について――近世初頭京都公家町の研究・その七――」（『日本建築学会東海支部研究報告集』、一九七二年）。

(20)『伊季公記』（東京大学史料編纂所所蔵）貞享五年五月十七日条。

(21)元禄二年の菅中納言局の出産の際には、新少納言局とともに、藤本主税・梅辻五左衛門が御産所へ詰めた（『基量卿記』元禄二年四月八日条。『季連宿禰記』〈宮内庁書陵部所蔵〉元禄二年六月二十八日条）。また、正徳二年（一七一二）の伊勢局の出産の際には、御産所へ小林主税頭・松室加賀が常駐している（『基長卿記』〈東京大学史料編纂所所蔵〉正徳二年七月三十日、十月七日条）。いずれも、御産所へ詰める役人の全貌が把握できるわけではないが、禁中・院中から役人が出された大納言典侍局の事例と比べて少なかったことは確かであろう。

(22)近世の天皇で、霊元天皇以前に地下身分の女官を側妾としたのは、後陽成天皇のみであった（『後陽成天皇実録』第二巻）。

また、享保六年（一七二一）には、中御門天皇に仕える地下出身の女官伊予局が皇女を出産しているが、特例として認識されている（「光台一覧」〈『改訂増補　故実叢書』第一〇巻　明治図書出版、一九九三年〉）。このときの出産について、神道家山口幸充は『日記醜満』のなかで、天皇に仕える身分の低い女官が懐妊した際には、通常は堕胎するものだと註記している（『中御門天皇実録』第二巻〈ゆまに書房、二〇〇五年〉享保六年八月二十一日条）。近世の天皇家において、かかる対応がどの程度行われていたのかは不明だが、身分の低い女官の出産が稀であったことは確かである。なお、霊元院の下臈が繰り返し出産できた理由は定かではないが、譲位後であったことが関係していたと推測される。

(23)両局に用意された町屋敷の規模・平面形式・屋敷構えなどは不明である。ただ、西武者小路町の屋敷は、霊元天皇の後宮で御差を勤めた近江局へ与えられ、それを局の子である主水が相続したものであった（『公全公記』〈東京大学史料編纂所所蔵原本〉正徳五年九月二十九日条）。御差には通常諸大夫や坊官の娘が任じられており、町人身分ではなかった。したがって、その屋敷も通り庭に沿って居室が並ぶ町屋形式でなかったとすることはできよう。

(24)『基長卿記』正徳五年九月二十九日条。里屋敷を御産所として提供した按察使局は、霊元天皇の御乳人（＝乳母）を勤めており、地下出身でありながらも、中﨟の身分であった（『松尾相匡日記』〈東京大学史料編纂所架蔵写真帳〉正徳五年五月九日条）。

(25) 先行研究によると、室町将軍家の御産所は、その多くが奉公衆や側近の守護大名庶流の屋敷に設けられており、その背景には、将軍家との主従関係の強化を目指す奉公衆・守護大名庶流のねらいがあったと指摘されている（満田栄子「『御産所日記』の一考察――室町幕府近習の研究――」〈『史窓』二七、一九六九年〉、鈴木理香「室町将軍家の御産所」〈『栃木史学』七、一九九六年〉）。だが、近世の天皇家についてこうした傾向はみられない。

(26)『基長卿記』正徳四年正月八日条。以下、屋敷地買得の経緯は当該史料による。

(27) 第六章参照。

(28)『基長卿記』正徳五年九月二十九日、十月十四日条。

(29)『基長卿記』正徳五年九月二十九日条。

(30)『基長卿記』享保六年正月二十八日条。

(31)『基長卿記』享保六年三月十五日、十六日、五月二十六日条。

(32) 院非蔵人であった松尾相匡は、日記に小侍従局の昇進の順序を、伊勢局・玉垣局のそれと比較して書き留めており、日記に記すべき特別な事柄と認識していたことがうかがえる（『松尾相匡日記』享保六年五月二十七日条）。

(33)『中御門天皇実録』第二巻（ゆまに書房、二〇〇五年）。以下の経緯は同書による。

(34)『兼香公記』享保六年五月三十日条。「光台一覧」。

(35) 一条兼香は、伊予局の昇進は天皇の意志によるものであり、霊元院はそれを止められなかったと記している（『兼香公記』〈東京大学史料編纂所所蔵〉享保六年五月三十日条）。だが、以上の状況を勘案すると、昇進は院の了解を得ていたと考えるのが妥当であろう。

(36)『基熙公記』（京都大学総合博物館所蔵）享保六年五月二十三日、二十六〜二十八日、六月四日、五日条など。

(37)『京都町触集成』第一巻（岩波書店、一九八三年）町触番号一一四四。

(38) 『京都御役所向大概覚書』によると、葭屋町元誓願寺下ル町に小児医師石川仲庵、烏丸通丸太町上ル町に婦人医師の一橋玄隆が居住していることがわかる（岩生成一監修『京都御役所向大概覚書』下巻　清文堂出版、一九七三年）。後者については、【史料七】の「一橋其隆」と苗字、および専門が一致することから父、または子とみてよく、出産に立ち会った二名の医師は、いずれも上京に居住していたとすることができる。

(39) 『京都町触集成』第一巻、町触番号一一七九。

(40) 『京都町触集成』第一巻、町触番号一一四九、一二一〇など。

(41) 『京都町触集成』第二巻（岩波書店、一九八四年）町触番号三二〇、六三一、七七六など。

(42) 『庭田重条日記』貞享五年五月一日条。

(43) 近世における朝儀の拝見や内侍所の開放の実態については、以下の研究に詳しい。森田登代子「近世民衆、天皇即位の礼拝見」（笠谷和比古編『公家と武家Ⅲ——王権と儀礼の比較文明史的研究』思文閣出版、二〇〇六年）。岸泰子「近世禁裏御所と都市社会——内侍所参詣を中心として」（『近世の禁裏と都市空間』思文閣出版、二〇一四年、初出は二〇〇七年）。

結章　近世都市京都と公家社会

これまで、公家の集住地区である公家町の形成・変容過程、および都市における公家の集住・居住形態の解明を進めてきた。最後に、これらの結果をもとに近世京都の空間・社会構造の特質について論じることとする。

一　複合都市京都の形成

まず、中近世移行期の大きな都市空間の変容を経て成立した近世京都を、どのような都市として理解するのかについて述べておきたい。

戦国期の京都には、上京・下京の二つの惣構が相対する都市景観が形成されていた。そのなかで、天皇と在京した公家衆の多くは、上京惣構の南端に位置する内裏とその周辺に、疎密をもって集住していた。

こうした状況が変化する契機となったのが、豊臣秀吉による妙顕寺城の造営と、正親町院御所・公家町の建設であった。天正十一年（一五八三）、秀吉は、京都における拠点、京都掌握の象徴として妙顕寺城の造営に着手し、周囲に堀を巡らし、天守を備えた堅固な城郭を築いた。その一方で、天正十二年からは院御所・公家町の建設を進め、公家町をとりまくように惣門（＝高麗門）と堀からなる内裏惣構を築いた。これにより、当該期の京都は、上下京に内裏惣構と妙顕寺城とが相対する都市空間へと変化したといえよう。とはいえ、両者は、それぞれの惣構内に築かれ、かついずれも防御施設で囲繞されており、構が多く設けられた戦国期京都の空間を越えるものではなかった。妙顕寺城が造営された時期は豊臣政権の確立期にあたっており、朝廷を保護する武家政権としての性格が反映していたと考えられる。

天正十三年十月に関白へ任官した秀吉は、政権と天皇・朝廷との一体化を進めた。そうした政権の性格を表すように、天正十四年には、大内裏の跡地である内野に聚楽第を造営するとともに、天正十九年には京都を政権の拠点とすべく、御土居の建設、大名屋敷の造営をはじめとする大規模な都市改造（＝京都改造）に着手した。そのなかで、内裏・院御所と公家町は、城下町の一部として空間的に包摂されたと考えられ、朝廷と武家政権とが相対するそれまでの都市空間は、聚楽第を核とする近世城下町へと大きく変容したといえよう。

だが、文禄四年（一五九五）、豊臣秀次の追放にともない聚楽第は破却され、京都における武家政権の拠点は伏見へと移った。慶長六年（一六〇一）には、洛中において徳川家康による二条城の築城が始まるが、政権の拠点は、寛永二年（一六二五）に伏見城が廃城となるまで伏見に置かれた(1)。また、廃城後は拠点が二条城へ移転したものの、すでに政治的な中心は江戸に移行しており、当該期の京都を、二条城を核とする城下町として評価することはできない。さらに、序章で述べたように、吉田伸之は、京都を二条城・武家地と内裏・公家町が空間・社会的な核となる複核的都市として位置づけるべきだとするが、洛中には仏教各派の本山寺院、とりわけ全国的に巨大な門徒を抱える本願寺とその寺内町があり(2)、二条城・武家地を内裏・公家町と相対する唯一の核と理解することは難しい。文禄期以降、京都は単一の核をもった城下町ではなくなり、内裏・公家町、二条城・武家屋敷、本願寺とその寺内町、寺町などが、町人の居住域と重なりを持ちながらパッチワーク状に展開する都市へと変化していったとするのが妥当であろう。水本邦彦は、近世の京都を城下町ではなく、「ミヤコの伝統を継承・活用しながら都市的活動を展開する町場」と位置づけ、伝統都市「ミヤコ町」と呼ぶことを提唱している(3)。本書では、水本と同じ立場をとりながらも、都市空間という視角から、近世京都を諸身分・社会集団の集住地区が複合した

「複合都市」と理解することとしたい。

二　公家町を中心とする都市空間の形成

近世京都を複合都市と捉えるならば、第一部で明らかにしたのは、それを構成する都市空間のひとつである公家町の空間的特質であるといえよう。

天正十三年（一五八五）、豊臣秀吉は内裏惣構と公家町の建設に着手し、公家衆をそこへ集住させた。秀吉は、朝廷再編において、天皇の公家に対する支配権を改めて確立するため、公家衆に日常的な在京と朝廷への出仕を求めており、第一章で指摘したように、公家町の建設は、公家衆が朝廷へ奉公するために必要な屋敷を内裏近隣に与えることを目的とした可能性が高い。だが、豊臣政権にとっては天皇の支配権確立が最も重要であり、それが完了した天正十六年四月以降に家を新たに創立・再興した公家に対して、さらなる集住地の建設を行う積極的な理由はなかったと考えられる。ゆえに、創立・再興した公家の大部分は、朝廷への勤仕に励むため惣構周辺に自力で屋敷を獲得し、居住せざるを得なかった。その結果、惣構周辺の町人地には、公家屋敷が疎密をもって展開する都市空間が形成されたのである。豊臣政権のこうした姿勢は徳川政権にも継承され、公家社会の拡大と相まって町人地における公家屋敷の増大につながることとなった。

したがって、内裏・院御所と公家町を中心とする都市空間は、近世に描かれた多くの都市図にみられるように複合都市を形成する明瞭な一要素でありながらも、周縁部においては公家屋敷と町屋とが混在し曖昧な境界を形成した点に特徴があるといえよう。さらに、洛中、特に上京を中心に地下官人や口向諸役人などの屋敷も展開しており、この地域では町屋と表門を構えた屋敷とが入り交じる町並みが広範にみられたと考えられる。

一方、秀吉の築いた内裏惣構は、あくまでも防御施設として設けられたものであり、その境界は陣中の領域と一致していなかった。だが、第二章で明らかにしたように、朝廷・公家社会は内裏惣構の内部を陣中の空間として読み替えていき、防御施設として構築された惣構は、陣中という伝統的・儀礼的な性格を付与された「惣門之内」、そして「築地之内」という空間へと変化した。かかる動きは、公家社会が与えられた空間を必要に応じて再解釈していったものとすることができよう。

このように、近世における公家町を中心とする都市空間は、内裏惣構の建設により成立しながらも、形成直後から変容を遂げていった。かかる変化の背景には、成員の増加という公家社会の動向、さらに陣中という概念にもとづく空間の読み替えがあった。そして、こうした変化は、「築地之内」の成立が確認できる万治四年(一六六一)までに一応の安定期に入っていったと考えられる。

三　都市における公家社会の居住形態について

町人地における公家・地下官人と町人との混在は、公家町を中心とする固有な都市空間を形成しただけでなく、京都の都市社会構造における大きな特徴となった。

戦国期において、内裏周辺に居住した公家の多くは町に屋敷を構えた。これらの公家衆は、高橋康夫が「六町」の事例から明らかにしたように、町内に居住する商工業者・地下官人・公家被官などとの「地縁的共同体意識」を形成し、室町幕府の課役や武家の濫妨などに協同して対応した[4]。公家と町人とは、日常的な相互依存の関係にあったといえよう。

かかる関係は、公家衆の公家町への集住によりいったんは途絶えたようにみえる。だが、近世に家を創立・再興した公家が増加し、その多くが町人地に居住することにより、近世社会に即したかたちでふたたび形成されることとなったと考えられる。

これらの公家は、屋敷を買得する、あるいは借屋するなどして町に居住した。第二部でとりあげた堂上公家久世家、および地下官人真継家の事例からは、町人地に居住し軒役を負担する公家は、いずれも家として可能な限り諸役を勤めており、町運営から完全に排除された存在ではなかったことがわかる。さらに、第二部第二章で指摘したように、町人も、町奉行所役人からの要求を拒絶するために公家の家来の名義を借りるなど、その存在を利用しており、やはり日常的な相互依存関係にあったとすることができる。しかしながら、町に居住する大部分の公家が、町人との間にこうした関係を築いていたとはいえない。公家のなかには、町中の反対に遭い町人地居住が困難となるものもおり、町中にとって公家の居住は歓迎すべきものではないとの認識が、一方であったことも確かである。その要因は、屋敷地買得の場合には諸役免除との関係から説明することができるが、借屋居住の場合についてはは不明とせざるを得ず、公家の町人地居住の実態解明に向けて、史料の発掘とともに、今後も検討事例を増やしていく必要があろう。

また、公家衆は、右にみた町との地縁的な関係だけではなく、町方社会と生活必需品や労働力などの購買を通した出入・取引関係、菩提所や日常的に参詣する寺社との宗教的な関係をそれぞれ形成していた。(5) さらに、本書ではほとんど検討できなかったが、公家社会は町奉行所の与力・同心とも出入関係を築いており、社会構造の点では、商工業者・武家・寺社などの社会集団とさまざまな側面で結ばれていたことがわかる。

本書では、公家町を中心とする都市空間の特質、および公家の集住・居住形態を検討することにより、近世京都の都市空間・社会構造の特質の一端を明らかにしえたと考える。だが、複合都市京都の全体像を解明するためには、当然ながら、公家社会について事例研究を重ねるとともに、武家・寺社といった他の身分集団に関しても同様の考察を進めていく必要があろう。このことが、近世都市京都研究の、地道ではあるが大きな課題として残されている。

（1）藤川昌樹『近世武家集団と都市・建築』（中央公論美術出版、二〇〇二年）。

（2）本願寺寺内町については、つぎの論文を参照。杉森玲子「寺内」（吉田伸之・伊藤毅編『伝統都市3　インフラ』〈東京大学出版会、二〇一〇年〉）。

（3）水本邦彦『徳川の国家デザイン』（全集　日本の歴史　第一〇巻　小学館、二〇〇八年）。

（4）髙橋康夫『京都中世都市史研究』（思文閣出版、一九八三年）。

（5）久世家の場合、天保期には京都東町奉行所与力真野八郎兵衛が「御立入之与力」であったことがわかる（「松村弥三郎屋敷地直借一件留」〈『京都久世家文書』［明治大学刑事博物館所蔵］書冊・横帳の部イ―七〇〉）。

成稿一覧

序　章　新　稿

第一部第一章「近世における公家町の形成について」（『建築史学』五五、二〇一〇年）を改稿

第二章「陣中から惣門之内へ――公家町の成立とその空間的特質――」（『年報都市史研究』一九　伝統都市論 山川出版社、二〇一二年）を改稿

第三章「一七世紀後半における公家の集住形態について――近世以降創立・再興した公家を中心として――」（『建築史学』四五、二〇〇五年）を改稿

第四章「元禄・宝永期における公家の集住形態と幕府の対応について」（『日本建築学会計画系論文集』六一〇、二〇〇六年）を改稿

第五章「公家町の再編過程に関する基礎的考察――宝永の大火と公家町再編に関する研究　その一――」（『日本建築学会計画系論文集』六〇〇、二〇〇六年）に、「公家町再編における再編機構の構成と機能」（『近世における公家の集住形態に関する研究』京都大学大学院工学研究科提出学位論文、二〇〇六年）の一部を加え大幅に改稿

第六章「公家町再編にともなう公家の集住形態の変容について」（『近世における公家の集住形態に関する研究』）を大幅に改稿

第二部第一章　「堂上公家の町人地における屋敷地集積過程——久世家を例として——」（『日本建築学会計画系論文集』五八一、二〇〇四年）を改稿

補　論　「町人地における公家の屋敷地買得に関する考察」（『日本建築学会大会学術講演梗概集』（東海）日本建築学会、二〇〇三年）を改稿

第二章　「近世京都における公家の都市生活に関する研究——居住形態・信仰形態を中心として——」（『住宅総合研究財団研究論文集』三三、二〇〇六年版）の第一章・第三章・第四章を改稿

第三章　「幕末期における地下官人の諸機能と居住形態の特質について」（『近世における公家の集住形態に関する研究』）を大幅に改稿

第四章　「御産所と都市社会——霊元天皇の後宮を中心として——」『日本建築学会計画計論文集』六九三、二〇一三年）を改稿

結　章　新稿

あとがき

本書は、二〇〇六年三月に京都大学大学院工学研究科に提出した学位論文『近世における公家の集住形態に関する研究』をもとに、それ以降書きためてきた論文を加えて改訂・再構成したものである。各論文とも、初出後に得た知見や誤脱の発見により、大幅な改訂を加えている。

私が、朝廷・公家社会を研究対象にしようと思い立ったのは、博士後期課程に進学してしばらく経った頃であった。修士課程では近代沖縄や「琉球建築」をテーマに研究を行っていた。しかし、博士後期課程に進学後、もう少し古い時代を対象としたいと思い、目を付けたのが寛政の内裏復古であった。共同体の形成する歴史意識や「復古」という動きに興味を持っていたのが、主たる動機だったように記憶している。

その後、二〇〇一年に指導教官であった髙橋康夫先生に「京都市まちづくり史委員会」（財団法人京都市景観まちづくりセンター主催）へ誘っていただいたことをきっかけに、近世京都、とりわけ公家社会や公家町への関心が強くなっていった。委員会は二年間開催され、最終的な成果として何か論文を執筆しなければならなかった。しかしながら、そのときは朝廷・公家社会について勉強していた頃で、論文を書く段階にはまったくなかった。何について書けるのか迷い、題材を探すなかでたまたま目にしたのが『真継家文書』であった。どんな契機で真継家に興味を持ったのか今では覚えていないが、文書目録をめくっていくなかで目にとまったのが、町運営に関わる文書であった。そこでふと疑問を抱いたのが、地下官人の家の史料になぜこうした文書が含まれているのかということであり、とにかく実際に史料を見るために名古屋大学へ向かった。その頃はくずし字もほとんど読めなかったため、関連文書を撮影して帰り、近世史研究者の頼あきさんに家庭教師をしてもらいながら、何とか文書を翻刻していったのを覚えている。このときは『真継家文書』に出会ったことで、内容はさておき紙面を文字で埋めるという責務は果たすことができた。

こうしたことがきっかけとなり、それ以後、都市における公家の集住・居住形態をテーマに研究を進めていき、学位論文を提出できた。院生時代は自由な時間があったので、大学の古文書室に通うとともに、月に一、二度は東京大学史料編纂所・宮内庁書陵部・国文学研究資料館などに史料調査に出かけていた。その当時はまだ安価なホテルが少なく、だいたい代々木か飯田橋のユースホステルに数日宿泊し、史料所蔵機関に通った。振り返ると、その頃が最も史料を集中的に読むことのできた時期であり、研究していて一番楽しかったように思う。

大学院生活においては、髙橋先生・山岸常人先生に言い表せないほどお世話になった。両先生からは、議論の組み立て方や史料操作の作法から歴史的建造物の調査方法までさまざまなことを教わった。とりわけ、山岸先生には、今でも調査のなかで歴史的建造物の評価、復原考察の方法などたくさんのことをご教示いただいている。地域に埋もれている建造物の文化財としての価値を明らかにすることが、研究者としての社会的責任だという先生の姿勢には、頭が下がるばかりである。また、研究室の助手を務めておられた藤澤彰先生、国内研修で研究室に籍を置いておられた丸山茂氏・溝口正人氏からは、普段接するなかで研究者としての心構えを学んだ。また、冨島義幸氏をはじめとする研究室の諸先輩・同期生には、研究室やゼミ発表の場などさまざまな場面において大変お世話になった。

博士後期課程修了後、現在の大学に着任するまで六年間の就職浪人生活を送ることとなった。浪人中は、大学の非常勤講師をかけもつとともに、奈良文化財研究所で派遣職員として週に何日か働くという生活を送り続けた。年に数回あった各地の大学の教員公募に応募したが、当然ながら全戦全敗であった。いずれも書類選考の段階で不採用となったこともあり、不採用通知が届くたびに精神的に打ちひしがれることとなった。それを乗り切れたのは、自分自身の楽観的な性格もあると思うが、家族や周囲の方々の支えがあったからこそである。

ただ、大学に着任してから考えると、この時期は比較的時間がとれ、現在に比べると研究・調査に集中できた。また、奈文研でも出土建築部材、法隆寺所蔵建築部材の実測調査などにも参加する機会を得た。さらに、本書に掲載した何本かの論文を仕上げることもできた。その意味では、研究者としての幅を広げられた時期であったようにも思える。

大学入学以来、現在まで私が細々と研究を続けてきたなかで、先にお名前を挙げた方々のほかにも多くの方々にお世話になった。学部時代に卒業論文の指導をしていただくとともに、京都大学の建築史研究室へ行きたいので紹介状を書いて欲しいという不躾な願いを快く引き受けてくださった故稲垣栄三先生には、感謝してもし切れない。また、史料調査で時折ご一緒させていただいている上島享氏からは、歴史学研究に対する姿勢など多くのことを学ばせていただいている。ＯＦＦＩＣＥ萬瑠夢代表村田信夫氏には、歴史的建造物の調査や修理について、いろはから指導をいただいている。長年の経験を惜しみなく伝えてくださる姿勢には、本当に感謝している。黒田龍二氏からは、歴史的建造物の調査にご一緒させていただくなかで、各地の習俗や祭礼などさまざまなことを教わっている。さらに、平安京・京都集会などの研究会に誘っていただく仁木宏氏・山田邦和氏には、いつも学問的な刺激を与えていただいている。伊藤毅氏には、日本建築学会の都市史小委員会ワーキンググループに誘っていただき、他分野の若手研究者との交流の場を与えていただいた。お世話になった方々にこの場を借りてお礼を申し上げたい。

この先どれほどの仕事を残せるかわからないが、本書の刊行をひとつの区切りとして、ふたたび研究の厳しく険しい道のりを歩み始めていこうと思う。

最後に、本書をまとめるにあたって、思文閣出版の田中峰人氏・秦三千代氏にはさまざまなご配慮を賜った。心からお礼申し上げたい。

なお、本書は、京都橘大学の学術刊行物出版助成制度の助成を受けて出版するものである。

二〇一五年二月二十八日

登谷伸宏

◎著者略歴◎

登谷伸宏（とや・のぶひろ）

1974年　京都市生.
1997年　明治大学理工学部建築学科卒業.
2000年　京都大学大学院工学研究科生活空間学専攻修士課程修了.
2006年　京都大学大学院工学研究科生活空間学専攻博士後期課程修了.
　　　　京都大学博士(工学).
2012年　京都橘大学文学部歴史遺産学科助教.

「まちに住んだ堂上公家」（丸山宏・伊従勉・高木博志編『みやこの近代』思文閣出版，2008年）木場明志・平野寿則監修『真宗本廟（東本願寺）造営史―本願を受け継ぐ人びと―』（共著，真宗大谷派宗務室出版部〈東本願寺出版部〉，2011年）「陣中から惣門之内へ―公家町の成立とその空間的特質―」（『年報都市史研究』19　伝統都市論　山川出版社，2012年）など

近世《きんせい》の公家《くげ》社会《しゃかい》と京都《きょうと》
――集住《しゅうじゅう》のかたちと都市《とし》社会《しゃかい》――

2015(平成27)年3月23日発行

定価：本体8,000円(税別)

著　者　登谷伸宏
発行者　田中　大
発行所　株式会社　思文閣出版
〒605-0089 京都市東山区元町355
電話 075-751-1781(代表)

印　刷
製　本　株式会社 図書印刷 同朋舎

ISBN978-4-7842-1795-3　C3021

索　　引

【人　名】

あ

足利義昭　34, 69
足利義晴　67
阿野家　46
阿野実顕　84, 111
油小路家　97
油小路隆貞　97
綾小路家　267, 269, 271
綾小路有胤　209, 269～271

い

池尻家　146
伊勢局　350～352, 354, 355
板倉勝重　46
一条兼香　219, 225
井筒屋平兵衛　321, 325
今城家　46
伊予局　356, 357

う

梅小路共方　208, 352
梅園家　104, 114, 122～124, 126
梅園季保　122
裏松家　105

え

海老屋新兵衛　314, 322, 323
右衛門佐局　354

お

近江屋いそ、いそ　252, 253, 257
大炊御門経光　220
大炊御門経頼　38
正親町家　46, 76
正親町公通　149, 154, 171, 219
正親町天皇　34, 36, 37
大坂屋長兵衛　292, 294
大宮家　104
小笠原長重、長重　148, 154, 156～158, 171
小倉家　347, 349
愛宕家　114, 219
織田信長、信長　34～36, 49, 65
小槻忠利　107

か

勧修寺家　18, 39, 40, 185, 268, 271
勧修寺晴豊　18
勧修寺光豊　66
桂宮家　18, 180, 181, 204
加藤明英　172
狩野弥平次　126, 241, 277, 283
烏丸家　40, 186

き

菊亭家　42, 185, 348, 349
菊亭晴季　42
北小路家　204
北小路俊光、俊光　206, 207, 208, 210
京極宮　177, 180, 181

く・け

九条家　39, 46, 187, 204,
九条忠栄　68

久世家　20, 101, 120, 121, 124, 126～128, 238, 239, 245, 246, 254, 255, 258, 277, 368
久世通理　245, 250, 257, 281, 285, 299
久世通音、通音　99, 120, 124～126, 238, 297
久世通式　121
敬法門院　181, 356

こ

孝蔵主　76
久我家　121
小川坊城家　110, 171, 189, 204
小川坊城俊清　208, 210
小川坊城俊広　148
小侍従局　355, 356
小少将局　355～357
近衛家　9, 39
近衛家熙　167, 207
近衛信輔　38
近衛政所　77
近衛基熙　158
後水尾天皇(院)　16, 110, 111, 114, 342, 347
後陽成天皇　45, 65

さ

西園寺家　17, 219, 267
佐々木政右衛門、政右衛門　250, 283～285
誠仁親王　67

し

四条家　45, 46
四条隆昌　44
七条家　112
持明院家　43
下冷泉家　100, 114, 149, 150
下冷泉為経、為経　149, 150
白川雅朝　38
新上東門院　46

す・せ

鈴木新兵衛　314, 321, 323, 329
清閑寺家　108

た

醍醐家　145, 146, 220, 222
大納言典侍局　348～350
大文字屋孫兵衛　243, 244, 246, 279, 284
鷹司家　39, 46, 169, 170
高野保春　167, 210
丹波屋久兵衛　251, 254, 258, 292

ち・つ

中納言典侍局　347, 349
土御門家　213
土御門泰福　213

と

徳川家光　75, 87
徳川家康、家康　9, 44～46, 366
徳川秀忠　68
徳川和子　68
徳大寺家　129
徳大寺公全　209, 223
富小路家　43
豊臣秀吉、秀吉　4, 6～10, 37, 38, 41, 49～51, 65, 66, 69, 365～367

な

中井家　18, 32, 101, 108, 173
中井正清　46
中井正知　104, 172
永井尚庸　98, 122
中園家　101
中園季定　99, 119
中院通茂、通茂　97, 98, 122
中御門資熙　156, 157
中御門天皇　356, 357
中御門宣顕　156
中御門宣衡　84
中御門宣泰　38
中山家　68

に

西洞院家　40, 43, 213
西洞院時成、時成　212, 213
西洞院時慶　38, 42, 70, 76
二条家　9, 35, 81
庭田家　118, 128
庭田重条　118, 209〜211, 223

は

八条宮・八条宮家　39, 41, 44, 46
八文字屋半兵衛　281
葉室家　155, 156, 268
葉室頼要　271
葉室頼業　99, 119, 131

ひ

東園家　149, 150
東園基量、基量　149, 150
東園基長　218, 352
東山院　206, 208, 214
日野家　39, 43, 186
日野資勝　75, 84
日野輝光　167, 186
日野弘資　97, 98, 101, 122
日野西家　118, 128
日野西兼栄　209, 211
平松家　118, 219
平松時庸　85
広橋家　77, 298
広幡家　18

ふ

福嶋屋嘉兵衛　243, 246, 279, 284, 287
藤波家　66, 181
伏見宮家　42

ほ

彫物屋かな　243, 245
彫物屋喜平次　246, 284, 287

ま

前田玄以　40〜42, 50
升屋まき、まき　248, 283, 284, 288〜290
松尾相匡　205
真継家　20, 309, 310, 314, 317, 321, 368
真継康寧　312, 313
真継久直　309
真継能弘、能弘　314, 315, 329
松平忠周　220, 224
松平信庸　168, 180, 186, 209, 210, 222, 354
松木家　46
松木宗条、宗条　348, 349
松村弥三郎　248, 249, 281
万里小路家　43, 72

み

水野忠之、忠之　221, 222, 225, 354
壬生忠利　88

や

施薬院全宗　74
柳原家　309, 310
柳原資廉　149, 154, 157, 167, 204
藪家　46
山科家　45, 46
山科言経、言経　39, 43, 44

れ

霊元天皇(院)　208, 340, 342, 343, 347, 352, 353, 356〜358
冷泉家　45, 46, 101
冷泉為満　44

ろ

六条家　46
六角敦文、敦文　245, 246, 250, 279, 284, 288
六角右兵衛尉、右兵衛尉　248, 249

わ

鷲尾家　110, 220

【事項・史料名】

あ

相対替　122, 125～128, 227
明地　144, 146, 171, 174, 176, 178, 191～193, 209, 217

い

石薬師町　45, 77
石薬師通　45, 77, 110, 112, 185
一条東洞院　66, 67, 69, 73, 74
居付家持　323
稲荷社(広橋家)　298, 301
今出川烏丸　52, 103, 116, 152, 167
鋳物師　310, 317
石清水八幡宮　296, 297
院御所　11
院参衆　110, 111, 114
院参町　104, 105, 110, 112, 114
院附武家　145, 206, 208, 352, 357
院伝奏　205, 357

う・え

馬揃　36, 65
裏寺・裏寺町　100, 149, 150, 205, 206
永借　245, 247, 250, 256, 285, 314

お

正親町院御所　35～38, 49, 68, 69, 74, 75, 87, 365
正親町烏丸　67
大坂城　8
置石　61
『御公家分限帳』　115
「御築地廻り公家衆屋鋪割絵図」　173, 206
御土居　15, 49, 50, 78
「表町内帳箱ニ入有候書付類写」　243

か

替地　42, 205
家政機構　18
上京　4, 352, 365
上立売室町　116
関白　6, 9, 10, 49, 50, 366
「寛文三年公家町絵図」　103, 112～114

き

寄宿役　330, 331
北御門　73, 74
旧家　105, 108, 114, 129
京都改造　4, 6, 7, 11, 49, 366
京都所司代・所司代　98, 154, 156, 168, 178～182, 185, 209, 220, 222, 354
京都町奉行所(町奉行所)　155, 156, 182, 185, 249, 271, 295, 353
清荒神　298, 301
居住形態　3
禁裏　5
禁裏附　101, 154, 156, 180～182, 209, 213, 271

く

釘貫　14, 63
公家社会　3, 13, 150, 214, 218, 358, 368
公家町　3～7, 12, 13, 15, 19, 37, 38, 44, 48, 49, 51, 52, 69, 130, 144, 145, 169, 174, 193, 365～367
公家町再編　20, 144, 168, 172, 176, 178, 214, 215, 217, 225
「公家町之絵図」　108
口向諸役人　206, 326, 331, 349, 367

け

下乗　61
下輿　62, 67, 68, 83
下臈　341, 350, 353, 355

こ

公儀役　271, 273, 288, 289, 320, 325
後宮　342

高麗門　82, 365
沽券状　241, 245, 253, 285, 312, 313
御三階　281, 282
御産所　330, 339〜359
御宸殿　281, 282, 294
小牧・長久手の合戦　8
後陽成院御所　7, 44, 46

さ

雑掌　310
椹木町　145, 146, 187〜190
参内　75
算用寄合　288, 289, 325, 327, 330, 333

し

地下官人　13, 19, 52, 105, 290, 308, 309, 319, 320, 330, 331, 367
自身番役　289, 327, 331
地蔵会　290, 328
仕丁　326, 325, 330, 349
寺内町　12, 366
借地　247, 249〜253, 256, 257, 283, 286, 287
借屋居住　3, 119, 121, 130
地屋敷　245, 313, 314
集住形態　3
聚楽第　5〜7, 10, 41, 49, 50, 69, 366
城下町　4
上地　39, 205, 224〜227
諸役免除　241, 270, 273, 283, 288, 308, 320, 332, 353, 369
新家　108
新在家　35, 40, 65, 66, 148, 171
陣中　14, 19, 60〜62, 65, 66, 80, 83, 87, 88, 368
真如堂　147, 171, 297
陣口　61, 66〜69, 80, 83, 86

す・せ

墨門　72, 81, 82
清華家　35, 108, 114, 129
摂家　16, 39, 108, 114, 129

そ

惣構　4, 50, 70, 72, 77, 78, 80〜82, 85, 129, 130, 365, 367, 368
惣門　50, 70〜73, 75〜78, 80, 82, 83, 85, 87
惣門之内　83, 85〜88, 130, 368
創立・再興した公家　95, 109, 111, 114〜116, 118, 126, 129, 151
側妾　341

た

内裏　3, 6, 34, 45, 63, 65, 70, 73, 81, 166, 169, 193, 366
立石　62, 65, 67, 68, 83, 86

ち

中臈　341, 355, 356
町運営　20, 290, 307, 308, 319, 321, 327, 331, 369
朝廷　3, 51, 126, 127, 131, 227, 326, 367, 368
町人地居住　20, 152, 154, 159, 224, 369
頂妙寺・頂妙寺跡地　126, 145
町役　154, 271, 273, 288, 289, 307, 320, 325, 353

つ

築地之内　13, 14, 19, 51, 60〜62, 88, 99, 102, 103, 105, 108, 109, 111, 115, 127, 129, 130, 148, 152, 155, 157, 158, 172〜174, 176, 188, 193, 215, 217〜219, 222, 227, 311, 343, 347, 351, 368
築地之外　99, 102, 103, 105, 115, 116, 118, 127, 129, 130, 158, 347

て

出入関係　291, 294, 295, 369
寺町　5
寺町通　96, 149, 150, 205, 207
天皇家　340, 342, 351, 354〜358

と

統一政権　4
塔之壇　350
道路拡幅・道路の拡幅　170, 172, 176, 178, 183, 187, 193, 217
徳川政権　19, 81
年寄(町年寄)　269, 289, 319, 325
豊臣政権　4, 6, 8～10, 19, 48～50, 78, 80

な

中筋　43, 71, 72, 110, 184
「中むかし公家町之絵図」　13, 32, 33, 43, 48, 74, 109, 110
梨木町　8, 46, 51, 52, 71, 97, 104, 105, 107, 110, 115, 116, 127, 129, 130, 152, 171, 183, 184, 193
南北堀　8, 52, 71～73, 78

に

二階町　8, 46, 51, 52, 71, 97, 104, 105, 107, 110, 115, 116, 127, 129, 130, 152, 171, 173, 174, 183, 184, 193, 311
西院参町　187～190, 269
西武家町　187, 189, 190
西武者小路町　350, 352
二条城　5, 7, 366
「二条邸敷地絵図」　40
二世代同居　211, 214, 215
女官　110, 341～343, 351, 353, 356, 357

は

拝借地　18, 192, 208, 209, 224, 226, 227
買得　118, 243, 248, 250, 251, 253～255, 257～259, 268, 269, 272, 283～287, 313, 314
買得地　18, 107, 118, 128, 227, 283
拝領地　18, 128, 192, 208, 209, 223, 225～227, 239, 267
幕府　20, 100, 126, 127, 151, 154, 159, 172, 193, 215, 222, 225～227, 354, 356
花立町　268
馬場　247, 249, 259, 281
針屋町　126, 241, 243, 251, 254, 256, 277, 279, 284, 286, 288～290
番屋　70, 71, 84, 86

ひ

東今町　241, 243, 247, 248, 250, 255, 256, 277, 280, 284～286, 288～290
東町　247, 248, 251, 254, 256
東洞院通　40
東山院御所　186
日御門通　173, 174, 183, 184, 190
瓢箪図子町　312, 319～327, 330
火除地　146, 148, 171, 176, 191～193
火除天満宮　298, 301
広小路　147, 171, 192

ふ

複合都市　365～367
武家伝奏　97, 112, 127, 154, 156～158, 168, 181, 209, 213, 214, 222～224, 226, 227, 354
武家町　104, 145, 146, 149, 187～189
不参料　323, 325, 330

ほ

宝永の大火　15, 166～171, 193, 218
防火対策　20, 168, 169, 171, 176～178
菩提所　297, 369

ま

町奉行　179, 180, 213
丸太町通　174, 191, 192, 205

み

御蔵小舎人　309
南御門通　170
「ミヤコ町」　366
妙顕寺城　9, 10, 37, 50, 365
名代　248, 256, 272, 273, 283, 285

や・よ

施薬院　68, 74, 87
「役所日記」　247, 252, 278, 291, 292, 298

屋敷地替え　168, 172, 173, 176, 183
四足御門　39

ろ

老中　147, 168, 177, 182, 221, 225
六町　80, 311, 368
六門　61, 62, 82